U0906965

浙江调查年鉴 2021

Zhejiang Survey Yearbook

国家统计局浙江调查总队 编

中国统计出版社
China Statistics Press

图书在版编目（C I P）数据

浙江调查年鉴. 2021 = Zhejiang Survey Yearbook 2021 / 国家统计局浙江调查总队编. -- 北京 : 中国统计出版社, 2021.7
ISBN 978-7-5037-9495-7

Ⅰ. ①浙… Ⅱ. ①国… Ⅲ. ①统计资料－浙江－2021－年鉴 Ⅳ. ①C832.55-54

中国版本图书馆 CIP 数据核字(2021)第 090802 号

浙江调查年鉴 2021

作　　者/ 国家统计局浙江调查总队
责任编辑/ 李 冲
封面设计/ 商永居
出版发行/ 中国统计出版社有限公司
通信地址/ 北京市西城区月坛南街 57 号　邮政编码/100826
办公地址/ 北京市丰台区西三环南路甲 6 号　邮政编码/100073
电　　话/ 邮购（010）63376909　书店（010）68783171
网　　址/ http://www.zgtjcbs.com
印　　刷/ 杭州真彩图文制作有限公司
经　　销/ 新华书店
开　　本/ 880mm×1230mm　1/16
字　　数/ 500 千字
印　　张/ 20.75
版　　别/ 2021 年 7 月第 1 版
版　　次/ 2021 年 7 月第 1 次印刷
定　　价/ 230.00 元

本书附同版本CD-ROM一张，光盘内容以书面文字为准。

如有印装错误，本社发行部负责调换。

《浙江调查年鉴-2021》编辑委员会和编辑人员

编　委　会

编辑工作人员

编者说明

一、《浙江调查年鉴-2021》是一部反映浙江城乡居民生活质量、价格变动、粮食生产和农民工监测等内容的资料性年鉴。本年鉴收录了国家统计局浙江调查总队主要调查专业形成的“十三五”时期调查分析报告，改革开放以来的主要调查数据和 2020 年的详细调查数据；同时包括部分浙江经济发展的综合统计数据和全国分地区主要调查数据。

二、本年鉴共分为六个部分。第一部分：“十三五”系列调查分析报告；第二部分：居民收支；第三部分：价格指数；第四部分：农业调查；第五部分：市县数据；第六部分：综合数据。同时附录各专业调查简介和主要统计指标解释。

三、本年鉴部分统计表下作了简要注解。凡带续表的资料，如有注解均注在最后一张续表的下方。

四、本年鉴使用的度量衡单位均采用国家统计标准计量单位。

五、本年鉴中符号使用说明：“…”表示该项数据不足本表最小单位数；“#”表示其中的主要项；“空格”表示该项统计指标数据不详或无该项数据。

六、本年鉴中部分数据来源于浙江省统计局或历年《浙江统计年鉴》。全国及各省（市）调查数据来源于国家统计局向各省的反馈数据。全国性统计数据，均未包括香港、澳门特别行政区和台湾省的数据。

本年鉴出版得到了国家统计局和浙江省统计局的大力支持和帮助，时值出版之际，特致感谢！

受时间和编辑水平限制，书中难免有不足之处，恳请读者批评指正。

目　录

第一部分　“十三五”系列调查分析报告

第二部分　居民收支

第三部分 价格指数

第四部分 农业调查

第五部分　市县数据

第六部分 综合数据

附录　各专业调查简介及主要统计指标解释

“十三五”系列调查分析报告

"十三五"时期浙江居民收支情况分析

在浙江省委、省政府的正确领导下，在富民强省十大行动计划、提振消费促经济稳定增长等利好民生政策支持下，"十三五"时期，浙江居民收入和消费支出双双跨上新台阶，收支水平继续保持全国前列，农民收入如期完成翻番目标。

一、居民收入保持中速增长，农民收入实现翻番

（一）居民收入迈上新台阶，农民收入实现翻番

"十三五"时期，浙江居民收入水平跨上新台阶。其中城镇居民人均可支配收入于2019年首破"6万元"大关；全体居民和农村居民人均可支配收入分别于2020年踏上"5万元"和"3万元"门槛。以2010年不变价计算，2020年全省农村居民人均可支配收入如期实现"翻番"目标。

（二）收入保持中速增长，农村增速快于城镇

2020年全省全体居民人均可支配收入52397元，是2015年的1.47倍，"十三五"时期年均名义和实际分别增长8.1%、5.6%。其中，城镇居民人均可支配收入62699元，是2015年的1.43倍，年均名义和实际分别增长7.5%、5.1%；农村居民人均可支配收入31930元，是2015年的1.51倍，年均名义和实际分别增长8.6%、6.1%。"十三五"时期，农村居民人均收入名义和实际增速分别高于城镇居民1.1和1.0个百分点。

表1 "十三五"时期浙江居民收入增长情况

	全体居民			城镇常住居民			农村常住居民		
	人均可支配收入（元）	名义增长（%）	实际增长（%）	人均可支配收入（元）	名义增长（%）	实际增长（%）	人均可支配收入（元）	名义增长（%）	实际增长（%）
2015年	35537	8.8	7.3	43714	8.2	6.7	21125	9.0	7.5
2016年	38529	8.4	6.4	47237	8.1	6.0	22866	8.2	6.3
2017年	42046	9.1	6.9	51261	8.5	6.3	24956	9.1	7.0
2018年	45840	9.0	6.5	55574	8.4	6.0	27302	9.4	7.0
2019年	49899	8.9	5.8	60182	8.3	5.4	29876	9.4	6.0
2020年	52397	5.0	2.6	62699	4.2	2.1	31930	6.9	4.0
"十三五"年均增速	–	8.1	5.6	–	7.5	5.1	–	8.6	6.1

注：表中数据均为新口径数据。

（三）收入水平保持各省区首位，增速快于全国平均

"十三五"期间，浙江居民收入水平继续保持全国领先。其中全体居民人均可支配收入五年来一直保持全国第三、省区第一的位次，而城乡居民人均可支配收入绝对值则分别连续20和36年荣膺全国各省区第一。从增长情况看，浙江居民收入年均增速快于全国平均0.2个百分点，其中城乡居民人均收入增速分别快于全国平均0.5、0.2个百分点。

（四）收入构成总体稳定，转移净收入增长最快

“十三五”时期，全省全体居民工资性收入、经营净收入、财产净收入平稳增长，年均分别增长7.8%、6.2%、8.5%；转移净收入增长最快，年均增长11.3%，其中城乡居民分别增长10.3%、13.4%。从收入构成变化来看，四项收入占可支配收入的比重较为稳定。以全体居民为例，2020年工资性收入、经营净收入占比较2015年分别下降0.3、1.2个百分点；财产净收入、转移净收入占比则分别提升0.5、1.0个百分点。

（五）城乡收入比逐年缩小，28年来首次降至2以内

随着城乡一体化融合发展的持续推进，全省收入分配格局不断优化，“十三五”时期城乡居民人均可支配收入倍差逐年缩小。2020年全省城乡居民收入比为1.96，比2015年的2.07缩小了0.11，自1993年以来首次降至2以内，为加快推进浙江城乡统筹一体化迈入新发展阶段注入了新动力。

二、消费支出稳步增长，水平位居全国前列

（一）消费支出稳步增长，增速慢于收入

2020年全省全体居民人均消费支出31295元，是2015年的1.30倍，“十三五”时期年均名义和实际分别增长5.3%、3.0%，慢于收入增速2.8、2.6个百分点。其中：城镇居民人均消费支出36197元，是2015年的1.26倍,年均名义和实际分别增长4.8%、2.5%；农村居民人均消费支出21555元，是2015年的1.34倍，年均名义和实际分别增长6.0%、3.5%，快于城镇居民1.2和1.0个百分点。

（二）支出迈入“3万元”行列，全国排位有所上升

“十三五”时期，浙江居民消费水平也跨入了新发展阶段，其中全体居民人均消费支出于2019年迈入“3万元”行列，农村居民人均消费支出于2019年迈入“2万元”行列。2020年浙江全体居民人均消费支出比全国平均水平（21210元）高10085元，居全国31个省（区、市）第3位，位次比2015年提升了1位。

（三）八类消费全面增长，生活用品及服务支出领涨

“十三五”时期，居民消费支出的八大类消费项目均有不同程度地增长。全省全体居民人均消费支出中生活用品及服务支出增长最快，年均增长9.1%；人均食品烟酒、衣着、居住、交通通信、教育文化娱乐、医疗保健、其他用品和服务支出年均分别增长5.0%、0.7%、8.6%、1.7%、3.5%、6.4%、5.7%。其中：城镇居民增长最快的亦是生活用品及服务支出，年均增长8.7%；农村居民增长最快的则为居住支出，年均增长8.9%。

（四）消费结构有所优化，生活品质不断升级

“十三五”时期，居民消费结构不断升级，生活品质迈上新台阶。2020年全省全体居民恩格尔系数为28.5%，比2015年下降0.4个百分点。从耐用消费品增长情况来看，越来越多的私家车辆、高端家电、智能手机进入千家万户。2020年末，全省全体居民每百户家庭家用汽车拥有量为48.2辆，比2015年末增加8.4辆；每百户拥有彩色电视机176.1台、电冰箱106.5台、洗衣机93.7台、空调198.5台、热水器105.9台，分别增加6.8、10.8、10.5、44、18.4台；每百户移动电话拥有量为247.9部，增加23.7部，其中接入互联网的移动电话211.5部，增加95.7部。

三、“十三五”时期居民收支增长压力尚存

（一）收支增速较“十二五”时期放缓

与“十二五”时期相比，全省居民收支增速总体呈放缓趋势。“十三五”时期全省全体居民人均可支配收入年均名义和实际增速分别慢于“十二五”时期2.8、2.4个百分点。其中：城镇居民收入年均名义和实际增速分别放缓2.8、2.4个百分点；农村居民收入年均名义和实际增速分别放缓2.9、2.3个百分点

（见表 2）。

和收入相比，“十三五”时期全省城乡居民消费支出增速下降更为明显。城镇居民人均消费支出年均名义增速比“十二五”下降 5.1 个百分点，农村居民人均消费支出年均名义增速比“十二五”下降 7.9 个百分点。

表 2 “十二五”、“十三五”时期浙江居民增收情况对比表(%)

	全体居民家庭人均收入		城镇居民家庭人均收入		农村居民家庭人均收入	
	名义增速	实际增速	名义增速	实际增速	名义增速	实际增速
“十三五”年均增速	8.1	5.6	7.5	5.1	8.6	6.1
“十二五”年均增速	10.9	8.0	10.3	7.5	11.5	8.4

注：表中数据均为新口径数据。

（二）收入增长与经济发展不完全同步

2016-2020 年，全省 GDP 增速分别为 7.5%、7.8%、7.1%、6.8%和 3.6%，快于全体居民收入增速 1.1、0.9、0.6、1.0 和 1.0 个百分点；“十三五”时期全省 GDP 年均增速为 6.5%，快于同期全体居民收入增速 0.9 个百分点。从目前来看，居民收入增长要保持与经济发展完全同步尚面临一定的困难和压力。

（三）区域间收入差距缩小程度甚微

由于自然条件、地理位置、经济发展程度等差异，省内区域间的居民收入存在着较大差距。一般山区面积较多的“浙西南”（温州、金华、衢州、台州、丽水）收入水平要低于环杭州湾的“浙东北”（杭州、宁波、嘉兴、湖州、绍兴、舟山）。经简单平均法计算，2020 年“浙东北”与“浙西南”全体、城镇、农村居民收入之比分别为 1.23、1.15 和 1.34，比 2015 年仅缩小 0.03、0.02 和 0.02，区域间居民收入充分均衡增长压力较大。

（四）居民平均消费倾向持续下降

居民平均消费倾向是指人均消费支出占可支配收入的比重，有助于研究一个地区居民家庭的消费行为和需求倾向。从“十三五”情况看，由于居民消费支出年均增速低于收入年均增速，平均消费倾向呈持续下降趋势。2016-2020 年，全省全体居民消费平均倾向依次为 66.3%、64.4%、64.3%、64.2%、59.7%，五年下降了 6.6 个百分点。

四、“十四五”时期促进居民生活高质量发展的对策建议

（一）加快经济发展，夯实增收增支基础

一是促进经济持续较快发展。以“十四五”规划目标任务为引领，坚持稳中求进工作总基调，不断深化供给侧结构性改革，努力打造经济高质量发展高地，为居民促增收扩消费提供良好的外部环境。二是进一步优化收入分配结构。提高劳动报酬在初次分配中的比重，完善按要素参与分配的制度，着力提高低收入群体收入，扩大中等收入群体规模，推动居民收入和经济同步增长,加快共同富裕步伐。

（二）强化就业优先，拓宽居民增收渠道

一方面，应始终坚持就业优先政策。对稳岗就业的中小企业予以政策倾斜，加强职业培训和创业培训，健全工资增长和激励机制，实现更高质量更为充分的就业，促进劳动者工资水平的整体提升。另一方面，要积极拓宽经营及财产性渠道增收。加大对小微企业的扶持力度，落实各项惠企政策，鼓励居民创业创新，同时畅通投资理财渠道，充分盘活居民现有资金、资产，激发增收新潜能。

（三）促进区域联动，实现更可持续发展

一是促进区域间优势互补、共同发展。支持不同地区培育比较竞争优势，促进欠发达地区与发达地区之间劳动力和资本的对流和共享，实现地区间就业创业发展机会均等化。二是构建区域协同发展新机制。加快省内重点区域一体化建设，推动都市区中心城市与周边中小城市协同发展，积极培育郊区新城，实现区域协调可持续发展。

（四）全面促进消费，提升居民生活品质

一方面，应大力激活城乡消费市场。充分认识到消费对经济发展的基础性作用，提升传统消费，发展服务消费，扩大节日消费，改善消费环境。同时加大公共财政补贴力度，建立对低收入群体动态补贴机制，提高居民社会保障水平，构建消费与收入同步增长机制，普遍提升居民消费能力和消费意愿。另一方面，要积极培育壮大新型消费。创新消费新模式新业态，培育消费新热点，优化消费产品及服务供给结构，满足居民不断变化升级的消费新需求，同时积极促进线上线下消费融合发展，推动居民消费提质扩容。

“十三五”时期26个加快发展县居民收入增长较快、消费水平进一步提高

2020年是“十三五”收官之年，回顾过去五年，浙江省委省政府带领全省人民，坚决贯彻习近平总书记重要指示精神和党中央决策部署，坚持一张蓝图绘到底，忠实践行“八八战略”，奋力打造“重要窗口”，突出“四个强省”工作导向，实施富民强省十大行动计划，建设“六个浙江”。在此背景下，淳安等26个加快发展县（以下简称“26个县”）居民收入实现了较快增长，消费水平稳步提升。

一、居民收入实现较快增长

（一）收入增速高于全省平均，增收来源日趋多元

“十三五”时期，“26个县”居民人均可支配收入年均增长8.8%，比全省平均增速高0.7个百分点。按常住地分，城镇居民人均可支配收入由32138元增长至47204元，年均增长8.0%，农村居民人均可支配收入由15517元增长至24167元，年均增长9.3%，分别比全省城镇居民和农村居民平均增速高出0.5和0.7个百分点。从收入来源看，2020年“26个县”全体居民人均工资性收入、经营净收入、财产净收入、转移净收入分别较2015年增长53.6%、41.2%、53.9%、65.5%，四项收入占全体居民人均可支配收入的比重分别为54.8%、20.4%、9.6%和15.3%，居民收入来源日趋多元，充分反映了党和政府各项惠民、富民政策取得了积极成效。从贡献率来看，全体居民人均工资性收入、经营净收入、财产净收入、转移净收入分别达到55.4%、17.2%、9.7%和17.6%，工资性收入是增收的主动力。

（二）城乡差距持续缩小，收入占比逐年提升

“十三五”时期，浙江大力实施乡村振兴战略，城乡融合稳步推进，城乡居民收入差距呈现逐步缩小态势。按常住地分，“26个县”城镇居民人均可支配收入年均增长8.0%，低于农村居民人均可支配收入增速1.3个百分点，农村居民人均可支配收入增速跑赢城镇居民。“26个县”城乡居民收入比持续下降，由2015年的2.07:1降低到2020年的1.95:1（详见图1）。从绝对额占比来看，2020年“26个县”全体居民人均可支配收入、城镇居民人均可支配收入和农村居民人均可支配收入绝对额分别为全省平均水平的69.0%、75.3%和75.7%，较2015年分别提高2.3、1.8和2.2个百分点。

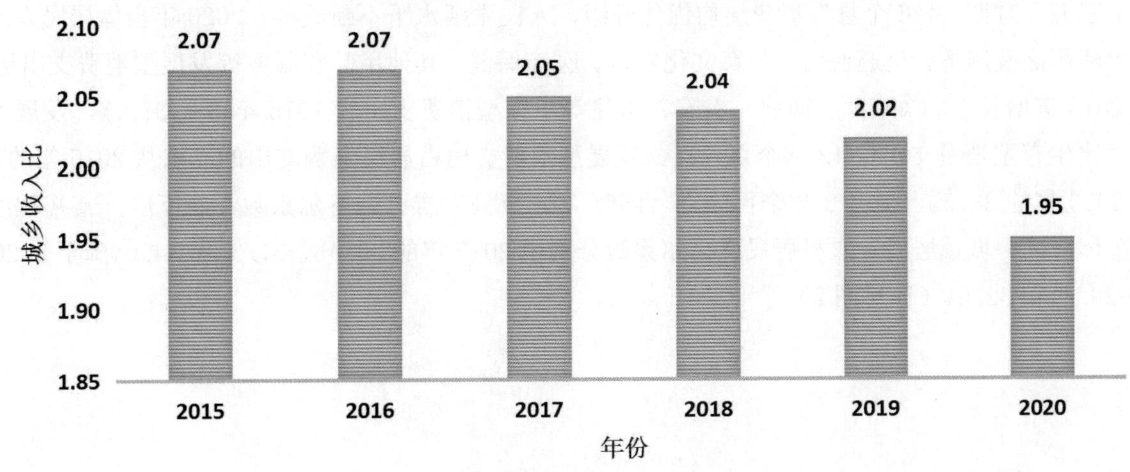

图1　2015-2020年26个加快发展县城乡收入比

（三）收入增长与经济同步，翻番目标部分实现

“十三五”时期，浙江忠实践行“八八战略”，实施富民强省十大行动计划，千方百计促进居民收入增长。2016－2020 年，“26 个县”全体居民人均可支配收入扣除价格因素实际增速分别为 8.0%、8.2%、7.9%、7.7%和 4.9%，同期地区生产总值增速分别为 8.1%、7.5%、7.7%、7.7%和 3.1%，多数年份超过了经济增长速度。按现价计算，“26 个县”全体居民、城镇居民和农村居民人均可支配收入均实现了翻番。按可比价计算，全体居民、城镇居民和农村居民人均可支配收入翻番目标部分实现，其中全体居民人均可支配收入有 14 个县（市、区）实现翻番，城镇居民人均可支配收入仅有 1 个县（市、区）实现翻番，农村居民人均可支配收入有 21 个县（市、区）实现翻番。

二、 居民消费水平稳步提升

（一）消费水平节节攀升

2020 年“26 个县”全体居民、城镇居民和农村居民人均消费支出分别为 22862 元、28926 元和 16344 元，较 2015 年分别增加 6625 元、7716 元和 4779 元，增长 40.8%、36.4%和 41.3%，年均分别增长 7.1%、6.4%和 7.2%；年均增速分别比全省平均增速高 1.8、1.6 和 1.2 个百分点（详见表 1）。

表 1“十三五”居民人均消费支出年均增长率（%）

全省			26 个加快发展县		
全体	城镇	农村	全体	城镇	农村
5.3	4.8	6.0	7.1	6.4	7.2

（二）各类消费全面增长

“十三五”时期，“26 个县”全体居民、城镇居民和农村居民人均消费支出中八大类消费均有不同程度的增长。全体居民人均消费支出中食品烟酒、衣着、居住、生活用品及服务、交通通信、教育文化娱乐、医疗保健、其他用品和服务较 2015 年分别增长 31.8%、33.4%、45.8%、48.8%、46.8%、58.5%、48.1%、41.3%。其中：城镇居民人均消费支出中八大类消费依次较 2015 年分别增长 27.5%、26.4%、41.4%、47.5%、38.5%、51.5%、41.3%、33.2%，农村居民人均消费支出中八大类消费依次较 2015 年分别增长 32.9%、30.0%、46.5%、44.3%、45.0%、54.3%、49.8%、41.2%。

（三）消费结构优化升级

“十三五”时期，“26 个县”消费结构优化升级，人民生活水平不断改善。2020 年全体居民人均消费支出中生活用品及服务、交通通信、教育文化娱乐、医疗保健、其他用品和服务等发展型消费支出达 8814 元，较 2015 年增长 50.0%；食品烟酒、衣着、居住等生存型消费支出较 2015 年增长 37.1%。发展型消费支出增速比生存型消费支出快 12.9 个百分点。发展型消费支出占居民消费支出的比重从 2015 年的 36.2%上升至 2020 年的 38.5%，提升 2.3 个百分点。同时“26 个县”居民恩格尔系数不断下降，富裕程度逐步提升，全体居民、城镇居民、农村居民恩格尔系数分别由 2015 年的 32.4%、31.3%和 34.6%降至 2020 年的 30.3%、29.3%和 32.6%（详见图 2）。

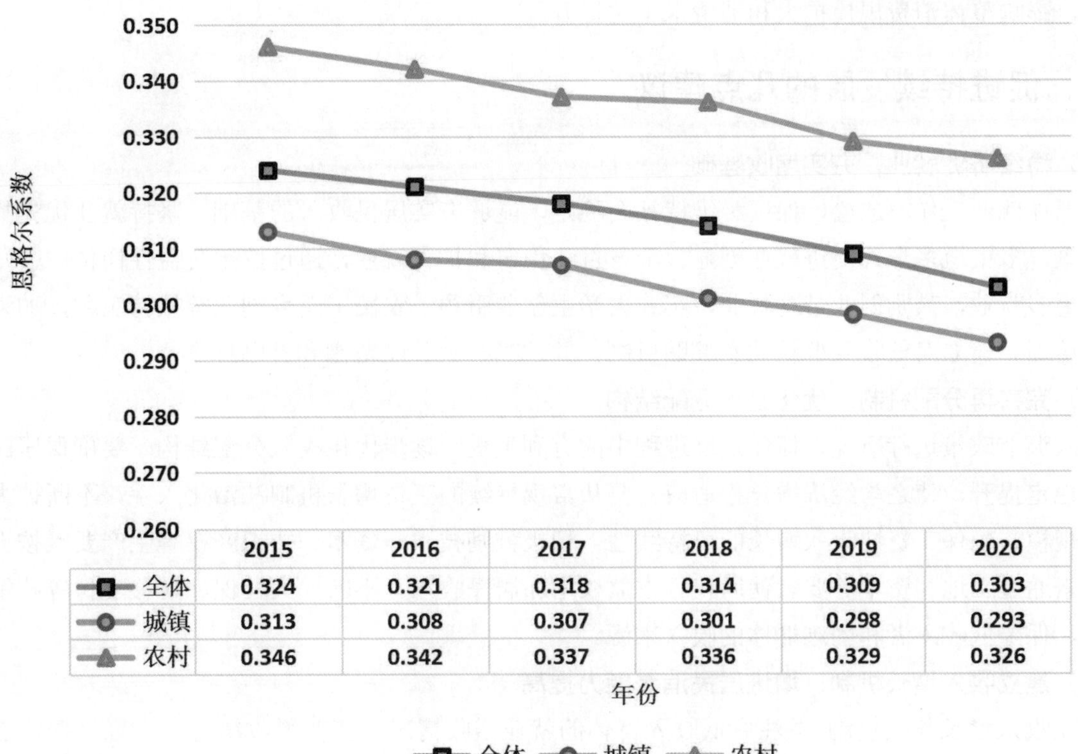

	2015	2016	2017	2018	2019	2020
全体	0.324	0.321	0.318	0.314	0.309	0.303
城镇	0.313	0.308	0.307	0.301	0.298	0.293
农村	0.346	0.342	0.337	0.336	0.329	0.326

图 2　2015-2020 年 26 个加快发展县恩格尔系数

三、当前需关注的问题

（一）绝对值差距继续扩大

“26 个县”相对省内其他县（市、区）来说，经济总量偏小、发展较为落后，在发展阶段、经济结构等多重因素影响下，居民人均可支配收入和居民人均消费支出绝对值与全省其他县（市、区）差距继续扩大。2020 年“26 个县”全体居民人均可支配收入和居民人均消费支出分别为 36154 元和 22862 元，全省其他县（市、区）全体居民人均可支配收入和居民人均消费支出分别为 54586 元和 31930 元，两者之间的差距分别为 18432 元和 9068 元，而 2015 年两者之间的差距分别为 13478 元和 7519 元。虽然近几年“26 个县”收支增速快于省内其他县（市、区），但是这样的增速不足以弥补绝对值上差距的继续扩大。

（二）收入增长缺乏“活力”

“十三五”时期，“26 个县”居民人均可支配收入结构变化不大。一方面，工资性收入占全体居民人均可支配收入的比重缓慢提升，从 54.4%提高到 54.8%，工资性收入的增量对全体居民人均可支配收入增量的贡献率高达 55.4%，居民增收过于依赖工资性收入增长。另一方面，2020 年由于受到疫情影响，居民人均可支配收入中经营净收入和转移净收入的比重出现了明显变化，收入结构产生变动，但从 2015-2019 年四大项的比重来看，收入结构基本上变化都很小，收入增长缺乏“活力”。

（三）居民收入水平限制消费能力提升

“十三五”以来，随着“26 个县”经济发展进入新常态，收入增长由高速增长转为中高速增长，“十三五”时期全体居民人均可支配收入年均增长 8.8%，居民收入增速放缓，对消费意愿和消费能力产生一定的挤出效应。从全体居民人均消费支出占居民人均可支配收入比重来看，由 2015 年的 68.5%降至 2020 年的 63.2%。同期城乡居民收入差距同样制约消费升级步伐。“26 个县”城乡居民收入比虽呈下降趋势，但绝对差距由 2015 年的 16622 元扩大至 2020 年的 23037 元，长期存在的收入差距导致城乡消费呈现出二元结构特征，影响整体消费规模扩大和消费水平的提升。

四、促进持续发展的几点建议

（一）稳经济促就业，夯实增收基础

紧紧抓住就业工作不放松，保证和维持社会稳定，能够夯实居民收入的基础。坚持就业优先战略和积极就业政策，多渠道多形式促进就业创业。千方百计稳定和扩大就业，通过挖掘公益性岗位、鼓励企业吸纳和创造更多就业，鼓励创业带动就业，实施大学生创业引领、农民工返乡创业等扶持工程，加强职业培训和创业培训。建立对低收入群体动态补贴机制，并适当扩大补贴范围和补贴标准。

（二）完善再分配机制，优化收入分配结构

对收入调节政策进行研究，抓住发展进程中的有利契机，逐步优化收入分配结构。要确保居民收入保质保量的稳定提升，使之与经济增长相适应。要从常规持续的工资增长机制法治化入手，不断扩大中等收入群体的规模，确保工资性收入增长的可持续性。积极鼓励技术、资本、知识产权等生产要素按贡献参与分配，探索通过土地、资本等要素使用权、收益权增加居民收入。不断加大社保、转移支付等政策的精准性和力度，保障低收入者和困难群体的收入来源。

（三）建立收入增长机制，增进居民消费能力提高

要建立收入增长长效机制，关注中低收入群体的就业增收情况，拓宽增收渠道，增强消费信心。扩大社会保障覆盖面，加大公共财政补贴力度，解决居民在就医、就学、就业等方面的后顾之忧，切实提高居民的即期消费水平。着力培育个性化、多样化、品质化的文娱消费模式，满足居民多元化消费需求。打造高效、便利的消费服务环境，有效扩大消费增量的发展机遇。把握线上消费潜能释放，加大在线消费的培育力度。

“十三五”时期浙江农民工监测调查分析

“十三五”时期，浙江立足新发展阶段，坚持新发展理念，聚焦农民工工作“八有”目标要求，着力稳定农民工就业创业，持续推进农民工合法权益保障长效机制。随着经济结构调整和产业升级推进，农民工总量递减、素质提升，迈入稳步发展阶段。

一、“十三五”时期浙江农民工总量变动情况

（一）农民工总量呈递减趋势

据全省农民工监测调查数据显示，“十三五”时期，浙江农民工总体规模呈递减趋势。2015 年浙江农民工总量 1329 万人，2016 年增加到 1421 万人，随后逐年递减，截至 2020 年，受新冠疫情影响，农民工总量降至 1296 万人，比 2015 年减少 33 万人，减幅为 2.5%，年均减少 0.5%。

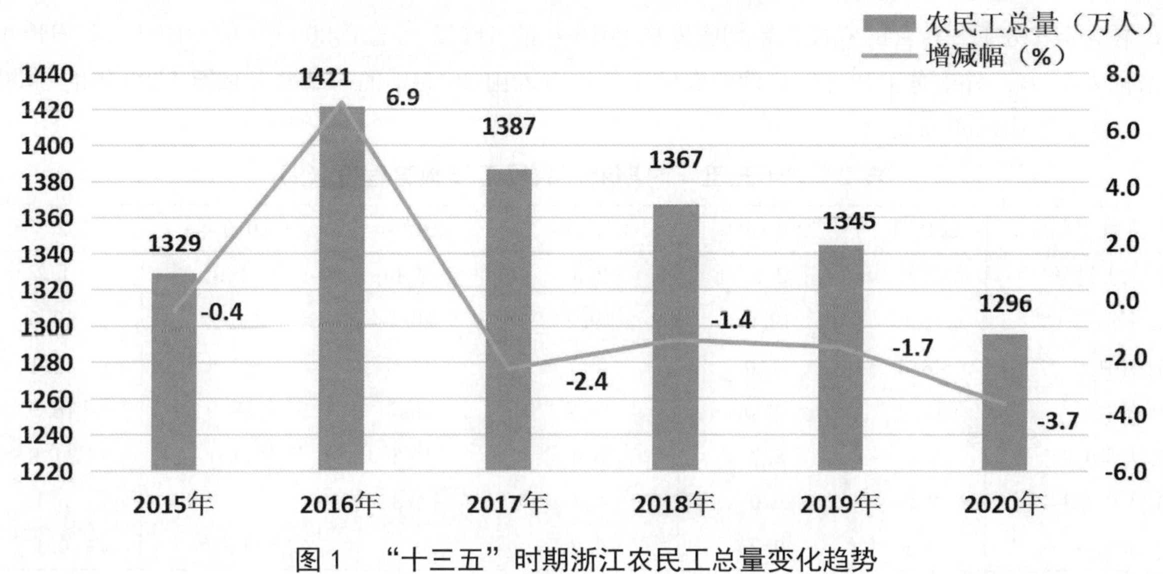

图 1　“十三五”时期浙江农民工总量变化趋势

（二）本地农民工占全部农民工总量达六成以上

“十三五”时期，浙江本地农民工数量稳定在 800 万人以上，占全部农民工总量的 60%以上（见表 1），占比有扩大趋势。2015 年浙江本地农民工总量 820 万人，占农民工总量的 61.7%；2016 年达到 886 万人，占 62.3%。随后本地农民工占农民工总量的比重震荡上行，截至 2020 年，本地农民工总量为 821 万人，占农民工总量的 63.4%，分别比 2015 年和 2016 年提高 1.7 和 1.1 个百分点。

（三）外出农民工占农民工总量的比重逐年回落

2015 年外出农民工总量 509 万人，占农民工总量的 38.3%，2016 年增加到 535 万人，但占比降至 37.7%，随后外出农民工占农民工总量的比重逐年回落。截至 2020 年，受新冠疫情影响，外出农民工总量降至 475 万人，比 2015 年减少 34 万人，减幅为 6.7%，年均减少 0.6%；占农民工总量的比重降至 36.6%，与 2015 年相比，5 年期间回落 1.7 个百分点。

表1 “十三五”时期浙江农民工总量及结构变动

	2015年	2016年	2017年	2018年	2019年	2020年
农民工总量(万人)	1329	1421	1387	1367	1345	1296
外出农民工总量(万人)	509	535	525	511	515	475
外出农民工占比(%)	38.3%	37.7%	37.9%	37.4%	38.3%	36.6%
本地农民工总量(万人)	820	886	861	856	830	821
本地农民工占比(%)	61.7%	62.3%	62.1%	62.6%	61.7%	63.4%

二、“十三五”时期浙江农民工就业特点

（一）文化程度不断提高，人力资本价值增速较快

随着社会经济的发展，农民工文化程度逐年提高。浙江农民工初中及以下文化程度的占比由2015年的71.8%逐年递减至2020年的63.9%，而高中及以上文化程度的占比由2015年的28.2%逐年递增至2020年的36.1%，占比提高了7.9个百分点。文化水平的提高，带来农民工人力资本价值的提升。从农民工收入看，本地非农务工和自营的农民工年均收入由2015年的41122元增至2020年的60194元，增长46.4%，年均增幅为7.9%；外出务工和外出自营的农民工年均收入由2015年的50384元增至2020年的69087元，增长37.1%，年均增幅为6.5%。

表2 “十三五”时期浙江农民工受教育程度（%）

受教育程度	2015年	2016年	2017年	2018年	2019年	2020年
1.未上过学	2.1	2.3	2.0	2.1	1.9	1.7
2.小学	21.4	19.9	19.2	20.4	20.2	20.0
3.初中	48.3	47.0	46.7	43.3	42.8	42.1
4.高中	17.3	18.0	18.2	18.5	18.9	18.9
5.大学专科	7.6	8.7	9.4	10.9	11.1	11.9
6.大学本科	3.2	4.0	4.4	4.8	4.8	5.1
7.研究生	0.1	0.2	0.2	0.1	0.1	0.1

（二）县域内就业趋势增强，本土化就业优势明显

“十三五”时期，随着浙江美丽乡村建设的推进，农村生活条件改善，生活就业就医便利，县域内就业机会增加，农民工就业本土化优势明显。一是外出农民工中，在本省就业的比例由2015年的84.9%增至2020年的92.1%，提高7.2个百分点，其中在乡外县内就业的占比由56.2%增至60.6%，县外省内就业的占比由28.7%增至31.5%。二是省外就业农民工占比由15.1%降至7.9%，下降7.2个百分点，其中在东部地区占比由10.5%降至4.7%，中西部地区占比由3.8%降至2.7%，东北及其他地区由1.0%降至0.5%。

（三）第二产业吸纳力最强，从事三产占比逐步提高

“十三五”时期，浙江经济结构持续优化，第二产业发展质量趋好的同时，第三产业不断优化升级，成为浙江经济发展重要引擎。2020年新冠疫情形势下，浙江制造业企业生产快速恢复，体现出对农民工就业的较强吸纳力。调查显示，“十三五”时期浙江农民工仍以从事第二产业为主，2015-2020年从事第二产业的农民工占比分别为57.1%、57.0%、55.9%、54.2%、53.7%、54.3%。从事第三产业的农民工占比由2015年的42.7%提高至2020年的45.5%，提高了2.8个百分点。从行业分布看，“十三五”时期，农民工从事的六大行业依次为制造业，批发零售业，建筑业，居民服务、修理和其他服务业，交通运输、仓储和邮政

业，住宿餐饮业，2020 年共有 85.3%的农民工在这六大行业就业。

表 3　“十三五”时期农民工从业占比情况（%）

从事的主要行业	2015 年	2016 年	2017 年	2018 年	2019 年	2020 年
第一产业	**0.3**	**0.2**	**0.2**	**0.3**	**0.1**	**0.2**
第二产业	**57.1**	**57.0**	**55.9**	**54.2**	**53.7**	**54.3**
采矿业	0.2	0.2	0.2	0.1	0.2	0.2
制造业	44.8	45.2	44.5	41.6	41.1	42.1
电力、热力、燃气及水的生产和供应业	1.2	1.0	1.0	1.4	1.2	1.0
建筑业	10.9	10.5	10.2	11.0	11.2	11.0
第三产业	**42.7**	**42.8**	**43.9**	**45.5**	**46.2**	**45.5**
批发和零售业	13.3	13.4	13.4	13.5	13.2	13.4
交通运输、仓储和邮政业	5.7	5.3	5.2	4.4	4.4	4.1
住宿和餐饮业	3.5	3.5	3.6	4.0	4.4	3.9
信息传输、软件和信息技术服务业	1.7	1.5	1.5	1.5	1.5	1.5
金融业	1.2	1.1	1.1	1.3	1.5	1.4
房地产业	0.5	0.3	0.5	0.3	0.5	0.4
租赁和商务服务业	1.3	1.2	1.6	1.5	1.3	1.4
科学研究和技术服务	0.3	0.3	0.2	0.1	0.1	0.1
水利、环境和公共设施管理业	0.4	0.4	0.5	0.8	0.8	1.1
居民服务、修理和其他服务业	9.0	8.9	9.4	10.5	11.0	10.8
教育	1.3	1.5	1.8	1.5	1.3	1.4
卫生、社会工作	1.7	1.7	1.5	2.2	2.1	2.1
文化、体育和娱乐业	0.4	0.6	0.6	0.5	0.6	0.5
公共管理、社会保障和社会组织	2.5	3.1	3.0	3.3	3.4	3.5
国际组织	0.0	0.0	0.0	0.0	0.0	0.0

（四）“浙江无欠薪”工作成效明显，合法权益得到维护

“十三五”时期，浙江为保障农民工的合法权益，积极开展“无欠薪”行动，完善防范与处置机制，确保欠薪案件低发率、高处置率，成效显著。调查显示，截至 2020 年，外出受雇农民工中，被雇主或单位拖欠工资的占比为零，实现无“欠薪”。同时，外出从业农民工合法权益进一步得到维护，“五险一金”缴纳覆盖面扩大。2020 年外出就业农民工中雇主缴纳各种社会保险的参保率较 2015 年均有所提高，2020 年单位或雇主为农民工缴纳养老保险、工伤保险、医疗保险、失业保险、生育保险和住房公积金的比例分别为 43.6%、45.7%、44.0%、37.5%、31.0%和 19.9%，分别比 2015 年提高 7.9、11.5、8.9、13.9、11.8 和 7.3 个百分点（详见表 4）。

表4 “十三五”时期浙江外出农民工“五险一金”缴纳占比情况（%）

五险一金缴纳	2015 年	2016 年	2017 年	2018 年	2019 年	2020 年
缴纳养老保险	35.7	38.1	35.3	38.7	38.0	43.6
缴纳工伤保险	34.2	37.8	37.2	38.1	41.1	45.7
缴纳医疗保险	35.1	37.7	35.2	38.2	38.4	44.0
缴纳失业保险	23.7	26.5	26.1	33.5	32.7	37.5
缴纳生育保险	19.1	22.0	21.1	27.4	28.0	31.0
住房公积金	12.6	14.2	15.6	16.6	17.2	19.9

三、存在的主要问题

（一）农民工年龄结构老化问题凸显

从年龄结构看，农民工群体以35-50岁的劳动力为主，但占比由2015年的48.8%降至2020年的35.8%，下降10.0个百分点。值得关注的是，51岁及以上的大龄农民工占比逐年提高，由2015年的28.9%增加至2020年的40.8%，提高11.9个百分点，农民工年龄结构趋于老化问题凸显，尤其是从事建筑行业的农民工年龄断层现象尤为突出。

（二）文化水平和职业技能水平偏低

浙江农民工整体文化水平不高，截至2020年，浙江农民工初中及以下文化程度的占比高达63.9%，大专及以上的占17.1%，仍有92.0%的农村劳动力无任何技能证书。农民工参加职业技能培训机会不多，近几年接受过职业技能培训的农民工占比维持在12.0%左右，没有明显提升。从农民工从事的六大重点行业看，主要集中在技术要求不高、门槛相对较低、人员需求较大的一些行业。

（三）权益保障仍有较大的改善空间

“十三五”时期，浙江省农民工“五险一金”缴纳率虽然都有提高，但参保率仍然偏低。调查显示，2020年仍然有17.0%的农民工没有参加任何养老保险，缴纳率最高的工伤保险也仅有45.7%，未达到五成。截至2020年，浙江超过三成的外出从业农民工未与用人单位签订劳动合同，未签订劳动合同的农民工在劳动权益保障方面将面临较大风险，权益保障仍有较大的改善空间。

四、“十四五”时期促进农民工就业的对策建议

（一）增加就业渠道，全面落实稳就业政策

坚持就业优先政策，继续开展“春风行动”等公共就业服务专项行动，不断扩大农民工就业渠道，完善企业用工余缺调剂机制，充分发挥大数据平台优势，向农民工提供适时的、专业的职业介绍和就业指导。鼓励、扶持有条件的农民工返乡创业、合作创业、自主创业，增加就业渠道，切实提高农民工收入水平。

（二）加大社会保障力度，保护农民工合法权益

政府有关部门要行使监督管理职能，督促用人单位及时与劳动者签订劳动合同，提高农民工“五险一金”缴纳比例，加快建立机制性政策解决新业态农民工社会保障问题；同时要加强宣传，提高农民工的参保意识，保障双方权益，长效长期保障农民工合法权益。

（三）创新培训学习模式，提升农民工技能水平

根据农民工自身学历提升、技能培训和素质教育等不同方面的需求，大力开展职业技能培训，不断创新培训模式，丰富培训内容，多渠道、多形式提供更丰富、实用的课程内容，增加实践操作课程比重，将理论知识与实践教学相结合，注重实践操作课程与农民工就业岗位相匹配，提高培训内容的实践性、实用性，切实提升农民工职业技能和就业创业能力。

“十三五”时期浙江农民工市民化调查分析

“十三五”时期，浙江以习近平新时代中国特色社会主义思想为指导，围绕加快农民工市民化目标，着力推动进城农民工实现更充分更高质量就业，切实维护农民工劳动保障权益，不断提升农民工享受城镇基本公共服务水平，加快促进农民工城市化融合。

一、“十三五”时期浙江进城农民工基本情况

（一）男性新生代农民工是进城务工主力军

“十三五”时期，浙江进城农民工中，男性占比由2015年的58.9%提高至2020年的59.3%，扩大0.4个百分点。进城农民工平均年龄由2015年的36.1岁增加至2020年的40.3岁，增加4.2岁。截至2020年，40岁以下的新生代农民工占52.0%，是进城务工的主力，但与2015年相比，占比下降13.3个百分点（详见表1）。

表1　“十三五”时期进城农民工年龄分布（%）

年　龄	2015年	2016年	2017年	2018年	2019年	2020年
16-20岁	4.3	3.9	2.9	1.9	2.1	2.6
21-25岁	12.8	10.8	10.5	9.3	8.7	8.2
26-30岁	19.3	17.8	17.3	15.3	13.2	12.6
31-35岁	14.4	15.2	15.4	15.7	16.2	15.7
36-40岁	14.5	14.7	13.7	14.5	13.8	12.9
41-45岁	14.7	14.1	14.6	14.0	14.1	14.1
46-50岁	11.2	12.1	12.3	13.0	13.6	13.1
51岁+	8.8	11.4	13.2	16.3	18.4	20.8

（二）省外农民工持续流入为浙江发展贡献力量

“十三五”时期，浙江以更加开放的姿态迎接省外农民工的流入，在浙江找工作未受到户籍限制的农民工占比由2015年的94.8%提高至2020年的99.1%，扩大4.3个百分点。调查显示，超七成的省外农民工持续流入浙江打工，2019年，省外农民工占73.4%，与2015年相比微降0.4个百分点。2020年受疫情影响，省外农民工占72.9%，比2019年缩小0.5个百分点。排名前三的省外农民工来源地分别是安徽、河南、江西，其中来自周边省份安徽的占比由2015年的17.4%提高至2020年的18.7%，扩大1.3个百分点；来自人口输出大省河南的占比由8.6%提高至10.3%，扩大1.7个百分点；来自江西农民工的占比由8.8%降至6.5%，缩小2.3个百分点。

（三）就业环境逐步改善，工资性就业增加

“十三五”时期，浙江经济社会发展再上新台阶，社会保障全面提升，就业环境持续改善，尤其是2020年，统筹疫情防控和经济社会发展取得重大成效。进城农民工从事工资性就业（雇员）的占比由2015年的74.1%提高至2020年的76.4%，扩大2.3个百分点；自我经营、雇主的农民工占比由17.5%降至15.3%，缩小2.2个百分点。2015年未从业农民工的占比为8.4%，2019年降至7.6%，2020年因疫情影响，升至8.2%。受雇就业的农民工对所从事的工作表示满意的占比由2015年的52.4%提高至2020年的67.6%，扩大15.2个百分点；雇主或自营的农民工满意度由42.7%提高至56.2%，扩大13.5个百分点。

（四）产业转型升级加快，就业结构更趋合理

“十三五”时期，浙江产业转型升级加快推进，高质量发展特征明显，进城农民工就业产业结构更趋合理。从事第二产业的进城农民工占比仍然最高，但由2015年的57.4%降至2020年的56.7%，缩小0.7个百分点；其次是第三产业，占比由41.7%提高至42.0%，扩大0.3个百分点；从事第一产业的占比由0.9%提高至1.3%，扩大0.4个百分点。截至2020年，农民工目前从事的主要行业排名前三的分别是制造业，建筑业，批发和零售业，分别占41.7%、14.1%、10.3%。随着人民生活水平的提高，居民服务、修理和其他服务业占比也由8.4%提高至9.1%，扩大0.7个百分点（详见表2）。

表2　“十三五”时期进城农民工从事行业情况（%）

从事的主要行业	2015年	2016年	2017年	2018年	2019年	2020年
第一产业	**0.9**	**0.5**	**0.8**	**1.2**	**1.4**	**1.3**
第二产业	**57.4**	**55.3**	**57.8**	**54.8**	**53.8**	**56.7**
采矿业	0.0	0.0	0.1	0.1	0.1	0.2
制造业	43.6	41.4	43.3	41.4	40.0	41.7
电力、热力、燃气及水的生产和供应业	1.0	1.3	1.3	1.3	0.7	0.7
建筑业	12.8	12.5	13.2	12.0	13.0	14.1
第三产业	**41.7**	**44.2**	**41.4**	**44.0**	**44.8**	**42.0**
批发和零售业	12.3	13.3	12.2	12.6	11.6	10.3
交通运输、仓储和邮政业	4.0	5.6	4.2	4.4	4.1	3.8
住宿和餐饮业	6.4	8.4	8.5	7.7	9.5	7.7
信息传输、软件和信息技术服务业	1.1	2.2	2.0	2.3	2.1	1.6
金融业	0.9	0.9	0.9	0.7	0.6	1.0
房地产业	0.6	0.7	0.7	0.8	0.6	1.1
租赁和商务服务业	3.9	2.1	1.8	2.6	1.8	1.6
科学研究和技术服务	0.7	0.2	0.3	0.3	0.3	0.2
水利、环境和公共设施管理业	0.3	0.2	0.1	0.3	0.2	0.4
居民服务、修理和其他服务业	8.4	7.0	7.2	7.5	9.2	9.1
教育	0.5	0.8	0.8	0.9	1.0	0.8
卫生、社会工作	1.0	1.4	1.2	1.6	1.7	2.2
文化、体育和娱乐业	1.2	0.9	0.7	1.4	1.1	1.2
公共管理、社会保障和社会组织	0.4	0.5	0.7	1.0	1.0	1.0
国际组织	0.0	0.0	0.0	0.0	0.0	0.0

二、“十三五”时期浙江进城农民工社会融合成效显著

（一）收入稳步增长，生活水平有所提高

“十三五”时期，浙江进城农民工工作时间缩短，但收入水平稳步增长，2017年开始，年均收入水平突破“六万元”关口。2020年进城农民工平均工作时间为9.1个月，比2015年的10.1个月缩短1.0个月。进城从业农民工年均现金收入从2015年的50455元（4205元/月）增加至2020年的68098元（5675元/月），增长35.0%，年均增幅为0.8%。

随着收入水平的增长，进城农民工的生活水平亦有所提高。2020年人均每月生活消费现金支出为3673元，比2015年的3002元增加670元，增长22.3%，年均增幅为0.7%；每月结余由1203元增加至2002元，

增加799元，年均增幅为0.9%。从衡量生活水平的恩格尔系数看，食品烟酒消费支出占比由2015年的42.9%降至2020年的38.9%，缩减4.0个百分点。2020年住房人均居住面积为41.5平方米，比2015年的36.7平方米增加4.8个平方米。从家庭用品拥有情况看，“十三五”时期，随着智能手机的普及，拥有电视机、计算机的农民工占比分别减少18.9和9.8个百分点，拥有电冰箱、洗衣机、汽车的占比则分别提高14.3、15.2和17.1个百分点。

表3 “十三五”时期浙江进城农民工家庭用品拥有变动情况（%）

家庭用品	2015年	2016年	2017年	2018年	2019年	2020年
电视机	74.1	68.6	64.8	63.0	60.4	55.2
电冰箱	54.3	57.4	60.9	64.8	66.2	68.6
计算机	53.7	51.3	50.8	47.2	44.8	43.9
上网（计算机或手机）	81.4	88.0	90.6	93.3	94.8	94.7
洗衣机	48.9	51.1	55.5	59.6	61.0	64.1
汽　车	20.7	23.2	28.6	32.3	35.7	37.8

（二）社会保障全面提升，安全获得感增强

“十三五”时期，浙江进城农民工“五险一金”缴纳比例全面提升（详见表4），进城农民工基本权益得到更好地保障，安全获得感进一步增强。工伤保险的缴纳比例提高最快，由2015年的44.7%提高至2020年的58.2%，扩大13.5个百分点；其次是缴纳生育保险的占比由25.3%提高至37.8%，扩大12.5个百分点；提高幅度排名第三的是失业保险，缴纳比例由29.2%提升至39.8%，扩大10.6个百分点。缴纳养老保险、医疗保险的占比也分别扩大9.6和8.9个百分点。住房公积金的缴纳比例由11.7%提高至16.3%，扩大4.6个百分点。

表4 “十三五”时期浙江进城农民工“五险一金”缴纳占比情况（%）

五险一金缴纳	2015年	2016年	2017年	2018年	2019年	2020年
缴纳养老保险	33.6	34.4	35.8	41.4	42.3	43.2
缴纳工伤保险	44.7	47.7	51.6	55.4	57.3	58.2
缴纳医疗保险	34.3	34.5	36.4	41.6	42.5	43.2
缴纳失业保险	29.2	30.9	33.7	38.8	39.6	39.8
缴纳生育保险	25.3	27.3	29.9	35.3	36.3	37.8
住房公积金	11.7	13.5	13.3	17.4	15.6	16.3

（三）社区参与度提高，城市融合程度加深

“十三五”时期，浙江省各地积极培育社区社会组织，畅通参与机制，引导农民工有序参与基层社会治理，进城农民工社区参与度提高，城市融合程度加深。调查显示，进城农民工外出后参加过人大代表选举的占比由2015年的33.1%提高至2020年的41.3%，扩大8.2个百分点；进城农民工家人经常参加和偶尔参加所住社区组织活动的占比由2015年的20.9%提高至2020年的24.3%，扩大3.4个百分点。加入工会的占比由2015年的48.0%提高至2020年的55.0%，扩大7.0个百分点。截至2020年，参加过工会活动的进城农民工占比为90.4%，比2015年的87.2%扩大3.2个百分点。

（四）基础公共教育改善，随迁儿童教育得到妥善解决

浙江省委省政府贯彻落实党的十八大和十八届五中全会精神，坚持教育的公益性和普惠性，保障公民依法享有接受良好教育的机会，改善进城农民工随迁子女的教育问题。据调查，“十三五”时期，随迁儿

童就读公办学校和由政府支持的民办学校的占比由2015年的72.5%提高至2020年的84.4%，扩大11.9个百分点。2020年，81.2%的进城农民工认为学校师资条件非常好或比较好，比2015年提高13.3个百分点；46.4%的随迁儿童在当前居住地上学没什么问题，比2015年扩大12.6个百分点。总体而言，进城农民工对孩子受教育状况满意度在逐年提高，认为满意或者非常满意的占比由65.6%提高至76.8%，五年间扩大11.2个百分点。

三、存在的主要问题

（一）住房贵是进城农民工在城镇定居的首要障碍

“十三五”时期，随着房价的持续上行，进城农民工在城镇的居住成本水涨船高，成为他们在城镇落户的首要障碍，且这一矛盾日益突出。在回答目前在城镇定居的主要障碍时，认为进城定居的首要障碍是住房贵的占比由2015年的31.7%提高至2020年的42.9%，扩大11.2个百分点。

（二）进城农民工学历和技能水平有待进一步提升

截至2020年，近七成进城农民工是初中及以下学历，占比为66.6%，仅仅比2015年的69.7%缩小3.1个百分点，总体学历水平仍然不高。2020年无任何职业资格证书或技术等级证书的农民工占比达89.8%，职业技能水平有待提升。

（三）娱乐活动单一，精神生活不够丰富

农民工业余娱乐活动单一，“上网”成为农民工业余（工作、睡觉之外的时间）的主要活动，占比由22.9%提高至32.2%，扩大9.3个百分点。而需要充分与人互动的“文娱体育活动”占比由3.6%降至2.8%，缩小0.8个百分点。此外，用来自我充电的“参加学习培训”和“读书看报”，五年间仅增加0.5个百分点。

四、对策建议

（一）切实解决进城农民工居住问题

一是进一步加强农民工住房保障管理，将农民工住房保障需求纳入城市住房建设和保障规划统筹安排；二是做好租赁补贴发放保障，以政府补贴方式解决进城务工人员住房困难；三是完善住房公积金保障制度，宣传鼓励缴存住房公积金，扩大农民工公积金缴纳覆盖面。

（二）加大农民工职业技能培训力度

建立农民工技能型人才培养机制，聚焦建筑业、制造业和批发零售业等农民工集聚重点行业，根据农民工职业发展需要，开展各类技能培训，提高农民工就业能力。

（三）加强党建引领，丰富农民工精神生活

在农民工党员相对集中、行业相对趋同的地方，建立农民工基层党组织，发挥党建引领作用，拓展在外农民工服务保障工作的覆盖面，促进城市建设成果共享。

"十三五"时期浙江居民消费价格运行情况

"十三五"时期，浙江认真贯彻党中央决策部署，全面践行五大发展理念，攻坚克难，砥砺奋进，经济运行平稳有序，综合实力不断提升，高水平全面建成小康社会取得决定性成就。"十三五"时期，浙江居民消费价格总水平（CPI）上涨12.0%，整体温和可控，结构性波动特征明显。

一、"十三五"时期浙江居民消费价格运行概况

（一）居民消费价格总体温和可控

"十三五"时期，浙江消费品市场供应充足，市场运行稳定有序，居民消费价格总水平累计上涨12.0%，涨幅较"十二五"时期（14.0%）缩小2.0个百分点。分年度看，各年CPI温和上涨，2016-2020年分别上涨1.9%、2.1%、2.3%、2.9%和2.3%。

（二）八大类商品和服务价格"七升一降"

"十三五"时期，所调查的八大类商品和服务价格累计涨幅呈"七升一降"特点。其中，食品烟酒价格上涨22.5%，教育文化和娱乐价格上涨13.8%，医疗保健价格上涨13.1%，其他用品和服务价格上涨11.7%，居住价格上涨10.4%，衣着价格上涨7.1%，生活用品及服务价格上涨5.7%；交通和通信价格下降3.5%。从价格运行的结构来看，食品烟酒类、教育文化和娱乐类、医疗保健类价格上涨是推动CPI上涨的主要因素。

表1　"十三五"时期八大类价格涨跌情况

单位：%

分类	2016年	2017年	2018年	2019年	2020年	五年累计上涨	年均增长
食品烟酒	4.4	0.3	2.6	6.2	7.4	22.5	4.1
衣着	1.5	1.9	1.1	1.8	0.5	7.1	1.4
居住	1.0	5.1	3.4	0.6	-0.1	10.4	2.0
生活用品及服务	0.2	0.7	1.4	1.8	1.6	5.7	1.1
交通和通信	-1.3	1.3	1.0	-1.0	-3.5	-3.5	-0.7
教育文化和娱乐	2.7	2.7	2.2	3.7	1.8	13.8	2.6
医疗保健	1.3	2.3	2.6	4.8	1.5	13.1	2.5
其他用品和服务	2.5	1.1	0.2	3.2	4.2	11.7	2.2

（三）浙江CPI累计涨幅略高于全国平均水平，农村涨幅高于城市

与全国相比，"十三五"时期，浙江CPI累计涨幅（12.0%）高于全国平均水平0.5个百分点。从各年看，2016年浙江CPI低于全国平均水平0.1个百分点，2017年和2018年分别高于全国平均水平0.5和0.2个百分点，2019年涨幅与全国一致，2020年低于全国平均0.2个百分点。其中，教育文化和娱乐、居住、衣着、生活用品及服务、食品烟酒价格分别高于全国3.6、2.7、1.7、1.7和0.5个百分点。

与其他省份相比，涨幅由高到低排序，在全国31个省（区、市）中，与湖北、江西、四川并列排第6

位，在华东六省一市中与江西省并列排第 3 位，分别低于山东、江苏 0.7 和 0.5 个百分点，高于上海、安徽、福建 0.9、1.2 和 2.5 个百分点。

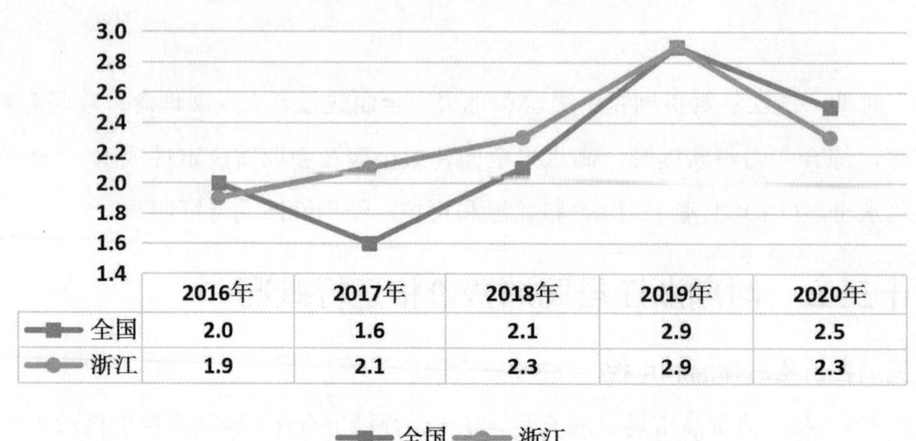

图 1　“十三五”时期浙江 CPI 涨幅与全国平均水平的比较（%）

分城乡看，“十三五”时期，浙江城市 CPI 累计上涨 11.8%，农村 CPI 累计上涨 12.6%，农村涨幅及波动幅度均大于城市。从八大类看，主要是农村的衣着、其他用品和服务、食品烟酒、交通和通信累计涨幅分别高于城市 3.2、3.0、2.6 和 1.5 个百分点。

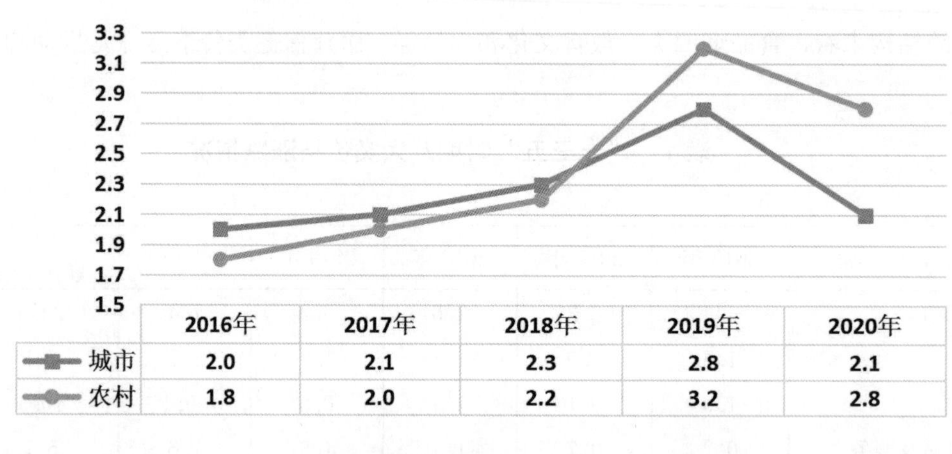

图 2　“十三五”时期浙江城市与农村 CPI 涨幅走势（%）

二、全省主要商品和服务价格运行特点

（一）食品价格上涨成为拉动 CPI 上涨的首要因素

“十三五”时期，浙江 CPI 运行的结构性特征突出，食品价格累计上涨 26.4%。各年涨幅分别为 5.1%、-0.9%、2.6%、8.0%和 9.5%。尤其是 2019 年起，受非洲猪瘟疫情影响猪肉价格领涨，食品价格上涨对 CPI 的影响程度明显增强，2019 年和 2020 年分别影响 CPI 上涨 1.44 和 1.81 个百分点。

1. 畜肉类价格大幅上涨。“十三五”时期，受非洲猪瘟疫情及新冠肺炎疫情影响，市场供应偏紧，我省畜肉类价格累计上涨 83.5%，各年涨幅分别为 11.9%、-3.9%、-1.7%、26.3%和 37.3%。其中，猪肉价格累计上涨 100.7%。受猪肉价格上涨带动，以及养殖、运输成本上涨的影响，牛肉、羊肉价格分别上涨 35.7% 和 22.9%。

2. 鲜瓜果、禽肉类、鲜菜、水产品、食用油、奶类等食品价格温和上涨。“十三五”时期，禽肉类价格上涨 22.8%，鲜菜价格上涨 21.6%，水产品价格上涨 15.9%，鲜瓜果价格上涨 9.0%，食用油价格上涨 8.1%，奶类价格上涨 6.7%，涨势较为温和。

3. 粮食、蛋类价格相对平稳。“十三五”时期，粮食价格上涨 4.2%，蛋类价格上涨 0.6%。

（二）服务价格维持刚性上涨

近年来居民收入水平不断提高，随着人民对美好生活的向往和追求，服务性消费需求增多，劳动密集型的服务项目价格维持刚性上涨。“十三五”时期，全省服务价格累计上涨 11.4%，年均上涨 2.2%。其中，家庭服务价格上涨 27.7%，住房装潢维修价格上涨 24.4%，美容美发洗浴价格上涨 20.6%，教育服务价格上涨 19.5%，养老服务价格上涨 19.4%，私房房租价格上涨 14.0%，旅游价格上涨 12.6%，医疗服务价格上涨 8.2%，交通费价格上涨 5.3%，文化娱乐服务价格上涨 4.3%。

（三）工业品价格涨跌互现，总体平稳

2012 年-2015 年，我国产能利用率明显偏低、生产领域通缩压力明显，产能过剩形势严峻。2016 年，随着我国投资、消费和外贸的总体需求稳中趋缓，与工业品密切相关行业需求回暖，同时，中央去产能政策改变供需格局，有效提升工业品价格，煤炭、钢铁等大宗商品价格逐步回升。“十三五”时期，浙江工业品价格累计上涨 3.6%。从各年看，2016 年工业品价格下降 0.2%，2017-2019 年分别上涨 1.9%、1.9%和 1.0%，2020 年下降 1.0%，五年平均上涨 0.7%。从分类看，金饰品、药品及医疗器具、服装、住房装潢材料、家庭日用杂品、个人护理用品、家具、液化石油气、家用纺织品、教育用品价格分别上涨 54.1%、22.0%、9.2%、8.5%、8.3%、6.9%、6.6%、4.9%、4.5%和 4.1%。此外，受市场竞争和产品更新换代的影响，通信工具、交通工具、文娱耐用消费品、家用器具价格分别下降 13.4%、7.6%、7.6%和 3.8%。

三、“十三五”时期浙江居民消费价格变动因素分析

（一）稳健的货币政策有助于稳定物价总水平

央行通过信贷政策、利率政策及外汇政策等手段控制和调节货币供应量，货币供应量影响市场总需求，而货币的流通方向也会影响市场总供给，受供求作用的相互影响，物价随之波动。“十三五”时期，央行坚持实施稳健的货币政策，灵活适度、精准导向，坚持以总量政策适度、融资成本明显下降、支持实体经济三大确定性方向，应对高度不确定的形势，灵活把握货币政策调控的力度、节奏和重点，为确保完成决胜全面建成小康社会营造了适宜的货币金融环境。浙江精准把握好政策要求，紧紧围绕服务实体经济和供给侧结构性改革，认真贯彻稳健的货币政策，积极引导全省金融机构落实好货币政策调控目标，以适度信贷增长支持经济高质量发展。

（二）消费升级促进物价波动呈结构分化特征

“十三五”时期，浙江消费结构不断优化，消费环境不断提升，以网络购物、移动支付、线上线下融合等新业态新模式为特征的新型消费迅速发展。一是服务性消费支出比重加大，2019年浙江居民人均服务性消费支出占47.6%，比2015年提高3.2个百分点。教育培训、文化娱乐休闲、其他用品和服务等支出增长

较快，文化旅游消费、体育健身消费等成为新增长点；二是升级类商品增长较快，汽车等耐用消费品消费呈现智能化高端化趋势。受消费升级的影响，物价波动呈明显的结构分化特征，教育、健康相关、旅游、娱乐、邮递等服务价格指数呈现稳健上涨的态势，交通工具、通信工具、金融保险等因产品更新换代和市场竞争激烈，价格有所下降。

（三）政策性定价改革拉升教育和医疗价格

1.稳步推进教育收费改革，非营利性民办学校实行政府制定价格或者市场调节价。受部分市县相继调整幼儿园、民办中小学和高等教育收费标准的影响，教育服务价格累计上涨19.5%，其中，学前教育、小学初中教育、高等教育、高中中职教育价格分别上涨28.4%、22.8%、15.2%和11.0%。按年度看，2016-2020年分别上涨4.1%、2.9%、3.0%、4.5%和3.6%，拉动当年CPI分别上涨0.28、0.20、0.21、0.32和0.26个百分点，对各年CPI上涨的影响程度分别为14.7%、9.5%、9.4%、11.2%和11.6%。

2.巩固破除以药补医成果，持续深化公立医院医疗服务价格改革。受部分市县深化医药卫生体制改革，体现医务人员的技术劳务价值，调整公立医院医疗服务定价的影响，2019和2020年医疗服务价格累计分别上涨3.3%和3.5%，均拉动当年CPI上涨0.15个百分点，对CPI上涨的影响程度分别为5.0%和6.7%。此外，2020年，浙江推进医保、医疗、医药联动改革，推进在线交易药品全国最低价联动工作，分批实施多种慢性病用药集采降价取得明显实效，全年西药价格下降4.3%，与2019年上涨7.2%相比，价格明显下降；中药价格上涨0.2%，与2019年上涨4.8%相比，涨幅明显收窄。

（四）国际大宗商品价格波动传递到消费终端

我国经济已经深度融入全球经济，物价走势客观上会受到外部因素影响，国际大宗商品价格上涨会通过影响原材料成本等方式传递到消费终端。“十三五”时期，受国际金价波动的影响，金饰品价格上涨 54.1%；受煤炭价格上涨以及政府不断推进供给侧结构性改革的影响，水泥综合成本不断提升，价格上涨 22.9%；受国际原油价格波动影响，汽油、柴油价格分别下降 5.2%和 2.9%。此外，2018 年受中美贸易摩擦的影响，进口大豆、豆粕等大宗农产品价格出现明显上涨，一定程度推高了国内猪肉、畜禽、食用油、豆制品等产品价格。

（五）突发事件对 CPI 的阶段性影响

1. 非洲猪瘟疫情影响猪肉价格大幅上涨。2018 年下半年，国内部分地区发现非洲猪瘟疫情，省内供应和外调输入明显减少，生猪供给持续收缩，2018 年 9 月份起猪肉价格节节攀升。从月度同比来看，猪肉价格同比涨幅于 2020 年 2 月达到历史高点，上涨 113.9%。随着浙江生猪增产保供稳价措施持续发力，新建和改扩建猪场陆续投产，生猪和能繁母猪存栏保持快速恢复势头，叠加省外肉源调运供给增加，政府储备肉投放力度加大，猪肉价格高位回落。2020 年 3 月份起，猪肉价格同比涨幅明显回落，10 月份月度涨幅由涨转跌，下降 1.9%。猪肉价格上涨带动食品价格上涨，是近两年推动 CPI 上涨的首要因素。2019 和 2020 年猪肉价格累计分别上涨 33.1%和 43.0%，分别拉动 CPI 上涨 0.71 和 1.19 个百分点，对 CPI 上涨的影响程度分别为 24.7%和 52.6%。

2. 新冠肺炎疫情推高食品价格，拉低部分服务价格。2020 年初爆发新冠肺炎疫情，消费市场受其影响较大，物价波动明显。首先表现在食品价格的大幅上涨。由于疫情防控，鲜活食品跨省运输难度加大，农贸市场供给不足，猪肉、鲜菜、水产品等食品价格上涨明显。3 月份随着疫情防控形势趋向好转，各类企业和经营场所积极复工复产，流通供销渠道有效恢复，市场短期供应偏紧的局面得到缓解，食品价格逐步回落至正常水平。其次，疫情对文旅行业的冲击较为明显。疫情推动居民消费结构发生变化，市民出行意愿显著降低，2020 年前三季度飞机票、旅行社收费、电影票、旅馆住宿价格分别下降 14.7%、3.8%、2.0% 和 0.7%。随着疫情防控逐渐向好，旅游景区陆续开放，电影院有序复工，居民的消费热情和需求进一步释放，文旅行业逐渐复苏，9 月份旅行社收费、电影票价格环比均出现正增长。

四、“十四五”时期稳定物价水平的建议

（一）加强市场价格监测预测预警

一是根据经济社会发展情况和政府宏观调控政策及价格监管工作的需要，建立健全价格监测预警网络，做好价格信息的采集、处理和传报工作，并实行分类分级管理。二是加大对重要民生商品和服务价格变化的监测预警力度，关注节假日或突发事件等重要时间节点的价格变动，关注价格、成本、市场供求等变动情况，关注上下游及关联产品价格变化，及时提示预警市场变化和价格波动风险，防止物价联动上涨。三是关注国际大宗商品价格走势，针对苗头性、倾向性问题要及时发现，根据需要及时采取相应调控措施，促进市场供应和价格稳定。

（二）加强粮食和重要农产品保障

牢牢把住粮食安全主动权，稳定优势产区粮食综合生产能力，落实“藏粮于地、藏粮于技”战略，优化农业生产结构和区域布局，稳步提升粮食播种面积，提高猪肉自给率。进一步落实好“米袋子”省长负责制和“菜篮子”市长负责制，稳定市场物价，切实保障好城乡居民粮食等主要农产品供给。

（三）强化民生兜底保障

社会救助事关困难群众基本生活和衣食冷暖，关系民生、连着民心，要进一步完善社会救助制度，把社会救助和保障标准与物价上涨挂钩联动机制作为重要抓手，立足社会保障建设的兜底性、基础性定位，更加突出稳字当头、稳中求进，扎实做好“六稳”工作、着力落实“六保”任务，切实保障困难群众和重点群体基本生活。

（四）促进居民消费潜力释放

近年来，我国消费需求增速持续下行，特别是 2020 年，受到新冠肺炎疫情的冲击后，消费需求明显不足。为更好地满足消费需求，释放消费潜力，加快畅通国内大循环、促进国内国际双循环，要充分发挥浙江的数字经济优势、加快培育新型消费，以市场化机制引导要素市场改革，激发市场主体的创新发展活力；不断推进供给侧结构性改革，增加市场有效供给，不断满足城乡居民日益增长的消费需求，推动居民消费结构升级，促进经济平稳有序发展。

“十三五”时期
浙江工业生产者价格运行情况分析

“十三五”时期，浙江面对严峻复杂的外部环境和经济下行压力，积极践行“八八战略”，奋力打造“重要窗口”，围绕高质量发展主线，深入推进供给侧结构性改革，经济发展持续向高质量迈进。作为国民经济发展的“晴雨表”之一的浙江工业生产者出厂价格，“十三五”时期温和上涨，五年累计上涨 2.2%。

一、“十三五”时期浙江工业生产者价格运行情况

（一）工业生产者价格总体上涨，购销价格总体呈“高进低出”态势

“十三五”时期浙江工业生产者出厂价格累计上涨 2.2%，购进价格累计上涨 4.9%，总体呈“高进低出”态势。分年来看，各年价格涨跌起伏较大（见图 1），2016-2020 年工业生产者出厂价格涨跌幅分别为-1.7%、4.8%、3.4%、-1.1%和-3.1%，购进价格涨跌幅分别为-2.2%、9.6%、5.1%、-2.9%和-4.1%。价格上涨的 2017、2018 年，购进价格涨幅分别大于出厂价格涨幅 4.8 和 1.7 个百分点，呈“高进低出”态势。价格下降的 2016、2019 和 2020 年，出厂价格跌幅分别小于购进价格跌幅 0.5、1.8 和 1.0 个百分点，呈“低进高出”态势。

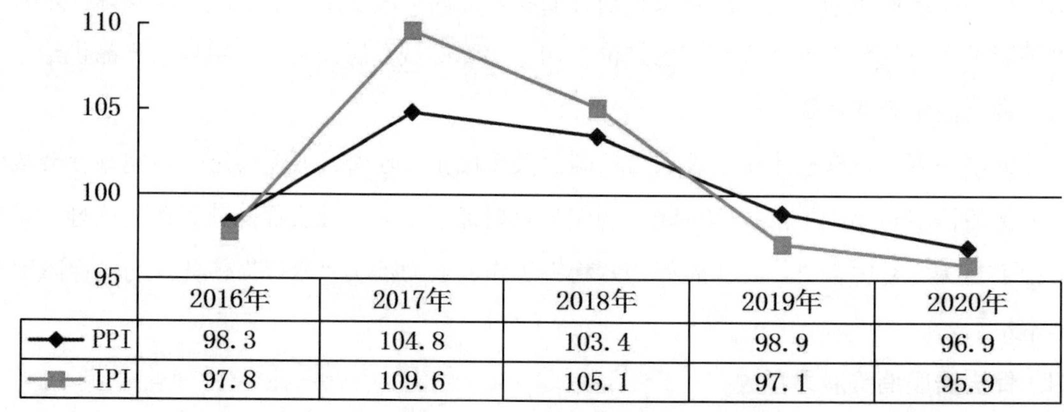

	2016年	2017年	2018年	2019年	2020年
PPI	98.3	104.8	103.4	98.9	96.9
IPI	97.8	109.6	105.1	97.1	95.9

图 1 “十三五”时期浙江 PPI、IPI 走势

（二）工业生产者出厂价格月度同比阶段性波动特征明显

“十三五”时期浙江工业生产者出厂价格月度同比走势分为四个阶段（见图 2）。

1. 由降转升阶段（2016 年 1 月-2017 年 2 月）。受国际大宗商品价格触底反弹及国内供给侧结构性改革推动影响，国内外市场供求关系改善，工业生产者出厂价格由降转升，同比涨幅从 2016 年 1 月的低点（-3.9%）扩大至 2017 年 2 月（5.1%）的阶段性高点。

2. 高位运行阶段（2017 年 3 月-2018 年 6 月）。受国内经济稳中向好、国外经济有力复苏影响，市场需求旺盛，各种资源类大宗商品价格高位运行，浙江作为资源输入大省，输入性价格上涨因素持续发力，该阶段工业生产者出厂价格维持在 3%以上的涨幅，2017 年 10 月涨幅最高达到 6.1%。

3. 回调下探阶段（2018 年 7 月-2020 年 5 月）。随着国内经济增速减缓、国际贸易摩擦加大，大宗商

品价格开始回调，工业生产者出厂价格涨幅逐月收窄，至 2019 年 1 月由升转降，2019 年 4 月短暂上涨 0.4%，此后步入持续下降通道。特别是 2020 年 1 月以来新冠疫情对世界经济造成较大负面影响，大宗商品价格大幅下降，工业生产者出厂价格降幅迅速扩大，到 2020 年 5 月降幅达 4.9%，为 5 年内低点。

4. 企稳回升阶段（2020 年 6 月-2020 年 12 月）。该阶段国内经济趋稳，部分发达国家和新兴经济体经济逐渐复苏，大宗商品价格走出低谷，工业生产者出厂价格同比降幅逐步收窄，从 2020 年 6 月下降 4.2% 收窄到 2020 年 12 月下降 1.7%。

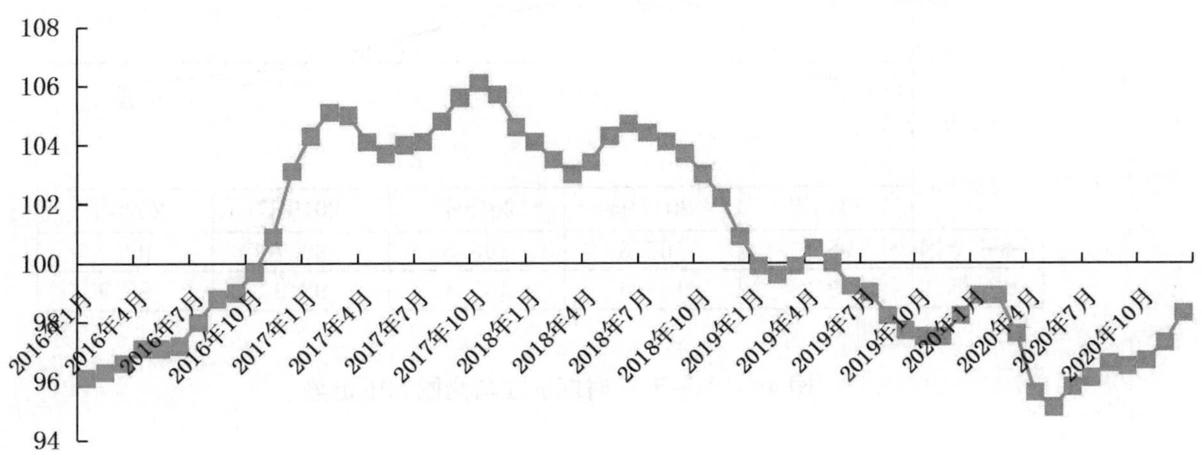

图 2 “十三五”时期浙江 PPI 月度同比走势

（三）工业生产者出厂价格涨跌幅与工业增加值增速走势基本同步

2016-2020 年，浙江工业生产者出厂价格变动趋势与全省规模以上工业增加值增速走势基本同步（见图 3）。工业生产者出厂价格 2016 年降幅缩小，2017 年由降转升，同期工业增加值增速分别比上年扩大 1.8 和 2.1 个百分点；工业生产者出厂价格 2018 年涨幅回落，2019 年由升转降，2020 年降幅扩大，同期工业增加值增速也是逐年缩小，分别比上年回落 1.0、0.7 和 1.2 个百分点。

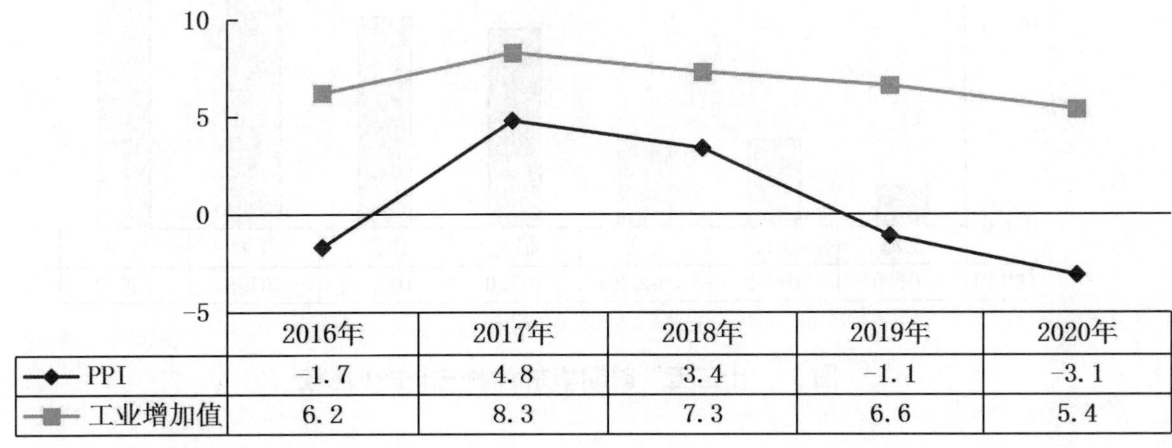

	2016年	2017年	2018年	2019年	2020年
PPI	-1.7	4.8	3.4	-1.1	-3.1
工业增加值	6.2	8.3	7.3	6.6	5.4

图 3 “十三五”时期浙江 PPI 涨跌幅与工业增加值增速走势（%）

（四）与全国及华东六省一市比较

1.浙江 PPI 走势与全国基本一致，但低于全国。“十三五”时期，浙江 PPI（102.2）低于全国（106.2）4.0 个百分点。分年度来看，浙江 PPI 与全国 PPI 走势基本一致（见图 4），各年差距分别为 0.3、1.5、0.1、0.8 和 1.3 个百分点，其中 2017 年差距（1.5）最大，2018 年差距（0.1）最小。

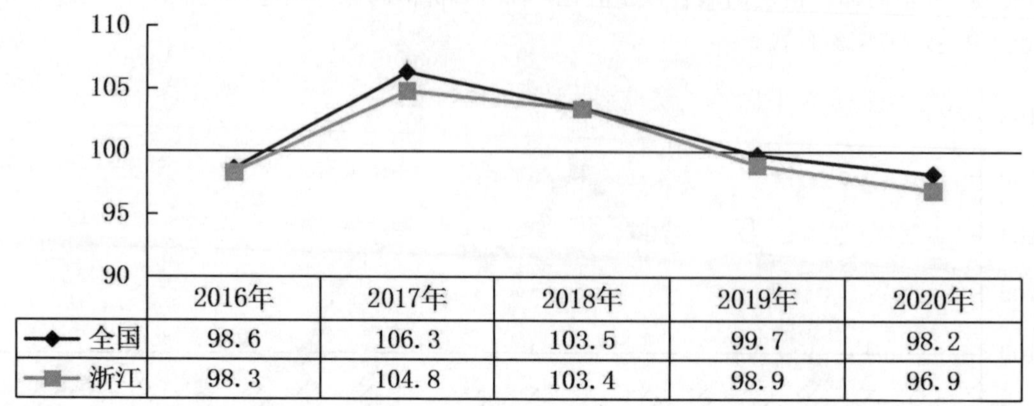

图 4 “十三五”时期浙江与全国 PPI 走势

2.浙江 PPI 在全国及华东六省一市排名情况。“十三五”时期，浙江 PPI（102.2）在全国 31 个省（区、市）中位居第 28 位，比河北（120.6）低 18.4 个百分点，比北京（97.5）高 4.7 百分点。在华东六省一市中，浙江 PPI 与江苏持平，均居第 5 位，高于上海 1.2 个百分点，分别低于安徽、江西、山东、福建 6.8、5.7、3.1 和 2.8 个百分点（见图 5）。从浙江 PPI 与全国 PPI 的差距及在全国和华东的排名来看，一定程度上反映出浙江工业结构以深加工产品为主，抵御价格波动的能力相对较强，波动幅度相对较小。

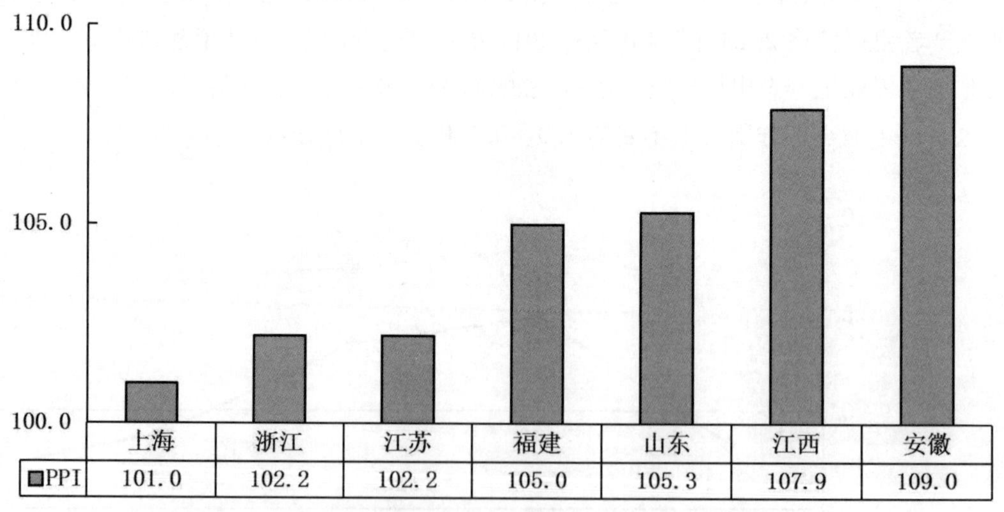

图 5 “十三五”时期华东六省一市 PPI 比较

二、“十三五”时期浙江工业生产者价格运行特点

（一）生产资料出厂价格涨幅大于生活资料

“十三五”时期，浙江生产资料、生活资料出厂价格分别上涨 2.2%和 1.7%，生产资料价格涨幅大于生活资料 0.5 个百分点。生产资料三个分类价格两涨一跌（见表 1），其中采掘产品价格上涨 30.8%，原材

料产品价格下降 2.7%，加工产品价格上涨 3.9%。生活资料四个分类价格全部上涨（见表 1），食品、衣着、一般日用品和耐用消费品价格分别上涨 5.5%、1.1%、1.1%和 0.7%。

表 1 “十三五”时期浙江生产、生活资料及分类价格涨跌幅

分　类	涨跌幅（%）
⑴生产资料	2.2
1.采掘	30.8
2.原材料	-2.7
3.加工	3.9
⑵生活资料	1.7
1.食品	5.5
2.衣着	1.1
3.一般日用品	1.1
4.耐用消费品	0.7

（二）近六成大类行业产品价格上涨，十大工业行业产品价格两涨八跌

“十三五”时期，浙江 PPI 调查的 37 个大类行业价格 21 涨 1 平 15 跌，上涨面为 56.8%。价格上涨大类中，非金属矿物制品业、黑色金属冶炼和压延加工业、有色金属冶炼和压延加工业价格涨幅较高，分别为 37.8%、31.1%和 21.2%，这三个大类拉动浙江工业生产者出厂价格上涨 2.8 个百分点。

十大工业行业产品价格 2 涨 8 跌，价格上涨的分别为金属制品业和通用设备制造业，涨幅分别为 6.7%和 0.8%；价格下降的 8 行业中，降幅超过 5%的有计算机通信和其他电子设备制造业、电力热力生产和供应业、化学纤维制造业、电气机械和器材制造业，价格分别下降 9.0%、8.2%、6.5%和 5.6%，这四个大类共拉动浙江工业生产者出厂价格下降 1.7 个百分点。

表 2 “十三五”时期浙江十大工业行业产品价格涨跌幅及对 PPI 影响

大类工业行业分类	涨跌幅（%）	对 PPI 影响（百分点）
纺织业	-0.1	-0.02
电气机械和器材制造业	-5.6	-0.49
化学原料和化学制品制造业	-0.7	-0.05
电力、热力生产和供应业	-8.2	-0.57
通用设备制造业	0.8	0.05
汽车制造业	-3.9	-0.20
金属制品业	6.7	0.29
橡胶和塑料制品业	-2.2	-0.09
计算机、通信和其他电子设备制造业	-9.0	-0.39
化学纤维制造业	-6.5	-0.25

（三）九大类购进价格七涨两跌

“十三五”时期，浙江工业生产者购进价格中九大类购进价格“7 涨 2 跌”（见图 6）。价格下降的是化工原料类和纺织原料类，降幅分别是 5.9%和 2.0%。价格上涨的大类中，涨幅居前三的是建筑材料及非金属矿类、黑色金属材料类和有色金属材料及电线类，分别上涨 36.1%、19.2%和 14.8%；木材及纸浆类、燃料动力类、农副产品类和其他工业原材料及半成品类价格分别上涨为 6.7%、6.0%、5.3%和 1.0%。

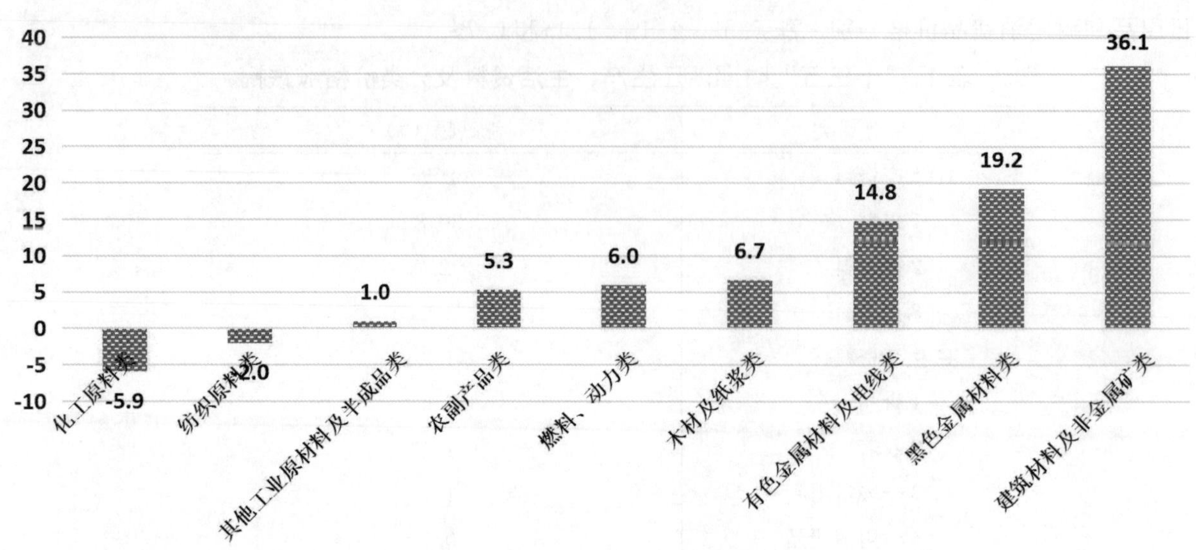

图 6 “十三五”时期浙江工业生产者购进九大类价格涨跌幅（%）

三、影响工业生产者出厂价格变动的因素分析

“十三五”时期浙江工业生产者出厂价格波动明显，是多种因素共同作用的结果。

（一）市场需求变化是根本因素

市场需求是影响工业产品定价最主要的影响因素。从国内市场需求来看，2016-2020 年全国 GDP 增速分别为 6.7%、6.6%、6.6%、6.1%和 2.3%；从国际市场需求来看，2016-2020 年全国进出口总值（美元值）增速分别为 6.8%、14.2%、12.6%、-1%和 1.5%（见图 7）。2016 年全国 GDP 增速扩大，进出口总值增速由降转升，浙江 PPI 降幅明显收窄；2017 年、2018 年全国 GDP、进出口总值增速均保持高位运行，浙江工业生产者出厂价格呈现较高涨幅；2019 年、2020 年全国 GDP 增速连续回落，进出口总值增速由升转降、低位运行，浙江工业生产者出厂价格由升转降、降幅扩大。因此，国内外市场需求变化是影响工业生产者价格变动的根本因素。

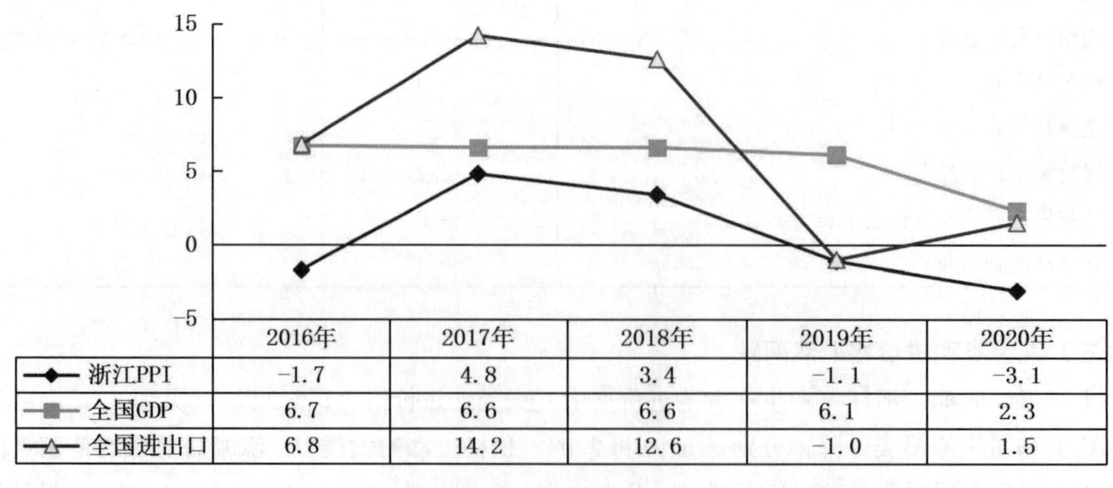

	2016年	2017年	2018年	2019年	2020年
浙江PPI	-1.7	4.8	3.4	-1.1	-3.1
全国GDP	6.7	6.6	6.6	6.1	2.3
全国进出口	6.8	14.2	12.6	-1.0	1.5

图 7 “十三五”时期浙江 PPI 涨跌幅与全国 GDP、进出口总值增速

（二）国际大宗商品价格传导效应明显

国际大宗商品价格的波动与国内相关行业下游产品价格息息相关。以WTI纽约原油价格为例，2016年初下降至不足30美元/桶，处于下游的浙江化学纤维制造业价格下降4.9%；原油价格2017年震荡上行，2018年攀升至76.9美元/桶的高点，2017年、2018年浙江化学纤维制造业价格分别上涨14.7%和7.2%；原油价格2019年高位回落，2020年上半年断崖式下降，2019年、2020年浙江化学纤维制造业价格分别下降6.3%和14.7%。其他国际大宗商品如铁矿石和下游黑色金属冶炼和压延加工业，铜、铝等有色矿产与下游有色金属冶炼和压延加工业，价格变动均密切相关，通过传导作用影响工业生产者出厂价格变动。

图8 WTI纽约原油CFD价格走势图

（三）政策变动及突发公共事件对价格产生直接影响

2018年3季度末以来，中美贸易摩擦不断升级，美国政府先后多次宣布对从中国进口的约数千亿美元商品加征关税。国内出口企业不得不部分让利美国进口商，降低出口价格，同时降价效应传递给上游原料供应商，造成部分产业链产品价格下降。2020年3月，石油输出国组织OPEC成员为维护自己国家利益和市场份额，未达成减产协议，石油价格战爆发，原油价格跌至个位数，直接影响到石化及下游相关行业价格大幅下降。部分突发公共事件同样通过影响市场需求直接作用在价格波动上。如2020年1月底，新冠肺炎疫情突然爆发并蔓延至全球，对市场需求和各行各业生产经营产生重大影响，欧美日等主要经济体经济萎缩，工业产品价格下降。

四、应密切关注的问题

（一）加大大宗商品价格监测力度

2020年下半年以来，原油价格震荡上行、铁矿石价格创出新高；四季度煤炭、天然气、有色、化工等基础产品价格同样大幅上涨。浙江作为资源输入大省，大宗商品价格持续攀升将抬升工业企业生产成本，挤压企业利润空间。政府应加强大宗商品价格监测和调控工作，及时向社会公布价格运行情况。保障基础生产资料和能源市场供需平衡，切实推进工业领域风险防范化解，确保国计民生。

（二）立足国内大循环，适当降低外贸依存度

目前浙江外贸依存度已超过50%，2020年新冠疫情爆发导致的部分出口企业订单减少、甚至取消的现象已引起高度关注。政府和企业应当充分挖掘内需，积极开拓国内市场，寻找新的需求增长点，打通国内

销售渠道；另一方面，加强国际协调合作，在与主要发达国家合作的同时，加大与“一带一路”沿线国家以及东盟等国家的产业合作，开拓非洲、拉美等未来潜在市场，实现国际国内双循环。

（三）引导和鼓励企业走出去，布局产业链，保障供应链

国际大宗商品价格的大起大落和疫情时期部分原料及零配件的断供应引起政府和企业高度警惕。政府应从国家安全的高度审视大宗商品价格话语权及产业链稳定性的极端重要性，在政策和信贷方面提供优惠政策措施，积极引导、鼓励和支持企业走出去，布局和整合相应的上下游产业，强化关键环节、关键领域、关键产品保障能力，降低原料采购成本，提高大宗商品定价的话语权，提升产业链供应链稳定性及竞争力。

"十三五"时期浙江房地产市场走势分析

"十三五"以来，浙江严格贯彻落实房地产宏观调控政策，坚持"房住不炒"的战略定位，以推进供给侧结构性改革为动力，围绕稳地价、稳房价、稳预期总目标，因地制宜、多策并举，促进房地产市场健康平稳发展。全省房地产市场呈现"总体平稳、预期向好"的发展态势，在促进经济社会发展、结构调整、改善人居环境等方面发挥了积极作用。"十四五"时期浙江房地产市场健康发展仍需补短板，破解制约因素，坚定不移落实房地产长效机制，为开启全面建设社会主义现代化强省新征程作出重要贡献。

一、"十三五"时期浙江房地产市场发展变化

（一）宏观调控政策成效显著

"十三五"时期，浙江严格落实城市主体责任制，推动实施房地产长效机制方案，调控政策运用更加成熟、调控手段更加多样，调控成效显著。2016 年推出降低契税、降息等去库存政策，对降低购房成本、减轻购房负担起到直接作用，房地产市场迅速回暖。随着热点城市房价地价的快速上涨，市场及金融风险进一步加剧，2017 年，浙江及时调整差别化房地产信贷政策，提高商业性住房贷款首付比例和上浮利率，抑制投资投机性需求。2018 年房地产市场调控政策继续推进，市场热度有所减退。2019 年房地产市场"以稳为主，一城一策，因城施策"的政策基调不变，房地产市场运行环境依然偏紧。2020 年浙江进一步加强房地产市场调控，从加强备案价格审批、政策向刚性购房需求倾斜、有效摒除投机炒房等方面引导市场平稳健康发展。

（二）国家战略提供市场发展新机遇

"十三五"时期，长三角一体化上升为国家战略，浙江作为长三角地区的核心区域，战略地位不断提升，在一体化进程中发挥着举足轻重的作用。随着新规划和新兴产业快速崛起，城市定位、产业转移、基础设施、人口流动、公共服务等多重因素为浙江房地产市场发展提供了溢出效应、集聚效应，与周边城市协同发展建立起的更畅通的人流、物流、交通圈为房地产市场带来了新空间、新机遇。

（三）住房保障体系建设稳步推进

"十三五"时期，浙江积极培育租赁市场，多主体供给长效机制逐步建立。2017 年，杭州、宁波先后加入全国住房租赁市场试点城市，温州、绍兴、义乌和嘉善"两市两县"作为省级试点城市，搭建全省统一服务平台。2018 年，浙江坚持房地产市场调控和城镇住房保障"两手抓"，进一步完善多主体供给、多渠道保障、租购并举的住房制度，住房租赁市场培育加快，租赁住房供应量显著增加。新增政府投资建设公租房分配 1.91 万套，分配率为政府投资公租房总数的 97.8%。

二、"十三五"时期浙江房地产市场运行特征

（一）房地产开发投资稳步增长

"十三五"时期，浙江房地产投资稳步提升，从 2016 年的 7469 亿元提升至 2020 年的 11414 亿元。在国家供给侧结构性改革去库存大背景下，2016 年房地产投资趋于谨慎，项目开工有所控制，增长 5.0%，增速为五年内最低。2017 年房地产投资逐步回暖，增长 10.1%。2018 年投资增速达 20.9%峰值后，2019 年迅速回落至 7.4%。2020 年房地产投资增长 6.8%，其中住宅投资 8090 亿元，增长 4.7%；住宅施工面积 36070 万平方米，增长 15.7%；住宅新开工面积 10444 万平方米，增长 25.1%。

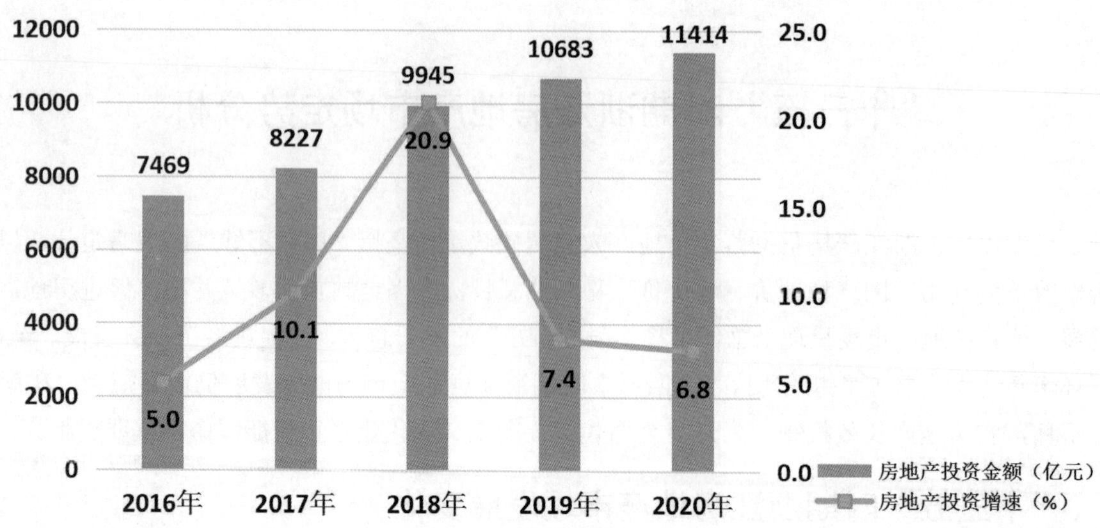

图 1　2016-2020 年浙江房地产投资情况

（二）市场成交量保持高位

"十三五"时期，全省每年新建商品住宅成交量均保持在 32 万套及以上，二手住宅成交量保持在 24 万套以上。2016 年，受去库存政策影响，成交量逐步回升，全省新建商品住宅和二手住宅分别成交 37.1 万套和 26.4 万套。2017 年，受新建商品住宅限购等因素影响，部分需求外溢到二手住宅，全省新建商品住宅和二手住宅分别成交 36.1 万套和 30.2 万套，二手住宅成交套数为五年内最高值。2018 年新建商品住宅成交 36.6 万套，二手住宅成交量回落，成交 24.2 万套。2019 年新建商品住宅成交 32.0 万套，为五年内最低，二手住宅成交量回升，为 26.5 万套。2020 年随着疫情防控进入常态化，市场运行态势由冷转暖，新建商品住宅成交量达 38.0 万套，为五年内最高值，二手住宅成交量进一步回升，为 29.9 万套。

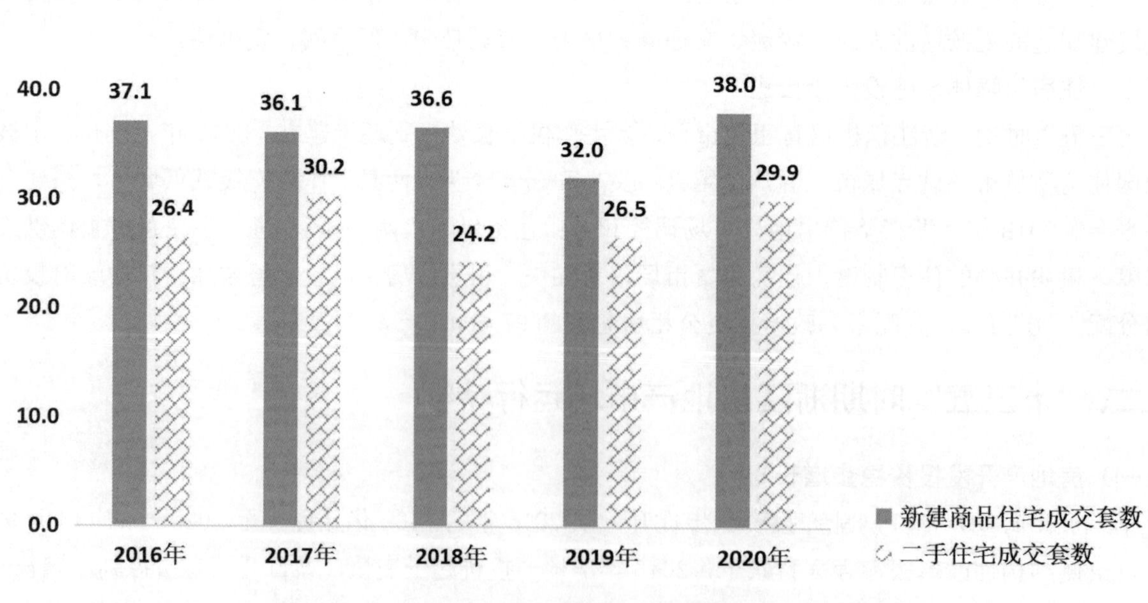

图 2　2016-2020 年浙江住宅销售情况（万套）

（三）11个设区市住宅销售价格持续上行

“十三五”时期，11个设区市新建商品住宅销售价格、二手住宅销售价格均持续上行。2016年11个设区市新建商品住宅销售价格快速上涨，全年累计上涨20.0%，为五年内最高；2017年累计涨幅迅速回落，为3.4%；2018年、2019年和2020年累计涨幅分别为5.1%、7.3%和4.9%。2016年11个设区市二手住宅销售价格累计上涨15.1%，为五年内最高；2017年、2018年累计涨幅连续回落，分别为8.3%、4.0%；2019年和2020年分别上涨5.9%和7.0%。

（四）杭州、宁波价格涨幅领先

“十三五”时期，11个设区市中杭州、宁波新建商品住宅价格累计涨幅居前列，分别上涨48.1%、41.5%；金华、温州分别上涨39.1%和23.7%。从二手住宅看，杭州价格累计涨幅居前，上涨50.3%；宁波上涨41.4%；金华、温州分别上涨25.5%、20.4%。

（五）房地产去化效果显著

《浙江省房地产业发展“十三五”规划》中提出“促进存量商品房消化”。2016年以来，浙江从需求和供给两端推进，化解房地产库存，取得显著效果。截至2016年12月底，全省新建商品住宅库存量16.2万套，比年初减少39.5%；消化周期降低至5.7个月，比年初缩短8.1个月。随着库存数量的减少、销售量的持续回升以及土地供应有序推进的相互影响，2017年至2019年新建商品住宅库存量在12.2万套至18.5万套之间上下波动。2020年库存面积震荡回升，12月底全省库存量为21.2万套，去化周期7.3个月，处于6-12个月的合理区间。

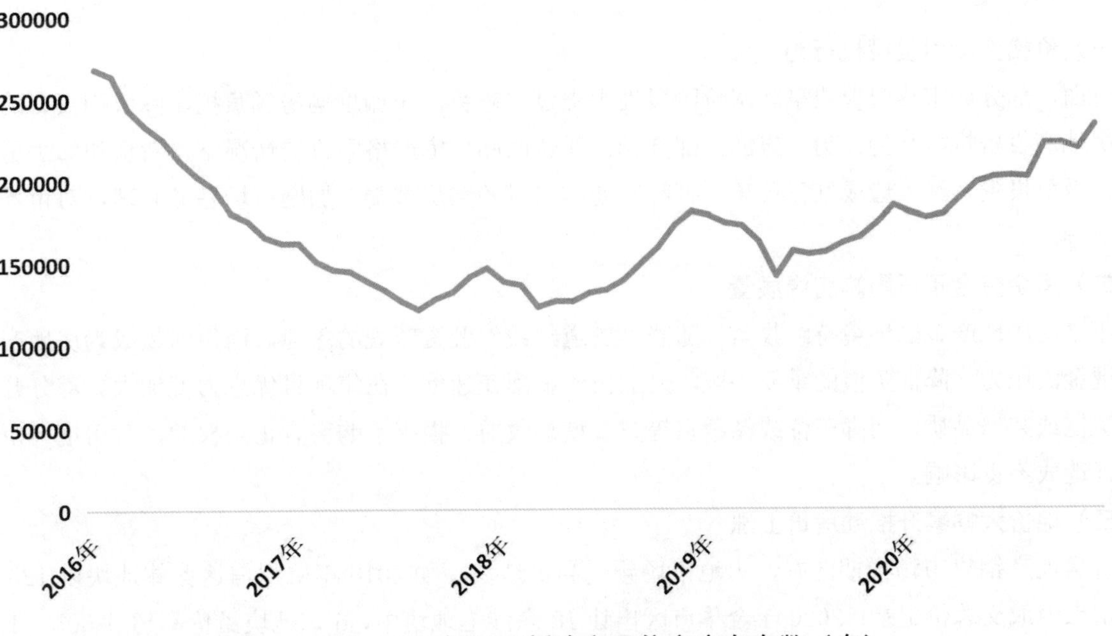

图3　2016-2020年浙江新建商品住宅库存套数（套）

（六）改善型户型需求进一步提升

“十三五”时期，随着居民人均可支配收入不断增长，人民对美好生活的向好不断提升，房地产业从扩张增量向产品优化转型升级，高档楼盘不断涌现，改善型需求不断增加。2020年全省新建商品住宅共成交38.0万套，其中改善型户型90-144平方米房源共成交26.8万套，占比从2018年的59.0%增长到70.6%；而90平方米以下房源共成交7.1万套，占比从2018年的30.0%下降到18.8%；144平方米以上房源共成交4.0万套，占比从2018年的11.0%下降到10.6%。

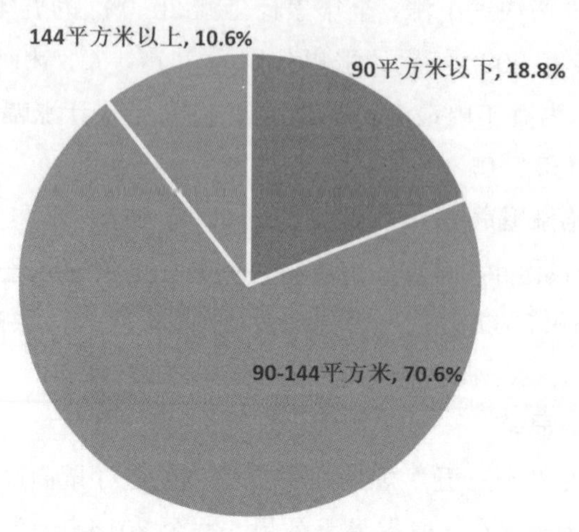

图 4　2020 年新建商品住宅面积分类成交套数占比

三、当前影响房地产市场健康平稳发展的因素

（一）价格变动引发投机行为

一方面，部分城市热门板块呈现房价阶段性上涨过快态势，在加重购房者负担、降低购买力的同时容易引发房地产投资投机行为；另一方面，部分城市新建商品住宅严格限价的情况下，新房和二手房价格倒挂明显，吸引投资客涌入造成红盘现象，打乱普通购房者的购房节奏，加剧市场恐慌心理，对市场预期产生不良引导。

（二）房企资金承压影响房源质量

近年来，房地产金融环境持续收紧，随着“三道红线”融资新规的落地，销售回款成为房地产开发企业缓解现金流压力、降低负债的重要手段，为加快资金回笼速度，在售项目优惠力度加大。部分开发商选择降低房屋或装修品质、捆绑车位或储藏室等方式增加收益，损害了购房者正当权益，对房地产市场健康平稳运行造成不良影响。

（三）地价大幅攀升推动房价上涨

随着房地产销售市场预期向好，土地市场频现高价地块。如 2016 年杭州信达奥体地块以 123 亿总价刷新单宗土地成交总价记录；2020 年金华市区出让 18 宗涉宅地块中，6 宗地块溢价率超过 50%。土地出让价格上涨使房地产开发成本攀升，导致房价呈现成本推动型上涨，影响房地产市场健康平稳发展。

四、促进“十四五”时期房地产市场健康发展的建议

（一）健全管控机制，强化市场监测

一是坚决贯彻落实“房住不炒”的政策基调，持续发挥房地产长效机制作用，保障居民不断增长的居住需求，遏制投机炒房、过度投资等行为，为人民群众安居乐业提供良好环境。二是推进商品住宅价格网格化管理，审核确定各区块网格实际销售价格控制线，从房地产项目的价格审批-销售-网签等多环节加强监管，做到每个楼盘精细化管理。三是健全房地产市场预警监测机制，结合土地供应、银行信贷、人口变动、住房结构、消费特征等不同维度，科学研判房地产市场状况和发展趋势，实现精准调控。

（二）精准库存管理，优化土地供应

一是多方征求意见，合理确定“十四五”时期土地供给配比，结合市场规模、需求和布局，有序推送地块，缩短开工周期，提高土地利用率，通过土地调控形成对房地产市场的有效引导。二是进一步落实房地价联动机制，健全土地市场动态监测制度，结合未来区域规划与房价预判，设定土地的容积率、起拍价和住宅限价等指标精准供地，从源头上把控好供应“总闸门”。三是统筹资源供给与市场消费之间的结构平衡，科学分析市场供求状况，盘活存量商品房，缓解结构性过剩和短缺问题，促进土地资源配置与市场需求的良性互动。

（三）加强舆论引导，促进理性消费

一是建立健全网上舆情监测机制，对于过度渲染市场“一房难求”、“快速涨价”等消息引起市场恐慌，或故意夸大楼盘投资性质等恶意引导舆论的行为及时介入查处。二是持续开展房地产市场专项整治行动，严厉打击房产企业与中介机构违法违规行为，重点对捂盘惜售、虚假宣传、加价销售等扰乱市场秩序的行为加大查处力度。三是积极营造正面宣传的舆论氛围，在官方新闻宣传媒体客观、公正、及时地报道房地产市场情况，引导市场行为按需而行，树立购房者的信心，消除焦虑和投机心态，从而稳定市场预期，倡导理性消费。

（四）规范市场管理，提升住宅品质

一是加强房地产企业诚信建设和行业自律，引导企业理性把握市场发展走势，合理规划开发户型，督促在建工程顺利建设交付，规范市场运行秩序。二是强化住宅质量管控，重点关注房地价差较小的热点项目，做好商品住宅竣工交付前工程质量预警、住宅工程分户验收监督抽查、住宅全装修工程施工质量监督指导等关键环节，减少交房后的质量纠纷与投诉。三是充分发挥市场在资源配置中的决定性作用，鼓励企业发展旅游、养老、文化等新业态，加快完善新建住宅小区周边配套基础设施，适应市民个性化、多元化需求。

阶段性成绩可喜 长期性目标可期
—— “十三五”时期浙江粮食生产情况分析

“十三五”时期，浙江省委、省政府高度重视粮食安全工作，将粮食安全保障作为重要的政治任务来抓，积极推进农业供给侧结构性改革，持续推进种植业结构调整，全省粮食生产呈恢复性发展，牢牢守住了粮食安全底线。

一、“十三五”时期粮食生产取得阶段性成绩

（一）产能更加巩固

“十三五”时期，浙江粮食生产得到恢复性发展。2020 年全省粮食总产量恢复至 600 万吨以上，较“十二五”末期增加 21.7 万吨。2016-2020 年，全省粮食播种面积分别为 1427.03 万亩、1465.79 万亩、1463.59 万亩、1466.16 万亩、1490.10 万亩，年均递增 1.09 %；全省粮食总产量分别为 564.84 万吨、580.14 万吨、599.14 万吨、592.15 万吨、605.70 万吨，年均递增 1.76 %。

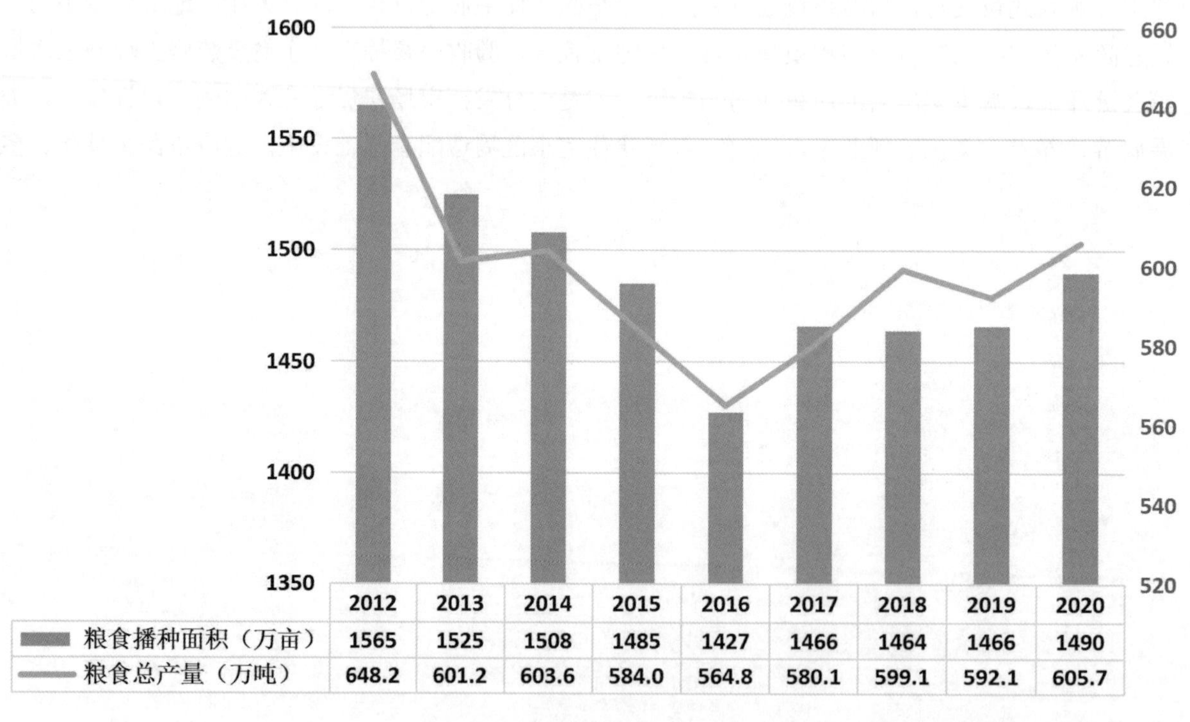

	2012	2013	2014	2015	2016	2017	2018	2019	2020
粮食播种面积（万亩）	1565	1525	1508	1485	1427	1466	1464	1466	1490
粮食总产量（万吨）	648.2	601.2	603.6	584.0	564.8	580.1	599.1	592.1	605.7

图 1 2012-2020 年全省粮食播种面积和产量

分季节看，浙江每年紧抓粮食生产“大头”，秋粮连获丰收，为全年粮食生产奠定较好基础。2016-2020 年秋粮占全年粮食产量比例分别为 81.6%、79.8%、81.1%、81.8%和 80.4%，均保持在 80%左右。“十三五”末期，得益于全省粮食种植面积增加，早稻和夏收粮食产量均有扩增趋势。

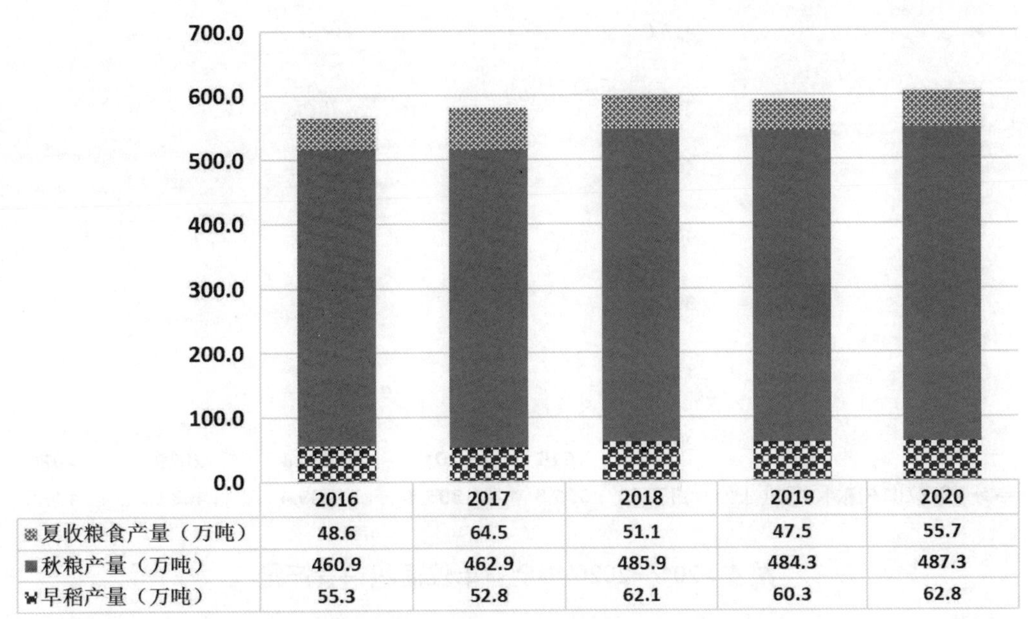

	2016	2017	2018	2019	2020
夏收粮食产量（万吨）	48.6	64.5	51.1	47.5	55.7
秋粮产量（万吨）	460.9	462.9	485.9	484.3	487.3
早稻产量（万吨）	55.3	52.8	62.1	60.3	62.8

图 2　2016-2020 年全省分季节粮食种植情况

分品种看（见图 3），谷物是浙江粮食作物第一品种，2016-2020 年，全省谷物总产量占当年粮食总产量的比重稳定在 88%左右；薯类总产量占当年粮食总产量的比重略有下降，分别为 6.9%、6.8%、5.9%、5.6%和 6.4%；豆类总产量占当年粮食总产量的比重略有增加，分别为 4.8%、4.7%、4.7%、5.2%和 5.1%。

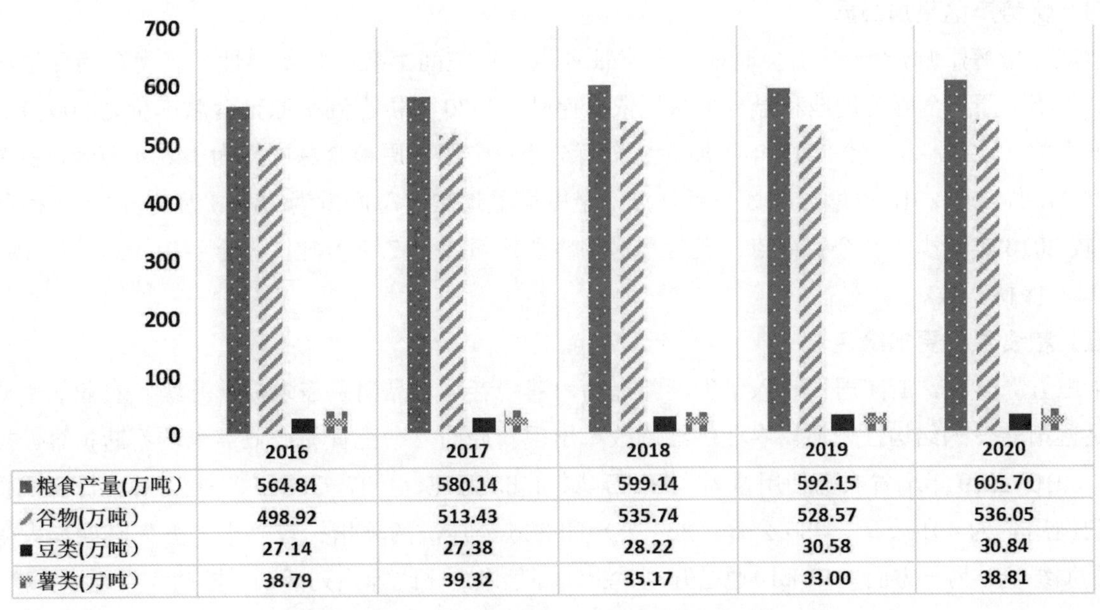

	2016	2017	2018	2019	2020
粮食产量(万吨)	564.84	580.14	599.14	592.15	605.70
谷物(万吨)	498.92	513.43	535.74	528.57	536.05
豆类(万吨)	27.14	27.38	28.22	30.58	30.84
薯类(万吨)	38.79	39.32	35.17	33.00	38.81

图 3　2016-2020 年全省分品种粮食种植情况

（二）单产动能更充足

“十三五”时期，浙江农业部门大力推广良种覆盖率，单位面积粮食产量整体呈上升趋势。2016-2020 年全省单位面积粮食产量分别为 395.8 公斤/亩、395.8 公斤/亩、409.4 公斤/亩、403.9 公斤/亩和 406.5 公斤/亩。

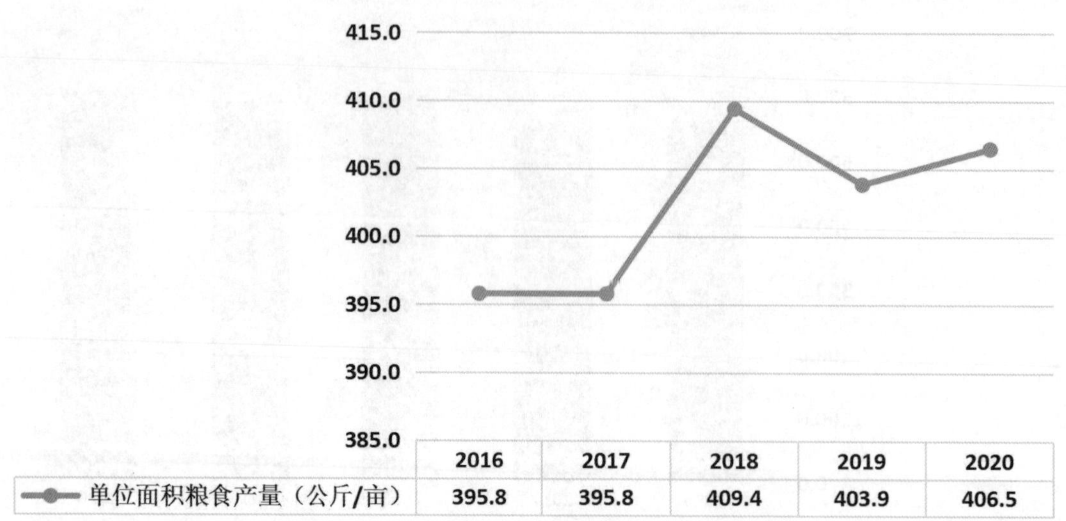

	2016	2017	2018	2019	2020
单位面积粮食产量（公斤/亩）	395.8	395.8	409.4	403.9	406.5

图 4　2016-2020 年全省单位面积粮食产量

（三）商品粮生产更加稳定

“十三五”时期，浙江商品粮食播种面积和产量逐年上升，其中省级商品粮面积和产量增长明显。据统计年鉴显示，2016-2019 年，国家级商品粮播种面积为 469.1 万亩、480 万亩、494 万亩、489.7 万亩；总产量为 193.9 万吨、198.1 万吨、208.6 万吨 、207.2 万吨。省级商品粮播种面积为 199.2 万亩、202.2 万亩、203.5 万亩、204.4 万亩；总产量为 79.4 万吨、81.3 万吨、83.9 万吨、83.6 万吨。

（四）优势产区更加凸显

受地理环境等影响，“十三五”时期，全省粮食生产在空间上有一定差异性，表现在粮食生产按杭嘉湖平原、宁绍平原、金丽衢盆地和温台平原呈依次递减。2020 年杭嘉湖平原粮食总产量为 200.9 万吨，占全省总产量的 33.2%，占比较 2016 年增加 0.9 个百分点；宁绍平原粮食总产量为 146.4 万吨，占全省粮食总产量的 24.2%，较 2016 年增加 0.3 个百分点；金丽衢盆地粮食总产量为 137.8 万吨，占全省粮食总量的 22.8%，较 2016 年减少 1.2 个百分点；温台平原粮食总产量为 117.7 万吨，占全省粮食总量的 19.4%，与 2016 年基本保持一致。

（五）粮食生产更加绿色

“十三五”时期，浙江居民收入水平不断提高，消费者对食品消费需求提档升级，农业的主要矛盾由总量不足逐渐转变为结构性矛盾。农业供给侧改革出现新局面，绿色食品产业需求端不断扩容。据统计年鉴显示，2016-2019 年全省农药使用量为 4.95 万吨、4.63 万吨、4.37 万吨和 3.86 万吨，每公顷播种面积农业化肥施用量为 401 公斤、386 公斤、364 公斤和 335 公斤，两项指标较“十二五”时期均大幅下降，农产品更加绿色。另一方面农口部门通过开展“浙江好稻米”评比等系列活动，推动我省稻米生产优质化、绿色化和品牌化，对培育优质稻米发挥积极作用。

二、“十三五”时期浙江粮食发展存在的问题

（一）基础保障服务待加强

浙江“七山一水二分田”的地貌省情下，农田过于分散零碎，田埂较多，面积过小，机耕道、灌溉渠、排涝闸等系列基础设施配套仍需加强。“十三五”时期，浙江粮食生产的机械化水平大幅提高，但仍然存在较多短板，其中最重要的问题是机耕面积远大于机收面积。据统计年鉴显示， 2019 年全省农业机耕面积 2007.2 万亩，机收面积为 1137.4 万亩，机收面积仅为机耕面积的 56.7%。2016-2019 年全省粮食加工

机械分别为 12.01 万台、11.65 万台、11.32 万台和 11.01 万台，逐年减少。同时，据沿海地区种粮大户反映，由于前期投入成本高等原因，现有烘干机保有量难以满足台风季烘干需求。

（二）靠天吃饭未根本扭转

粮食生产时期极易出现各种极端灾害性天气，如雨涝、台风、低温冻害及各种病虫草害等。据 2019 年浙江省气候中心发布，全年极端天气气候事件频发，气象灾害影响严重，“秋季降水显著偏少，西部气象干旱严重”、超强台风“利奇马”等灾害都给我省农业生产造成了巨大损失。据浙江省报灾系统统计，截至 8 月 11 日，“利奇马”造成全省农作物受灾面积 18.9 万公顷，绝收约 2.3 万公顷，直接经济损失 166.3 亿余元。2020 年浙江又经历了罕见的超长梅汛期、跨年强寒潮等恶劣天气，据浙江省预警信息发布中心数据，2020 年寒潮、低温、大风、高温预警数量显著增加，其中暴雨预警 1711 条。2021 年有关部门也亟需对“拉尼娜”现象开展监测预警。此外，病虫害防治存难，施药次数有所增加，农药效果有待进一步增强。

（三）农业用地审批有难点

“十三五”时期，浙江农业生产机械化程度提高和农业生产用地审批难矛盾较为突出。据舟山调研反映，岱山某种粮大户原有生产用房无法满足现在 20 余台大中型农机停放要求，但因农用地审批难导致农机长期露天堆放，风吹雨打耗损较为严重。浙江绿天农业开发有限公司表示，该企业为永嘉最大的粮食加工销售企业，但向政府申请的 20 亩用地指标多年未批，现仓储用房不足，周边缺乏合适仓储用房，且租金较贵，每平方米约为 15 元/月。此外，全省粮食收储能力仍有待加强。据温岭某大户反映，早稻收割在夏收夏种时期，大部分稻谷都是露天临时储存，该市台风较多，稻谷一旦泡水损失就比较大，需相关部门帮扶解决稻谷临时储存问题。

（四）粮食对外依存度较大

据统计年鉴，“十三五”时期，全省常住人口快速增加， 2019 年末常住人口达 5850 万人，较“十二五”末增加 311 万人，省内人均粮食产量却较“十二五”末期减少 4.21 公斤，省内粮食对外依存度加大。一是 2016-2019 年，省内人均粮食产量分别为 101.05 公斤、102.55 公斤、104.43 公斤、101.22 公斤，从整体来看“十三五”时期省内人均粮食产量呈下降趋势。二是据国家统计局数据，2019 年全国人均粮食占有量 470 公斤，我省粮食人均产量为 101.22 公斤，远低于全国平均水平。

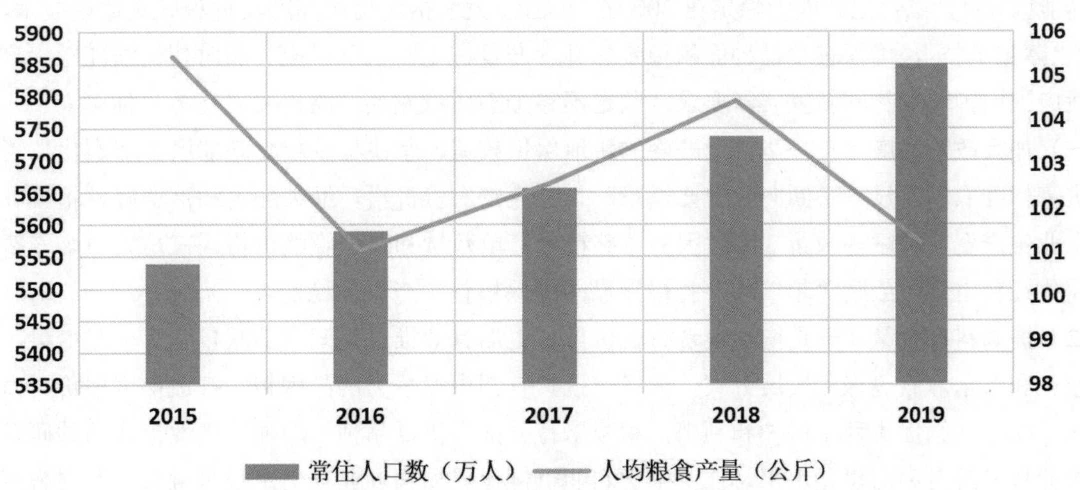

图 5　2015-2019 年全省常住人口数与人均粮食产量

（五）农业老龄化问题突出

从全省范围内看，一是本地种粮大户老龄化较为严重。据舟山专题调研反映，该市 60 岁及以上种粮大户占比达 53.5%，年龄最大 73 岁，“十四五”时期种粮大户平均年龄或将进一步增大。省内部分地区出现一些粮二代，集中在子承父业，但扎根不深、普遍性不高。二是农业从业劳动力老龄化严重。据衢州专题调研反映，该市50%的受访新型农业经营主体反映雇工难、雇工老龄化问题较为突出，青壮年农业生产劳动力极少，不仅影响机械化进程还容易增加农业生产安全风险。上述现象纠其原因主要还是青壮年对农业知识结构的脱节、粮食种植经济效益不高、新型职业农民身份认同度不够等。

（六）粮食产业贡献度偏弱

据统计年鉴显示，2016-2019年，全省粮食产值分别为185.1亿元、188.43亿元、194.2亿元和195.85亿元，“十三五”时期呈逐年恢复。但粮食产值占当年农业产值比重较低，分别为12.7%、12.6%、12.8%和12.3%，较“十二五”末期明显下降（2015年占比16.8%）。

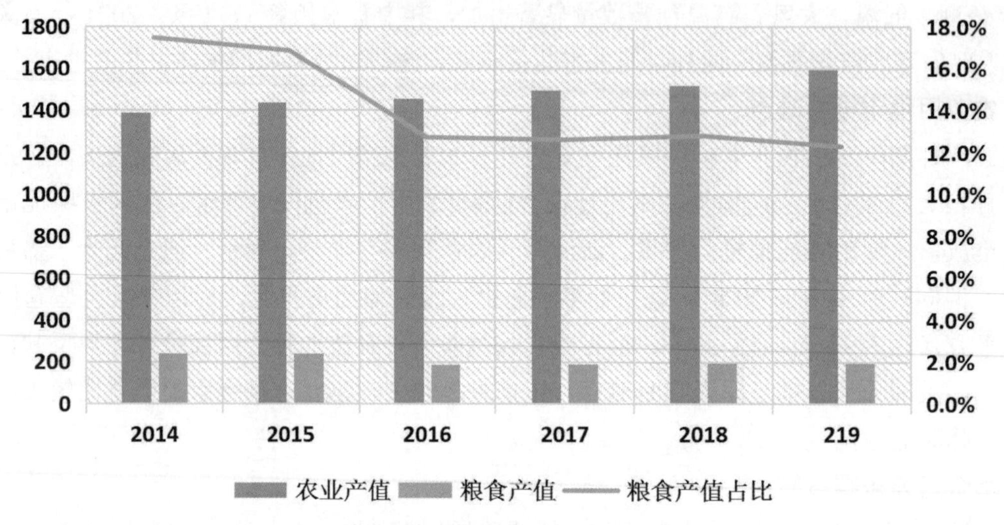

图6 2014-2019年粮食产值占比

三、走新时代粮食产业高质量发展之路

浙江省政府工作报告明确指出，要加强粮食和重要农产品保障，严格保护永久基本农田和810万亩粮食生产功能区，粮食综合生产能力稳定在300亿斤以上，大力推广优质高产良种和先进适用技术，实现“藏粮于地”“藏粮于技”，确保粮食播种面积稳步提升，产量在120亿斤以上。新时代的浙江粮食产业发展，要积极适应国内国际形势的新发展新要求，坚定不移走高质量发展道路，发展任务目标可期。

（一）加大政策力度。一是坚持最严格的耕地保护政策，坚决杜绝粮食功能区“非农化”、“非粮化”，着力推进高标准农田建设，不断向土地要增量。二是稳定农资价格，继续加大和落实好种粮直补、农机具补贴和农业生产资料补贴等政策，因时因势调整粮食订单数量和最低收购价格。三是大力培养新型职业农民和规模化经营主体，鼓励“粮二代”扎根接班，确保粮食生产主体稳定。

（二）提高科技含量。一是增加粮食有机份量。更加有效推进化肥农药减量、有机肥增量、高标准农田土壤改良和节水灌溉等绿色发展方式，形成一批具有国内竞争力的品牌粮，打造梯度粮价，力促粮食发展集约化。二是加强优质种子保护和利用，积极培育、推广优良品种，增强抗病性粮食品种研发。三是持续提高农业技术装备和信息化水平，加快推进农业机械化，加强农业与信息技术融合，发展智慧农业，提高农业生产力。

（三）优化服务质量。一是探索全流程的农业生产托管模式，扩大辐射半径，进一步做好重大病虫害、极端恶劣天气等预警防控提前告知工作，扩大农业保险覆盖面。二是深化“三服务”工作，通过结对帮扶形式，增加各级农技人员基层服务力度和深度，及时掌握了解农作物生长各周期情况。三是深化农业领域最多跑一次改革，打通农业用地审批难、临时仓储库存难、烘干机使用难等堵点问题。

“十三五”时期浙江生猪发展状况分析

“十三五”时期，浙江生猪产业以“六化”（标准化、绿色化、规模化、循环化、数字化、基地化）为引领，坚持高质量发展，生猪生产逐步向规模化、集约化、标准化发展。

一、发展现状

（一）生猪饲养量先降后升

受产业转型和“两美浙江”建设需要，2016-2018 年浙江生猪产业延续“十二五”时期逐年小幅下滑态势；2019 年受非洲猪瘟疫情影响，降幅扩大，全省生猪饲养量、年末存栏和全年出栏分别为 1183.4 万头、427.3 万头和 756.1 万头，分别比 2016 年下降 31.4%、24.8%和 34.7%。2020 年随着各地加强生猪增产保供力度，新建大型养殖场（户）陆续投产，生猪产业连年下滑态势得到扭转，全省生猪饲养量、年末存栏为 1293.0 万头、627.6 万头，同比分别增长 9.3%和 46.9%；受生猪生产周期影响，全年出栏 665.4 万头，同比下降 12.0%，暂未恢复到正常年份。

随着生猪出栏的下降，浙江猪肉产量也快速下滑。2020 年浙江猪肉产量 54.2 万吨，比 2016 年下降 41.0%（见图 1）。

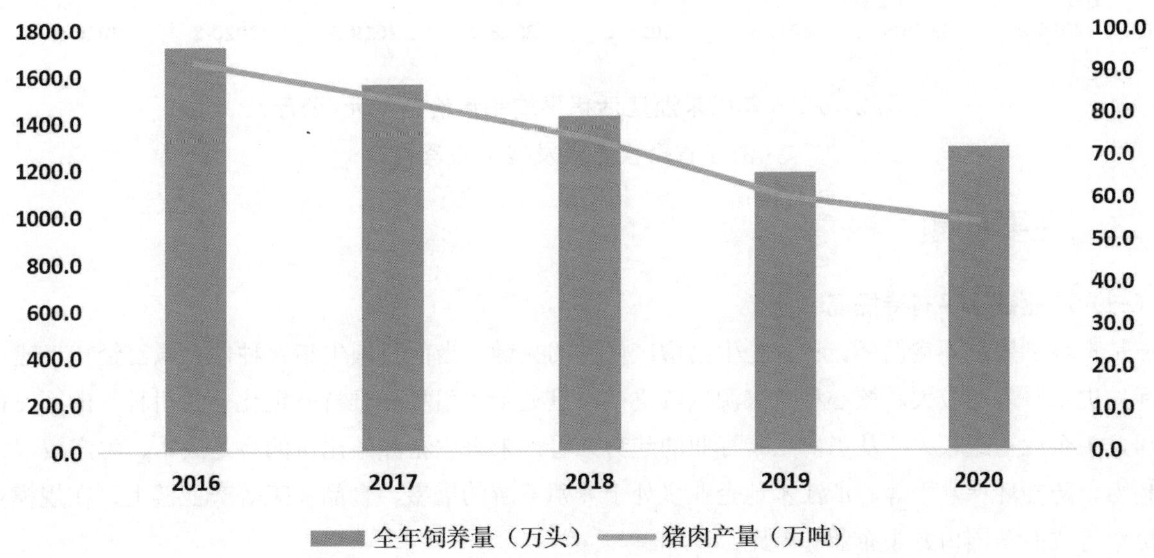

图 1　“十三五”时期浙江生猪饲养量和猪肉产量变化情况

（二）行业集聚趋势增强，区域不断优化

1. 行业集聚趋势增强。“十三五”时期，浙江生猪养殖持续向规模化、集约化、标准化发展，呈现散养户（户）逐步退出、中小规模户（户）逐渐减少、大规模养殖户（户）较快增长的特点。监测数据显示大型养殖场（户）数量、养殖量提升较快。2020 年末，大型生猪养殖场（户）共有 914 家，比上年末增加 138 家，其中万头猪场增加了 135 家；大型养殖场（户）合计生猪存栏为 465.8 万头，占全省存栏 74.2%，较上年末增加 182.5 万头。

2. 区域不断优化。浙江生猪养殖区域主要分布在杭州、金华和衢州三地，占全省 47.4%。“十三五”时期，各地以“五水共治”“美丽乡村建设”“环保督查”等为契机，持续开展禁养区划定、调整工作，“低、小、散”户逐步清退，帮扶大型场（户）新建、扩建、复养，生产和环境水平得到提高。2020年，生猪大型养殖场（户）主要分布在杭州、宁波、金华和衢州，四地市生猪大型养殖场（户）共545个，占全省的59.6%；合计生猪存栏为280.48万头，占全省44.7%。其他各市大型养殖场（户）的个数也明显增加。

（三）猪肉价格波动较大

浙江是生猪净调入省份，生猪价格变动主要受全国生猪供求关系影响。2016年至2018年4月，每公斤活猪价格在10元-20元间波动。2018年5月开始，全国生猪生产、供应受非洲猪瘟疫情影响，活猪价格大幅飙升，外省调入困难，猪肉供应偏紧。浙江活猪价格从每公斤10元左右开始上涨，到2020年2月达每公斤42元（见图2），最高价为最低价的近4倍。为此浙江省人民政府颁布《关于推进生猪产业高质量发展的意见》，要求有效保障市场供应，满足居民消费需求，提高浙江生猪自给率。

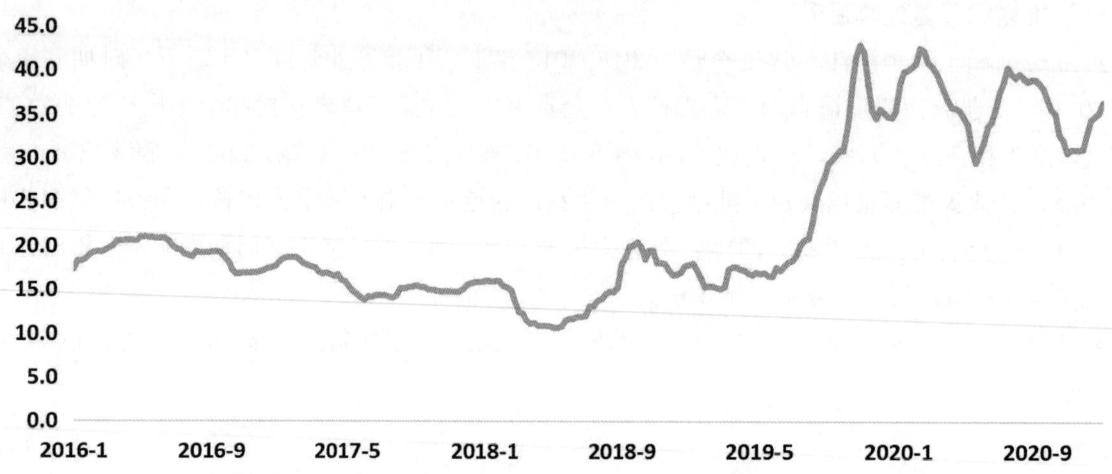

图2 2016年以来浙江活猪平均销售价格（元/公斤）

（浙江省畜牧农机发展中心资料）

二、主要问题

（一）产业链水平有待提高

一是育种扩繁呈不良循环。种猪是生猪增产保供的关键，当前我国生猪育种体系虽已经初步建立，但与国际先进水平差距较大。核心种猪来源依赖进口，且处于“引种→维持→退化→再引种”的不良循环。二是与龙头企业差距较大。从当前生猪行业的趋势来看，未来生猪养殖比拼的将是成本、生产效率、产业链控制力、防控环保水平等。浙江本地企业多处于养殖下游的屠宰、食品加工等产业链上，在规模实力、市场份额等方面与国内龙头企业有差距。

（二）养殖成本增加

一是饲料成本上涨较快。生猪养殖中50-60%为饲料成本，2020年玉米、豆粕价格均震荡上行，涨幅分别超过30%和10%。二是引种成本较高。当前母猪、仔猪价格仍处高位运行，推动养殖成本的提高。三是环保、防疫等其他投入高。大型养殖场（户）建造购买废弃物处理设施设备的初始资金较高，后续还需更新投入，资金压力较大。同时由于疫情影响，养殖场日常的防疫成本也有不同程度增加；不同企业每头猪的防疫成本增加从几元到几十元不等。

（三）疫情因素制约行业发展

非洲猪瘟、“蓝耳病”等疫情不同程度影响生猪产业发展。一方面对全国、浙江生猪生产影响较大；另一方面是一定程度上限制了生猪跨省引种、售卖，加大了区域间生猪供需的不平衡。虽然当前养殖场安全防控意识、条件和经验增强，疫情总体可防可控，但在无特效疫苗的条件下，防疫压力仍较大，生猪生产运输各环节全面恢复仍受限。

三、对策建议

（一）稳定养殖预期，落实产业政策

各级政府需贯彻落实《浙江省人民政府办公厅关于推进生猪产业高质量发展的意见》精神，依据环境容量科学规划，明确宜养区、限养区和禁养区，保持政策的延续性，形成产业发展明确稳定的预期，引导生猪养殖业健康有序发展。以“六化”为引领，坚持高质量、高水平发展方向，推进生猪产业转型升级，加快构建起布局合理、绿色安全、优质高效、环境友好、产销协调的生猪产业格局。

（二）借鉴先进经验，深化产业链体系

借鉴先进的管理和防疫经验，健全整体疫病防控体系，推行标准化生产，规范防疫标准，降低养殖风险。针对浙江生猪产业链水平不高的现状，鼓励和扶持本地生猪龙头企业抓住机遇，扩大规模、提升科技研发能力，淘汰落后工艺产能，带动整个生猪产业链发展。推行“规模养殖、集中屠宰、冷链运输、冷鲜上市”模式，加快推进畜牧业转型升级。

（三）警惕新一轮猪周期

按照生猪生产周期以及2020年底全国生猪的存栏水平，在没有突发疫情的情况下，生猪出栏有望在2021年年中开始恢复，生猪价格也将逐步回落到正常年份水平，需要关注是否会出现产能过剩的现象，以及当前高成本养殖状态下猪肉价格下跌给企业生产经营带来的影响。

“十三五”时期浙江牛养殖业发展情况

“十三五”时期，浙江大力开拓畜牧业发展新空间，继续提升畜牧产业层次，进一步推进结构优化和生态高效畜牧业发展，牛养殖业发展总体平稳。

一、“十三五”时期浙江牛养殖发展情况

（一）牛生产先降后升，总体保持稳定

“十三五”时期，浙江牛存栏和出栏均先降后升，总体平稳。“十三五”末即 2020 年末浙江牛存栏为 14.95 万头，较“十三五”初即 2016 年的 16.05 万头下降 6.9%，较“十三五”期间牛存栏最低年份即 2019 年末的 13.24 万头增长 12.9%；2020 年牛出栏为 8.84 万头，较 2016 年的 9.52 万头下降 7.1%（见图 1）。

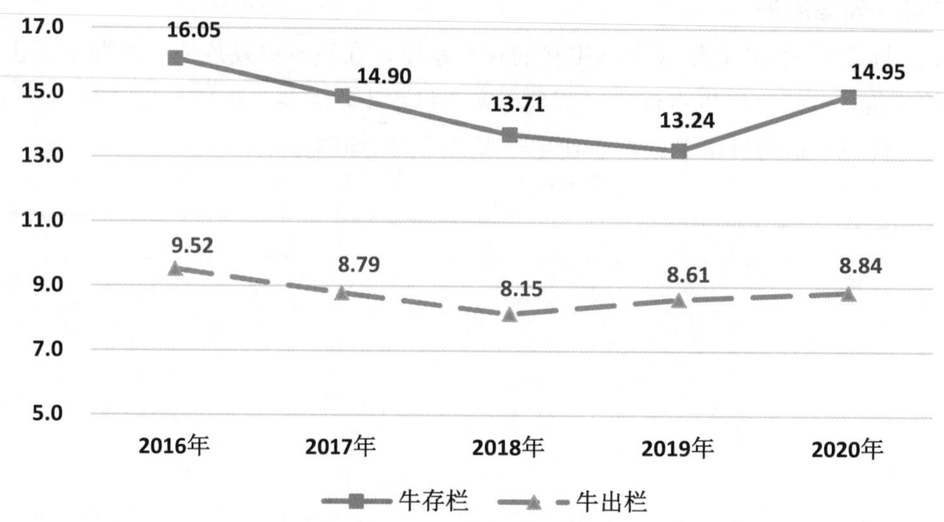

图 1 2016-2020 年浙江牛存出栏变化情况（万头）

（二）牛奶产量增加，奶牛养殖规模化发展

2020 年，浙江奶牛存栏和牛奶产量均为“十三五”时期最高。2020 年末奶牛存栏为 4.04 万头，较 2016 年的 3.68 万头增长 9.8%；牛奶产量为 18.33 万吨，较 2016 年的 14.81 万吨增长 23.8%。“十三五”时期，浙江加快推进奶业振兴，升级改造中小奶牛养殖场，一方面引导奶牛散养户向养殖小区集聚，另一方面采取“公司+基地+农户”的经营模式，有力推动奶牛养殖向规模化、集约化发展。

（三）牛肉产量先降后升，肉牛产业实现经济社会效益双丰收

“十三五”时期，牛肉产量先降后升。2020 年牛肉产量为 1.39 万吨，回升至 2016 年水平，较牛肉产量最低年份即 2018 年的 1.24 万吨增长 12.1%。肉牛养殖存在生产周期长、一次性投资大、资金占用多周转慢等特点。大型肉牛养殖企业养殖模式由传统的自繁自育模式转变为自繁自育与购入牛犊架子牛等短期育肥快速出栏模式相结合。如新冠疫情期间，乐清市顺金肥牛饲养有限公司从四川引进牦牛 3000 余头，出售后实现产值 4000 多万元，有效稳定了当地牛肉市场供应。

（四）奶牛、肉牛生产布局集中

浙江牛养殖主要分布在温州、金华、衢州、台州和丽水等地，上述五地 2020 年饲养量占全省的 75.8%。

其中奶牛主要集中在金华、宁波、杭州、绍兴等地，2020 年末该四地奶牛存栏占全省奶牛比重的 80.1%。浙江奶牛基本为规模养殖，且绝大多数为大型奶牛养殖场。从样本网点情况来看，2020 年末，浙江有 43 家奶牛大型养殖户，户均奶牛存栏 916 头，成母牛头均产奶约为 8.7 吨。肉牛则主要集中在温州、衢州、台州、丽水、金华等地，2020 年末该五地市的肉牛存栏占全省肉牛比重约 80.0%。

二、存在的主要问题

（一）肉牛企业示范效应不强，产业链不够完善

浙江肉牛大型规模化程度不高，肉牛产业链不够完善。一是缺乏示范带动效应强的大规模龙头企业。现有的龙头企业大多从四川、内蒙古等地引进架子牛，与本地养殖户的利益联结机制没有建立起来，示范带动能力不够。二是肉牛加工增值链条较短。当前肉牛企业生产产品大多为初级加工产品，精深加工、高附加值产品偏少。

（二）土地制约明显，养殖规模扩大受限

浙江地貌属于"七山一水二分田"，土地资源尤为紧张。目前省内的奶牛和肉牛养殖场大多依山而建，受周边土地性质和环境的双重制约，养殖场缺乏可成块整合利用的生产用地，养殖规模扩大受到限制。而山区养牛，一方面增加了前期场地平整等基础设施的投资，另一方面对后期饲料、鲜奶的外运也会产生影响。

（三）优惠政策补贴相对较少，融资较难

牛类养殖属于高投入行业，尤其是奶牛养殖对于设备设施机械化程度要求高，资金需求大。目前，对于牛类养殖的优惠政策主要是冻精补贴、美丽牧场建设奖励和标准化规模养殖场改建等专项扶持资金。相对于生猪来说，优惠政策的力度及补贴都相对较少。此外，养殖企业缺乏高价值的抵押物，银行融资较难。如苍南县某黄牛养殖专业合作社反映，原企业肉牛养殖规模可达 500 头，受资金不足影响，目前存栏不足 200 头，饱和率仅为 40%。

三、对策建议

（一）培育龙头企业，推动产业链提升

积极支持家庭牧场、养殖大户发展，大力引进和培育养殖龙头企业。通过整合扶贫及生产发展资金支持龙头企业进行设备改造、产能提升、标准化生产基地建设和技术创新，进一步提升精深加工能力，努力提高畜产品加工率，提升产品附加值。通过"公司+农户"等发展模式，带动小散养殖户增收致富，带动地方经济可持续发展。

（二）优化金融服务，加大资金支持力度

运用财政贴息、补助等方式，引导各类金融机构扩大对养殖产业的贷款规模，降低贷款门栏。创新金融担保机制，支持采取联户担保、专业合作社担保等方式，简化贷款手续，提高贷款额度和年限，切实解决养殖资金问题。

（三）合理规划用地，完善土地审批制度

因地制宜、科学合理地做好畜牧业发展规划和土地利用规划，特别是在规模养殖场布局和选址方面；进一步完善养殖业用地的土地审批制度，应坚持鼓励利用废弃地和荒山荒坡等未利用土地。

“十三五”时期浙江羊产业发展状况

“十三五”时期，浙江继续大力推进生态高效畜牧业发展，同时随着人民群众对羊肉的市场需求持续增长，羊产业发展总体平稳。

一、发展现状

（一）饲养总量先降后升

羊分山羊和绵羊（在杭嘉湖一带为湖羊）。“十三五”时期，全省羊、湖羊饲养量先降后升，总体保持稳定。2016 年末全省羊、湖羊饲养量分别为 292.4 和 188.7 万只，为“十三五”时期最高。2017－2019 年，受环保、市场、效益等多重因素影响，羊、湖羊饲养量呈小幅下降趋势；2020 年饲养量有所回升，分别为 270.1 万只、174.8 万只（见图 1）。其中，2020 年湖羊饲养量占比达 64.7%，为“十三五”时期最高。

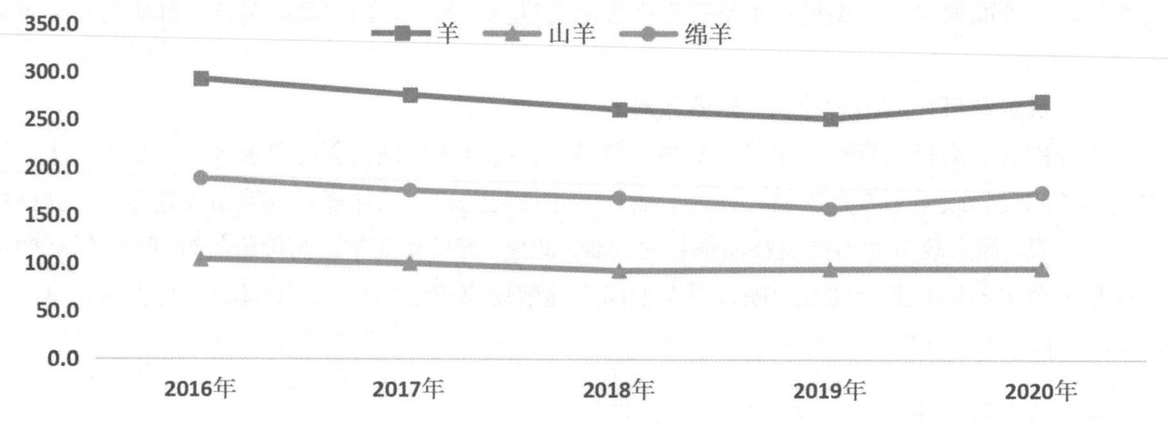

图 1 2016-2020 年浙江羊饲养量变化情况

（二）区域布局优化

浙江羊养殖主要分布在杭州、嘉兴、湖州等地，2020 年饲养量约占全省的 70%，且以湖羊为主。湖羊适合规模圈养，随着全省湖羊振兴计划的实施，各地湖羊规模饲养（年饲养量大于 500 只）的比重均有所提升，2020 年末杭州、湖州湖羊规模饲养存栏比重超过 60%，宁波、绍兴、衢州等非传统湖羊养殖区域规模饲养存栏比重也超过 30%。而山羊主要分布于温州、金华、衢州、丽水等山区，以散养为主。

（三）特色湖羊养殖提质增效

一是区域品牌优势扩大。湖州市作为国家湖羊保护区、湖羊发源地之一，2019 年获得“湖州湖羊”logo 商标，2020 年获得“湖州湖羊”地理标志证明商标。湖羊产品已进驻上海等一线城市。二是开展科学养殖。湖羊养殖采用农作物秸秆+农产品加工后的副产品或者废弃物作为饲料，养殖时间长、肉质好、产量高。部分规模企业“数字化”程度高，以长兴县吕山乡湖羊智慧养殖示范园为例，2020 年底建成投产，设计存栏为 5 万只，全机械化操作，通过数据采集源头监控每一头羊的生长状况。三是坚持共享，产业扶贫。湖羊多胎多羔的特性，成为改善西部地区羊只单胎单羔属性的重要母本，随着“湖羊援疆”、“湖羊入川”等项目的实施，2020 年以来累计输送湖羊近 3 万只，成为名副其实的“扶贫羊”。

二、主要问题

（一）产业水平有待提升

一是部分羊场建设水平低。据调研，较多小规模养殖户利用自家自留地或承包地，搭建简易的羊舍，环境较为简陋。二是产业技术更新迟缓。当前湖羊养殖中基本沿袭了传统家庭式饲养观念，在产业技术提升方面缺少指引性技术操作规程以及示范应用企业。三是产品附加值低。总体来看浙江羊肉企业多以初级产品为主，深加工较少，技术含量低、同质化竞争严重、季节性消费习惯根深蒂固，缺乏有影响力的肉羊品牌企业。

（二）生产用地矛盾突出

养殖企业反映较多的主要是土地问题，发展受限。如安吉某家庭农场反映，2020 年肉羊利润与上年相比能增加 100-150 元/只左右，但企业当前生产规模无法扩大，只能将部分羊羔出售，也无法进行机械化养殖改建。也有部分养殖场因土地、环保等原因，新建、扩建或搬迁养殖场难度很大，将养殖基地迁往了外省。

（三）疫病管理需加强

羊不需要强制集中屠宰，因此本地大部分羊场都进行自行屠宰。屠宰企业的羊基本来自于省外，在检验检疫方面只要凭对方开具的检疫证便可；外省的羊交易市场都是以市场的名义开具检疫证，检疫证的获得比较方便；而市场中羊来自各地，对于购入羊的地区的疫病防疫工作压力较大。

三、对策建议

（一）科学规划，提高畜牧合理用地供给量

在用地规划上，可结合畜牧经济的发展需要、环境、排污、疫病防控等因素，科学制订养殖用地规划，满足畜牧业合理用地需求。鼓励合理利用不易对水体造成污染的荒山、荒地或疏林地等进行综合利用。

（二）技术支撑，优化检验检疫程序

一是加强湖羊屠宰检验检疫，开展点对点检验检疫；成立第三方检验机构，在屠宰场进行屠宰前检验检疫；二是优化湖羊耳标溯源体系，在现有基础上，利用智慧养殖、互联网技术，利用耳标溯源提高“湖州湖羊”品牌的含金量和知名度。

（三）精深加工，提升产品效益

大力发展湖羊产品精深加工，解决湖羊销售淡旺季问题。支持加工企业技术改造、装备升级和模式创新，向研发设计、品牌营销和产业链中高端延伸，不断提升企业加工转化增值能力，促进加工企业由小到大、加工层次由粗（初）到精（深）、加工业态由少到多、加工布局由散到聚，有效提升产品效益。

大浪淘沙始见金
——浙江“十三五”时期新设小微企业成长壮大

随着中国经济进入新常态，中国经济发展的内部和外部制约因素不断增加。为应对这种局面，国务院推出了商事制度改革，不断优化营商环境，掀起了大众创业万众创新的热潮。国家统计局部署开展新设小微企业跟踪调查，以 2014 年 3 月至 7 月间新设立的企业为样本（个体经营户未纳入本文的考察范围）持续进行跟踪监测，正是落实这项政策的配套举措之一。“十三五”时期是我国经济发展进入新常态后的第一个五年规划期，也是商事制度改革落地成果的检验期。经过 1 年多的筹建，到 2016 年，这些新设立企业经营状况逐渐开始分化，到“十三五”末期，少数企业发展较快，甚至成长为独角兽企业，大部分企业在经营中遭遇种种困难，发展缓慢，直至消亡。本文对“十三五”时期浙江新设小微企业跟踪调查样本的经营状况和存在的困难进行分析，并就相关的扶持政策提出对策建议。

一、新设立小微企业快速成长

（一）新设小微企业规模增长较快

1. 样本群体规模快速壮大。在不考虑样本数量变化的前提下，以 2016 年四季度正常营业的样本为观察基数，浙江新设小微企业样本资产总计从 2016 年末的 30.83 亿元增加到 2020 年末的 58.03 亿元，五年间增加 27.20 亿元，增长 88.2%，年均增长 17.1%。营业收入从 2016 年的 44.63 亿元，增加至 2020 年的 112.63 亿元，五年间增加 68.00 亿元，增长 152.4%，年均增长 26.0%。从历年同比增速看，2017 年—2019 年年末资产总计和营业收入呈快速增长之势，均明显高于同期全省生产总值可比价增速。

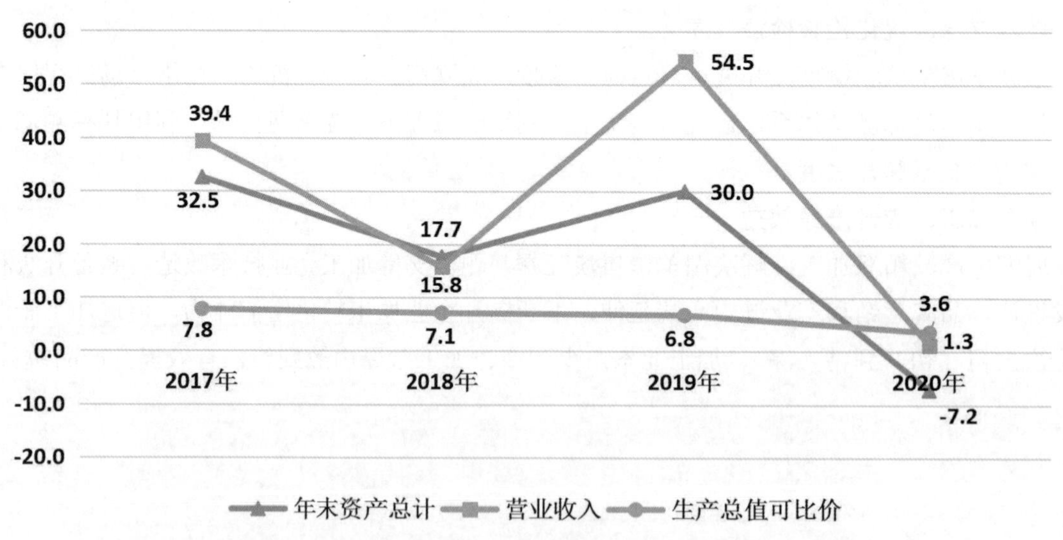

图 1 “十三五”时期样本企业总体规模与全省生产总值同比增速（%）

2. 样本户均规模逐年扩大。观察时期正常营业样本的调查数据显示：2016 年末浙江新设小微企业户均资产总计 197.77 万元，2020 年末增加至 471.65 万元，五年间增加 273.88 万元，增长 138.5%，年均增长 24.3%。2016 年户均营业收入 308.14 万元，2020 年增加至 799.36 万元，五年间增加 491.22 万元，增长 159.4%，年均增长 26.9%（本段所用数据为剔除 3 家独角兽企业的数据）。

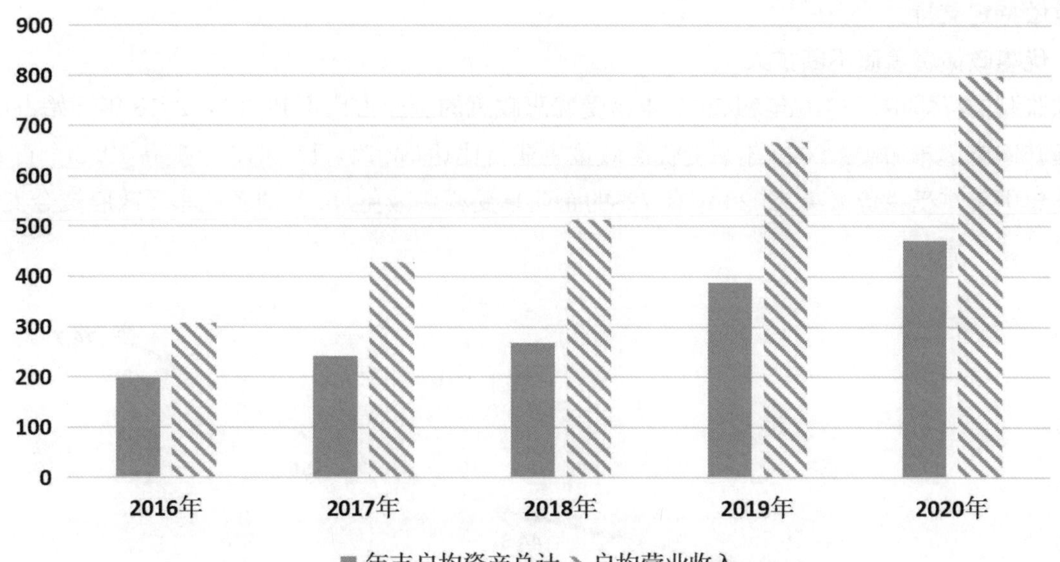

图 2　"十三五"时期样本企业户均规模（万元）

（二）现存企业成长性强

从 2020 年末正常营业企业回溯的情况看，存活下来的企业，相对样本整体情况优势较为明显。

1. 现存企业发展速度快。现存的 743 家企业，2016 年末资产总计 20.91 亿元，2020 年末增加至 58.03 亿元，五年间增加 37.12 亿元，增长 177.5%，年均增长 29.1%。2016 年营业收入 33.14 亿元，2020 年增加至 112.63 亿元，五年间增加 79.49 亿元，增长 239.9%，年均增长 35.8%。

2. 现存企业起点更高。这些企业在 2016 年末的户均资产总计为 235.49 万元，比 2016 年末全部样本企业户均资产总计多 37.72 万元；2016 年户均营业收入 426.59 万元，比 2016 年末全部样本企业户均营业收入多 118.45 万元。可见规模相对较大的新设企业抗风险能力更强（本段所用数据为剔除 3 家独角兽企业的数据）。

3. 少数企业脱颖而出，跃至头位。在跟踪监测的样本中，有 3 家企业在竞争中突出重围，成长为独角兽企业，分别是宁波圣瑞思工业自动化有限公司、杭州大搜车汽车服务有限公司和杭州中汇黄金珠宝有限公司（2020 年 2 季度开始停业）。从宁波圣瑞思工业自动化有限公司和杭州大搜车汽车服务有限公司 2 家企业的统计数据情况看，2020 年末户均资产总计达 11.54 亿元，比 2016 年末增加 9.81 亿元，增长 566.3%，年均增长 60.7%；2020 年户均营业收入 26.70 亿元，比 2016 年增加 25.94 亿元，增长 3391.8%，年均增长 143.1%，成长速度惊人，其中杭州大搜车汽车服务有限公司已从小微企业成长为大型企业。企业成长快离不开人才，为留住引进人才，独角兽企业的人力成本也相对较高，2020 年人均月薪酬达 13466 元，比 2016 年增长 105.1%，年均增长 19.7%。

二、新设小微企业普遍享受到扶持政策

"十三五"时期，各级党委政府高度重视小微企业发展，多次出台精准扶企政策，改善小微企业发展环境，降低企业生产经营成本，积极扶持小微企业发展。如 2018 年 6 月 25 日，人民银行等五部委联合印发了《关于进一步深化小微企业金融服务的意见》，旨在督促和引导金融机构加大对小微企业的金融支持力度，缓解小微企业融资"难"与"贵"问题。"十三五"收尾时期正值新冠疫情防疫阶段，浙江省为扎实做好"六稳"工作，落实"六保"任务，帮助小微企业渡过难关，专门出台《关于加大力度支持小微企业渡过难关的意见》（省疫情防控办〔2020〕25 号），专门对社保减免、降低用电、用水、用气成本、房租

减免等政策做特定支持。

（一）优惠政策覆盖面不断扩大

在跟踪监测的样本中，2016 年和 2017 年享受优惠政策的企业占比不到 40%，2018 年开始占比快速提升，并且提升速度逐年加快。2020 年享受优惠政策企业占比达 74.7%，比 2016 年提高 39.2 个百分点。优惠政策主要集中于享受税费减免，2020 年有 72%的企业享受税费减免，5.6%的企业享受政府资金支持，1.4%的企业享受贷款优惠。

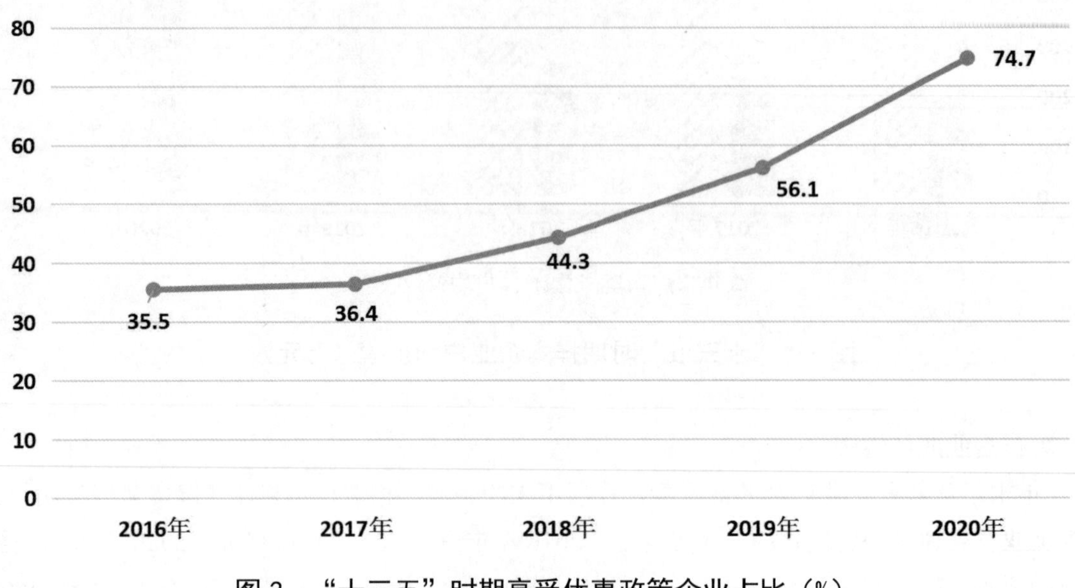

图 3　“十三五”时期享受优惠政策企业占比（%）

（二）融资“难”与“贵”问题有所改善

从有融资需求的样本企业看，未获得融资企业的占比在减少，从 2016 年的 61.1%减少到 2020 年的 36.2%，五年间减少 24.9 个百分点；从获得融资的样本企业看，2020 年 35.6%的企业获得全部所需融资，37.0%获得大部分所需融资，27.4%仅获得少部分所需融资。融资成本逐年下降，银行贷款年利息及费用率由 2016 年 7.49%降至 2020 年 5.88%，民间借款月利息率由 2016 年 1.17%降至 2020 年 0.90%。从融资主要渠道看，向银行贷款比重逐年增加，向个人借款占比降低。2016 年从银行贷款比重为 71.9%，向个人借款比重为 25.1%，2020 年来自两个渠道的比重分别为 91.8%和 3.1%，可见随着扶持政策的推进，小微企业通过银行融资的比例在不断提高。

三、新设小微企业在发展过程中遇到的问题

（一）存活率不高

有效样本企业数量从 2016 年初的 1463 家减少到 2020 年末的 743 家，五年间企业数量减少 49.2%，每季度均有企业关停倒闭，企业营业率从 2016 年 1 季度的 52.6%下降至 2020 年 4 季度的 26.7%（浙江以 2014 年 3 月-7 月新设立的 2784 家小微企业为样本开展跟踪调查），下降 25.9 个百分点。

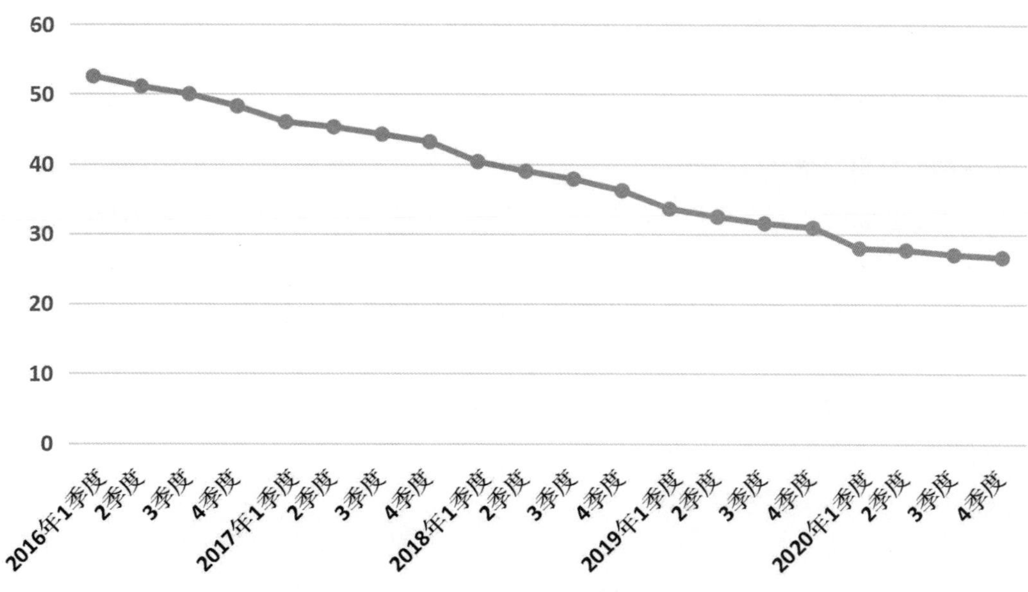

图 4　“十三五”时期样本企业营业率（%）

（二）多数企业经营规模偏小

从 2020 年 4 季度样本企业经营情况看，资产总计不足 300 万元的企业有 522 家，占 70.4%，其资产总额为 4.66 亿元，仅占 13.3%；营业收入不足 400 万元的企业有 547 家，占 73.8%，共实现营业收入 5.40 亿元，仅占 9.1%；期末从业人员不足 3 人的企业有 190 家，占 25.6%，共计 310 人，仅占全部样本从业人数的 3.9%（本段所用数据为剔除 3 家独角兽企业的数据）。

（三）抗风险能力弱，扩张动力不足

2020 年受疫情影响，新设小微企业年末资产总计同比下降 7.2%，营业收入同比仅增长 1.3%，均低于同期全省生产总值可比价增速。可见面对新冠肺炎疫情，小微企业相比大中型企业面临更大挑战，更难承受疫情带来的影响和冲击。小微企业以“小富即安、安身立命”为日常经营理念，对做大做强的扩张行为抱观望态度，疫情的影响使众多小微企业更趋向于立足旧业务，维持现有经营态势，扩张动力不足。“十三五”时期，无融资需求的企业占比均在 85%—90%之间。

（四）缺乏用工需求与招工难并存

“十三五”时期，小微企业用工需求不足，无招工需求的企业占比均在 84%—88%之间。从有招工需求的样本企业情况看，近六成的企业没能招到员工或招到少部分所需员工，四成以上的企业能招到大部分或全部所需员工，可见招工难问题一直存在。同时用工成本有所增加，2020 年人均月薪酬 4231 元，比 2016 年增长 20.7%，年均增长 4.8%（不含独角兽企业的数据）。

（五）优惠政策种类较少

从享受优惠政策种类看，主要集中于税费减免，享受政府资金支持和贷款优惠的企业占比很少，与前几年相比，2020 年比重有所提升，但仍只有 5.6%和 1.4%。2020 年，加大财政金融支持是最受小微企业关注的政策措施，认同率为 64.8%，认同率比前几年有所提高，远高于减少审批和资质资格认证、处罚违法违规行为、加大经营场所支持等政策措施。

（六）原材料价格上涨带来新挑战

主要原材料价格上涨也是企业成本上升的一大因素。2020 年三季度开始，国际大宗商品价格走出低谷、振荡上行，生产资料价格波动较大，工业生产者购进价格环比连续上涨。从主要产品看，钢材价格反弹、国内成品油价格维持高位，推动生产资料价格走高，增加了下游行业的生产成本，导致下游企业生产经营成本进一步加大，利润挤压，小微企业生产经营压力加大。

四、对策和建议

（一）优化营商环境，提高行政效率

继续为企业发展提供优质营商环境，推进小微企业园“一件事”改革，完善绩效评价和星级评定标准，加强园区数字化建设和入园企业培育提升。根据省委办、省府办《关于加快小微企业园高质量发展的实施意见》，各地制定了实施细则，要利用省信息平台系统加强监测分析，提高园区质量。加快推进中小企业公共服务平台建设，已建成或拟建的科技资源共享平台要向科技型中小微企业开放，为企业设立、成长壮大提供良好环境。另外，要积极推进停产企业和低效企业有序退出；鼓励企业通过嫁接、转让、股份合作等形式开展企业整合，有效利用资源。

（二）扶持优质企业，分层培育壮大

要根据行业带动效果优先扶持重点企业发展壮大，如加快推动科技型小微企业的数量扩张和发展壮大，跟进科技型中小微企业培育行动和“科技小巨人”企业成长计划。要进一步深入落实“放水养鱼”行动计划，实施小微企业“雏鹰行动”，支持中小微企业打造细分行业领域“隐形冠军”。紧紧围绕“十四五”目标，重点筛查一批小微工业企业，分类指导，动态跟踪，激励同类小微工业企业兼并重组，助推小微工业企业上规升级。

（三）降低成本费用，提高企业效益

目前原材料价格全面上涨、外贸企业面临人民币升值压力和海运费用居高不下的问题，企业经营压力较大，针对此状，相关部门要了解掌握企业经营压力上升的具体原因，分类施策，精准帮扶。针对原材料价格波动较大影响，要加强对原材料市场的跟踪分析，为企业提供信息咨询和指导。同时打击恶意囤货和操纵价格等违规市场行为。针对外贸企业面临的问题，要加强海关、人民银行部门对企业的指导和扶持，综合施策降低企业经营费用。另外，还要引导企业依靠科学管理，灵活用人机制，推进机器换人工作，化解用工难和人工成本上升压力。

（四）完善金融扶持，缓解资金压力

充分发挥财政政策和财政资金在支持小微企业金融服务上的撬动作用，引导银行业金融机构切实履行金融服务实体经济的主体责任。严格落实金融机构“支小助微”贷款发放额度考核，将金融资源向小微企业倾斜。针对小微企业融资难问题，相关部门要构筑与小微企业发展相适应的金融扶持体系，降低小微企业融资门槛，简化业务流程，金融部门要主动开展银企对接活动。建立和完善小微企业融资担保体系，加大与非金融机构、征信、财政、科技等部门的合作，通过纳税信用等级和缴税记录等方式确定放贷额度，降低融资门槛。同时加强对放贷资金流向的监控，确保贷款资金用于小微企业生产经营。

居民收支

2-1 城乡居民家庭人均可支配收入(1978-2020)

年份	全体居民家庭		城镇居民家庭		农村居民家庭		城乡居民收入比
	人均可支配收入(元)	比上年实际(%)	人均可支配收入(元)	比上年实际(%)	人均可支配收入(元)	比上年实际(%)	
1978			332		165		2.01
1980			488		219	3.3	2.23
1981			523	5.4	286	29.0	1.83
1982			530	-0.6	346	20.4	1.53
1983			551	1.2	359	2.3	1.53
1984			669	17.1	446	23.5	1.50
1985			904	17.4	549	12.5	1.65
1986			1104	14.9	609	5.0	1.81
1987			1228	0.3	725	13.6	1.69
1988			1589	4.9	902	8.1	1.76
1989			1797	-3.2	1011	-2.6	1.78
1990			1932	5.3	1099	2.7	1.76
1991			2143	5.0	1211	8.9	1.77
1992			2619	11.9	1359	8.8	1.93
1993			3626	14.0	1746	10.2	2.08
1994			5066	12.0	2225	4.1	2.28
1995			6221	5.0	2966	5.3	2.10
1996			6956	1.8	3463	6.1	2.01
1997			7359	1.6	3684	3.8	2.00
1998			7837	5.3	3815	4.7	2.05
1999			8428	8.0	3948	5.6	2.13
2000			9279	9.1	4254	7.8	2.18
2001			10465	13.3	4582	6.9	2.28
2002			11716	13.4	4940	8.4	2.37
2003			13180	11.9	5431	7.8	2.43
2004			14546	7.4	6096	7.4	2.39
2005			16294	10.4	6660	6.4	2.45
2006			18265	10.9	7335	9.3	2.49
2007			20574	8.4	8265	8.2	2.49
2008			22727	5.4	9258	6.2	2.45
2009			24611	9.7	10007	9.5	2.46
2010			27359	6.9	11303	8.6	2.42
2011			30971	7.5	13071	9.5	2.37
2012			34550	9.2	14552	8.8	2.37
2013	29775	7.7	37080	7.1	17494	8.1	2.12
2014	32658	7.4	40393	6.8	19373	8.3	2.09
2015	35537	7.3	43714	6.7	21125	7.5	2.07
2016	38529	6.4	47237	6.0	22866	6.3	2.07
2017	42046	6.9	51261	6.3	24956	7.0	2.05
2018	45840	6.5	55574	6.0	27302	7.0	2.04
2019	49899	5.8	60182	5.4	29876	6.0	2.01
2020	52397	2.6	62699	2.1	31930	4.0	1.96

注：1. 人均可支配收入增长及人均纯收入增长均扣除价格变动因素。

2. 2013年以前城乡住户调查制度分设，无全体居民收入数据，农村居民收入为“人均纯收入”。2013年开始实施城乡一体化住户调查，收入指标为全体居民人均可支配收入、城镇常住居民人均可支配收入和农村常住居民人均可支配收入。

2-2 城乡居民家庭人均消费支出(1978-2020)

年份	全体居民家庭		城镇居民家庭		农村居民家庭	
	人均消费支出(元)	比上年增长(%)	人均消费支出(元)	比上年增长(%)	人均消费支出(元)	比上年增长(%)
1978			301		157	
1980			428		192	9.7
1981			476	11.2	267	39.1
1982			471	-1.1	302	13.1
1983			484	2.8	326	7.9
1984			562	16.1	369	13.2
1985			795	41.5	474	28.5
1986			969	21.9	561	18.4
1987			1100	13.5	659	17.5
1988			1453	32.1	839	27.3
1989			1556	7.1	927	10.5
1990			1604	3.1	946	2.0
1991			1806	12.6	1027	8.6
1992			2154	19.3	1112	8.3
1993			2856	32.6	1263	13.6
1994			4079	42.8	1680	33.0
1995			5263	29.0	2378	41.5
1996			5764	9.5	2702	13.6
1997			6170	7.0	2839	5.1
1998			6218	0.8	2891	1.8
1999			6522	4.9	2806	2.9
2000			7020	7.6	3231	15.1
2001			7952	13.3	3479	7.7
2002			8713	9.6	3693	6.2
2003			9713	11.5	4287	16.1
2004			10636	9.5	4659	8.7
2005			12254	15.2	5215	11.9
2006			13349	8.9	5762	10.5
2007			14091	5.6	6442	11.8
2008			15158	7.6	7072	9.8
2009			16683	10.1	7375	4.3
2010			17858	7.0	8390	13.8
2011			20437	14.4	9644	14.9
2012			21545	5.4	10208	5.8
2013	20610		25254	7.9	12803	10.4
2014	22552	9.4	27242	7.9	14498	13.2
2015	24117	6.9	28661	5.2	16108	11.1
2016	25527	5.8	30068	4.9	17359	7.8
2017	27079	6.1	31924	6.2	18093	4.2
2018	29471	8.8	34598	8.4	19707	8.9
2019	32026	8.7	37508	8.4	21352	8.3
2020	31295	-2.3	36197	-3.5	21555	1.0

注：2013年开始实施城乡一体化住户调查，消费支出指标为全体居民家庭人均生活消费支出、城镇常住居民家庭人均生活消费支出和农村常住居民家庭人均生活消费支出。

2-3 全体居民家庭住房情况(2013-2020)

指　　标	2013	2014	2015	2016	2017	2018	2019	2020
家庭住房情况								
一、现住房情况								
(一)人均住房建筑面积(平方米)	**48.25**	**48.49**	**48.04**	**47.80**	**48.14**	52.27	54.85	53.46
(二)按居住空间样式分户数比重(%)	**100**	**100**	**100**	**100**	**100**	**100**	**100**	**100**
1.单栋楼房	46.57	47.60	48.17	49.98	49.94	51.62	51.83	51.81
2.单栋平房	6.66	6.21	5.81	4.97	4.85	4.68	3.54	3.21
3.单元房	41.95	41.95	42.59	42.64	42.89	42.28	43.19	43.55
4.筒子楼或连片平房	4.45	3.86	3.16	2.13	2.10	1.18	1.34	1.34
5.其他	0.37	0.37	0.28	0.27	0.22	0.25	0.09	0.09
(三)按主要建筑材料分的户数比重(%)	**100**	**100**	**100**	**100**	**100**	**100**	**100**	**100**
1.钢筋混凝土	33.69	34.17	38.99	44.14	44.34	55.40	56.01	56.33
2.砖混材料	52.04	51.96	48.44	44.88	45.18	35.96	35.90	35.91
3.砖瓦砖木	13.26	13.15	11.82	10.28	9.87	8.08	7.71	7.47
4.竹草土坯	0.72	0.41	0.34	0.29	0.23	0.08	0.04	0.04
5.其他	0.28	0.31	0.41	0.41	0.39	0.48	0.34	0.25
(四)按房屋来源分的户数比重(%)	**100**	**100**	**100**	**100**	**100**	**100**	**100**	**100**
1.租赁住房	17.24	14.68	13.03	11.53	11.15	10.26	10.33	9.95
2.自建住房	47.49	49.32	50.22	50.48	51.06	52.63	52.55	52.27
3.购买商品房	20.62	20.86	21.56	23.10	23.10	24.86	24.90	24.81
4.购买房改住房	6.10	6.12	6.13	5.87	5.77	3.92	3.73	3.93
5.购买保障性住房	0.86	0.94	0.67	0.58	0.55	0.42	0.46	0.51
6.拆迁安置房	2.88	3.34	3.94	3.97	4.17	4.80	5.36	5.80
7.继承或获赠住房	1.26	1.36	1.51	1.52	1.50	1.22	1.09	1.23
8.其他	3.55	3.37	2.94	2.94	2.70	1.88	1.57	1.51
(五)住房外道路为硬化路面的户比重(%)	**97.93**	**97.76**	**98.69**	**99.26**	**99.23**	99.11	99.30	99.25
二、生活设施状况								
(一)饮用水状况(%)								
1.是否有管道设施	**100**	**100**	**100**	**100**	**100**	**100**	-	**100**
①管道供水入户	94.35	95.71	97.27	97.07	97.65	98.58	-	98.12
②管道供水至公共取水点	1.72	1.16	0.71	1.04	1.05	0.61	-	0.40
③没有管道设施	3.93	3.12	2.02	1.89	1.30	0.81	-	1.48

2-3 续表

指　　标	2013	2014	2015	2016	2017	2018	2019	2020
2.主要饮用水来源	**100**	**100**	**100**	**100**	**100**	**100**	**100**	**100**
①经过净化处理的自来水	89.51	89.79	90.96	92.44	91.75	93.31	94.83	94.86
②受保护的井水和泉水	5.35	5.28	4.20	3.94	5.13	3.70	3.23	3.43
③不受保护的井水和泉水	1.62	1.71	1.96	1.64	1.26	0.68	0.63	0.53
④江河湖泊水	1.62	1.46	1.16	0.92	1.01	0.86	0.52	0.31
⑤其他饮用水来源	1.90	1.75	1.72	1.07	0.84	1.45	0.80	0.87
3.获取饮用水存在的主要困难	**100**	**100**	**100**	**100**	**100**	**100**	**100**	**100**
①单次取水往返时间超过半小时	0.25	0.26	0.11	0.13	0.00	0.00	0.13	0.01
②间断或定时供水	0.89	0.85	0.81	0.65	0.64	0.75	0.14	0.31
③当年连续缺水超过 15 天	0.61	0.54	0.55	0.28	0.27	0.24	0.26	0.43
④获取饮用水无困难	98.26	98.36	98.53	98.94	99.09	99.01	99.48	99.25
4.饮用前家里采取的主要处理措施	**100**	**100**	**100**	**100**	**100**	**100**	**100**	**100**
①煮沸	89.55	89.81	88.81	88.98	90.47	92.33	93.54	92.97
②加漂白剂/氯等	2.23	2.27	1.99	1.74	1.65	0.59	0.49	0.50
③使用水过滤器	1.54	1.79	1.51	2.14	2.13	2.55	2.91	2.82
④其他处理措施	0.21	0.31	0.47	0.71	0.76	0.89	0.89	0.94
⑤没有任何水处理措施	6.47	5.82	7.23	6.42	4.99	3.64	2.17	2.77
(二)住宅内厕所状况(%)	**100**	**100**	**100**	**100**	**100**	**100**	**100**	**100**
1.水冲式卫生厕所	87.47	88.19	91.40	93.41	93.72	96.73	98.56	98.53
2.水冲式非卫生厕所	1.52	1.41	1.24	0.93	0.74	0.69	0.20	0.17
3.卫生旱厕	1.90	2.17	1.32	1.15	1.11	0.52	0.55	0.46
4.普通旱厕	4.62	4.44	3.25	2.48	2.54	0.80	0.51	0.48
5.无厕所	4.48	3.78	2.79	2.04	1.89	1.26	0.18	0.37
(三)主要炊用能源(%)	**100**	**100**	**100**	**100**	**100**	**100**	**100**	**100**
1.天然气、煤气、液化石油气	82.79	92.75	93.32	91.97	94.05	87.84	89.16	90.79
2.煤炭	1.12	0.14	0.13	0.01	0.01	0.08	0.06	0.00
3.电	4.60	1.41	1.74	2.48	2.51	7.15	7.03	6.03
4.沼气	0.10	0.09	0.01	0.02	0.02	0.02	0.02	0.00
5.其他	11.39	5.62	4.80	5.51	3.41	4.91	3.73	3.18

2-4 城镇常住居民家庭住房情况(2013-2020)

指　　标	2013	2014	2015	2016	2017	2018	2019	2020
家庭人口及就业情况								
一、现住房情况								
(一)人均住房建筑面积(平方米)	**38.82**	**40.89**	**40.53**	**40.87**	**41.51**	**45.35**	**48.45**	**46.71**
(二)按居住空间样式分户数比重(%)	**100**	**100**	**100**	**100**	**100**	**100**	**100**	**100**
1.单栋楼房	25.64	26.84	28.23	31.65	32.06	33.20	33.41	33.20
2.单栋平房	3.73	3.37	3.68	2.98	2.80	2.22	1.49	1.36
3.单元房	64.61	64.64	64.31	63.20	62.93	62.88	63.22	63.54
4.筒子楼或连片平房	5.56	4.72	3.47	1.97	2.06	1.59	1.83	1.85
5.其他	0.46	0.43	0.32	0.20	0.16	0.12	0.05	0.05
(三)按主要建筑材料分的户数比重(%)	**100**	**100**	**100**	**100**	**100**	**100**	**100**	**100**
1.钢筋混凝土	45.79	46.21	49.53	54.94	55.07	68.12	68.15	68.33
2.砖混材料	48.36	48.31	45.44	40.75	40.88	28.44	28.59	28.56
3.砖瓦砖木	5.61	5.28	4.90	4.10	3.85	3.05	2.99	2.94
4.竹草土坯	0.04	0.05	0.05	0.02	0.02	0.05	0.00	0.00
5.其他	0.19	0.15	0.08	0.18	0.18	0.34	0.27	0.17
(四)按房屋来源分的户数比重(%)	**100**	**100**	**100**	**100**	**100**	**100**	**100**	**100**
1.租赁住房	22.14	19.81	17.69	15.13	14.70	14.68	14.68	13.93
2.自建住房	25.32	26.88	28.72	29.62	30.79	31.19	31.77	31.96
3.购买商品房	31.93	32.16	32.94	35.01	34.52	37.36	36.91	36.54
4.购买房改住房	9.56	9.56	9.36	8.76	8.56	5.87	5.43	5.76
5.购买保障性住房	1.11	1.18	0.93	0.80	0.77	0.62	0.69	0.69
6.拆迁安置房	4.27	4.85	5.75	5.79	6.06	7.11	7.71	8.35
7.继承或获赠住房	0.79	0.82	0.69	0.78	0.79	0.81	0.69	0.74
8.其他	4.88	4.73	3.91	4.11	3.82	2.36	2.13	2.04
(五)住房外道路为硬化路面的户比重(%)	**99.73**	**99.12**	**99.39**	**99.83**	**99.83**	**99.87**	**99.96**	**99.94**
二、生活设施状况								
(一)饮用水状况(%)								
1.是否有管道设施	**100**	**100**	**100**	**100**	**100**	**100**	-	**100**
①管道供水入户	98.29	98.77	99.34	98.73	98.85	99.62	-	99.64
②管道供水至公共取水点	1.34	0.97	0.41	1.18	1.06	0.27	-	0.12
③没有管道设施	0.37	0.27	0.25	0.09	0.09	0.11	-	0.24

2-4 续表

指　　标	2013	2014	2015	2016	2017	2018	2019	2020
2.主要饮用水来源	**100**	**100**	**100**	**100**	**100**	**100**	**100**	**100**
①经过净化处理的自来水	97.83	97.99	98.24	98.48	98.67	98.82	99.23	99.35
②受保护的井水和泉水	0.46	0.43	0.61	0.72	0.65	0.27	0.09	0.09
③不受保护的井水和泉水	0.13	0.13	0.14	0.16	0.16	0.06	0.06	0.09
④江河湖泊水	0.46	0.39	0.33	0.27	0.27	0.33	0.30	0.11
⑤其他饮用水来源	1.11	1.06	0.67	0.37	0.25	0.51	0.32	0.36
3.获取饮用水存在的主要困难	**100**	**100**	**100**	**100**	**100**	**100**	**100**	**100**
①单次取水往返时间超过半小时	0.01	0.01	0.00	0.01	0.00	0.00	0.13	0.01
②间断或定时供水	0.20	0.26	0.36	0.22	0.31	0.07	0.04	0.02
③当年连续缺水超过 15 天	0.00	0.00	0.03	0.03	0.03	0.07	0.03	0.03
④获取饮用水无困难	99.79	99.73	99.61	99.73	99.66	99.86	99.80	99.94
4.饮用前家里采取的主要处理措施	**100**	**100**	**100**	**100**	**100**	**100**	**100**	**100**
①煮沸	93.65	93.47	92.48	93.19	93.93	94.74	94.87	94.89
②加漂白剂/氯等	1.90	1.79	1.42	1.24	1.26	0.59	0.56	0.56
③使用水过滤器	0.77	0.80	0.92	1.21	1.05	2.23	2.52	2.51
④其他处理措施	0.28	0.29	0.39	0.41	0.43	0.34	0.48	0.44
⑤没有任何水处理措施	3.40	3.65	4.80	3.94	3.33	2.09	1.58	1.59
(二)住宅内厕所状况(%)	**100**	**100**	**100**	**100**	**100**	**100**	**100**	**100**
1.水冲式卫生厕所	94.69	95.37	96.44	97.11	97.36	98.62	99.42	99.49
2.水冲式非卫生厕所	1.22	0.91	0.69	0.62	0.51	0.44	0.01	0.05
3.卫生旱厕	0.26	0.31	0.22	0.21	0.30	0.00	0.38	0.30
4.普通旱厕	0.56	0.62	0.39	0.20	0.19	0.17	0.06	0.04
5.无厕所	3.28	2.79	2.26	1.86	1.63	0.77	0.12	0.13
(三)主要炊用能源(%)	**100**	**100**	**100**	**100**	**100**	**100**	**100**	**100**
1.天然气、煤气、液化石油气	92.08	95.78	95.27	94.34	95.04	91.67	92.58	93.12
2.煤炭	0.12	…	0.06	0.01	0.00	0.07	0.01	0.00
3.电	4.44	1.59	1.94	2.72	2.56	6.30	6.06	5.59
4.沼气	0.00	0.00	0.00	0.00	0.00	0.00	0.01	0.00
5.其他	3.35	2.62	2.74	2.92	2.40	1.96	1.34	1.30

2-5 农村常住居民家庭住房情况(2013-2020)

指　　标	2013	2014	2015	2016	2017	2018	2019	2020
家庭人口及就业情况								
一、现住房情况								
(一)人均住房建筑面积(平方米)	**60.82**	**61.53**	**61.28**	**60.27**	**60.43**	**65.44**	**67.31**	**66.87**
(二)按居住空间样式分户数比重(%)	**100**	**100**	**100**	**100**	**100**	**100**	**100**	**100**
1.单栋楼房	81.93	83.15	83.79	84.27	84.27	87.47	89.40	90.05
2.单栋平房	11.61	11.08	9.62	8.71	8.80	9.47	7.72	7.00
3.单元房	3.68	3.10	3.78	4.18	4.44	2.19	2.35	2.48
4.筒子楼或连片平房	2.56	2.39	2.60	2.43	2.18	0.37	0.35	0.29
5.其他	0.23	0.28	0.21	0.41	0.32	0.50	0.17	0.18
(三)按主要建筑材料分的户数比重(%)	**100**	**100**	**100**	**100**	**100**	**100**	**100**	**100**
1.钢筋混凝土	13.25	13.54	20.16	23.94	23.76	30.62	31.27	31.68
2.砖混材料	58.25	58.21	53.79	52.60	53.42	50.61	50.80	51.02
3.砖瓦砖木	26.19	26.63	24.18	21.83	21.42	17.89	17.34	16.77
4.竹草土坯	1.87	1.02	0.85	0.79	0.61	0.15	0.11	0.12
5.其他	0.44	0.59	1.01	0.83	0.78	0.74	0.47	0.41
(四)按房屋来源分的户数比重(%)	**100**	**100**	**100**	**100**	**100**	**100**	**100**	**100**
1.租赁住房	8.97	5.89	4.71	4.80	4.32	1.66	1.47	1.77
2.自建住房	84.95	87.73	88.64	89.50	89.97	94.38	94.93	94.00
3.购买商品房	1.50	1.53	1.22	0.84	1.20	0.52	0.43	0.69
4.购买房改住房	0.27	0.23	0.36	0.47	0.43	0.13	0.25	0.19
5.购买保障性住房	0.44	0.54	0.19	0.17	0.12	0.04	0.00	0.13
6.拆迁安置房	0.52	0.75	0.71	0.56	0.54	0.29	0.56	0.56
7.继承或获赠住房	2.04	2.28	2.98	2.90	2.87	2.03	1.92	2.24
8.其他	1.28	1.04	1.19	0.74	0.55	0.93	0.45	0.42
(五)住房外道路为硬化路面的户比重(%)	**94.88**	**95.42**	**97.44**	**98.19**	**98.08**	**97.62**	**97.97**	**97.82**
二、生活设施状况								
(一)饮用水状况(%)								
1.是否有管道设施	**100**	**100**	**100**	**100**	**100**	**100**	-	**100**
①管道供水入户	87.69	90.48	93.57	93.96	95.35	96.55	-	94.98
②管道供水至公共取水点	2.38	1.50	1.24	0.79	1.05	1.27	-	0.97
③没有管道设施	9.93	8.02	5.19	5.25	3.60	2.17	-	4.05

2-5 续表

指 标	2013	2014	2015	2016	2017	2018	2019	2020
2.主要饮用水来源	**100**	**100**	**100**	**100**	**100**	**100**	**100**	**100**
①经过净化处理的自来水	75.44	75.73	77.95	81.14	78.49	82.58	85.87	85.63
②受保护的井水和泉水	13.61	13.60	10.61	9.95	13.74	10.37	9.62	10.31
③不受保护的井水和泉水	4.14	4.43	5.21	4.40	3.37	1.89	1.79	1.42
④江河湖泊水	3.58	3.30	2.63	2.12	2.43	1.90	0.95	0.72
⑤其他饮用水来源	3.24	2.93	3.61	2.38	1.97	3.26	1.77	1.93
3.获取饮用水存在的主要困难	**100**	**100**	**100**	**100**	**100**	**100**	**100**	**100**
①单次取水往返时间超过半小时	0.65	0.68	0.31	0.35	0.00	0.00	0.12	0.00
②间断或定时供水	2.06	1.85	1.63	1.46	1.28	2.07	0.34	0.89
③当年连续缺水超过15天	1.64	1.46	1.46	0.74	0.72	0.58	0.73	1.27
④获取饮用水无困难	95.66	96.01	96.59	97.45	98.01	97.36	98.81	97.84
4.饮用前家里采取的主要处理措施	**100**	**100**	**100**	**100**	**100**	**100**	**100**	**100**
①煮沸	82.64	83.53	82.26	81.09	83.85	87.63	90.82	89.02
②加漂白剂/氯等	2.78	3.09	3.00	2.68	2.39	0.59	0.35	0.36
③使用水过滤器	2.83	3.49	2.56	3.89	4.18	3.17	3.71	3.45
④其他处理措施	0.11	0.34	0.61	1.27	1.40	1.95	1.74	1.97
⑤没有任何水处理措施	11.65	9.55	11.57	11.06	8.18	6.66	3.38	5.20
(二)住宅内厕所状况(%)	**100**	**100**	**100**	**100**	**100**	**100**	**100**	**100**
1.水冲式卫生厕所	75.29	75.89	82.39	86.48	86.72	93.04	96.79	96.55
2.水冲式非卫生厕所	2.03	2.28	2.24	1.51	1.17	1.18	0.60	0.43
3.卫生旱厕	4.68	5.35	3.27	2.90	2.67	1.53	0.89	0.79
4.普通旱厕	11.47	10.99	8.36	6.75	7.05	2.04	1.42	1.37
5.无厕所	6.53	5.48	3.74	2.36	2.38	2.21	0.30	0.86
(三)主要炊用能源(%)	**100**	**100**	**100**	**100**	**100**	**100**	**100**	**100**
1.天然气、煤气、液化石油气	67.11	87.54	89.84	87.55	92.15	80.37	82.18	86.01
2.煤炭	2.79	0.36	0.25	0.00	0.04	0.11	0.17	0.00
3.电	4.86	1.11	1.39	2.03	2.41	8.81	8.99	6.94
4.沼气	0.28	0.23	0.02	0.06	0.04	0.07	0.04	0.00
5.其他	24.96	10.75	8.50	10.36	5.35	10.64	8.62	7.05

2-6　全体居民家庭基本情况(2013-2020)

单位：%

指　　标	2013	2014	2015	2016	2017	2018	2019	2020
基本情况								
常住人口(人/户)	2.75	2.80	2.86	2.92	2.96	2.89	2.89	2.93
#在校学生人数(人)	0.40	0.42	0.45	0.46	0.47	0.41	0.43	0.45
常住就业人口(人/户)	1.67	1.68	1.69	1.71	1.73	1.65	1.63	1.61
常住人口就业面(%)	60.63	59.95	58.96	58.50	58.29	57.07	56.52	54.98
就业者负担人数(包括就业者本人)(人/户)	1.65	1.67	1.70	1.71	1.72	1.75	1.77	1.82
性别	**100**	**100**	**100**	**100**	**100**	**100**	**100**	**100**
男性	50.05	49.64	49.22	49.50	49.44	49.84	49.75	49.73
女性	49.95	50.36	50.78	50.50	50.56	50.16	50.25	50.27
15岁及以上常住成员受教育程度	**100**	**100**	**100**	**100**	**100**	**100**	**100**	**100**
未上过学	5.53	5.61	4.71	4.27	4.47	5.12	4.42	4.37
小学	27.75	27.71	27.93	27.69	27.53	28.01	28.33	28.03
初中	33.90	33.61	33.86	33.99	33.62	31.86	32.43	31.94
高中	16.81	16.90	16.35	16.49	16.44	16.47	15.95	16.13
大学专科	8.84	9.03	9.20	8.91	9.16	9.33	9.76	9.93
大学本科	6.64	6.67	7.57	8.15	8.25	8.57	8.5	8.98
研究生	0.52	0.47	0.39	0.51	0.54	0.65	0.62	0.62
常住从业人员就业类型	**100**	**100**	**100**	**100**	**100**	**100**	**100**	**100**
雇主	3.27	1.83	1.95	1.81	1.35	1.72	1.3	1.05
公职人员	2.07	2.14	2.18	1.91	1.75	1.89	1.6	1.41
事业单位人员	5.78	5.54	5.69	6.04	5.79	4.73	4.14	3.81
国有企业雇员	2.95	2.67	3.09	2.90	2.85	2.61	2.49	2.25
其他雇员	55.14	61.26	62.68	63.54	64.70	67.27	69.75	71.44
农业自营	13.67	12.76	11.00	10.20	10.43	9.3	8.08	7.12
非农自营	17.12	13.79	13.41	13.60	13.13	12.49	12.64	12.91
常住从业人员从事主要行业	**100**	**100**	**100**	**100**	**100**	**100**	**100**	**100**
第一产业	14.80	14.12	12.22	11.47	11.54	11.05	10.06	8.98
第二产业	39.77	39.40	40.29	40.60	39.76	39.62	39.45	40.71
第三产业	45.42	46.48	47.49	47.93	48.70	49.33	50.49	50.31
居民收支情况(元)								
居民人均可支配收入	29775	32658	35537	38529	42046	45840	49899	52397
居民人均消费支出	20610	22552	24117	25527	27079	29471	32026	31295

2-7 城镇常住居民家庭基本情况(2013-2020)

单位：%

指　　标	2013	2014	2015	2016	2017	2018	2019	2020
基本情况								
常住人口(人/户)	2.74	2.80	2.85	2.88	2.93	2.87	2.85	2.89
#在校学生人数(人)	0.39	0.41	0.44	0.45	0.46	0.4	0.42	0.45
常住就业人口(人/户)	1.59	1.61	1.61	1.61	1.63	1.55	1.53	1.52
常住人口就业面(%)	58.04	57.55	56.40	55.72	55.60	54.01	53.79	0.52
就业者负担人数(包括就业者本人)(人/户)	1.72	1.74	1.77	1.79	1.80	1.85	1.86	1.91
性别	**100**	**100**	**100**	**100**	**100**	**100**	**100**	**100**
男性	49.57	49.34	48.79	49.40	49.24	49.30	49.2	49.29
女性	50.43	50.66	51.21	50.60	50.76	50.70	50.8	50.71
15 岁及以上常住成员受教育程度	**100**	**100**	**100**	**100**	**100**	**100**	**100**	**100**
未上过学	3.63	3.80	3.33	2.99	3.29	3.61	3.04	3.14
小学	22.13	21.83	22.72	22.79	22.90	23.13	23.61	23.53
初中	31.97	31.80	31.75	32.02	31.58	30.28	31.28	30.64
高中	20.03	20.03	18.86	18.38	18.32	18.48	17.8	17.95
大学专科	11.81	12.24	12.01	11.46	11.55	11.69	11.83	11.84
大学本科	9.62	9.57	10.77	11.63	11.62	11.81	11.56	12.02
研究生	0.81	0.73	0.56	0.73	0.75	1	0.87	0.89
常住从业人员就业类型	**100**	**100**	**100**	**100**	**100**	**100**	**100**	**100**
雇主	3.61	2.19	2.28	2.27	1.82	2.13	1.83	1.29
公职人员	3.21	3.41	3.35	2.96	2.67	2.88	2.51	2.12
事业单位人员	8.62	8.34	8.89	9.40	9.07	7.13	6.33	5.80
国有企业雇员	4.51	4.18	4.83	4.47	4.35	4.04	3.79	3.47
其他雇员	59.01	64.70	64.51	65.26	66.85	68.55	70.45	71.88
农业自营	3.11	2.80	1.94	1.70	1.66	2.08	1.88	1.83
非农自营	17.92	14.38	14.21	13.93	13.59	13.2	13.22	13.61
常住从业人员从事主要行业	**100**	**100**	**100**	**100**	**100**	**100**	**100**	**100**
第一产业	3.80	3.40	2.53	2.40	2.45	2.84	2.63	2.60
第二产业	37.64	37.26	37.50	38.14	37.85	35.1	35.3	35.57
第三产业	58.56	59.34	59.97	59.46	59.70	62.05	62.07	61.82
居民收支情况(元)								
居民人均可支配收入	37080	40393	43714	47237	51261	55574	60182	62699
居民人均消费支出	25254	27242	28661	30068	31924	34598	37508	36197

2-8 农村常住居民家庭基本情况(2013-2020)

单位：%

指　　标	2013	2014	2015	2016	2017	2018	2019	2020
基本情况								
常住人口(人/户)	2.76	2.80	2.89	3.00	3.03	2.93	2.98	2.99
#在校学生人数(人)	0.41	0.45	0.47	0.48	0.49	0.42	0.44	0.45
常住就业人口(人/户)	1.80	1.79	1.83	1.91	1.92	1.84	1.84	1.80
常住人口就业面(%)	64.99	64.08	63.46	63.51	63.27	62.9	61.83	0.60
就业者负担人数(包括就业者本人)(人/户)	1.54	1.56	1.58	1.57	1.58	1.59	1.62	1.66
性别	**100**	**100**	**100**	**100**	**100**	**100**	**100**	**100**
男性	50.86	50.16	49.96	49.68	49.81	50.87	50.8	50.59
女性	49.14	49.84	50.04	50.32	50.19	49.13	49.2	49.41
15岁及以上常住成员受教育程度	**100**	**100**	**100**	**100**	**100**	**100**	**100**	**100**
未上过学	8.71	8.68	7.13	6.56	6.65	7.94	7.05	6.79
小学	37.12	37.73	37.02	36.47	36.10	37.15	37.4	36.86
初中	37.11	36.68	37.54	37.50	37.40	34.8	34.64	34.50
高中	11.45	11.58	11.96	13.10	12.96	12.7	12.4	12.55
大学专科	3.89	3.59	4.29	4.35	4.75	4.91	5.8	6.19
大学本科	1.67	1.74	1.97	1.91	2.00	2.5	2.6	3.01
研究生	0.06	0.01	0.08	0.11	0.13		0.12	0.09
常住从业人员就业类型	**100**	**100**	**100**	**100**	**100**	**100**	**100**	**100**
雇主	2.76	1.26	1.42	1.09	0.58	1.04	0.41	0.65
公职人员	0.36	0.19	0.35	0.24	0.26	0.27	0.06	0.17
事业单位人员	1.51	1.21	0.69	0.74	0.44	0.8	0.43	0.36
国有企业雇员	0.62	0.35	0.35	0.41	0.42	0.27	0.29	0.14
其他雇员	49.33	55.97	59.83	60.83	61.21	65.17	68.56	70.69
农业自营	29.51	28.13	25.18	23.62	24.72	21.1	18.59	16.28
非农自营	15.92	12.89	12.17	13.07	12.38	11.34	11.65	11.71
常住从业人员从事主要行业	**100**	**100**	**100**	**100**	**100**	**100**	**100**	**100**
第一产业	31.32	30.66	27.39	25.79	26.35	24.47	22.64	20.02
第二产业	42.98	42.70	44.67	44.48	42.87	47	46.48	49.60
第三产业	25.70	26.64	27.94	29.73	30.78	28.53	30.88	30.39
居民收支情况(元)								
居民人均可支配收入	17494	19373	21125	22866	24956	27302	29876	31930
居民人均消费支出	12803	14498	16108	17359	18093	19707	21352	21555

2-9 全体居民家庭主要收支(2013-2020)

单位：元

指　标	2013	2014	2015	2016	2017	2018	2019	2020
可支配收入	**29775**	**32658**	**35537**	**38529**	**42046**	**45840**	**49899**	**52397**
工资性收入	17426	19069	20654	22207	24137	26242	28511	30059
经营净收入	5600	5959	6182	6589	7123	7752	8498	8313
财产净收入	3315	3586	4079	4337	4742	5244	5708	6136
转移净收入	3434	4044	4622	5396	6043	6602	7182	7888
生活消费支出	**20610**	**22552**	**24117**	**25527**	**27079**	**29471**	**32026**	**31295**
食品烟酒	5991	6569	6976	7414	7751	8198	8929	8922
衣着	1499	1587	1647	1564	1586	1814	1877	1703
居住	5202	5577	5964	6133	6993	7721	8403	9009
生活用品及服务	1054	1118	1159	1224	1346	1652	1716	1789
交通通信	3125	3671	3961	4377	4307	4302	4553	4301
教育文化娱乐	2019	2169	2428	2794	2845	3031	3624	2889
医疗保健	1198	1358	1433	1507	1696	2059	2123	1956
其他用品及服务	523	503	548	513	556	693	801	724

2-10 全体居民家庭收支构成(2013-2020)

单位：%

指　标	2013	2014	2015	2016	2017	2018	2019	2020
可支配收入	**100**	**100**	**100**	**100**	**100**	**100**	**100**	**100**
工资性收入	58.5	58.4	58.1	57.6	57.4	57.2	57.1	57.4
经营净收入	18.8	18.2	17.4	17.1	16.9	16.9	17.0	15.9
财产净收入	11.1	11.0	11.5	11.3	11.3	11.4	11.4	11.7
转移净收入	11.5	12.4	13.0	14.0	14.4	14.4	14.4	15.1
生活消费支出	**100**	**100**	**100**	**100**	**100**	**100**	**100**	**100**
食品烟酒	29.1	29.1	28.9	29.0	28.6	27.8	27.9	28.5
衣着	7.3	7.0	6.8	6.1	5.9	6.2	5.9	5.4
居住	25.2	24.7	24.7	24.0	25.8	26.2	26.2	28.8
生活用品及服务	5.1	5.0	4.8	4.8	5.0	5.6	5.4	5.7
交通通信	15.2	16.3	16.4	17.1	15.9	14.6	14.2	13.7
教育文化娱乐	9.8	9.6	10.1	10.9	10.5	10.3	11.3	9.2
医疗保健	5.8	6.0	5.9	5.9	6.3	7.0	6.6	6.2
其他用品及服务	2.5	2.2	2.3	2.0	2.1	2.4	2.5	2.3

2-11 城镇常住居民家庭主要收支(2013-2020)

单位：元

指　标	2013	2014	2015	2016	2017	2018	2019	2020
可支配收入	**37080**	**40393**	**43714**	**47237**	**51261**	**55574**	**60182**	**62699**
工资性收入	21596	23317	24948	26656	28818	31148	33663	35370
经营净收入	5996	6379	6646	7126	7669	8316	9115	8672
财产净收入	5014	5358	6048	6381	6911	7586	8202	8747
转移净收入	4474	5338	6073	7074	7863	8524	9202	9910
生活消费支出	**25254**	**27242**	**28661**	**30068**	**31924**	**34598**	**37508**	**36197**
食品烟酒	7129	7705	8092	8467	8906	9371	10162	9914
衣着	1911	1998	2041	1904	1926	2232	2259	2036
居住	6613	6902	7231	7385	8413	9154	9977	10665
生活用品及服务	1289	1334	1360	1421	1617	1967	2075	2073
交通通信	3796	4494	4753	5101	4956	5010	5368	4988
教育文化娱乐	2493	2643	2963	3452	3521	3684	4342	3450
医疗保健	1335	1527	1539	1692	1872	2287	2300	2162
其他用品及服务	687	640	682	645	713	893	1024	910

2-12 城镇常住居民家庭收支构成(2013-2020)

单位：%

指　标	2013	2014	2015	2016	2017	2018	2019	2020
可支配收入	**100**	**100**	**100**	**100**	**100**	**100**	**100**	**100**
工资性收入	58.2	57.7	57.1	56.4	56.2	56.0	55.9	56.4
经营净收入	16.2	15.8	15.2	15.1	15.0	15.0	15.1	13.8
财产净收入	13.5	13.3	13.8	13.5	13.5	13.7	13.6	14.0
转移净收入	12.1	13.2	13.9	15.0	15.3	15.3	15.3	15.8
生活消费支出	**100**	**100**	**100**	**100**	**100**	**100**	**100**	**100**
食品烟酒	28.2	28.3	28.2	28.2	27.9	27.1	27.1	27.4
衣着	7.6	7.3	7.1	6.3	6.0	6.5	6.0	5.6
居住	26.2	25.3	25.2	24.6	26.4	26.5	26.6	29.5
生活用品及服务	5.1	4.9	4.7	4.7	5.1	5.7	5.5	5.7
交通通信	15.0	16.5	16.6	17.0	15.5	14.5	14.3	13.8
教育文化娱乐	9.9	9.7	10.3	11.5	11.0	10.6	11.6	9.5
医疗保健	5.3	5.6	5.4	5.6	5.9	6.6	6.1	6.0
其他用品及服务	2.7	2.3	2.4	2.1	2.2	2.6	2.7	2.5

2-13 农村常住居民家庭主要收支(2013-2020)

单位：元

指　标	2013	2014	2015	2016	2017	2018	2019	2020
可支配收入	**17494**	**19373**	**21125**	**22866**	**24956**	**27302**	**29876**	**31930**
工资性收入	10416	11773	13087	14204	15457	16898	18480	19510
经营净收入	4935	5237	5364	5622	6112	6677	7296	7601
财产净收入	457	543	608	662	718	784	852	949
转移净收入	1686	1821	2066	2378	2669	2943	3248	3871
生活消费支出	**12803**	**14498**	**16108**	**17359**	**18093**	**19707**	**21352**	**21555**
食品烟酒	4076	4618	5008	5520	5608	5966	6529	6952
衣着	806	882	951	953	956	1018	1134	1043
居住	2829	3302	3732	3882	4358	4993	5339	5720
生活用品及服务	658	747	805	870	842	1053	1016	1225
交通通信	1998	2257	2566	3076	3102	2953	2965	2937
教育文化娱乐	1222	1355	1486	1611	1591	1788	2226	1776
医疗保健	968	1068	1246	1173	1370	1627	1777	1546
其他用品及服务	247	268	313	274	265	310	367	355

2-14 农村常住居民家庭收支构成(2013-2020)

单位：%

指　标	2013	2014	2015	2016	2017	2018	2019	2020
可支配收入	**100**	**100**	**100**	**100**	**100**	**100**	**100**	**100**
工资性收入	59.5	60.8	62.0	62.1	61.9	61.9	61.9	61.1
经营净收入	28.2	27.0	25.4	24.6	24.5	24.5	24.4	23.8
财产净收入	2.6	2.8	2.8	2.9	2.9	2.9	2.9	3.0
转移净收入	9.6	9.4	9.8	10.4	10.7	10.8	10.9	12.1
生活消费支出	**100**	**100**	**100**	**100**	**100**	**100**	**100**	**100**
食品烟酒	31.8	31.9	31.1	31.8	31.0	30.3	30.6	32.3
衣着	6.3	6.1	5.9	5.5	5.3	5.2	5.3	4.8
居住	22.1	22.8	23.2	22.4	24.1	25.3	25.0	26.5
生活用品及服务	5.1	5.1	5.0	5.0	4.7	5.3	4.8	5.7
交通通信	15.6	15.6	15.9	17.7	17.1	15.0	13.9	13.6
教育文化娱乐	9.5	9.3	9.2	9.3	8.8	9.1	10.4	8.2
医疗保健	7.6	7.4	7.7	6.8	7.6	8.3	8.3	7.2
其他用品及服务	1.9	1.9	1.9	1.6	1.5	1.6	1.7	1.6

2-15 全体居民

指　标	2013	2014	2015
可支配收入	**29775**	**32658**	**35537**
一、工资性收入	**17426**	**19069**	**20654**
1.工资	16084	17620	19560
2.实物福利	124	105	134
3.其他	1218	1343	960
二、经营净收入	**5600**	**5959**	**6182**
(一)第一产业	709	766	712
1.农业	383	412	494
2.林业	118	150	99
3.牧业	166	142	78
4.渔业	41	61	40
(二)第二产业	1719	1695	1715
(三)第三产业	3173	3497	3755
三、财产净收入	**3315**	**3586**	**4079**
1.利息净收入	117	133	147
2.红利收入	326	335	540
3.储蓄性保险净收益	6	6	4
4.转让承包土地经营权租金净收入	24	36	34
5.出租房屋财产性收入	829	962	1134
6.出租其他资产净收入	16	14	20
7.自有住房折算净租金	1974	2091	2197
8.其他财产净收入	23	9	2
四、转移净收入(转移性收入–转移性支出)	**3434**	**4044**	**4622**
(一)转移性收入	5112	5925	7158
1.养老金或离退休金	3788	4516	5397
2.社会救济和补助	38	39	45
3.惠农补贴	11	13	22
4.政策性生活补贴	41	53	66
5.报销医疗费	248	328	365
6.外出从业人员寄回带回收入	370	265	441
7.赡养收入	412	415	542
8.其他经常转移收入	204	296	280
(二)转移性支出	1678	1882	2536

家庭人均收入(2013-2020)

单位：元

2016	2017	2018	2019	2020
38529	**42046**	**45840**	**49899**	**52397**
22207	**24137**	**26242**	**28511**	**30059**
21065	22877	24918	27210	28570
181	211	132	143	131
961	1049	1192	1158	1358
6589	**7123**	**7752**	**8498**	**8313**
777	851	1054	1207	1153
615	657	763	870	802
79	109	139	166	162
56	42	88	99	93
27	43	64	71	96
1631	1766	2074	2000	1799
4181	4506	4624	5292	5362
4337	**4742**	**5244**	**5708**	**6136**
132	274	-21	53	99
711	663	839	846	776
2	5	5	8	7
36	38	81	72	98
1180	1329	1531	1803	1865
9	17	31	14	32
2256	2379	2684	2921	3208
12	38	94	-9	52
5396	**6043**	**6602**	**7182**	**7888**
8062	8702	9456	10143	10788
6390	6949	7283	7822	8499
53	66	91	104	98
15	13	22	20	38
55	57	70	81	104
366	427	481	521	499
544	556	467	591	528
558	535	859	893	914
80	97	183	112	109
2666	2658	2854	2962	2900

2-16 城镇常住居民

指　　标	2013	2014	2015
可支配收入	**37080**	**40393**	**43714**
一、工资性收入	**21596**	**23317**	**24948**
1.工资	20205	21908	23622
2.实物福利	173	146	178
3.其他	1217	1263	1148
二、经营净收入	**5996**	**6379**	**6646**
(一)第一产业	233	288	199
1.农业	128	122	121
2.林业	40	53	10
3.牧业	44	79	24
4.渔业	21	33	44
(二)第二产业	1799	1914	1897
(三)第三产业	3964	4178	4549
三、财产净收入	**5014**	**5358**	**6048**
1.利息净收入	114	127	176
2.红利收入	434	451	731
3.储蓄性保险净收益	10	8	7
4.转让承包土地经营权租金净收入	14	14	14
5.出租房屋财产性收入	1249	1433	1652
6.出租其他资产净收入	15	7	20
7.自有住房折算净租金	3146	3308	3444
8.其他财产净收入	32	10	4
四、转移净收入(转移性收入-转移性支出)	**4474**	**5338**	**6073**
(一)转移性收入	6619	7613	8740
1.养老金或离退休金	5435	6326	7160
2.社会救济和补助	29	26	39
3.惠农补贴	6	4	16
4.政策性生活补贴	49	59	79
5.报销医疗费	298	397	412
6.外出从业人员寄回带回收入	155	95	368
7.赡养收入	412	397	377
8.其他经常转移收入	236	310	289
(二)转移性支出	2145	2275	2667

家庭人均收入(2013-2020)

单位：元

2016	2017	2018	2019	2020
47237	**51261**	**55574**	**60182**	**62699**
26656	**28818**	**31148**	**33663**	**35370**
25159	27160	29460	31977	33428
243	286	167	179	167
1254	1371	1521	1507	1774
7126	**7669**	**8316**	**9115**	**8672**
207	262	440	554	522
165	219	350	388	362
8	6	30	60	30
12	11	32	61	59
22	26	29	44	71
1751	2001	2273	2120	1824
5168	5405	5602	6441	6325
6381	**6911**	**7586**	**8202**	**8747**
166	376	- 55	68	114
936	877	1188	1178	1043
3	5	8	11	10
21	15	57	38	55
1719	1910	2115	2487	2591
8	13	36	14	38
3511	3661	4093	4421	4823
17	54	144	- 14	73
7074	**7863**	**8524**	**9202**	**9910**
10186	10963	11828	12507	13259
8503	9206	9648	10297	11072
46	54	64	67	63
6	5	6	8	15
66	69	71	97	110
445	500	597	601	580
540	618	469	570	478
487	405	764	739	811
93	105	210	128	130
3111	3100	3304	3305	3349

2-17 农村常住居民

指　　标	2013	2014	2015
可支配收入	**17494**	**19373**	**21125**
一、工资性收入	**10416**	**11773**	**13087**
1.工资	9156	10256	12402
2.实物福利	41	35	57
3.其他	1220	1482	628
二、经营净收入	**4935**	**5237**	**5364**
(一)第一产业	1509	1589	1615
1.农业	813	910	1153
2.林业	248	317	256
3.牧业	371	252	174
4.渔业	76	110	32
(二)第二产业	1584	1319	1394
(三)第三产业	1842	2329	2355
三、财产净收入	**457**	**543**	**608**
1.利息净收入	121	142	94
2.红利收入	143	137	203
3.储蓄性保险净收益	…	3	0
4.转让承包土地经营权租金净收入	42	75	71
5.出租房屋财产性收入	124	154	221
6.出租其他资产净收入	18	24	19
7.自有住房折算净租金			
8.其他财产净收入	9	8	0
四、转移净收入(转移性收入−转移性支出)	**1686**	**1821**	**2066**
(一)转移性收入	2579	3026	4370
1.养老金或离退休金	1021	1408	2290
2.社会救济和补助	54	61	55
3.惠农补贴	18	29	32
4.政策性生活补贴	28	41	44
5.报销医疗费	163	211	282
6.外出从业人员寄回带回收入	732	556	568
7.赡养收入	413	447	832
8.其他经常转移收入	150	271	266
(二)转移性支出	893	1205	2304

家庭人均收入(2013-2020)

单位：元

2016	2017	2018	2019	2020
22866	**24956**	**27302**	**29876**	**31930**
14204	**15457**	**16898**	**18480**	**19510**
13700	14934	16267	17928	18920
70	72	67	74	60
434	452	564	478	529
5622	**6112**	**6677**	**7296**	**7601**
1802	1944	2222	2477	2404
1424	1470	1549	1809	1676
206	299	345	373	423
136	99	196	171	162
36	76	131	124	143
1416	1330	1693	1765	1749
2405	2839	2762	3055	3447
662	**718**	**784**	**852**	**949**
70	84	44	24	70
305	266	174	200	244
1	3	1	4	0
63	81	126	136	185
209	251	419	472	421
10	24	20	14	19
3	9	-1	2	10
2378	**2669**	**2943**	**3248**	**3871**
4242	4509	4939	5540	5878
2590	2765	2779	3004	3386
66	90	143	176	168
33	27	51	42	85
37	34	70	50	91
226	293	262	367	337
549	441	462	631	627
685	777	1041	1191	1117
55	83	131	79	69
1864	1841	1996	2292	2007

2-18 全体居民家庭

指　　标	2013	2014	2015
现金可支配收入	**28081**	**30735**	**33292**
一、现金工资性收入	**17302**	**18963**	**20520**
1.工资	16084	17620	19560
2.其他工资性收入	1218	1343	960
二、现金经营净收入	**6271**	**6588**	**6668**
(一)第一产业现金经营净收入	734	721	661
1.农业	425	396	439
2.林业	103	116	82
3.牧业	165	138	85
4.渔业	41	71	56
(二)第二产业现金经营净收入	1976	2053	1920
(三)第三产业现金经营净收入	3561	3814	4087
三、现金财产净收入	**1340**	**1498**	**1882**
1.利息净收入	120	133	147
2.红利收入	326	335	540
3.储蓄性保险净收益	6	6	4
4.转让承包土地经营权租金净收入	24	36	34
5.出租房屋财产性收入	829	962	1134
6.出租机械专利版权等资产的收入	16	16	20
7.其他财产净收入	18	9	2
四、现金转移净收入	**3168**	**3686**	**4222**
(一)现金转移性收入	4843	5568	6759
1.养老金或离退休金	3788	4516	5397
2.社会救济和补助	38	39	45
3.政策性生活补贴	27	24	32
4.家庭外出从业人员寄回带回收入	370	265	441
5.赡养收入	411	415	542
6.其他经常转移收入	198	296	280
7.现金政策性惠农补贴	11	13	22
(二)现金转移性支出	1675	1882	2537
1.个人所得税	93	120	121
2.个人缴纳的社会保障支出	1195	1493	2147
3.外来从业人员寄给家人的支出	117	70	47
4.赡养支出	172	127	147
5.其他转移性支出	99	72	75

人均现金可支配收入(2013-2020)

单位：元

2016	2017	2018	2019	2020
36024	**39335**	**42899**	**46658**	**48881**
22025	**23926**	**26109**	**28368**	**29928**
21065	22877	24918	27210	28570
961	1049	1192	1158	1358
6912	**7455**	**8127**	**8863**	**8656**
677	750	968	1103	1117
524	589	709	770	747
73	84	124	135	153
52	32	69	82	75
28	44	67	115	142
1828	1954	2242	2174	1943
4407	4751	4916	5586	5596
2081	**2363**	**2561**	**2787**	**2928**
132	274	-21	53	99
711	663	839	846	776
2	5	5	8	7
36	38	81	72	98
1180	1329	1531	1803	1865
9	17	31	14	32
12	38	94	-9	52
5005	**5591**	**6102**	**6641**	**7369**
7670	8250	8956	9603	10269
6390	6949	7283	7822	8499
53	66	91	104	98
30	32	52	62	83
544	556	467	591	528
558	535	859	893	914
80	97	183	112	109
15	13	22	20	38
2665	2659	2854	2962	2900
125	147	233	137	145
2293	2223	2340	2558	2536
25	39	17	15	17
115	140	172	163	125
106	110	92	88	78

2-19 城镇常住居民家庭

指　标	2013	2014	2015
现金可支配收入	**34355**	**37346**	**40282**
一、现金工资性收入	**21422**	**23171**	**24770**
1.工资	20205	21908	23622
2.其他工资性收入	1217	1263	1148
二、现金经营净收入	**6912**	**7216**	**7291**
(一)第一产业现金经营净收入	280	301	200
1.农业	176	131	114
2.林业	39	52	8
3.牧业	45	82	25
4.渔业	20	36	53
(二)第二产业现金经营净收入	2122	2359	2128
(三)第三产业现金经营净收入	4510	4556	4962
三、现金财产净收入	**1866**	**2053**	**2604**
1.利息净收入	120	127	176
2.红利收入	434	451	731
3.储蓄性保险净收益	10	8	7
4.转让承包土地经营权租金净收入	14	14	14
5.出租房屋财产性收入	1249	1433	1652
6.出租机械专利版权等资产的收入	15	11	20
7.其他财产净收入	25	10	4
四、现金转移净收入	**4155**	**4906**	**5617**
(一)现金转移性收入	6296	7182	8286
1.养老金或离退休金	5435	6326	7160
2.社会救济和补助	29	26	39
3.政策性生活补贴	34	25	37
4.家庭外出从业人员寄回带回收入	155	95	368
5.赡养收入	410	397	377
6.其他经常转移收入	227	310	289
7.现金政策性惠农补贴	6	4	16
(二)现金转移性支出	2142	2276	2669
1.个人所得税	145	187	182
2.个人缴纳的社会保障支出	1539	1750	2140
3.外来从业人员寄给家人的支出	88	78	53
4.赡养支出	241	176	198
5.其他转移性支出	128	85	95

人均现金可支配收入(2013-2020)

单位：元

2016	2017	2018	2019	2020
43497	**47257**	**51212**	**55510**	**57515**
26413	**28532**	**30981**	**33484**	**35202**
25159	27160	29460	31977	33428
1254	1371	1521	1507	1774
7613	**8141**	**8829**	**9663**	**9076**
202	248	414	518	490
162	210	332	364	337
8	3	27	51	27
10	8	26	58	54
23	27	28	44	71
1959	2194	2451	2335	1978
5452	5699	5964	6810	6609
2870	**3250**	**3493**	**3781**	**3924**
166	376	-55	68	114
936	877	1188	1178	1043
3	5	8	11	10
21	15	57	38	55
1719	1910	2115	2487	2591
8	13	36	14	38
17	54	144	-14	73
6601	**7334**	**7908**	**8583**	**9313**
9712	10433	11212	11888	12662
8503	9206	9648	10297	11072
46	54	64	67	63
37	40	51	78	93
540	618	469	570	478
487	405	764	739	811
93	105	210	128	130
6	5	6	8	15
3111	3100	3304	3305	3349
188	221	338	200	211
2585	2504	2610	2761	2876
33	29	19	20	12
158	200	224	210	154
146	145	113	114	96

2-20 农村常住居民家庭

指　标	2013	2014	2015
现金可支配收入	**17534**	**19381**	**20972**
一、现金工资性收入	**10375**	**11738**	**13030**
1.工资	9156	10256	12402
2.其他工资性收入	1220	1482	628
二、现金经营净收入	**5195**	**5510**	**5571**
(一)第一产业现金经营净收入	1498	1444	1474
1.农业	843	851	1011
2.林业	210	226	212
3.牧业	366	234	190
4.渔业	78	132	61
(二)第二产业现金经营净收入	1731	1528	1551
(三)第三产业现金经营净收入	1966	2538	2546
三、现金财产净收入	**455**	**543**	**608**
1.利息净收入	121	142	94
2.红利收入	143	137	203
3.储蓄性保险净收益	…	3	…
4.转让承包土地经营权租金净收入	42	75	71
5.出租房屋财产性收入	124	154	221
6.出租机械专利版权等资产的收入	18	24	19
7.其他财产净收入	7	8	…
四、现金转移净收入	**1509**	**1591**	**1763**
(一)现金转移性收入	2401	2796	4067
1.养老金或离退休金	1021	1408	2290
2.社会救济和补助	54	61	55
3.政策性生活补贴	15	22	24
4.家庭外出从业人员寄回带回收入	732	556	568
5.赡养收入	411	447	832
6.其他经常转移收入	150	271	266
7.现金政策性惠农补贴	18	29	32
(二)现金转移性支出	892	1205	2304
1.个人所得税	5	6	13
2.个人缴纳的社会保障支出	617	1053	2158
3.外来从业人员寄给家人的支出	165	55	37
4.赡养支出	57	41	56
5.其他转移性支出	49	50	38

人均现金可支配收入(2013-2020)

单位：元

2016	2017	2018	2019	2020
22581	**24644**	**27068**	**29423**	**31727**
14134	**15385**	**16831**	**18406**	**19449**
13700	14934	16267	17928	18920
434	452	564	478	529
5652	**6182**	**6790**	**7304**	**7821**
1531	1680	2025	2241	2362
1176	1293	1427	1560	1562
190	234	308	299	402
127	77	150	129	115
38	76	140	254	283
1594	1510	1844	1859	1876
2527	2992	2922	3205	3583
662	**718**	**784**	**852**	**949**
70	84	44	24	70
305	266	174	200	244
1	3	1	4	0
63	81	126	136	185
209	251	419	472	421
10	24	20	14	19
3	9	-1	2	10
2133	**2359**	**2663**	**2861**	**3507**
3996	4200	4660	5153	5515
2590	2765	2779	3004	3386
66	90	143	176	168
17	17	52	30	64
549	441	462	631	627
685	777	1041	1191	1117
55	83	131	79	69
33	27	51	42	85
1863	1841	1996	2292	2007
11	9	32	15	14
1769	1703	1826	2162	1860
11	56	14	6	26
37	29	74	73	67
35	44	50	36	41

2-21　全体居民家庭生产经营情况(2013-2020)

单位：元

指　　标	2013	2014	2015	2016	2017	2018	2019	2020
经营性收入	**8647**	**9453**	**10313**	**10616**	**10462**	**12847**	**14008**	**15305**
(一)第一产业经营收入	1386	1405	1179	1137	1086	1456	1729	1743
1.农业	640	630	733	807	822	1048	1159	1105
2.林业	139	172	117	108	133	160	185	182
3.牧业	512	450	212	127	71	138	165	189
4.渔业	96	154	118	96	59	109	220	267
(二)第二产业经营收入	2820	3229	3033	3787	3099	4510	3780	3730
1.采矿业	23	17	9	4	7	0	0	0
2.制造业	2146	2543	2246	3374	2640	3981	3372	3136
3.电力热力燃气及水生产和供应业	6	3	2	34	50	8	1	3
4.建筑业	646	666	775	375	402	521	406	591
(三)第三产业经营收入	4442	4819	6101	5692	6278	6881	8499	9832
1.批发和零售业	3148	3160	4044	3719	4084	4446	5759	7106
2.交通运输仓储和邮政业	482	622	942	669	854	678	606	660
3.住宿和餐饮业	270	327	475	490	535	776	961	803
4.房地产业	2	4	23	19	19	38	16	34
5.租赁和商务服务业	36	98	76	178	86	163	141	151
6.居民服务修理和其他服务业	446	548	467	523	610	632	774	900
7.其他	33	36	65	73	59	126	216	149
8.农林牧渔服务业	25	23	10	21	30	24	28	30

2-22 城镇常住居民家庭生产经营情况(2013-2020)

单位：元

指　标	2013	2014	2015	2016	2017	2018	2019	2020
经营性收入	**9424**	**10338**	**11449**	**11740**	**11738**	**14130**	**15647**	**17116**
(一)第一产业经营收入	474	516	374	294	330	616	751	718
1.农业	218	183	159	201	251	468	481	439
2.林业	45	55	13	34	31	40	66	39
3.牧业	175	235	137	20	17	60	92	103
4.渔业	36	44	65	39	31	47	111	138
(二)第二产业经营收入	3218	3945	3348	4277	3656	5115	4212	4084
1.采矿业	32	21	15	6	10	0	0	0
2.制造业	2487	3300	2439	3851	3183	4591	3821	3560
3.电力热力燃气及水生产和供应业	6	4	3	51	61	11	0	2
4.建筑业	693	619	891	369	402	512	390	522
(三)第三产业经营收入	5732	5877	7727	7168	7752	8400	10685	12314
1.批发和零售业	4324	4202	5563	4931	5275	5763	7588	9375
2.交通运输仓储和邮政业	454	491	829	657	841	420	563	544
3.住宿和餐饮业	362	430	564	589	709	966	1095	854
4.房地产业	1	6	35	29	29	57	24	50
5.租赁和商务服务业	37	86	118	260	95	213	181	203
6.居民服务修理和其他服务业	509	607	521	580	680	803	979	1113
7.其他	36	54	95	113	84	177	255	173
8.农林牧渔服务业	9	1	1	9	38	2	0	1

2-23 农村常住居民家庭生产经营情况(2013-2020)

单位：元

指　　标	2013	2014	2015	2016	2017	2018	2019	2020
经营性收入	**7342**	**7934**	**8312**	**8593**	**8096**	**10402**	**10817**	**11708**
(一)第一产业经营收入	2918	2931	2598	2654	2488	3055	3633	3778
1.农业	1348	1397	1744	1896	1882	2153	2479	2429
2.林业	296	373	300	240	323	389	415	466
3.牧业	1078	819	343	321	173	286	306	360
4.渔业	196	342	211	197	110	228	433	524
(二)第二产业经营收入	2151	2000	2477	2904	2064	3357	2939	3028
1.采矿业	8	10	0	0	0	0	1	0
2.制造业	1572	1241	1906	2515	1633	2818	2499	2294
3.电力热力燃气及水生产和供应业	6	2	1	2	30	2	2	6
4.建筑业	566	747	569	386	402	537	437	728
(三)第三产业经营收入	2273	3002	3237	3035	3544	3989	4244	4902
1.批发和零售业	1171	1370	1367	1540	1876	1938	2198	2596
2.交通运输仓储和邮政业	530	848	1141	690	877	1168	690	890
3.住宿和餐饮业	115	151	317	310	212	414	699	702
4.房地产业	2	0	0	1	0	0	0	0
5.租赁和商务服务业	34	119	1	30	70	67	63	49
6.居民服务修理和其他服务业	339	448	372	422	481	307	375	477
7.其他	29	6	12	1	13	29	139	101
8.农林牧渔服务业	52	62	27	42	16	66	81	88

2-24 全体居民家庭人均支出(2013-2020)

单位：元

指　标	2013	2014	2015	2016	2017	2018	2019	2020
总支出	**36186**	**36895**	**38795**	**40469**	**45408**	**46452**	**50210**	**50444**
一、消费支出	**20610**	**22552**	**24117**	**25527**	**27079**	**29471**	**32026**	**31295**
(一)食品烟酒	5991	6569	6976	7414	7751	8198	8929	8922
(二)衣着	1499	1587	1647	1564	1586	1814	1877	1703
(三)居住	5202	5577	5964	6133	6993	7721	8403	9009
(四)生活用品及服务	1054	1118	1159	1224	1346	1652	1716	1789
(五)交通通信	3125	3671	3961	4377	4307	4302	4553	4301
(六)教育文化娱乐	2019	2169	2428	2794	2845	3031	3624	2889
(七)医疗保健	1198	1358	1433	1507	1696	2059	2123	1956
(八)其他用品及服务	523	503	548	513	556	693	801	724
二、生产经营费用支出	**2505**	**2773**	**3549**	**3583**	**2892**	**4611**	**4976**	**6547**
(一)第一产业	609	591	422	340	221	379	457	523
(二)第二产业	899	1176	1113	1958	1144	2268	1606	1787
(三)第三产业	997	1005	2014	1285	1527	1965	2913	4237
三、财产性支出	**113**	**153**	**197**	**209**	**247**	**395**	**490**	**474**
(一)生活贷款利息支出	97	144	184	204	243	375	424	462
(二)其他财产性支出	15	9	13	5	4	20	66	12
四、转移性支出	**1678**	**1882**	**2536**	**2665**	**2659**	**2854**	**2962**	**2900**
(一)个人所得税	93	120	121	125	147	233	137	145
(二)社会保障支出	1196	1493	2147	2293	2223	2340	2558	2536
1.个人缴纳的养老保险	836	1052	1610	1738	1635	1686	1805	1784
2.个人缴纳的医疗保险	294	377	464	503	523	545	665	654
3.个人缴纳的失业保险	40	45	50	44	47	44	47	50

2-24 续表

指　　标	2013	2014	2015	2016	2017	2018	2019	2020
4.其他社会保障支出	27	20	24	8	18	66	40	48
(三)外来从业人员寄给家人的支出	118	70	47	25	39	17	15	17
(四)赡养支出	172	127	147	115	140	172	163	125
(五)其他转移性支出	100	71	74	106	110	92	88	78
五、部分商业保险支出	**71**	**64**	**108**	**97**	**133**	**202**	**225**	**214**
(一)意外伤害保险	15	10	13	10	17	24	20	15
(二)商业医疗保险(含大病保险)	21	17	26	35	40	88	119	105
(三)其他非储蓄性商业保险	8	12	14	19	20	32	33	21
(四)其他储蓄性商业保险	27	25	55	32	56	58	53	72
六、购置资产及非经常性转移支出	**3135**	**3304**	**4330**	**5119**	**8763**	**6332**	**7138**	**6486**
(一)购置资产支出	1124	880	1507	2119	5755	3184	3825	3710
(二)非经常性转移支出	2011	2424	2823	3001	3008	3148	3312	2776
七、借贷性支出	**8074**	**6166**	**3958**	**3269**	**3636**	**2587**	**2394**	**2528**
(一)存入储蓄款	7016	4975	2959	2129	1297	234	100	70
(二)借出款	75	117	42	61	39	59	36	27
(三)归还借款	206	202	182	131	56	291	156	123
(四)购买有价证券	17	23	29	59	10	81	22	23
(五)其他投资支出	46	36	70	15	88	99	64	73
(六)归还住房贷款	607	715	531	697	1972	1547	1734	1919
(七)归还汽车贷款	52	57	108	120	137	189	193	158
(八)归还教育贷款	0	0	0	0	0	0	0	0
(九)归还其他贷款	27	15	16	35	31	75	71	105
(十)其他借贷支出	28	27	21	22	7	13	17	31

2-25 城镇常住居民家庭人均支出(2013-2020)

单位：元

指　标	2013	2014	2015	2016	2017	2018	2019	2020
总支出	**44626**	**44839**	**46036**	**48304**	**55752**	**55085**	**59312**	**60077**
一、消费支出	**25254**	**27242**	**28661**	**30068**	**31924**	**34598**	**37508**	**36197**
(一)食品烟酒	7129	7705	8092	8467	8906	9371	10162	9914
(二)衣着	1911	1998	2041	1904	1926	2232	2259	2036
(三)居住	6613	6902	7231	7385	8413	9154	9977	10665
(四)生活用品及服务	1289	1334	1360	1421	1617	1967	2075	2073
(五)交通通信	3796	4494	4753	5101	4956	5010	5368	4988
(六)教育文化娱乐	2493	2643	2963	3452	3521	3684	4342	3450
(七)医疗保健	1335	1527	1539	1692	1872	2287	2300	2162
(八)其他用品及服务	687	640	682	645	713	893	1024	910
二、生产经营费用支出	**2805**	**3121**	**4146**	**4119**	**3579**	**5269**	**5937**	**8001**
(一)第一产业	194	214	161	84	64	169	185	189
(二)第二产业	1181	1587	1220	2319	1462	2664	1876	2106
(三)第三产业	1430	1320	2765	1716	2053	2436	3875	5705
三、财产性支出	**165**	**221**	**289**	**293**	**355**	**540**	**674**	**653**
(一)生活贷款利息支出	144	212	272	289	350	523	591	638
(二)其他财产性支出	20	9	17	4	5	18	83	16
四、转移性支出	**2145**	**2275**	**2667**	**3111**	**3100**	**3304**	**3305**	**3349**
(一)个人所得税	145	187	182	188	221	338	200	211
(二)社会保障支出	1540	1750	2140	2585	2504	2610	2761	2876
1.个人缴纳的养老保险	1084	1187	1511	1934	1848	1918	1943	2052
2.个人缴纳的医疗保险	382	470	541	575	579	585	700	695
3.个人缴纳的失业保险	61	68	72	65	67	60	63	66

2-25 续表

指　标	2013	2014	2015	2016	2017	2018	2019	2020
4.其他社会保障支出	13	24	17	11	9	48	56	64
(三)外来从业人员寄给家人的支出	89	78	53	33	29	19	20	12
(四)赡养支出	240	176	198	158	200	224	210	154
(五)其他转移性支出	130	84	94	146	145	113	114	96
五、部分商业保险支出	**97**	**85**	**147**	**126**	**184**	**255**	**286**	**260**
(一)意外伤害保险	19	13	15	11	23	31	25	18
(二)商业医疗保险(含大病保险)	28	23	32	44	51	110	147	134
(三)其他非储蓄性商业保险	10	14	18	26	29	42	43	28
(四)其他储蓄性商业保险	40	35	82	45	82	71	71	81
六、购置资产及非经常性转移支出	**3571**	**3859**	**4960**	**6154**	**11555**	**7571**	**8577**	**8188**
(一)购置资产支出	1333	1143	1914	2881	8206	4118	5009	5121
(二)非经常性转移支出	2238	2716	3046	3274	3350	3453	3568	3067
七、借贷性支出	**10591**	**8036**	**5166**	**4434**	**5056**	**3548**	**3025**	**3428**
(一)存入储蓄款	9208	6438	3845	2898	1697	300	123	88
(二)借出款	66	146	45	76	33	83	19	29
(三)归还借款	186	188	182	142	69	339	159	151
(四)购买有价证券	26	28	42	86	15	123	31	32
(五)其他投资支出	60	49	106	6	128	139	78	97
(六)归还住房贷款	924	1065	787	1022	2973	2244	2302	2707
(七)归还汽车贷款	67	71	128	141	118	221	220	158
(八)归还教育贷款	0	0	0	0	0	0	0	0
(九)归还其他贷款	28	12	18	35	15	82	69	118
(十)其他借贷支出	25	39	12	27	7	17	24	46

2-26 农村常住居民家庭人均支出(2013-2020)

单位：元

指　　标	2013	2014	2015	2016	2017	2018	2019	2020
总支出	**21994**	**23249**	**26033**	**26376**	**26223**	**30010**	**32487**	**31306**
一、消费支出	**12803**	**14498**	**16108**	**17359**	**18093**	**19707**	**21352**	**21555**
(一)食品烟酒	4076	4618	5008	5520	5608	5966	6529	6952
(二)衣着	806	882	951	953	956	1018	1134	1043
(三)居住	2829	3302	3732	3882	4358	4993	5339	5720
(四)生活用品及服务	658	747	805	870	842	1053	1016	1225
(五)交通通信	1998	2257	2566	3076	3102	2953	2965	2937
(六)教育文化娱乐	1222	1355	1486	1611	1591	1788	2226	1776
(七)医疗保健	968	1068	1246	1173	1370	1627	1777	1546
(八)其他用品及服务	247	268	313	274	265	310	367	355
二、生产经营费用支出	**2000**	**2176**	**2497**	**2619**	**1618**	**3359**	**3105**	**3658**
(一)第一产业	1306	1239	881	802	512	778	984	1187
(二)第二产业	424	472	926	1310	554	1514	1081	1152
(三)第三产业	270	465	691	508	552	1068	1040	1319
三、财产性支出	**25**	**35**	**35**	**58**	**47**	**117**	**130**	**119**
(一)生活贷款利息支出	18	27	29	51	45	94	99	113
(二)其他财产性支出	7	8	7	7	2	23	31	6
四、转移性支出	**893**	**1205**	**2304**	**1863**	**1841**	**1996**	**2292**	**2007**
(一)个人所得税	5	6	13	11	9	32	15	14
(二)社会保障支出	617	1053	2158	1769	1703	1826	2162	1860
1.个人缴纳的养老保险	418	820	1784	1384	1240	1243	1538	1252
2.个人缴纳的医疗保险	144	217	330	374	418	469	599	571
3.个人缴纳的失业保险	4	4	10	7	10	12	16	20

2-26 续表

指　　标	2013	2014	2015	2016	2017	2018	2019	2020
4.其他社会保障支出	51	12	35	3	34	101	10	17
(三)外来从业人员寄给家人的支出	165	55	37	11	56	14	6	26
(四)赡养支出	57	41	56	37	29	74	73	67
(五)其他转移性支出	49	50	38	35	44	50	36	41
五、部分商业保险支出	**28**	**29**	**39**	**45**	**40**	**102**	**107**	**122**
(一)意外伤害保险	8	6	9	8	7	11	11	10
(二)商业医疗保险(含大病保险)	9	8	14	20	21	46	66	49
(三)其他非储蓄性商业保险	4	8	8	7	3	13	14	9
(四)其他储蓄性商业保险	7	6	8	9	10	33	16	54
六、购置资产及非经常性转移支出	**2403**	**2352**	**3220**	**3258**	**3583**	**3973**	**4335**	**3104**
(一)购置资产支出	773	428	791	748	1210	1407	1521	907
(二)非经常性转移支出	1630	1923	2429	2510	2373	2566	2814	2197
七、借贷性支出	**3842**	**2955**	**1830**	**1174**	**1001**	**756**	**1166**	**741**
(一)存入储蓄款	3331	2464	1398	745	556	109	55	33
(二)借出款	90	67	36	34	52	12	69	22
(三)归还借款	238	226	182	110	31	198	151	67
(四)购买有价证券	2	14	6	12	…		3	4
(五)其他投资支出	22	14	7	31	13	23	37	25
(六)归还住房贷款	74	112	80	113	113	219	628	352
(七)归还汽车贷款	27	33	72	82	171	130	141	158
(八)归还教育贷款	0	0	0	0	0			
(九)归还其他贷款	24	19	12	35	60	61	76	77
(十)其他借贷支出	34	6	37	12	5	4	6	2

2-27 全体居民家庭人均消费支出(2013-2020)

单位：元

指　　标	2013	2014	2015	2016	2017	2018	2019	2020
消费支出	**20610**	**22552**	**24117**	**25527**	**27079**	**29471**	**32026**	**31295**
一、食品烟酒	**5991**	**6569**	**6976**	**7414**	**7751**	**8198**	**8929**	**8922**
(一)食品	4131	4472	4741	5167	5235	5309	5695	6171
(二)烟酒	739	768	788	750	806	863	899	877
(三)饮料		118	120	117	123	150	169	170
(四)饮食服务	1121	1212	1327	1380	1586	1876	2166	1704
二、衣着	**1499**	**1587**	**1647**	**1564**	**1586**	**1814**	**1877**	**1703**
(一)衣类	1208	1269	1317	1246	1276	1481	1526	1376
(二)鞋类	291	318	329	318	310	332	351	328
三、居住	**5202**	**5577**	**5964**	**6133**	**6993**	**7721**	**8403**	**9009**
(一)租赁房房租	389	384	348	348	434	589	575	453
(二)住房维修及管理	428	453	671	626	1121	740	923	1327
(三)水电燃料及其他	814	816	771	815	886	977	1021	1012
(四)自有住房折算租金	3571	3924	4175	4344	4552	5415	5885	6217
四、生活用品及服务	**1054**	**1118**	**1159**	**1224**	**1346**	**1652**	**1716**	**1789**
(一)家具及室内装饰品	183	163	182	190	247	262	272	325
(二)家用器具	295	308	284	286	348	420	418	457
(三)家用纺织品	96	107	117	124	116	137	166	139
(四)家庭日用杂品	264	310	313	337	336	364	362	369
(五)个人用品	144	167	205	213	229	363	401	409
(六)家庭服务	71	62	58	73	70	105	96	90
五、交通通信	**3125**	**3671**	**3961**	**4377**	**4307**	**4302**	**4553**	**4301**
(一)交通	2266	2792	3005	3413	3356	3284	3564	3284
(二)通信	859	879	956	964	951	1018	989	1017
六、教育文化娱乐	**2019**	**2169**	**2428**	**2794**	**2845**	**3031**	**3624**	**2889**
(一)教育	1139	1242	1335	1585	1654	1772	2257	2022
(二)文化娱乐	881	927	1093	1209	1190	1259	1367	867
七、医疗保健	**1198**	**1358**	**1433**	**1507**	**1696**	**2059**	**2123**	**1956**
(一)医疗器具及药品	419	505	478	530	595	669	628	605
(二)医疗服务	779	853	955	977	1101	1391	1494	1351
八、其他用品及服务	**523**	**503**	**548**	**513**	**556**	**693**	**801**	**724**
(一)其他用品	335	288	319	283	304	353	414	424
(二)其他服务	188	215	229	230	252	340	388	300

2-28 城镇常住居民家庭人均消费支出(2013-2020)

单位：元

指 标	2013	2014	2015	2016	2017	2018	2019	2020
消费支出	**25254**	**27242**	**28661**	**30068**	**31924**	**34598**	**37508**	**36197**
一、食品烟酒	**7129**	**7705**	**8092**	**8467**	**8906**	**9371**	**10162**	**9914**
(一)食品	4830	5155	5399	5752	5841	5896	6251	6716
(二)烟酒	779	785	800	743	819	861	896	841
(三)饮料		128	131	124	133	173	193	190
(四)饮食服务	1521	1637	1762	1849	2113	2441	2821	2167
二、衣着	**1911**	**1998**	**2041**	**1904**	**1926**	**2232**	**2259**	**2036**
(一)衣类	1545	1610	1642	1528	1563	1833	1845	1654
(二)鞋类	366	388	399	376	362	399	413	382
三、居住	**6613**	**6902**	**7231**	**7385**	**8413**	**9154**	**9977**	**10665**
(一)租赁房房租	562	551	500	487	609	837	807	606
(二)住房维修及管理	409	460	695	672	1347	817	1025	1466
(三)水电燃料及其他	950	890	858	918	963	1063	1099	1101
(四)自有住房折算租金	4691	5000	5178	5308	5495	6437	7047	7492
四、生活用品及服务	**1289**	**1334**	**1360**	**1421**	**1617**	**1967**	**2075**	**2073**
(一)家具及室内装饰品	223	184	203	214	317	302	343	370
(二)家用器具	334	360	326	325	397	468	486	496
(三)家用纺织品	115	130	143	155	148	168	204	172
(四)家庭日用杂品	317	356	352	366	379	409	400	400
(五)个人用品	200	223	266	261	282	475	515	511
(六)家庭服务	100	81	71	98	95	145	129	124
五、交通通信	**3796**	**4494**	**4753**	**5101**	**4956**	**5010**	**5368**	**4988**
(一)交通	2750	3449	3631	4002	3869	3847	4263	3851
(二)通信	1046	1045	1122	1099	1087	1164	1105	1136
六、教育文化娱乐	**2493**	**2643**	**2963**	**3452**	**3521**	**3684**	**4342**	**3450**
(一)教育	1284	1371	1500	1816	1912	2032	2561	2365
(二)文化娱乐	1209	1272	1463	1636	1609	1652	1782	1084
七、医疗保健	**1335**	**1527**	**1539**	**1692**	**1872**	**2287**	**2300**	**2162**
(一)医疗器具及药品	514	616	559	615	694	743	693	679
(二)医疗服务	821	911	980	1077	1178	1543	1608	1483
八、其他用品及服务	**687**	**640**	**682**	**645**	**713**	**893**	**1024**	**910**
(一)其他用品	441	350	383	350	386	454	507	525
(二)其他服务	246	290	299	295	327	439	517	386

2-29 农村常住居民家庭人均消费支出(2013-2020)

单位：元

指 标	2013	2014	2015	2016	2017	2018	2019	2020
消费支出	**12803**	**14498**	**16108**	**17359**	**18093**	**19707**	**21352**	**21555**
一、食品烟酒	**4076**	**4618**	**5008**	**5520**	**5608**	**5966**	**6529**	**6952**
(一)食品	2957	3297	3582	4116	4112	4190	4613	5088
(二)烟酒	671	739	767	762	783	869	905	951
(三)饮料		100	101	104	104	106	121	130
(四)饮食服务	448	482	559	538	609	801	889	784
二、衣着	**806**	**882**	**951**	**953**	**956**	**1018**	**1134**	**1043**
(一)衣类	641	685	746	739	743	812	904	823
(二)鞋类	165	196	205	214	213	206	230	220
三、居住	**2829**	**3302**	**3732**	**3882**	**4358**	**4993**	**5339**	**5720**
(一)租赁房房租	97	98	79	98	110	117	125	151
(二)住房维修及管理	459	442	628	543	703	593	723	1049
(三)水电燃料及其他	585	687	618	630	743	814	868	836
(四)自有住房折算租金	1688	2075	2408	2611	2803	3470	3622	3685
四、生活用品及服务	**658**	**747**	**805**	**870**	**842**	**1053**	**1016**	**1225**
(一)家具及室内装饰品	117	127	146	147	118	186	134	236
(二)家用器具	229	218	210	216	257	330	285	380
(三)家用纺织品	65	69	71	69	55	77	93	74
(四)家庭日用杂品	173	231	245	284	257	280	290	307
(五)个人用品	51	71	98	125	132	151	181	206
(六)家庭服务	23	30	35	29	24	29	32	22
五、交通通信	**1998**	**2257**	**2566**	**3076**	**3102**	**2953**	**2965**	**2937**
(一)交通	1453	1663	1902	2354	2405	2212	2202	2157
(二)通信	545	594	664	721	698	741	763	780
六、教育文化娱乐	**1222**	**1355**	**1486**	**1611**	**1591**	**1788**	**2226**	**1776**
(一)教育	893	1021	1045	1170	1176	1278	1667	1341
(二)文化娱乐	328	335	441	441	415	510	559	435
七、医疗保健	**968**	**1068**	**1246**	**1173**	**1370**	**1627**	**1777**	**1546**
(一)医疗器具及药品	258	316	336	377	411	527	503	457
(二)医疗服务	710	753	910	797	959	1100	1274	1089
八、其他用品及服务	**247**	**268**	**313**	**274**	**265**	**310**	**367**	**355**
(一)其他用品	157	182	206	161	154	160	231	225
(二)其他服务	90	86	107	113	112	150	135	130

2-30 全体居民家庭人均消费支出构成(2013-2020)

单位：%

指 标	2013	2014	2015	2016	2017	2018	2019	2020
消费支出	**100.0**	**100.0**	**100.0**	**100.0**	**100.0**	100.0	**100.0**	100.0
一、食品烟酒	**29.1**	**29.1**	**28.9**	**29.0**	**28.6**	27.8	**27.9**	28.5
(一)食品	20.0	19.8	19.7	20.2	19.3	18.0	17.8	19.7
(二)烟酒	3.6	3.4	3.3	2.9	3.0	2.9	2.8	2.8
(三)饮料		0.5	0.5	0.5	0.5	0.5	0.5	0.5
(四)饮食服务	5.4	5.4	5.5	5.4	5.9	6.4	6.8	5.4
二、衣着	**7.3**	**7.0**	**6.8**	**6.1**	**5.9**	6.2	**5.9**	5.4
(一)衣类	5.9	5.6	5.5	4.9	4.7	5.0	4.8	4.4
(二)鞋类	1.4	1.4	1.4	1.2	1.1	1.1	1.1	1.0
三、居住	**25.2**	**24.7**	**24.7**	**24.0**	**25.8**	26.2	**26.2**	28.8
(一)租赁房房租	1.9	1.7	1.4	1.4	1.6	2.0	1.8	1.4
(二)住房维修及管理	2.1	2.0	2.8	2.5	4.1	2.5	2.9	4.2
(三)水电燃料及其他	3.9	3.6	3.2	3.2	3.3	3.3	3.2	3.2
(四)自有住房折算租金	17.3	17.4	17.3	17.0	16.8	18.4	18.4	19.9
四、生活用品及服务	**5.1**	**5.0**	**4.8**	**4.8**	**5.0**	5.6	**5.4**	5.7
(一)家具及室内装饰品	0.9	0.7	0.8	0.7	0.9	0.9	0.8	1.0
(二)家用器具	1.4	1.4	1.2	1.1	1.3	1.4	1.3	1.5
(三)家用纺织品	0.5	0.5	0.5	0.5	0.4	0.5	0.5	0.4
(四)家庭日用杂品	1.3	1.4	1.3	1.3	1.2	1.2	1.1	1.2
(五)个人用品	0.7	0.7	0.9	0.8	0.8	1.2	1.3	1.3
(六)家庭服务	0.3	0.3	0.2	0.3	0.3	0.4	0.3	0.3
五、交通通信	**15.2**	**16.3**	**16.4**	**17.1**	**15.9**	14.6	**14.2**	13.7
(一)交通	11.0	12.4	12.5	13.4	12.4	11.1	11.1	10.5
(二)通信	4.2	3.9	4.0	3.8	3.5	3.5	3.1	3.2
六、教育文化娱乐	**9.8**	**9.6**	**10.1**	**10.9**	**10.5**	10.3	**11.3**	9.2
(一)教育	5.5	5.5	5.5	6.2	6.1	6.0	7.0	6.5
(二)文化娱乐	4.3	4.1	4.5	4.7	4.4	4.3	4.3	2.8
七、医疗保健	**5.8**	**6.0**	**5.9**	**5.9**	**6.3**	7.0	**6.6**	6.2
(一)医疗器具及药品	2.0	2.2	2.0	2.1	2.2	2.3	2.0	1.9
(二)医疗服务	3.8	3.8	4.0	3.8	4.1	4.7	4.7	4.3
八、其他用品及服务	**2.5**	**2.2**	**2.3**	**2.0**	**2.1**	2.4	**2.5**	2.3
(一)其他用品	1.6	1.3	1.3	1.1	1.1	1.2	1.3	1.4
(二)其他服务	0.9	1.0	1.0	0.9	0.9	1.2	1.2	1.0

2-31 城镇常住居民家庭人均消费支出构成(2013-2020)

单位：%

指　标	2013	2014	2015	2016	2017	2018	2019	2020
消费支出	**100.0**	**100.0**	**100.0**	**100.0**	**100.0**	100.0	100.0	100.0
一、食品烟酒	**28.2**	**28.3**	**28.2**	**28.2**	**27.9**	27.1	27.1	27.4
(一)食品	19.1	18.9	18.8	19.1	18.3	17.0	16.7	18.6
(二)烟酒	3.1	2.9	2.8	2.5	2.6	2.5	2.4	2.3
(三)饮料		0.5	0.5	0.4	0.4	0.5	0.5	0.5
(四)饮食服务	6.0	6.0	6.1	6.1	6.6	7.1	7.5	6.0
二、衣着	**7.6**	**7.3**	**7.1**	**6.3**	**6.0**	6.5	6.0	5.6
(一)衣类	6.1	5.9	5.7	5.1	4.9	5.3	4.9	4.6
(二)鞋类	1.5	1.4	1.4	1.2	1.1	1.2	1.1	1.1
三、居住	**26.2**	**25.3**	**25.2**	**24.6**	**26.4**	26.5	26.6	29.5
(一)租赁房房租	2.2	2.0	1.7	1.6	1.9	2.4	2.2	1.7
(二)住房维修及管理	1.6	1.7	2.4	2.2	4.2	2.4	2.7	4.1
(三)水电燃料及其他	3.8	3.3	3.0	3.1	3.0	3.1	2.9	3.0
(四)自有住房折算租金	18.6	18.4	18.1	17.7	17.2	18.6	18.8	20.7
四、生活用品及服务	**5.1**	**4.9**	**4.7**	**4.7**	**5.1**	5.7	5.5	5.7
(一)家具及室内装饰品	0.9	0.7	0.7	0.7	1.0	0.9	0.9	1.0
(二)家用器具	1.3	1.3	1.1	1.1	1.2	1.4	1.3	1.4
(三)家用纺织品	0.5	0.5	0.5	0.5	0.5	0.5	0.5	0.5
(四)家庭日用杂品	1.3	1.3	1.2	1.2	1.2	1.2	1.1	1.1
(五)个人用品	0.8	0.8	0.9	0.9	0.9	1.4	1.4	1.4
(六)家庭服务	0.4	0.3	0.2	0.3	0.3	0.4	0.3	0.3
五、交通通信	**15.0**	**16.5**	**16.6**	**17.0**	**15.5**	14.5	14.3	13.8
(一)交通	10.9	12.7	12.7	13.3	12.1	11.1	11.4	10.6
(二)通信	4.1	3.8	3.9	3.7	3.4	3.4	2.9	3.1
六、教育文化娱乐	**9.9**	**9.7**	**10.3**	**11.5**	**11.0**	10.6	11.6	9.5
(一)教育	5.1	5.0	5.2	6.0	6.0	5.9	6.8	6.5
(二)文化娱乐	4.8	4.7	5.1	5.4	5.0	4.8	4.8	3.0
七、医疗保健	**5.3**	**5.6**	**5.4**	**5.6**	**5.9**	6.6	6.1	6.0
(一)医疗器具及药品	2.0	2.3	2.0	2.0	2.2	2.1	1.8	1.9
(二)医疗服务	3.3	3.3	3.4	3.6	3.7	4.5	4.3	4.1
八、其他用品及服务	**2.7**	**2.3**	**2.4**	**2.1**	**2.2**	2.6	2.7	2.5
(一)其他用品	1.7	1.3	1.3	1.2	1.2	1.3	1.4	1.4
(二)其他服务	1.0	1.1	1.0	1.0	1.0	1.3	1.4	1.1

2-32 农村常住居民家庭人均消费支出构成(2013-2020)

单位：%

指 标	2013	2014	2015	2016	2017	2018	2019	2020
消费支出	**100.0**	**100.0**	**100.0**	**100.0**	**100.0**	100.0	100.0	100.0
一、食品烟酒	**31.8**	**31.9**	**31.1**	**31.8**	**31.0**	30.3	30.6	32.3
(一)食品	23.1	22.7	22.2	23.7	22.7	21.3	21.6	23.6
(二)烟酒	5.2	5.1	4.8	4.4	4.3	4.4	4.2	4.4
(三)饮料		0.7	0.6	0.6	0.6	0.5	0.6	0.6
(四)饮食服务	3.5	3.3	3.5	3.1	3.4	4.1	4.2	3.6
二、衣着	**6.3**	**6.1**	**5.9**	**5.5**	**5.3**	5.2	5.3	4.8
(一)衣类	5.0	4.7	4.6	4.3	4.1	4.1	4.2	3.8
(二)鞋类	1.3	1.4	1.3	1.2	1.2	1.0	1.1	1.0
三、居住	**22.1**	**22.8**	**23.2**	**22.4**	**24.1**	25.3	25.0	26.5
(一)租赁房房租	0.8	0.7	0.5	0.6	0.6	0.6	0.6	0.7
(二)住房维修及管理	3.6	3.0	3.9	3.1	3.9	3.0	3.4	4.9
(三)水电燃料及其他	4.6	4.7	3.8	3.6	4.1	4.1	4.1	3.9
(四)自有住房折算租金	13.2	14.3	14.9	15.0	15.5	17.6	17.0	17.1
四、生活用品及服务	**5.1**	**5.1**	**5.0**	**5.0**	**4.7**	5.3	4.8	5.7
(一)家具及室内装饰品	0.9	0.9	0.9	0.8	0.7	0.9	0.6	1.1
(二)家用器具	1.8	1.5	1.3	1.2	1.4	1.7	1.3	1.8
(三)家用纺织品	0.5	0.5	0.4	0.4	0.3	0.4	0.4	0.3
(四)家庭日用杂品	1.4	1.6	1.5	1.6	1.4	1.4	1.4	1.4
(五)个人用品	0.4	0.5	0.6	0.7	0.7	0.8	0.8	1.0
(六)家庭服务	0.2	0.2	0.2	0.2	0.1	0.1	0.1	0.1
五、交通通信	**15.6**	**15.6**	**15.9**	**17.7**	**17.1**	15.0	13.9	13.6
(一)交通	11.3	11.5	11.8	13.6	13.3	11.2	10.3	10.0
(二)通信	4.3	4.1	4.1	4.2	3.9	3.8	3.6	3.6
六、教育文化娱乐	**9.5**	**9.3**	**9.2**	**9.3**	**8.8**	9.1	10.4	8.2
(一)教育	7.0	7.0	6.5	6.7	6.5	6.5	7.8	6.2
(二)文化娱乐	2.6	2.3	2.7	2.5	2.3	2.6	2.6	2.0
七、医疗保健	**7.6**	**7.4**	**7.7**	**6.8**	**7.6**	8.3	8.3	7.2
(一)医疗器具及药品	2.0	2.2	2.1	2.2	2.3	2.7	2.4	2.1
(二)医疗服务	5.5	5.2	5.7	4.6	5.3	5.6	6.0	5.1
八、其他用品及服务	**1.9**	**1.9**	**1.9**	**1.6**	**1.5**	1.6	1.7	1.6
(一)其他用品	1.2	1.3	1.3	0.9	0.8	0.8	1.1	1.0
(二)其他服务	0.7	0.6	0.7	0.6	0.6	0.8	0.6	0.6

2-33 全体居民家庭人均现金消费支出(2013-2020)

单位：元

指　　标	2013	2014	2015	2016	2017	2018	2019	2020
现金消费支出	**16543**	**18015**	**19278**	**20439**	**21691**	**23224**	**25247**	**24237**
一、食品烟酒	**5800**	**6362**	**6741**	**7089**	**7406**	**7906**	**8624**	**8623**
(一)食品	3997	4338	4602	4977	5053	5103	5491	5963
(二)烟酒	739	768	788	750	806	863	899	877
(三)饮料		115	118	115	122	150	168	170
(四)饮食服务	1065	1141	1233	1248	1424	1790	2065	1613
二、衣着	**1498**	**1587**	**1646**	**1563**	**1585**	**1813**	**1876**	**1703**
(一)衣类	1206	1269	1317	1246	1275	1481	1525	1376
(二)鞋类	291	318	329	318	310	332	351	328
三、居住	**1610**	**1616**	**1763**	**1768**	**2409**	**2282**	**2483**	**2777**
(一)租赁房房租	389	384	348	348	434	589	575	453
(二)住房维修及管理	428	453	671	626	1121	740	923	1327
(三)水电燃料及其他	794	778	744	794	853	953	985	997
四、生活用品及服务	**1045**	**1097**	**1137**	**1206**	**1333**	**1642**	**1702**	**1778**
(一)家具及室内装饰品	161	163	182	190	247	261	272	325
(二)家用器具	309	308	284	286	348	420	418	457
(三)家用纺织品	96	107	117	124	116	137	166	139
(四)家庭日用杂品	264	290	290	319	324	355	349	358
(五)个人用品	144	167	205	213	229	363	401	409
(六)家庭服务	71	62	58	73	70	105	96	90
五、交通通信	**3120**	**3667**	**3956**	**4374**	**4300**	**4298**	**4550**	**4297**
(一)交通	2263	2788	3000	3410	3350	3280	3561	3280
(二)通信	857	879	956	964	951	1018	989	1017
六、教育文化娱乐	**2016**	**2168**	**2426**	**2792**	**2841**	**3029**	**3621**	**2883**
(一)教育	1139	1242	1335	1585	1654	1772	2257	2022
(二)文化娱乐	877	926	1091	1207	1186	1256	1364	861
七、医疗保健	**947**	**1023**	**1066**	**1141**	**1270**	**1570**	**1595**	**1457**
(一)医疗器具及药品	412	500	476	529	593	668	627	604
(二)医疗服务	534	522	590	612	677	902	968	853
八、其他用品及服务	**508**	**496**	**544**	**504**	**547**	**685**	**796**	**719**
(一)其他用品	321	286	315	279	300	349	411	420
(二)其他服务	187	210	229	225	247	335	385	299

2-34　城镇常住居民家庭人均现金消费支出(2013-2020)

单位：元

指　标	2013	2014	2015	2016	2017	2018	2019	2020
现金消费支出	**20056**	**21635**	**22829**	**24013**	**25582**	**27319**	**29596**	**27884**
一、食品烟酒	**6981**	**7556**	**7915**	**8224**	**8618**	**9180**	**9950**	**9714**
(一)食品	4757	5108	5347	5688	5774	5817	6167	6631
(二)烟酒	779	785	800	743	819	861	896	841
(三)饮料		128	131	124	133	173	193	190
(四)饮食服务	1445	1536	1637	1670	1892	2330	2695	2053
二、衣着	**1909**	**1997**	**2041**	**1903**	**1925**	**2231**	**2258**	**2035**
(一)衣类	1543	1609	1642	1528	1562	1832	1844	1654
(二)鞋类	366	388	399	376	362	399	413	382
三、居住	**1913**	**1896**	**2039**	**2055**	**2905**	**2703**	**2915**	**3161**
(一)租赁房房租	562	551	500	487	609	837	807	606
(二)住房维修及管理	409	460	695	672	1347	817	1025	1466
(三)水电燃料及其他	942	885	843	896	949	1049	1083	1089
四、生活用品及服务	**1280**	**1308**	**1333**	**1400**	**1602**	**1956**	**2060**	**2064**
(一)家具及室内装饰品	194	184	203	214	317	302	343	370
(二)家用器具	354	360	326	325	397	468	486	496
(三)家用纺织品	115	130	143	155	148	168	204	172
(四)家庭日用杂品	317	331	325	346	364	397	384	391
(五)个人用品	200	223	266	261	282	475	515	511
(六)家庭服务	100	81	71	98	95	145	129	124
五、交通通信	**3787**	**4488**	**4746**	**5098**	**4948**	**5004**	**5364**	**4981**
(一)交通	2745	3443	3623	3999	3861	3841	4259	3845
(二)通信	1043	1045	1122	1099	1087	1164	1105	1136
六、教育文化娱乐	**2489**	**2642**	**2960**	**3449**	**3515**	**3680**	**4338**	**3442**
(一)教育	1284	1371	1500	1816	1912	2032	2561	2365
(二)文化娱乐	1205	1271	1460	1633	1603	1648	1778	1076
七、医疗保健	**1032**	**1117**	**1120**	**1248**	**1368**	**1679**	**1692**	**1582**
(一)医疗器具及药品	506	609	556	614	691	743	692	679
(二)医疗服务	527	509	564	634	676	936	1000	903
八、其他用品及服务	**664**	**630**	**676**	**635**	**701**	**886**	**1019**	**905**
(一)其他用品	419	347	378	347	380	450	504	521
(二)其他服务	244	282	298	288	321	435	515	384

2-35 农村常住居民家庭人均现金消费支出(2013-2020)

单位：元

指　　标	2013	2014	2015	2016	2017	2018	2019	2020
现金消费支出	**10637**	**11798**	**13021**	**14011**	**14476**	**15424**	**16780**	**16992**
一、食品烟酒	**3814**	**4310**	**4672**	**5048**	**5159**	**5478**	**6042**	**6455**
(一)食品	2718	3015	3287	3698	3718	3744	4176	4637
(二)烟酒	671	739	767	762	783	869	905	951
(三)饮料		93	96	100	102	105	120	129
(四)饮食服务	424	462	523	489	557	761	841	739
二、衣着	**806**	**881**	**949**	**952**	**955**	**1018**	**1133**	**1043**
(一)衣类	641	685	744	739	742	812	904	823
(二)鞋类	165	196	205	214	213	206	230	220
三、居住	**1101**	**1135**	**1277**	**1253**	**1489**	**1478**	**1642**	**2015**
(一)租赁房房租	97	98	79	98	110	117	125	151
(二)住房维修及管理	459	442	628	543	703	593	723	1049
(三)水电燃料及其他	545	595	570	612	676	769	794	816
四、生活用品及服务	**651**	**735**	**790**	**857**	**834**	**1044**	**1007**	**1210**
(一)家具及室内装饰品	105	127	146	147	118	183	134	236
(二)家用器具	234	218	210	216	257	330	285	380
(三)家用纺织品	65	69	71	69	55	77	93	74
(四)家庭日用杂品	173	219	230	271	249	273	281	291
(五)个人用品	51	71	98	125	132	151	181	206
(六)家庭服务	23	30	35	29	24	29	32	22
五、交通通信	**1997**	**2256**	**2564**	**3073**	**3100**	**2952**	**2965**	**2937**
(一)交通	1452	1662	1900	2352	2402	2211	2201	2157
(二)通信	545	594	664	721	698	741	763	780
六、教育文化娱乐	**1221**	**1354**	**1486**	**1610**	**1590**	**1788**	**2226**	**1774**
(一)教育	894	1020	1045	1170	1176	1278	1667	1341
(二)文化娱乐	327	334	441	440	414	510	559	433
七、医疗保健	**802**	**860**	**972**	**949**	**1089**	**1364**	**1406**	**1209**
(一)医疗器具及药品	255	314	336	376	411	526	501	457
(二)医疗服务	547	546	636	573	678	838	905	752
八、其他用品及服务	**245**	**266**	**311**	**269**	**260**	**302**	**360**	**349**
(一)其他用品	156	181	204	157	150	157	230	219
(二)其他服务	89	85	106	112	111	145	131	129

2-36 全体居民家庭耐用消费品拥有量(2013-2020)

指 标		2013	2014	2015	2016	2017	2018	2019	2020
平均每百户拥有量									
(一)家用汽车	(辆)	31.4	34.5	39.8	45.2	47.9	44.4	44.9	48.2
(二)摩托车	(辆)	20.2	24.0	20.0	17.9	17.7	12.7	11.6	11.5
(三)电冰箱(柜)	(台)	88.0	93.5	95.7	98.9	101.1	104.0	105.6	106.5
(四)洗衣机	(台)	74.5	80.0	83.2	86.4	88.9	90.6	92.9	93.7
(五)热水器	(个)	78.2	83.8	87.5	92.0	95.3	101.9	104.0	105.9
#太阳能热水器	(个)	29.0	32.9	32.6	35.7	37.6	33.7		
(六)空调	(台)	134.7	144.5	154.5	169.3	176.1	193.1	195.8	198.5
(七)彩色电视机	(台)	159.6	167.2	169.3	172.6	178.2	173.2	175.5	176.1
(八)摄像机	(架)	4.7	4.9	4.4	4.1				
(九)照相机	(架)	29.5	31.1	27.7	23.9	23.7	17.3	17.6	17.0
(十)计算机	(台)	69.6	75.2	77.6	77.8	80.7	72.6	72.3	73.7
#接入互联网计算机	(台)	59.1	66.0	68.8	69.4	71.7	64.7	62.5	65.7
(十一)中高档乐器	(架)	2.9	3.6	3.1	3.9	4.9	7.6	8.5	8.5
(十二)固定电话	(部)	55.1	59.1	53.7	47.6	44.2	27.8	20.9	19.4
(十三)移动电话	(部)	201.9	215.6	224.2	233.1	239.9	243.6	245.0	247.9
#接入互联网移动电话	(部)	84.7	99.6	115.8	138.6	153.6	178.8	188.3	211.5

注：摄像机、太阳能热水器数量先后于 2017 年、2019 年暂停统计。

2-37 城镇常住居民家庭耐用消费品拥有量(2013-2020)

指 标		2013	2014	2015	2016	2017	2018	2019	2020
平均每百户拥有量									
(一)家用汽车	(辆)	38.9	43.5	47.9	53.3	55.5	52.4	52.8	55.6
(二)摩托车	(辆)	13.8	16.6	13.7	11.1	11.8	7.8	7.7	7.2
(三)电冰箱(柜)	(台)	89.7	94.5	96.4	97.9	100.3	103.2	104.5	105.2
(四)洗衣机	(台)	82.6	87.1	88.0	90.2	92.5	93.9	95.4	96.5
(五)热水器	(个)	84.7	88.9	91.7	94.7	98.4	105.3	107.2	109.2
#太阳能热水器	(个)	25.4	28.2	27.2	28.7	30.7	27.8		
(六)空调	(台)	167.7	177.4	185.0	199.0	206.0	220.5	220.6	222.5
(七)彩色电视机	(台)	164.9	173.2	173.8	173.8	179.1	171.9	175.1	176.2
(八)摄像机	(架)	7.0	7.4	6.1	5.7				
(九)照相机	(架)	41.2	44.0	38.7	32.9	32.4	23.2	23.7	22.9
(十)计算机	(台)	89.6	96.0	95.7	93.0	95.6	86.4	85.2	86.0
#接入互联网计算机	(台)	78.2	85.4	85.8	83.2	85.8	78.3	75.1	78.2
(十一)中高档乐器	(架)	4.1	5.2	4.4	5.5	6.9	10.6	11.8	11.6
(十二)固定电话	(部)	58.3	62.8	56.0	50.7	47.3	28.2	21.5	19.7
(十三)移动电话	(部)	209.7	223.5	228.6	234.8	242.3	243.1	242.8	245.4
#接入互联网移动电话	(部)	101.7	119.2	135.4	155.8	170.5	193.1	200.2	221.6

注：摄像机、太阳能热水器数量先后于 2017 年、2019 年暂停统计。

2-38 农村常住居民家庭耐用消费品拥有量(2013-2020)

指　标		2013	2014	2015	2016	2017	2018	2019	2020
平均每百户拥有量									
(一)家用汽车	(辆)	18.9	19.2	25.4	30.2	33.3	28.8	28.9	33.0
(二)摩托车	(辆)	31.2	36.7	31.3	30.7	29.0	22.2	19.6	20.3
(三)电冰箱(柜)	(台)	85.0	91.7	94.5	100.7	102.7	105.6	107.7	109.2
(四)洗衣机	(台)	60.9	67.8	74.7	79.3	82.0	84.2	87.9	87.8
(五)热水器	(个)	67.1	75.0	80.1	86.9	89.3	95.4	97.5	99.1
#太阳能热水器	(个)	35.1	41.0	42.4	48.8	51.0	45.2		
(六)空调	(台)	78.6	88.1	100.2	113.6	118.8	139.6	145.4	149.0
(七)彩色电视机	(台)	150.5	156.8	161.3	170.4	176.4	175.7	176.3	175.9
(八)摄像机	(架)	0.9	0.7	1.3	1.0				
(九)照相机	(架)	9.6	8.8	8.1	7.0	6.9	5.8	5.1	4.9
(十)计算机	(台)	35.7	39.7	45.5	49.3	52.2	45.5	46.1	48.2
#接入互联网计算机	(台)	26.7	32.8	38.5	43.6	44.8	38.3	36.9	39.9
(十一)中高档乐器	(架)	0.8	1.0	0.8	0.9	1.0	1.9	1.9	2.1
(十二)固定电话	(部)	49.7	52.9	49.6	41.9	38.2	27.2	19.6	18.7
(十三)移动电话	(部)	188.8	201.9	216.4	230.0	235.2	244.5	249.6	253.1
#接入互联网移动电话	(部)	55.8	65.9	80.8	106.5	121.2	151.2	164.1	190.9

注：摄像机、太阳能热水器数量先后于2017年、2019年暂停统计。

2-39 全体居民主要食品消费量(2013-2020)

单位：公斤/人

指 标	2013	2014	2015	2016	2017	2018	2019	2020
一、粮食消费量	**124.4**	**128.7**	**130.6**	**135.6**	**134.1**	**132.9**	**132.9**	**137.3**
(一)谷物消费量	112.4	116.1	117.6	122.3	120.7	119.6	119.0	123.0
1.小麦	14.9	15.6	15.2	15.3	15.5	19.2	20.3	22.1
2.稻谷	88.9	91.2	93.3	95.9	94.2	88.0	85.7	87.8
3.玉米	2.1	2.3	2.3	2.9	2.9	3.7	4.0	4.1
4.其他谷物	6.5	7.0	6.8	8.1	8.1	8.7	9.1	9.0
(二)薯类消费量	1.4	1.6	1.9	2.0	2.2	2.4	2.2	2.4
1.红薯	0.5	0.6	0.8	0.9	0.8	1.0	0.8	0.8
2.马铃薯	0.7	0.8	0.8	0.9	1.1	1.0	1.0	1.2
3.其他薯类	0.3	0.3	0.3	0.3	0.3	0.3	0.4	0.4
(三)豆类消费量	10.6	11.0	11.1	11.3	11.3	10.9	11.7	11.9
1.大豆	0.7	0.8	0.7	0.7	0.7	0.9	0.8	0.5
2.其他豆类	9.9	10.3	10.4	10.6	10.6	10.0	10.9	11.4
二、油脂类消费量	**10.9**	**11.2**	**11.3**	**12.0**	**12.1**	**11.6**	**11.3**	**11.5**
(一)植物油	10.3	10.7	10.8	11.5	11.7	10.9	10.8	11.0
(二)动物油	0.6	0.5	0.5	0.5	0.4	0.7	0.5	0.5
三、蔬菜及菜制品消费量	**89.1**	**90.4**	**91.8**	**94.9**	**96.5**	**91.7**	**95.4**	**96.9**
(一)鲜菜	84.9	85.7	86.9	90.0	91.4	87.1	90.5	92.0
(二)干菜及菜制品	2.6	2.7	2.8	2.9	3.0	2.6	2.7	2.7
(三)鲜菌	1.2	1.5	1.7	1.7	1.7	1.6	1.8	1.9
(四)干菌及菌制品	0.4	0.5	0.5	0.4	0.5	0.4	0.4	0.3
四、肉类	**26.0**	**26.3**	**26.9**	**26.6**	**27.2**	**29.8**	**28.3**	**26.3**
(一)猪肉	21.4	21.6	21.9	21.5	21.9	23.7	22.0	20.0
(二)牛肉	1.6	1.6	1.7	1.8	2.0	2.5	2.7	2.9
(三)羊肉	0.5	0.5	0.5	0.7	0.6	0.7	0.7	0.6
(四)其他肉类及制品	2.5	2.6	2.8	2.6	2.8	2.9	3.0	2.8
五、禽类	**9.3**	**8.9**	**9.8**	**10.6**	**10.6**	**10.7**	**11.9**	**13.0**
(一)鸡	4.5	4.1	4.7	5.0	5.1	5.4	6.0	6.7
(二)鸭	3.0	2.8	3.0	3.4	3.2	3.0	3.4	3.7
(三)鹅	0.1	0.1	0.1	0.1	0.1	0.1	0.1	0.2
(四)其他禽类及制品	1.7	1.9	2.0	2.1	2.2	2.1	2.4	2.4

2-39 续表

指　标	2013	2014	2015	2016	2017	2018	2019	2020
六、水产品	**23.1**	**23.9**	**24.3**	**23.3**	**23.7**	**22.9**	**25.9**	**25.9**
(一)鱼类	14.3	13.9	14.2	13.7	13.5	13.3	14.6	14.4
(二)虾贝蟹类	5.6	6.3	6.6	6.4	6.8	6.5	8.0	8.2
(三)藻类	0.6	0.7	0.7	0.7	0.7	0.5	0.6	0.6
(四)其他	2.6	2.9	2.9	2.6	2.6	2.5	2.7	2.7
七、蛋类及蛋制品	**6.5**	**7.3**	**7.6**	**8.1**	**8.5**	8.4	9.2	10.6
(一)鲜蛋	5.9	6.7	6.9	7.4	7.8	7.7	8.5	9.8
(二)蛋制品	0.6	0.7	0.7	0.7	0.8	0.7	0.7	0.7
八、奶和奶制品	**12.9**	**13.8**	**12.5**	**12.0**	**12.0**	**13.2**	**13.5**	**14.7**
(一)鲜奶	7.4	7.8	6.6	6.2	6.3	8.0	8.6	10.1
(二)酸奶	3.0	3.2	3.0	2.9	2.9	2.4	2.6	2.5
(三)奶粉	0.5	0.5	0.5	0.5	0.5	0.8	0.7	0.7
(四)其他奶制品	2.0	2.4	2.4	2.5	2.4	2.0	1.6	1.4
九、干鲜瓜果类	**43.9**	**45.2**	**46.1**	**48.5**	**50.7**	**52.6**	**55.6**	**56.0**
(一)鲜瓜果	39.5	40.3	41.2	43.7	45.7	47.5	50.1	50.7
(二)瓜果制品	1.3	1.4	1.4	1.4	1.3	1.5	1.5	1.4
(三)坚果类	3.1	3.5	3.5	3.5	3.6	3.6	3.9	3.9
十、糖果糕点类	**6.9**	**7.1**	**6.9**	**6.5**	**6.3**	**7.5**	**7.4**	**7.2**
(一)食糖	1.6	1.5	1.4	1.5	1.5	1.5	1.6	1.6
(二)糖果	0.9	0.6	0.5	0.4	0.4	0.7	0.7	0.6
(三)糕点	3.4	3.9	4.0	3.6	3.5	4.1	4.3	4.2
(四)其他糖果糕点	1.0	1.1	1.0	1.0	0.9	1.1	0.9	0.8
十一、饮料	**0.2**	**0.2**	**0.2**	**0.2**	**0.2**	**0.2**	**0.2**	**0.2**
(一)茶叶	0.2	0.2	0.2	0.2	0.2	0.2	0.2	0.2
十二、烟叶消费量	**33.2**	**32.0**	**31.4**	**28.5**	**28.5**	**29.7**	**30.8**	**30.0**
十三、酒	**13.2**	**12.5**	**10.7**	**9.8**	**9.9**	9.5	8.9	8.7
(一)白酒	2.3	2.3	2.2	2.0	2.0	2.1	2.2	2.1
(二)啤酒	10.6	9.8	8.1	7.5	7.5	6.9	6.2	6.2
(三)果酒	0.3	0.3	0.3	0.3	0.4	0.4	0.5	0.4

2-40 城镇常住居民主要食品消费量(2013-2020)

单位：公斤/人

指　　标	2013	2014	2015	2016	2017	2018	2019	2020
一、粮食消费量	**116.2**	**117.9**	**118.8**	**121.5**	**118.2**	**119.2**	**118.0**	**124.2**
(一)谷物消费量	103.8	105.3	106.3	108.9	105.6	106.9	104.8	110.5
1.小麦	16.0	16.4	15.9	16.1	15.5	20.1	21.1	22.8
2.稻谷	79.2	79.7	81.6	83.1	80.1	76.0	72.8	76.1
3.玉米	2.2	2.4	2.3	2.8	2.7	3.1	3.6	3.8
4.其他谷物	6.4	6.8	6.5	7.0	7.3	7.7	7.3	7.7
(二)薯类消费量	1.3	1.4	1.5	1.5	1.6	1.7	1.9	2.0
1.红薯	0.3	0.3	0.4	0.4	0.4	0.5	0.5	0.5
2.马铃薯	0.6	0.8	0.8	0.8	0.9	0.9	1.0	1.1
3.其他薯类	0.4	0.3	0.3	0.3	0.3	0.4	0.4	0.4
(三)豆类消费量	11.2	11.2	11.1	11.1	10.9	10.6	11.2	11.6
1.大豆	0.7	0.5	0.5	0.5	0.5	0.6	0.5	0.4
2.其他豆类	10.5	10.7	10.6	10.6	10.4	9.9	10.7	11.2
二、油脂类消费量	**10.4**	**11.4**	**11.4**	**11.9**	**11.8**	**11.1**	**10.8**	**10.9**
(一)植物油	10.0	11.0	11.1	11.6	11.5	10.5	10.3	10.5
(二)动物油	0.4	0.4	0.4	0.3	0.3	0.6	0.5	0.4
三、蔬菜及菜制品消费量	**94.2**	**95.1**	**95.5**	**97.2**	**97.4**	**91.2**	**95.4**	**97.8**
(一)鲜菜	89.3	89.8	90.1	91.9	92.0	86.3	90.3	92.8
(二)干菜及菜制品	3.0	3.1	3.2	3.1	3.2	2.7	2.8	2.7
(三)鲜菌	1.4	1.7	1.8	1.7	1.7	1.7	1.9	2.0
(四)干菌及菌制品	0.5	0.6	0.5	0.5	0.5	0.4	0.4	0.3
四、肉类	**26.6**	**26.8**	**27.2**	**26.6**	**27.3**	**29.6**	**28.5**	**27.1**
(一)猪肉	21.2	21.4	21.5	20.8	21.2	22.7	21.4	19.8
(二)牛肉	1.9	2.0	2.1	2.2	2.3	2.9	3.1	3.4
(三)羊肉	0.5	0.6	0.6	0.7	0.7	0.7	0.7	0.6
(四)其他肉类及制品	2.9	2.9	3.0	2.8	3.0	3.2	3.2	3.2
五、禽类	**10.0**	**9.6**	**10.6**	**11.3**	**11.5**	**11.4**	**12.5**	**13.6**
(一)鸡	4.8	4.3	5.0	5.3	5.5	5.6	6.2	6.9
(二)鸭	3.3	3.0	3.3	3.7	3.4	3.2	3.5	3.8
(三)鹅	0.1	0.1	0.1	0.1	0.1	0.1	0.1	0.2
(四)其他禽类及制品	1.9	2.2	2.2	2.3	2.4	2.4	2.7	2.7

2-40 续表

指　　标	2013	2014	2015	2016	2017	2018	2019	2020
六、水产品	**25.7**	**27.0**	**27.0**	**26.0**	**26.4**	**25.2**	**28.3**	**28.3**
(一)鱼类	15.6	15.3	15.4	15.0	14.7	14.2	15.5	15.3
(二)虾贝蟹类	6.5	7.5	7.6	7.4	7.9	7.5	9.1	9.2
(三)藻类	0.6	0.7	0.7	0.6	0.6	0.5	0.5	0.6
(四)其他	3.0	3.5	3.3	3.0	3.1	2.9	3.1	3.1
七、蛋类及蛋制品	**7.1**	**7.9**	**8.0**	**8.3**	**8.8**	**8.7**	**9.3**	**10.9**
(一)鲜蛋	6.4	7.2	7.3	7.6	7.9	7.9	8.6	10.2
(二)蛋制品	0.7	0.8	0.7	0.8	0.8	0.7	0.7	0.8
八、奶和奶制品	**15.8**	**16.4**	**14.4**	**13.6**	**13.4**	**15.1**	**15.1**	**16.5**
(一)鲜奶	9.9	10.0	8.1	7.4	7.2	9.4	9.7	11.4
(二)酸奶	3.1	3.2	3.1	3.1	3.1	2.9	3.0	2.9
(三)奶粉	0.6	0.6	0.5	0.5	0.5	0.9	0.9	0.9
(四)其他奶制品	2.2	2.6	2.7	2.6	2.6	1.9	1.5	1.4
九、干鲜瓜果类	**52.1**	**52.9**	**53.0**	**54.2**	**56.3**	**59.0**	**62.1**	**62.1**
(一)鲜瓜果	47.0	47.4	47.6	48.9	51.0	53.4	56.3	56.4
(二)瓜果制品	1.6	1.6	1.6	1.5	1.5	1.7	1.7	1.6
(三)坚果类	3.5	3.8	3.8	3.8	3.9	3.9	4.2	4.1
十、糖果糕点类	**7.7**	**7.6**	**7.3**	**6.7**	**6.3**	**8.1**	**7.7**	**7.5**
(一)食糖	1.4	1.4	1.4	1.4	1.4	1.4	1.4	1.5
(二)糖果	1.1	0.7	0.6	0.5	0.4	0.8	0.7	0.6
(三)糕点	4.1	4.5	4.3	3.9	3.7	4.7	4.7	4.4
(四)其他糖果糕点	1.1	1.1	1.0	0.9	0.8	1.2	0.9	0.9
十一、饮料	**0.2**	**0.2**	**0.2**	**0.2**	**0.2**	**0.2**	**0.2**	**0.2**
(一)茶叶	0.2	0.2	0.2	0.2	0.2	0.2	0.2	0.2
十二、烟叶消费量	**28.6**	**26.7**	**25.9**	**22.3**	**23.1**	**24.6**	**26.2**	**24.7**
十三、酒	**10.6**	**10.0**	**8.6**	**7.8**	**7.8**	**7.6**	**7.5**	**7.3**
(一)白酒	2.2	2.2	2.1	1.9	1.9	1.9	2.0	1.9
(二)啤酒	8.0	7.4	6.0	5.5	5.4	5.1	4.8	4.8
(三)果酒	0.4	0.4	0.4	0.5	0.5	0.6	0.7	0.6

2-41 农村常住居民主要食品消费量(2013-2020)

单位：公斤/人

指　标	2013	2014	2015	2016	2017	2018	2019	2020
一、粮食消费量	**138.2**	**147.2**	**151.5**	**160.9**	**163.8**	**158.9**	**162.1**	**163.5**
(一)谷物消费量	126.8	134.6	137.6	146.3	148.7	143.8	146.7	147.9
1.小麦	12.9	14.2	13.9	13.9	15.6	17.6	18.8	20.6
2.稻谷	105.1	110.9	113.9	119.0	120.2	110.9	110.7	110.9
3.玉米	1.9	2.2	2.5	3.1	3.3	4.8	4.8	4.7
4.其他谷物	6.8	7.3	7.4	10.3	9.7	10.6	12.5	11.7
(二)薯类消费量	1.8	2.0	2.5	2.9	3.2	3.6	2.7	3.2
1.红薯	0.8	1.1	1.5	1.7	1.6	2.0	1.3	1.4
2.马铃薯	0.9	0.7	0.9	1.0	1.4	1.3	1.1	1.4
3.其他薯类	0.1	0.1	0.2	0.2	0.2	0.3	0.3	0.3
(三)豆类消费量	9.6	10.7	11.3	11.7	11.9	11.5	12.7	12.4
1.大豆	0.9	1.1	1.2	1.2	1.1	1.3	1.4	0.8
2.其他豆类	8.8	9.5	10.2	10.5	10.7	10.2	11.3	11.7
二、油脂类消费量	**11.7**	**11.0**	**11.2**	**12.1**	**12.8**	**12.5**	**12.2**	**12.7**
(一)植物油	10.9	10.2	10.5	11.3	12.2	11.7	11.6	12.0
(二)动物油	0.8	0.7	0.7	0.8	0.6	0.8	0.7	0.7
三、蔬菜及菜制品消费量	**80.7**	**82.3**	**85.3**	**90.9**	**94.8**	**92.8**	**95.3**	**95.1**
(一)鲜菜	77.6	78.7	81.3	86.6	90.3	88.7	90.8	90.5
(二)干菜及菜制品	1.8	2.1	2.0	2.5	2.5	2.5	2.6	2.6
(三)鲜菌	1.0	1.2	1.5	1.5	1.6	1.2	1.5	1.7
(四)干菌及菌制品	0.3	0.3	0.4	0.4	0.4	0.3	0.3	0.3
四、肉类	**25.0**	**25.5**	**26.4**	**26.6**	**27.2**	**30.0**	**28.1**	**24.8**
(一)猪肉	21.5	21.9	22.5	22.6	23.1	25.4	23.2	20.2
(二)牛肉	1.0	1.0	1.1	1.2	1.3	1.6	1.8	2.0
(三)羊肉	0.5	0.5	0.4	0.5	0.5	0.6	0.6	0.5
(四)其他肉类及制品	1.9	2.1	2.4	2.3	2.2	2.4	2.4	2.1
五、禽类	**8.1**	**7.8**	**8.3**	**9.2**	**9.0**	**9.4**	**10.8**	**11.8**
(一)鸡	4.1	3.8	4.2	4.3	4.5	5.0	5.8	6.2
(二)鸭	2.5	2.4	2.6	3.0	2.9	2.7	3.2	3.5
(三)鹅	0.1	0.1	0.1	0.1	0.1	0.1	0.1	0.2
(四)其他禽类及制品	1.3	1.5	1.5	1.7	1.6	1.6	1.8	1.9

2-41 续表

指 标	2013	2014	2015	2016	2017	2018	2019	2020
六、水产品	**18.6**	**18.6**	**19.6**	**18.5**	**18.6**	**18.5**	**21.2**	**21.2**
(一)鱼类	12.0	11.6	11.9	11.4	11.4	11.7	12.8	12.6
(二)虾贝蟹类	4.2	4.3	4.9	4.6	4.9	4.6	5.7	6.0
(三)藻类	0.6	0.7	0.7	0.7	0.7	0.5	0.7	0.7
(四)其他	1.8	2.0	2.1	1.8	1.7	1.7	2.0	1.9
七、蛋类及蛋制品	**5.4**	**6.2**	**6.8**	**7.6**	**8.1**	**8.0**	**9.1**	**9.8**
(一)鲜蛋	5.0	5.7	6.2	7.0	7.4	7.4	8.4	9.1
(二)蛋制品	0.4	0.5	0.6	0.6	0.7	0.6	0.7	0.7
八、奶和奶制品	**8.2**	**9.5**	**9.0**	**9.1**	**9.4**	**9.5**	**10.4**	**11.3**
(一)鲜奶	3.3	3.9	4.0	3.9	4.5	5.4	6.4	7.6
(二)酸奶	2.8	3.3	2.8	2.5	2.5	1.6	1.7	1.7
(三)奶粉	0.4	0.3	0.4	0.5	0.4	0.5	0.5	0.5
(四)其他奶制品	1.7	1.9	1.9	2.3	2.0	2.1	1.9	1.4
九、干鲜瓜果类	**30.1**	**32.1**	**34.0**	**38.3**	**40.2**	**40.4**	**42.8**	**43.8**
(一)鲜瓜果	26.8	28.2	29.9	34.3	36.0	36.2	38.1	39.3
(二)瓜果制品	0.9	1.0	1.0	1.1	1.0	1.1	1.2	1.1
(三)坚果类	2.4	2.9	3.1	2.9	3.2	3.1	3.5	3.5
十、糖果糕点类	**5.5**	**6.2**	**6.2**	**6.2**	**6.2**	**6.4**	**6.8**	**6.8**
(一)食糖	1.8	1.7	1.5	1.7	1.8	1.8	1.9	1.9
(二)糖果	0.4	0.5	0.3	0.3	0.3	0.6	0.6	0.5
(三)糕点	2.3	3.0	3.3	3.1	3.0	3.0	3.4	3.7
(四)其他糖果糕点	1.0	1.1	1.1	1.1	1.0	1.0	0.8	0.8
十一、饮料	**0.1**	**0.2**	**0.2**	**0.2**	**0.1**	**0.1**	**0.2**	**0.4**
(一)茶叶	0.1	0.2	0.2	0.2	0.1	0.1	0.2	0.4
十二、烟叶消费量	**40.9**	**41.0**	**40.9**	**39.7**	**38.5**	**39.3**	**39.8**	**40.6**
十三、酒	**17.7**	**16.7**	**14.5**	**13.4**	**13.7**	**13.0**	**11.6**	**11.5**
(一)白酒	2.4	2.5	2.5	2.2	2.3	2.5	2.6	2.4
(二)啤酒	15.1	14.0	11.8	11.0	11.3	10.3	8.9	9.0
(三)果酒	0.1	0.2	0.2	0.2	0.2	0.1	0.1	0.1

2-42 全省居民收支及增长(2019-2020)

指 标	2019(元)	2020(元)	名义增长率(%)
一、全体居民人均可支配收入	**49899**	**52397**	**5.0**
按常住地分:			
城镇居民	60182	62699	4.2
农村居民	29876	31930	6.9
按收入来源分:			
工资性收入	28511	30059	5.4
经营净收入	8498	8313	-2.2
财产净收入	5708	6136	7.5
转移净收入	7182	7888	9.8
二、全体居民人均消费支出	**32026**	**31295**	**-2.3**
按常住地分:			
城镇居民	37508	36197	-3.5
农村居民	21352	21555	1.0
按消费类别分:			
食品烟酒	8929	8922	-0.1
衣着	1877	1703	-9.3
居住	8403	9009	7.2
生活用品及服务	1716	1789	4.3
交通通信	4553	4301	-5.5
教育文化娱乐	3624	2889	-20.3
医疗保健	2123	1956	-7.9
其他用品及服务	801	724	-9.6

2-43 城乡居民收支及增长(2019-2020)

指　　标	2019(元)	2020(元)	名义增长率(%)
一、城镇居民人均可支配收入	**60182**	**62699**	**4.2**
按收入来源分:			
工资性收入	33663	35370	5.1
经营净收入	9115	8672	-4.9
财产净收入	8202	8747	6.7
转移净收入	9202	9910	7.7
二、城镇居民人均消费支出	**37508**	**36197**	**-3.5**
按消费类别分:			
食品烟酒	10162	9914	-2.4
衣着	2259	2036	-9.9
居住	9977	10665	6.9
生活用品及服务	2075	2073	-0.1
交通通信	5368	4988	-7.1
教育文化娱乐	4342	3450	-20.6
医疗保健	2300	2162	-6.0
其他用品及服务	1024	910	-11.1
三、农村居民人均可支配收入	**29876**	**31930**	**6.9**
按收入来源分:			
工资性收入	18480	19510	5.6
经营净收入	7296	7601	4.2
财产净收入	852	949	11.4
转移净收入	3248	3871	19.2
四、农村居民人均消费支出	**21352**	**21555**	**1.0**
按消费类别分:			
食品烟酒	6529	6952	6.5
衣着	1134	1043	-8.0
居住	5339	5720	7.1
生活用品及服务	1016	1225	20.6
交通通信	2965	2937	-0.9
教育文化娱乐	2226	1776	-20.2
医疗保健	1777	1546	-13.0
其他用品及服务	367	355	-3.2

2-44 居民家庭人均收入(2020)

单位：元

指　　标	全体居民	城镇常住居民	农村常住居民
可支配收入	**52397**	**62699**	**31930**
一、工资性收入	**30059**	**35370**	**19510**
1.工资	28570	33428	18920
2.实物福利	131	167	60
3.其他	1358	1774	529
二、经营净收入	**8313**	**8672**	**7601**
(一)第一产业	1153	522	2404
1.农业	802	362	1676
2.林业	162	30	423
3.牧业	93	59	162
4.渔业	96	71	143
(二)第二产业	1799	1824	1749
(三)第三产业	5362	6325	3447
三、财产净收入	**6136**	**8747**	**949**
1.利息净收入	99	114	70
2.红利收入	776	1043	244
3.储蓄性保险净收益	7	10	0
4.转让承包土地经营权租金净收入	98	55	185
5.出租房屋财产性收入	1865	2591	421
6.出租机械、专利、版权等资产的收入	32	38	19
7.自有住房折算净租金	3208	4823	0
8.其他财产净收入	52	73	10
四、转移净收入(转移性收入-转移性支出)	**7888**	**9910**	**3871**
(一)转移性收入	10788	13259	5878
1.养老金或离退休金	8499	11072	3386
2.社会救济和补助	98	63	168
3.惠农补贴	38	15	85
4.政策性生活补贴	104	110	91
5.报销医疗费	499	580	337
6.外出从业人员寄回带回收入	528	478	627
7.赡养收入	914	811	1117
8.其他经常转移收入	109	130	69
(二)转移性支出	2900	3349	2007

2-45 居民家庭人均支出(2020)

单位：元

指 标	全体居民	城镇常住居民	农村常住居民
总支出	**50444**	**60077**	**31306**
一、消费支出	**31295**	**36197**	**21555**
(一)食品烟酒	8922	9914	6952
(二)衣着	1703	2036	1043
(三)居住	9009	10665	5720
(四)生活用品及服务	1789	2073	1225
(五)交通通信	4301	4988	2937
(六)教育文化娱乐	2889	3450	1776
(七)医疗保健	1956	2162	1546
(八)其他用品及服务	724	910	355
二、生产经营费用支出	**6547**	**8001**	**3658**
(一)第一产业	523	189	1187
(二)第二产业	1787	2106	1152
(三)第三产业	4237	5705	1319
三、财产性支出	**474**	**653**	**119**
(一)生活贷款利息支出	462	638	113
(二)其他财产性支出	12	16	6
四、转移性支出	**2900**	**3349**	**2007**
(一)个人所得税	145	211	14
(二)社会保障支出	2536	2876	1860
1.个人缴纳的养老保险	1784	2052	1252
2.个人缴纳的医疗保险	654	695	571
3.个人缴纳的失业保险	50	66	20

2-45 续表

指　　标	全体居民	城镇常住居民	农村常住居民
4.其他社会保障支出	48	64	17
(三)外来从业人员寄给家人的支出	17	12	26
(四)赡养支出	125	154	67
(五)其他转移性支出	78	96	41
五、部分商业保险支出	**214**	**260**	**122**
(一)意外伤害保险	15	18	10
(二)商业医疗保险(含大病保险)	105	134	49
(三)其他非储蓄性商业保险	21	28	9
(四)其他储蓄性商业保险	72	81	54
六、购置资产及非经常性转移支出	**6486**	**8188**	**3104**
(一)购置资产支出	3710	5121	907
(二)非经常性转移支出	2776	3067	2197
七、借贷性支出	**2528**	**3428**	**741**
(一)存入储蓄款	70	88	33
(二)借出款	27	29	22
(三)归还借款	123	151	67
(四)购买有价证券	23	32	4
(五)其他投资支出	73	97	25
(六)归还住房贷款	1919	2707	352
(七)归还汽车贷款	158	158	158
(八)归还教育贷款			
(九)归还其他贷款	105	118	77
(十)其他借贷支出	31	46	2

2-46 居民家庭人均消费支出(2020)

单位：元

指　　标	全体居民	城镇常住居民	农村常住居民
消费支出	**31295**	**36197**	**21555**
一、食品烟酒	8922	9914	6952
1.食品	6171	6716	5088
(1)谷物	638	658	598
(2)薯类	110	70	189
(3)豆类	99	101	95
(4)食用油	184	184	183
(5)蔬菜和食用菌	744	807	619
(6)肉类	1384	1452	1249
(7)禽类	443	488	353
(8)水产品	1024	1185	704
(9)蛋类	149	156	135
(10)奶类	339	393	230
(11)干鲜瓜果类	678	799	437
(12)糖果糕点类	183	207	136
(13)其他食品	197	215	161
2.烟酒	877	841	951
(1)烟草	683	633	783
(2)酒类	195	208	168
3.饮料	170	190	130
4.饮食服务	1704	2167	784
(1)食堂用餐	174	215	93
(2)其他在外饮食	1522	1948	676
(3)食品加工服务费	7	4	15
二、衣着	**1703**	**2036**	**1043**
1.衣类	1376	1654	823
2.鞋类	328	382	220
三、居住	**9009**	**10665**	**5720**
1.租赁房房租	453	606	151
2.住房维修及管理	1327	1466	1049
3.水电燃料及其他	1012	1101	836
4.自有住房折算租金	6217	7492	3685
四、生活用品及服务	**1789**	**2073**	**1225**
1.家具及室内装饰品	325	370	236
2.家用器具	457	496	380
3.家用纺织品	139	172	74

2-46 续表

指　　标	全体居民	城镇常住居民	农村常住居民
4.家庭日用杂品	369	400	307
5.个人用品	409	511	206
6.家庭服务	90	124	22
五、交通通信	**4301**	**4988**	**2937**
1.交通	3284	3851	2157
(1)交通工具	1390	1635	905
(2)交通费	188	235	95
(3)交通工具用燃料	937	1067	679
(4)交通工具使用及维修	769	915	478
其中：车辆保险支出	422	515	238
2.通信	1017	1136	780
(1)通信工具	344	396	241
(2)通信服务	673	740	539
六、教育文化娱乐	**2889**	**3450**	**1776**
1.教育	2022	2365	1341
(1)学前教育	306	388	143
(2)小学教育	445	586	164
(3)初中教育	325	400	177
(4)高中教育	291	305	264
(5)中专职高教育	19	16	25
(6)大专及以上教育	532	548	500
(7)成人教育	104	122	69
2.文化娱乐	867	1084	435
(1)文娱耐用消费品	233	263	175
(2)其他文娱用品	200	251	98
(3)文化娱乐服务	434	570	162
七、医疗保健	**1956**	**2162**	**1546**
1.医疗器具及药品	605	679	457
2.医疗服务	1351	1483	1089
(1)门诊费用	646	757	426
(2)住院费用	705	727	663
八、其他用品及服务	**724**	**910**	**355**
1.其他用品	424	525	225
2.其他服务	300	386	130

2-47 居民家庭生产经营情况(2020)

单位：元/人

指　　标	全体居民	城镇常住居民	农村常住居民
经营性收入	**15305**	**17116**	**11708**
(一)第一产业经营收入	1743	718	3778
1.农业	1105	439	2429
2.林业	182	39	466
3.牧业	189	103	360
4.渔业	267	138	524
(二)第二产业经营收入	3730	4084	3028
1.采矿业	0	0	**0**
2.制造业	3136	3560	2294
3.电力热力燃气及水生产和供应业	3	2	6
4.建筑业	591	522	728
(三)第三产业经营收入	9832	12314	4902
1.批发和零售业	7106	9375	2596
2.交通运输仓储和邮政业	660	544	890
3.住宿和餐饮业	803	854	702
4.房地产业	34	50	0
5.租赁和商务服务业	151	203	49
6.居民服务修理和其他服务业	900	1113	477
7.其他	149	173	101
8.农林牧渔服务业	30	1	88

2-48 居民家庭耐用消费品拥有量(2020)

指　　标		全体居民	城镇常住居民	农村常住居民
平均每百户拥有量				
(一)家用汽车	(辆)	48.2	55.6	33.0
(二)摩托车	(辆)	11.5	7.2	20.3
(三)电冰箱(柜)	(台)	106.5	105.2	109.2
(四)洗衣机	(台)	93.7	96.5	87.8
(五)热水器	(个)	105.9	109.2	99.1
#太阳能热水器	(个)			
(六)空调	(台)	198.5	222.5	149.0
(七)彩色电视机	(台)	176.1	176.2	175.9
(八)摄像机	(架)			
(九)照相机	(架)	17.0	22.9	4.9
(十)计算机	(台)	73.7	86.0	48.2
#接入互联网计算机	(台)	65.7	78.2	39.9
(十一)中高档乐器	(架)	8.5	11.6	2.1
(十二)固定电话	(部)	19.4	19.7	18.7
(十三)移动电话	(部)	247.9	245.4	253.1
#接入互联网移动电话	(部)	211.5	221.6	190.9

注：摄像机、太阳能热水器数量先后于 2017 年、2019 年暂停统计。

2-49 居民主要食品消费量(2020)

单位：公斤/人

指　标	全体居民	城镇常住居民	农村常住居民
一、粮食消费量	**137.3**	**124.2**	**163.5**
(一)谷物消费量	123.0	110.5	147.9
1.小麦	22.1	22.8	20.6
2.稻谷	87.8	76.1	110.9
3.玉米	4.1	3.8	4.7
4.其他谷物	9.0	7.7	11.7
(二)薯类消费量	2.4	2.0	3.2
1.红薯	0.8	0.5	1.4
2.马铃薯	1.2	1.1	1.4
3.其他薯类	0.4	0.4	0.3
(三)豆类消费量	11.9	11.6	12.4
1.大豆	0.5	0.4	0.8
2.其他豆类	11.4	11.2	11.7
二、油脂类消费量	**11.5**	**10.9**	**12.7**
(一)植物油	11.0	10.5	12.0
(二)动物油	0.5	0.4	0.7
三、蔬菜及菜制品消费量	**96.9**	**97.8**	**95.1**
(一)鲜菜	92.0	92.8	90.5
(二)干菜及菜制品	2.7	2.7	2.6
(三)鲜菌	1.9	2.0	1.7
(四)干菌及菌制品	0.3	0.3	0.3
四、肉类	**26.3**	**27.1**	**24.8**
(一)猪肉	20.0	19.8	20.2
(二)牛肉	2.9	3.4	2.0
(三)羊肉	0.6	0.6	0.5
(四)其他肉类及制品	2.8	3.2	2.1
五、禽类	**13.0**	**13.6**	**11.8**
(一)鸡	6.7	6.9	6.2
(二)鸭	3.7	3.8	3.5
(三)鹅	0.2	0.2	0.2
(四)其他禽类及制品	2.4	2.7	1.9

2-49 续表

指　标	全体居民	城镇常住居民	农村常住居民
六、水产品	**25.9**	**28.3**	**21.2**
(一)鱼类	14.4	15.3	12.6
(二)虾贝蟹类	8.2	9.2	6.0
(三)藻类	0.6	0.6	0.7
(四)其他	2.7	3.1	1.9
七、蛋类及蛋制品	**10.6**	**10.9**	**9.8**
(一)鲜蛋	9.8	10.2	9.1
(二)蛋制品	0.7	0.8	0.7
八、奶和奶制品	**14.7**	**16.5**	**11.3**
(一)鲜奶	10.1	11.4	7.6
(二)酸奶	2.5	2.9	1.7
(三)奶粉	0.7	0.9	0.5
(四)其他奶制品	1.4	1.4	1.4
九、干鲜瓜果类	**56.0**	**62.1**	**43.8**
(一)鲜瓜果	50.7	56.4	39.3
(二)瓜果制品	1.4	1.6	1.1
(三)坚果类	3.9	4.1	3.5
十、糖果糕点类	**7.2**	**7.5**	**6.8**
(一)食糖	1.6	1.5	1.9
(二)糖果	0.6	0.6	0.5
(三)糕点	4.2	4.4	3.7
(四)其他糖果糕点	0.8	0.9	0.8
十一、饮料	**0.2**	**0.2**	**0.4**
(一)茶叶	0.2	0.2	0.4
十二、烟叶消费量	**30.0**	**24.7**	**40.6**
十三、酒	**8.7**	**7.3**	**11.5**
(一)白酒	2.1	1.9	2.4
(二)啤酒	6.2	4.8	9.0
(三)果酒	0.4	0.6	0.1

2-50 农民工

指标		2013	2014	2015
调查户数	**(户)**	**3873**	**3776**	**3753**
一、农民工人数	**(万人)**	**1313**	**1335**	**1329**
(一)外出农民工	(万人)	537	556	509
1.住户中外出农民工	(万人)	280	281	244
①外出务工	(万人)	238	238	211
②外出自营	(万人)	42	43	33
2.举家外出农民工	(万人)	257	275	265
(二)本地农民工	(万人)	776	779	820
1.本地非农务工	(万人)	569	562	612
2.本地非农自营	(万人)	207	217	208
二、按农民工类型分		**100**	**100**	**100**
(一)外出农民工		40.9	41.6	38.3
1.住户中外出农民工		21.3	21.0	18.4
①外出务工		18.1	17.8	15.9
②外出自营		3.2	3.2	2.5
2.举家外出农民工		19.6	20.6	19.9
(二)本地农民工		59.1	58.4	61.7
1.本地非农务工		43.3	42.1	46.0
2.本地非农自营		15.8	16.3	15.7
三、按农民工年龄分		**100**	**100**	**100**
(一)16–19岁		1.0	0.7	0.7
(二)20–24岁		6.9	5.6	6.4
(三)25–29岁		10.0	10.4	10.0
(四)30–34岁		8.7	8.4	8.2
(五)35–40岁		14.3	13.1	12.5
(六)41–50岁		33.6	32.8	33.4
(七)51–60岁		18.6	20.5	21.3
(八)61–65岁		4.2	4.9	4.5
(九)66岁及以上		2.7	3.5	3.2
四、按农民工受教育程度分		**100**	**100**	**100**
(一)未上过学		2.4	2.2	2.1
(二)小学		23.6	23.7	21.4
(三)初中		47.8	46.9	48.3
(四)高中		16.7	17.0	17.3
(五)大学专科		6.9	7.4	7.6
(六)大学本科		2.5	2.8	3.2

基本情况(2013-2020)

单位：%

2016	2017	2018	2019	2020
3712	**3635**	**3770**	**3770**	**3750**
1354	**1387**	**1367**	**1345**	**1296**
533	526	511	515	475
256	249	306	310	274
228	222	267	269	245
28	27	39	41	29
277	277	205	205	201
821	861	856	830	821
617	656	677	651	647
204	205	179	179	174
100	**100**	**100**	**100**	**100**
39.4	37.9	37.4	38.3	36.6
18.9	17.9	22.4	23.0	21.1
16.8	16.0	19.5	20.0	18.9
2.1	1.9	2.9	3.0	2.3
20.5	20.0	15.0	15.2	15.5
60.6	62.1	62.6	61.7	63.4
45.5	47.3	49.5	48.4	50.0
15.1	14.8	13.1	13.3	13.4
100	**100**	**100**	**100**	**100**
0.5	0.3	0.4	0.2	0.2
6.5	6.1	4.9	4.2	4.2
11.0	10.0	10.3	9.3	8.7
8.0	8.7	10.2	10.4	10.3
11.6	10.9	10.5	10.5	10.7
30.7	29.3	27.9	26.7	25.1
24.0	25.4	24.4	26.1	27.6
5.2	5.8	6.9	7.1	6.9
2.5	3.5	4.5	5.6	6.3
100	**100**	**100**	**100**	**100**
2.0	2.0	2.1	1.9	1.7
19.3	19.2	20.4	20.2	20.0
47.5	46.7	43.3	42.8	42.1
18.4	18.2	18.5	18.9	18.9
8.7	9.4	10.9	11.1	11.9
3.9	4.4	4.8	4.8	5.1

2-50 续表

指　　标	2013	2014	2015
(七)研究生	0.1	0.1	0.1
五、按农民工本年度从事主要行业分	**100**	**100**	**100**
(一)第一产业	1.1	0.8	0.3
1.农、林、牧、渔业	1.1	0.8	0.3
(二)第二产业	55.3	55.1	57.1
2.采矿业	0.3	0.2	0.2
3.制造业	42.5	41.9	44.8
4.电力、热力、燃气及水的生产和供应业	1.3	1.4	1.2
5.建筑业	11.2	11.5	10.9
(三)第三产业	43.6	44.1	42.7
6.批发和零售业	13.3	13.8	13.3
7.交通运输、仓储和邮政业	5.0	5.1	5.7
8.住宿和餐饮业	4.1	4.2	3.5
9.信息传输、软件和信息技术服务业	1.6	1.4	1.7
10.金融业	0.9	1.0	1.2
11.房地产业	0.3	0.2	0.5
12.租赁和商务服务业	1.8	1.5	1.3
13.科学研究和技术服务	0.4	0.2	0.3
14.水利、环境和公共设施管理业	0.5	0.5	0.4
15.居民服务、修理和其他服务业	10.4	10.2	9.0
16.教育	1.1	1.2	1.3
17.卫生、社会工作	1.8	1.7	1.7
18.文化、体育和娱乐业	0.4	0.4	0.4
19.公共管理、社会保障和社会组织	2.0	2.6	2.5
20.国际组织			
六、按外出农民工外出地区分	**100**	**100**	**100**
(一)本省	86.0	83.9	84.9
1.乡外县内	55.0	55.8	56.2
2.县外省内	31.0	28.2	28.7
(二)省外	14.0	16.1	15.1
1.东部地区	9.5	8.9	10.5
2.中部地区	1.8	3.2	1.7
3.西部地区	2.0	3.1	2.1
4.其他地区	0.6	0.9	0.8

2016	2017	2018	2019	2020
0.2	0.2	0.1	0.1	0.1
100	**100**	**100**	**100**	**100**
0.2	0.2	0.3	0.1	0.2
0.2	0.2	0.3	0.1	0.2
56.9	55.9	54.2	53.7	54.3
0.2	0.2	0.1	0.2	0.2
45.3	44.5	41.6	41.1	42.1
1.0	1.0	1.4	1.2	1.0
10.4	10.2	11.0	11.2	11.0
42.9	43.9	45.5	46.2	45.5
13.7	13.4	13.5	13.2	13.4
5.3	5.2	4.4	4.4	4.1
3.5	3.6	4.0	4.4	3.9
1.6	1.5	1.5	1.5	1.5
1.1	1.1	1.3	1.5	1.4
0.3	0.5	0.3	0.5	0.4
1.3	1.6	1.5	1.3	1.4
0.2	0.2	0.1	0.1	0.1
0.4	0.5	0.8	0.8	1.1
8.8	9.4	10.5	11.0	10.8
1.4	1.8	1.5	1.3	1.4
1.7	1.5	2.2	2.1	2.1
0.5	0.6	0.5	0.6	0.5
3.1	3.0	3.3	3.4	3.5
100	**100**	**100**	**100**	**100**
85.4	86.8	91.5	91.9	92.1
56.0	56.2	58.5	62.7	60.6
29.4	30.6	32.9	29.2	31.5
14.6	13.2	8.5	8.1	7.9
8.7	8.0	5.5	5.1	4.7
2.2	1.8	1.6	1.4	1.5
2.1	2.1	0.8	1.2	1.2
1.6	1.3	0.6	0.3	0.3

价格指数

3-1 各种价格总指数(1978-2020)

(上年=100)

年份	居民消费价格指数	商品零售价格指数	农业生产资料价格指数	农产品生产者价格指数	工业生产者出厂价格指数	工业生产者购进价格指数
1978		100.1		103.6		
1979		102.1		126.7		
1980		108.0		106.9		
1981		101.5		99.8		
1982		100.9		103.9		
1983		102.0	103.2	103.9		
1984	103.0	103.4	108.5	108.1		
1985	114.8	114.0	108.7	110.8		
1986	106.2	106.0	105.3	100.6		
1987	108.8	109.5	111.1	119.1		
1988	121.5	122.1	121.0	133.1		
1989	118.2	117.8	117.4	113.6		
1990	102.1	101.6	104.0	98.7	100.4	104.7
1991	103.5	103.0	103.1	101.0	101.8	102.7
1992	107.5	106.6	103.7	106.4	104.8	106.3
1993	119.8	116.7	113.3	117.8	117.3	126.3
1994	124.8	121.7	126.5	136.8	117.5	124.8
1995	116.6	113.5	129.8	112.4	112.3	119.2
1996	107.9	105.8	106.7	104.2	99.5	98.2
1997	102.8	100.3	99.7	96.2	99.2	96.5
1998	99.7	98.4	92.4	94.0	95.6	92.6
1999	98.8	97.7	95.8	88.2	96.8	96.2
2000	101.0	99.0	100.4	100.8	101.1	107.2
2001	99.8	98.1	99.7		98.3	99.6
2002	99.1	98.7	99.5	101.7	96.9	97.5
2003	101.9	99.6	102.9	101.5	100.6	105.8
2004	103.9	102.7	113.2	119.0	105.0	113.4
2005	101.3	100.9	105.8	105.9	102.3	105.4
2006	101.1	100.8	99.6	102.7	103.8	105.6
2007	104.2	103.8	107.3	108.6	102.4	105.3
2008	105.0	106.3	118.9	112.9	104.3	110.6
2009	98.5	98.8	95.9	100.3	94.9	92.6
2010	103.8	103.9	102.9	114.8	106.2	112.0
2011	105.4	105.5	110.8	113.6	105.0	108.3
2012	102.2	101.9	104.2	104.3	97.3	96.7
2013	102.3	101.0	102.8	103.0	98.2	97.7
2014	102.1	100.9	99.8	99.5	98.8	98.2
2015	101.4	99.9	100.9	102.0	96.4	94.5
2016	101.9	101.0	99.5	104.5	98.3	97.8
2017	102.1	101.4	101.8	99.1	104.8	109.6
2018	102.3	102.1	101.8	100.8	103.4	105.1
2019	102.9	102.5	102.9	109.9	98.9	97.1
2020	102.3	101.2	106.1	107.3	96.9	95.9

注：农产品生产者价格指数2000年前称农副产品收购价格指数。

3-2 居民消费和商品零售价格指数(1978-2020)

(上年=100)

年份	居民消费价格指数			商品零售价格指数		
	全省	城市	农村	全省	城市	农村
1978		100.0		100.1	99.9	100.1
1979		102.6		102.1	103.4	101.5
1980		108.8		108.0	109.5	106.9
1981		101.7		101.5	101.6	101.4
1982		101.9		100.9	102.1	100.1
1983		102.8		102.0	102.9	101.2
1984	103.0	103.7	101.8	103.4	103.5	103.4
1985	114.8	115.1	114.3	114.0	115.2	112.9
1986	106.2	106.3	106.1	106.0	106.1	105.9
1987	108.8	110.9	106.4	109.5	111.3	107.4
1988	121.5	123.4	119.8	122.1	124.2	120.5
1989	118.2	116.8	119.6	117.8	116.6	118.7
1990	102.1	102.1	102.0	101.6	101.4	101.8
1991	103.5	105.6	101.5	103.0	105.2	101.4
1992	107.5	109.2	104.8	106.6	108.9	104.1
1993	119.8	121.4	117.4	116.7	119.1	115.2
1994	124.8	124.7	124.9	121.7	120.0	124.8
1995	116.6	117.0	116.4	113.5	113.0	114.3
1996	107.9	109.8	107.0	105.8	106.4	105.1
1997	102.8	104.1	102.1	100.3	100.9	99.4
1998	99.7	100.5	99.3	98.4	98.4	98.4
1999	98.8	99.5	98.5	97.7	97.7	97.7
2000	101.0	100.9	101.1	99.0	98.8	99.1
2001	99.8	99.6	100.0	98.1	97.4	99.0
2002	99.1	98.8	99.3	98.7	98.4	99.3
2003	101.9	100.5	102.9	99.6	99.4	99.9
2004	103.9	102.8	104.6	102.7	102.0	103.6
2005	101.3	101.5	101.2	100.9	101.0	100.7
2006	101.1	101.1	101.0	100.8	100.7	101.0
2007	104.2	103.9	104.4	103.8	103.7	103.9
2008	105.0	104.8	105.3	106.3	106.3	106.1
2009	98.5	98.7	98.2	98.8	98.9	98.6
2010	103.8	104.0	103.7	103.9	103.9	103.9
2011	105.4	105.3	105.6	105.5	105.4	105.8
2012	102.2	102.2	102.3	101.9	101.9	101.8
2013	102.3	102.3	102.4	101.0	101.2	100.5
2014	102.1	102.0	102.2	100.9	100.8	101.1
2015	101.4	101.4	101.4	99.9	99.8	100.2
2016	101.9	102.0	101.8	101.0	101.0	101.0
2017	102.1	102.1	102.0	101.4	101.3	101.7
2018	102.3	102.3	102.2	102.1	102.1	102.3
2019	102.9	102.8	103.2	102.5	102.5	102.5
2020	102.3	102.1	102.8	101.2	101.0	102.1

注：1.城市居民消费价格指数 1984 年前称城镇职工生活费用价格指数。

2.1994 年前商品零售价格指数包括农业生产资料。

3-3 居民消费和商品零售价格指数(1986-2020)

(1985 年=100)

年份	居民消费价格指数			商品零售价格指数
	全省	城市	农村	
1986	106.2	106.3	106.1	106.0
1987	115.5	117.9	112.9	116.1
1988	140.4	145.5	135.2	141.7
1989	165.9	169.9	161.8	166.9
1990	169.4	173.5	165.0	169.6
1991	175.4	183.2	167.5	174.7
1992	188.5	200.0	175.5	186.2
1993	225.8	242.9	206.0	217.3
1994	281.8	302.8	257.3	264.5
1995	328.6	354.3	299.5	300.2
1996	354.6	389.1	320.5	317.6
1997	364.5	405.0	327.2	318.6
1998	363.4	407.0	324.9	313.5
1999	359.1	405.0	320.1	306.3
2000	362.6	408.6	323.6	303.2
2001	361.9	407.0	323.6	297.4
2002	358.6	402.1	321.3	293.5
2003	365.4	404.1	330.6	292.3
2004	379.7	415.4	345.8	300.2
2005	384.6	421.6	349.9	302.9
2006	388.8	426.2	353.4	305.3
2007	405.1	442.8	368.9	316.9
2008	425.4	464.1	388.5	336.9
2009	419.0	458.1	381.5	332.9
2010	434.9	476.4	395.6	345.9
2011	458.4	501.6	417.8	364.9
2012	468.4	512.4	427.2	371.7
2013	479.2	524.0	437.4	375.4
2014	489.0	534.6	447.0	378.8
2015	495.9	542.1	453.4	378.5
2016	505.6	552.9	461.6	382.3
2017	516.3	564.7	471.1	387.7
2018	528.1	577.7	481.3	395.9
2019	543.3	593.9	496.6	406.0
2020	555.6	606.4	510.7	410.8

注：1994 年以前商品零售价格指数包括农业生产资料。

3-4 居民消费和商品零售定基价格指数(2020)

基期年份	居民消费价格指数			商品零售价格指数
	全 省	城 市	农 村	
1978=100		861.5		557.8
1980=100		771.5		506.0
1985=100	555.6	606.4	510.7	410.8
1986=100	523.2	570.6	481.4	387.5
1987=100	480.8	514.5	452.3	354.0
1988=100	395.8	417.0	377.7	289.9
1989=100	334.9	357.1	315.6	246.1
1990=100	328.0	350.0	309.4	242.1
1991=100	316.7	331.5	305.0	235.1
1992=100	294.6	303.6	291.0	220.6
1993=100	246.0	250.1	247.9	189.0
1994=100	197.1	200.5	198.4	155.3
1995=100	169.0	171.4	170.5	136.8
1996=100	156.7	155.9	159.4	129.4
1997=100	152.8	149.7	156.1	129.0
1998=100	153.1	149.0	157.5	131.2
1999=100	154.8	149.7	159.6	134.1
2000=100	153.4	148.4	158.1	135.5
2001=100	153.7	149.0	158.1	138.3
2002=100	155.0	150.9	158.9	139.9
2003=100	152.2	150.0	154.7	140.4
2004=100	146.4	146.1	147.6	136.8
2005=100	144.5	143.9	145.9	135.6
2006=100	142.9	142.3	144.7	134.5
2007=100	137.1	136.8	138.4	129.5
2008=100	130.6	130.6	131.4	121.9
2009=100	132.6	132.5	133.9	123.3
2010=100	127.7	127.4	129.1	118.8
2011=100	121.2	121.0	122.3	112.6
2012=100	118.6	118.3	119.5	110.5
2013=100	115.9	115.7	116.7	109.4
2014=100	113.6	113.4	114.2	108.4
2015=100	112.0	111.8	112.6	108.5
2016=100	109.9	109.7	110.6	107.5
2017=100	107.6	107.4	108.4	106.0
2018=100	105.2	105.0	106.1	103.8
2019=100	102.3	102.1	102.8	101.2

3-5 居民消费价格分类指数(2016-2017)

(上年=100)

指　标	2016			2017		
	全省	城市	农村	全省	城市	农村
居民消费价格总指数	**101.9**	**102.0**	**101.8**	**102.1**	**102.1**	**102.0**
#服务价格指数	101.9	102.0	101.5	103.6	103.6	103.3
一、食品烟酒	**104.4**	**104.4**	**104.5**	**100.3**	**100.4**	**100.0**
1.食品	105.1	105.0	105.5	99.1	99.2	98.9
(1)粮食	100.5	100.7	99.9	101.3	101.1	101.9
(2)薯类	103.2	102.8	104.4	98.6	98.1	100.2
(3)豆类	100.8	101.2	99.9	101.3	101.6	100.5
(4)食用油	101.6	100.9	103.2	99.7	100.0	99.1
(5)菜	112.8	112.9	112.3	90.7	90.6	90.9
#鲜菜	114.0	114.2	113.6	89.4	89.4	89.7
(6)畜肉类	111.9	111.5	113.1	96.1	96.5	95.2
#猪肉	116.0	115.9	116.4	94.3	94.5	93.9
(7)禽肉类	102.6	102.6	102.4	100.5	100.1	101.4
(8)水产品	104.8	104.8	105.1	105.7	105.9	104.9
(9)蛋类	96.5	96.5	96.3	97.0	97.2	96.1
(10)奶类	100.2	100.0	100.6	100.7	101.0	99.6
(11)干鲜瓜果类	98.5	98.7	97.7	101.3	101.0	102.7
(12)糖果糕点类	101.3	101.4	101.0	102.1	102.3	101.8
(13)调味品	102.6	102.9	101.8	102.4	101.9	103.7
(14)其他食品类	101.7	101.7	101.8	100.2	99.9	101.2
2.茶及饮料	100.5	100.4	100.7	102.2	101.9	102.9
3.烟酒	102.2	102.4	101.8	100.8	101.0	100.5
(1)烟草	102.7	103.0	102.1	100.1	100.2	100.0
(2)酒类	101.1	101.2	101.0	102.4	102.8	101.5
4.在外餐饮	103.8	103.9	103.5	103.3	103.2	103.7
二、衣着	**101.5**	**101.5**	**101.5**	**101.9**	**101.6**	**103.1**
1.服装	101.6	101.7	101.3	102.3	101.9	103.9
(1)男式服装	101.8	101.9	101.5	102.5	102.2	103.5
(2)女式服装	101.7	101.7	101.4	102.4	101.8	104.5
(3)儿童服装	100.5	100.5	100.3	101.6	101.1	103.0
2.服装材料	101.5	101.1	102.4	105.3	105.5	104.7
3.其他衣着及配件	100.7	100.8	100.4	99.4	99.0	100.5
4.衣着加工服务费	105.0	104.4	106.6	102.3	101.8	103.8
5.鞋类	101.3	101.0	102.1	100.6	100.6	100.7
(1)鞋	101.3	101.0	102.1	100.6	100.6	100.6
(2)鞋类加工服务	101.5	101.4	101.9	104.0	104.4	102.7

3-5 续表1

指标	2016			2017		
	全省	城市	农村	全省	城市	农村
三、居住	**101.0**	**101.1**	**100.8**	**105.1**	**105.1**	**105.1**
1.租赁房房租	101.9	101.6	103.5	106.7	106.8	106.2
2.住房保养维修及管理	101.8	101.9	101.3	103.0	102.8	103.7
(1)住房装潢材料	100.5	100.4	100.5	102.8	102.8	102.8
(2)物业管理费	102.4	102.5	101.8	100.3	100.2	101.2
(3)住房装潢维修	103.6	104.0	102.3	105.0	104.6	105.8
3.水电燃料	98.5	98.7	98.0	103.4	103.4	103.4
(1)水	101.7	101.4	102.9	109.0	107.7	113.2
(2)电	100.0	100.0	100.0	100.0	100.0	100.0
(3)燃气	93.6	94.1	92.2	107.5	108.3	105.1
(4)取暖费	100.0	100.0	100.0	100.0	100.0	100.0
(5)其他燃料	102.5	103.4	100.4	102.3	101.7	103.9
4.自有住房	101.6	101.6	101.5	105.9	105.9	106.1
四、生活用品及服务	**100.2**	**100.1**	**100.3**	**100.7**	**100.5**	**101.5**
1.家具及室内装饰品	100.1	100.1	99.9	101.0	101.1	100.6
(1)家具	100.2	100.3	99.9	101.2	101.4	100.7
(2)室内装饰品	99.5	99.3	100.0	99.2	98.8	100.3
2.家用器具	99.1	98.8	100.1	99.1	98.4	101.2
(1)大型家用器具	99.0	98.6	100.3	99.1	98.5	101.0
(2)小家电	99.4	99.5	99.1	98.7	97.9	102.3
3.家用纺织品	99.5	99.4	99.9	99.3	99.4	99.0
(1)床上用品	99.4	99.2	99.9	99.1	99.3	98.7
(2)窗帘门帘	100.2	100.4	99.6	102.1	102.2	101.9
(3)其他家用纺织品	100.0	100.1	99.7	98.1	97.9	99.2
4.家庭日用杂品	100.0	99.9	100.3	101.3	101.2	101.7
(1)洗涤卫生用品	100.2	100.2	100.0	101.6	101.8	101.0
(2)厨具餐具茶具	100.4	100.5	99.9	100.5	99.4	103.8
(3)家用手工工具	100.6	101.0	99.8	102.1	102.3	101.7
(4)其他家庭日用杂品	99.7	99.2	100.9	101.3	101.2	101.7
5.个人护理用品	100.9	100.9	100.6	100.7	100.5	101.7
(1)化妆品	101.1	101.1	100.9	101.1	100.9	102.6
(2)其他护理用品类	100.5	100.6	100.0	100.0	100.0	100.5
6.家庭服务	103.6	103.5	103.9	104.9	104.4	108.6
五、交通通信	**98.7**	**98.8**	**98.6**	**101.3**	**101.1**	**101.7**
1.交通	98.7	98.9	98.0	102.4	102.4	102.3
(1)交通工具	98.2	98.5	97.2	98.9	98.9	98.9
(2)交通工具用燃料	95.6	95.6	95.7	109.0	109.1	108.6
(3)交通工具使用和维修	101.4	101.6	100.7	103.3	102.9	104.9
(4)交通费	103.0	103.2	102.2	102.0	102.1	101.7

3-5 续表 2

指　　标	2016			2017		
	全省	城市	农村	全省	城市	农村
2. 通信	98.9	98.6	99.8	99.0	98.6	100.5
(1) 通信工具	94.4	93.6	97.8	95.6	94.5	99.6
(2) 通信服务	100.3	100.2	100.4	100.0	99.8	100.8
(3) 邮递服务	99.9	99.7	100.4	100.8	100.9	100.6
六、教育文化娱乐	**102.7**	**102.9**	**101.7**	**102.7**	**102.8**	**102.2**
1. 教育	104.0	104.6	102.0	102.8	102.9	102.4
(1) 教育用品	100.6	100.6	100.6	99.4	99.1	100.5
(2) 教育服务	104.1	104.8	102.0	102.9	103.0	102.4
2. 文化娱乐	100.8	100.8	100.9	102.6	102.7	101.7
(1) 文娱耐用消费品	97.8	97.4	99.7	97.8	97.1	100.4
(2) 其他文娱用品	99.9	99.9	100.0	100.9	100.9	100.8
(3) 文化娱乐服务	100.4	100.4	100.2	101.4	101.5	100.9
(4) 旅游	102.7	102.6	104.1	105.7	105.7	105.2
七、医疗保健	**101.3**	**101.5**	**100.7**	**102.3**	**102.6**	**101.5**
1. 药品及医疗器具	103.5	103.9	102.3	106.2	106.5	104.9
(1) 中药	105.7	106.3	103.8	106.5	106.9	105.3
(2) 西药	101.4	101.5	101.2	106.3	107.1	103.9
(3) 滋补保健品	108.5	109.1	105.0	108.0	107.8	109.4
(4) 医疗卫生器具	100.0	99.7	101.2	101.1	101.1	101.2
(5) 保健器具	99.3	99.3	99.5	100.4	100.4	100.7
2. 医疗服务	100.0	100.0	100.1	100.2	100.2	100.2
(1) 综合医疗类	100.0	100.0	100.2	100.8	100.8	100.8
(2) 诊断类	100.0	100.0	100.2	100.0	100.0	100.0
(3) 治疗类	100.0	100.0	100.0	100.0	100.0	100.1
(4) 康复类	100.0	100.0	100.0	100.0	100.0	100.0
(5) 中医医疗服务类	100.0	100.0	100.0	100.3	100.4	100.1
(6) 其他医疗服务	100.0	100.0	100.0	100.1	100.1	100.0
八、其他用品及服务	**102.5**	**102.5**	**102.8**	**101.1**	**100.8**	**102.3**
1. 其他用品类	104.0	104.4	102.3	100.5	99.8	103.4
(1) 首饰手表	107.1	107.8	104.2	101.6	100.7	105.7
(2) 其他杂项用品	99.1	99.0	99.4	98.6	98.3	99.8
2. 其他服务类	101.6	101.2	103.2	101.5	101.5	101.5
(1) 旅馆住宿	101.2	101.2	101.0	102.2	102.3	102.0
(2) 美容美发洗浴	102.9	101.7	106.9	104.0	104.1	103.6
(3) 养老服务	104.6	105.6	100.0	102.6	103.0	100.5
(4) 金融保险	100.2	100.0	101.2	98.6	98.6	98.8
(5) 其他服务类	101.7	101.7	101.8	105.8	105.8	105.5

3-6 居民消费价格分类指数(2018-2019)

(上年=100)

指标	2018			2019		
	全省	城市	农村	全省	城市	农村
居民消费价格总指数	**102.3**	**102.3**	**102.2**	**102.9**	**102.8**	**103.2**
#服务价格指数	102.3	102.3	102.4	102.0	102.0	101.9
一、食品烟酒	**102.6**	**102.8**	**101.9**	**106.2**	**105.8**	**107.3**
1.食品	102.6	102.8	102.0	108.0	107.4	109.6
(1)粮食	100.5	100.4	100.8	100.2	100.3	99.9
(2)薯类	105.5	105.2	106.3	102.9	103.3	101.7
(3)豆类	101.7	101.5	102.1	104.9	104.3	106.5
(4)食用油	99.3	99.4	99.1	102.0	101.4	103.6
(5)菜	107.2	107.2	107.3	104.8	104.7	105.1
#鲜菜	107.9	107.8	108.2	105.1	105.0	105.5
(6)畜肉类	98.3	98.5	98.0	126.3	125.1	129.4
#猪肉	96.3	96.3	96.4	133.1	131.9	135.9
(7)禽肉类	106.7	106.8	106.5	107.3	107.4	107.1
(8)水产品	103.8	103.8	103.6	98.7	98.3	100.1
(9)蛋类	109.6	109.6	109.5	103.9	104.0	103.5
(10)奶类	102.3	102.7	100.9	102.5	102.6	102.3
(11)干鲜瓜果类	103.8	104.3	101.8	112.3	112.3	112.3
(12)糖果糕点类	101.2	101.1	101.4	100.9	100.7	101.6
(13)调味品	102.0	101.7	102.6	102.8	102.9	102.4
(14)其他食品类	100.5	100.3	101.4	101.3	101.3	101.0
2.茶及饮料	101.4	101.6	100.9	102.2	102.2	102.3
3.烟酒	101.2	101.3	101.0	101.0	101.0	101.0
(1)烟草	100.0	100.0	100.0	100.1	100.0	100.1
(2)酒类	103.7	104.0	103.1	102.9	103.0	102.7
4.在外餐饮	103.5	103.6	102.8	104.0	104.0	103.9
二、衣着	**101.1**	**101.1**	**101.3**	**101.8**	**101.5**	**102.8**
1.服装	101.9	102.0	101.9	102.1	101.8	103.1
(1)男式服装	102.0	102.1	101.6	102.6	103.2	100.5
(2)女式服装	102.3	102.3	102.2	101.8	101.0	104.7
(3)儿童服装	100.1	99.8	101.3	101.6	100.9	104.1
2.服装材料	103.2	103.5	102.6	102.3	102.4	102.0
3.其他衣着及配件	100.0	99.5	101.9	101.1	101.3	100.3
4.衣着加工服务费	103.4	103.5	103.4	104.5	104.1	105.4
5.鞋类	98.0	97.7	99.1	100.3	99.8	101.8
(1)鞋	97.9	97.6	99.0	100.3	99.8	101.8
(2)鞋类加工服务	103.5	104.4	101.2	102.2	102.2	102.3

3-6 续表1

指标	2018			2019		
	全省	城市	农村	全省	城市	农村
三、居住	**103.4**	**103.3**	**103.8**	**100.6**	**100.6**	**100.8**
1.租赁房房租	103.9	103.9	104.1	100.6	100.7	100.6
2.住房保养维修及管理	103.4	102.9	105.1	102.2	102.0	103.0
(1)住房装潢材料	103.9	103.7	104.5	100.9	100.7	101.7
(2)物业管理费	100.7	100.7	100.1	100.0	100.0	100.4
(3)住房装潢维修	104.3	103.3	107.3	105.5	105.5	105.4
3.水电燃料	102.2	102.1	102.7	100.1	100.1	100.3
(1)水	101.3	101.4	101.0	100.8	101.1	100.0
(2)电	100.0	100.0	100.0	100.0	100.0	99.9
(3)燃气	107.1	106.5	108.6	100.0	99.7	100.9
(4)取暖费	100.0	100.0	100.0	100.0	100.0	100.0
(5)其他燃料	102.3	102.5	102.0	101.2	100.7	102.4
4.自有住房	103.6	103.6	103.8	100.4	100.4	100.3
四、生活用品及服务	**101.4**	**101.4**	**101.2**	**101.8**	**102.1**	**101.0**
1.家具及室内装饰品	101.7	101.5	102.2	101.7	102.1	100.6
(1)家具	101.9	101.8	102.2	102.0	102.4	100.8
(2)室内装饰品	100.2	99.5	102.4	99.3	99.2	99.6
2.家用器具	99.5	99.4	99.7	99.9	99.6	100.7
(1)大型家用器具	99.7	99.6	99.8	99.8	99.6	100.2
(2)小家电	98.5	98.3	99.3	100.5	99.7	103.6
3.家用纺织品	100.0	100.0	99.9	103.2	104.0	100.5
(1)床上用品	98.8	98.6	99.7	103.5	104.4	99.8
(2)窗帘门帘	109.4	111.7	101.8	104.6	104.4	105.4
(3)其他家用纺织品	100.5	100.7	99.4	99.4	99.1	101.2
4.家庭日用杂品	102.0	102.2	101.7	102.4	103.0	100.7
(1)洗涤卫生用品	102.7	102.8	102.3	103.6	104.6	100.6
(2)厨具餐具茶具	102.1	102.2	101.9	101.9	102.3	100.6
(3)家用手工工具	102.5	102.1	103.1	101.8	101.6	102.2
(4)其他家庭日用杂品	101.1	101.3	100.8	101.1	101.2	100.8
5.个人护理用品	100.1	100.0	101.0	102.3	102.3	102.0
(1)化妆品	99.9	99.7	101.1	102.9	103.0	102.4
(2)其他护理用品类	100.5	100.4	100.8	101.3	101.3	101.5
6.家庭服务	107.6	107.7	106.9	103.7	103.6	104.6
五、交通通信	**101.0**	**100.9**	**101.4**	**99.0**	**99.0**	**98.9**
1.交通	103.3	103.2	103.7	98.4	98.5	98.1
(1)交通工具	99.1	98.8	100.0	98.9	99.1	98.5
(2)交通工具用燃料	112.5	112.5	112.6	94.1	94.1	94.1
(3)交通工具使用和维修	102.4	102.1	103.4	102.5	102.9	101.1
(4)交通费	101.1	101.1	100.9	101.7	101.7	101.5

3-6 续表2

指　　标	2018			2019		
	全省	城市	农村	全省	城市	农村
2.通信	96.3	96.1	97.1	100.2	100.1	100.6
(1)通信工具	93.4	92.6	95.9	101.7	101.6	101.9
(2)通信服务	97.0	96.9	97.3	99.8	99.7	100.3
(3)邮递服务	104.1	104.3	103.3	100.3	100.2	100.5
六、教育文化娱乐	**102.2**	**102.2**	**102.3**	**103.7**	**103.8**	**103.4**
1.教育	103.0	103.0	102.8	104.4	104.6	103.9
(1)教育用品	101.1	100.9	101.8	101.6	101.7	101.6
(2)教育服务	103.0	103.1	102.9	104.5	104.7	104.0
2.文化娱乐	101.1	101.1	100.6	102.6	102.7	102.0
(1)文娱耐用消费品	96.6	96.5	96.7	99.7	99.4	100.8
(2)其他文娱用品	103.2	103.1	103.6	103.9	104.0	103.1
(3)文化娱乐服务	100.6	100.5	100.9	101.4	101.5	101.1
(4)旅游	102.4	102.4	103.2	103.8	103.9	103.5
七、医疗保健	**102.6**	**103.0**	**101.6**	**104.8**	**105.3**	**103.2**
1.药品及医疗器具	105.3	105.9	102.8	107.1	107.9	103.7
(1)中药	105.5	106.0	103.8	104.8	104.9	104.2
(2)西药	107.2	108.5	103.0	107.2	108.1	104.0
(3)滋补保健品	103.2	103.3	102.7	110.5	111.9	103.3
(4)医疗卫生器具	101.1	101.1	101.1	103.2	103.3	102.5
(5)保健器具	100.3	100.7	97.4	100.1	100.2	98.9
2.医疗服务	101.0	101.0	101.0	103.3	103.5	102.9
(1)综合医疗类	103.0	102.4	104.5	106.3	106.2	106.5
(2)诊断类	100.3	100.4	100.0	102.9	102.7	103.2
(3)治疗类	100.5	100.7	100.1	101.4	102.0	99.7
(4)康复类	101.0	101.4	99.9	103.4	104.5	100.7
(5)中医医疗服务类	103.1	103.1	103.1	108.1	107.7	109.1
(6)其他医疗服务	100.1	100.2	100.1	101.3	100.7	102.5
八、其他用品及服务	**100.2**	**100.0**	**101.2**	**103.2**	**103.2**	**103.3**
1.其他用品类	99.2	98.9	100.5	104.8	104.7	105.1
(1)首饰手表	98.8	98.5	100.1	107.3	107.3	107.4
(2)其他杂项用品	99.8	99.5	101.2	100.4	100.2	101.2
2.其他服务类	100.9	100.7	101.7	102.1	102.1	102.1
(1)旅馆住宿	100.6	100.3	101.8	102.1	101.8	103.0
(2)美容美发洗浴	103.1	102.8	104.1	104.4	104.6	103.7
(3)养老服务	104.5	104.8	102.8	104.9	105.3	102.7
(4)金融保险	98.0	98.0	98.3	100.0	100.0	100.0
(5)其他服务类	103.8	103.7	104.2	100.8	100.9	99.9

3-7 居民消费价格分类指数(2020)

(上年=100)

指　　标	2020		
	全省	城市	农村
居民消费价格总指数	**102.3**	**102.1**	**102.8**
#服务价格指数	101.0	101.1	100.8
一、食品烟酒	**107.4**	**106.9**	**109.0**
1. 食品	109.5	108.8	111.7
(1) 粮食	101.7	101.7	101.5
(2) 薯类	105.2	101.9	114.7
(3) 豆类	105.8	105.7	106.3
(4) 食用油	105.3	104.1	108.1
(5) 菜	104.6	104.4	105.3
#鲜菜	105.1	104.8	106.0
(6) 畜肉类	137.3	137.1	137.9
#猪肉	143.0	143.3	142.3
(7) 禽肉类	104.0	104.6	102.4
(8) 水产品	102.1	101.9	102.8
(9) 蛋类	94.5	95.3	92.1
(10) 奶类	100.8	100.8	101.0
(11) 干鲜瓜果类	93.3	93.1	94.3
(12) 糖果糕点类	102.7	103.1	101.3
(13) 调味品	102.4	102.9	101.2
(14) 其他食品类	102.9	103.1	102.2
2. 茶及饮料	100.7	100.4	101.8
3. 烟酒	100.8	100.5	101.4
(1) 烟草	100.4	100.2	100.8
(2) 酒类	101.6	101.2	102.5
4. 在外餐饮	104.8	104.7	105.0
二、衣着	**100.5**	**100.5**	**100.5**
1. 服装	100.9	101.0	100.8
(1) 男式服装	101.3	101.5	100.7
(2) 女式服装	100.5	100.6	100.3
(3) 儿童服装	101.6	101.2	103.0
2. 服装材料	100.1	100.3	99.5
3. 其他衣着及配件	101.0	101.4	99.7
4. 衣着加工服务费	103.2	103.0	103.7
5. 鞋类	98.5	98.3	99.4
(1) 鞋	98.5	98.2	99.4
(2) 鞋类加工服务	101.1	101.1	100.9

3-7 续表 1

指标	2020		
	全省	城市	农村
三、居住	**99.9**	**100.0**	**99.6**
1. 租赁房房租	99.9	99.9	99.4
2. 住房保养维修及管理	101.6	101.4	101.9
(1)住房装潢材料	100.1	99.8	101.0
(2)物业管理费	101.1	101.1	101.0
(3)住房装潢维修	104.0	104.2	103.3
3. 水电燃料	98.9	99.0	98.8
(1)水	100.0	100.0	100.0
(2)电	100.0	100.0	100.0
(3)燃气	96.3	96.3	96.2
(4)取暖费	100.0	100.0	100.0
(5)其他燃料	101.0	100.5	102.0
4. 自有住房	99.8	100.0	99.2
四、生活用品及服务	**101.6**	**101.8**	**100.8**
1. 家具及室内装饰品	101.1	101.2	100.8
(1)家具	101.2	101.4	100.5
(2)室内装饰品	100.2	99.2	102.9
2. 家用器具	98.7	98.3	99.8
(1)大型家用器具	98.7	98.3	99.6
(2)小家电	98.7	98.2	100.7
3. 家用纺织品	102.4	102.1	103.5
(1)床上用品	102.6	102.3	103.8
(2)窗帘门帘	100.9	100.5	102.4
(3)其他家用纺织品	103.0	103.1	102.5
4. 家庭日用杂品	102.2	102.9	100.3
(1)洗涤卫生用品	103.6	104.6	100.6
(2)厨具餐具茶具	102.3	103.1	100.0
(3)家用手工工具	101.5	101.6	101.2
(4)其他家庭日用杂品	100.4	100.6	100.0
5. 个人护理用品	102.9	103.1	101.1
(1)化妆品	103.4	103.8	100.9
(2)其他护理用品类	102.0	102.1	101.4
6. 家庭服务	105.3	105.5	104.0
五、交通通信	**96.5**	**96.3**	**97.0**
1. 交通	94.9	94.9	95.3
(1)交通工具	97.1	97.0	97.4
(2)交通工具用燃料	86.0	86.0	85.9
(3)交通工具使用和维修	104.0	104.5	102.3
(4)交通费	97.5	97.1	98.9

3-7 续表 2

指　　标	2020		
	全省	城市	农村
2. 通信	99.8	99.6	100.4
(1) 通信工具	101.1	100.9	101.8
(2) 通信服务	99.4	99.2	100.1
(3) 邮递服务	99.1	99.0	99.4
六、教育文化娱乐	**101.8**	**101.8**	**101.8**
1. 教育	103.6	103.9	102.5
(1) 教育用品	101.2	101.6	100.0
(2) 教育服务	103.6	104.0	102.6
2. 文化娱乐	99.1	99.0	99.9
(1) 文娱耐用消费品	100.3	100.0	101.2
(2) 其他文娱用品	101.1	100.9	101.8
(3) 文化娱乐服务	100.4	100.7	99.0
(4) 旅游	97.5	97.5	97.7
七、医疗保健	**101.5**	**101.4**	**101.9**
1. 药品及医疗器具	98.5	98.0	100.5
(1) 中药	100.2	100.0	100.9
(2) 西药	95.7	94.9	98.5
(3) 滋补保健品	100.5	100.7	99.2
(4) 医疗卫生器具	105.8	103.3	117.8
(5) 保健器具	100.0	99.7	102.0
2. 医疗服务	103.5	103.9	102.5
(1) 综合医疗类	105.7	106.2	104.5
(2) 诊断类	104.4	105.0	103.1
(3) 治疗类	100.4	100.8	99.4
(4) 康复类	101.4	100.4	103.9
(5) 中医医疗服务类	108.4	108.9	107.2
(6) 其他医疗服务	101.1	101.5	100.1
八、其他用品及服务	**104.2**	**104.3**	**103.9**
1. 其他用品类	110.2	110.2	110.3
(1) 首饰手表	115.4	115.2	116.3
(2) 其他杂项用品	100.7	101.0	99.7
2. 其他服务类	100.2	100.4	99.6
(1) 旅馆住宿	99.5	100.1	97.8
(2) 美容美发洗浴	104.8	105.6	102.2
(3) 养老服务	101.5	101.7	100.9
(4) 金融保险	96.4	96.3	96.7
(5) 其他服务类	100.4	100.5	99.6

3-8 商品零售价格分类指数(2016-2017)

(上年=100)

指　　标	2016			2017		
	全省	城市	农村	全省	城市	农村
商品零售价格总指数	**101.0**	**101.0**	**101.0**	**101.4**	**101.3**	**101.7**
一、食品	**104.7**	**104.7**	**104.9**	**100.1**	**100.1**	**99.8**
1. 粮食	100.7	100.7	100.5	101.2	101.0	102.1
2. 薯类	103.0	102.7	104.6	98.3	98.1	99.6
3. 豆类	100.5	100.7	99.9	101.6	101.9	100.8
4. 食用油	101.5	101.0	103.6	100.0	100.2	99.3
5. 菜	112.9	113.1	112.2	90.8	90.7	91.3
6. 畜肉类	111.6	111.4	112.6	96.1	96.4	94.8
7. 禽肉类	102.5	102.4	103.1	100.3	100.0	101.8
8. 水产品	104.6	104.8	103.8	105.9	106.0	105.6
9. 蛋类	96.6	96.6	96.4	97.1	97.3	96.3
10. 奶类	100.0	99.9	100.6	100.7	100.9	99.4
11. 干鲜瓜果类	98.3	98.4	97.9	101.3	101.1	102.2
12. 糖果糕点类	101.2	101.2	101.1	102.2	102.2	101.7
13. 调味品	102.8	102.9	102.3	102.2	101.9	103.3
14. 其他食品类	101.9	102.0	101.4	100.2	99.9	101.5
15. 在外餐饮	103.9	103.9	103.9	103.3	103.2	104.2
二、饮料、烟酒	**101.8**	**101.9**	**101.7**	**101.1**	**101.2**	**100.9**
1. 茶及饮料	100.5	100.4	100.9	102.0	101.9	102.3
2. 烟草	102.9	102.9	102.5	100.2	100.2	100.1
3. 酒类	101.1	101.2	100.8	102.2	102.4	101.4
三、服装、鞋帽	**101.5**	**101.5**	**101.5**	**101.8**	**101.7**	**102.5**
1. 服装	101.7	101.7	101.6	102.3	102.0	103.5
(1)男士服装	102.1	102.0	102.3	102.8	102.8	102.7
(2)女士服装	101.7	101.8	101.2	102.1	101.7	104.2
(3)儿童服装	100.4	100.3	101.0	101.5	101.1	103.0
2. 鞋帽袜	101.0	100.9	101.5	100.6	100.9	99.5
(1)鞋	101.0	100.9	101.6	100.6	100.9	99.3
(2)袜子	101.7	101.9	100.6	100.4	100.1	101.9
(3)帽子	99.8	99.4	101.7	101.2	101.4	100.4
3. 其他衣着配件	99.9	100.0	99.5	98.4	98.2	99.5
四、纺织品	**99.7**	**99.7**	**100.0**	**100.8**	**101.1**	**99.6**
1. 服装材料	101.9	101.8	102.4	106.4	107.0	103.3
2. 床上用品	99.1	99.0	99.2	99.0	99.1	98.3

3-8 续表

指　　标	2016			2017		
	全省	城市	农村	全省	城市	农村
五、家用电器及音像器材	**98.5**	**98.1**	**100.0**	**98.4**	**98.0**	**100.4**
1.家庭设备	99.0	98.8	100.2	99.1	98.7	101.0
2.文娱用耐用消费品	97.2	96.7	99.7	96.9	96.3	99.2
3.专业音像器材	98.7	98.6	99.2	99.0	98.7	100.8
六、文化办公用品	**98.4**	**98.1**	**99.7**	**99.2**	**98.8**	**101.6**
七、日用品	**99.9**	**99.9**	**99.8**	**100.5**	**100.3**	**101.5**
1.日用百货	99.9	99.9	100.0	101.3	101.1	101.9
2.厨具餐具茶具	100.4	100.4	100.0	100.3	99.7	103.1
3.清洗用品	100.1	100.3	99.4	101.2	101.2	100.8
4.其他日用品	99.4	99.4	99.5	98.8	98.5	99.9
八、体育娱乐用品	**99.7**	**99.6**	**99.7**	**100.1**	**100.2**	**99.6**
1.体育户外用品	99.8	99.9	99.4	100.1	100.2	99.5
2.娱乐用品	99.6	99.5	99.9	100.1	100.1	99.6
九、交通、通信用品	**97.8**	**97.8**	**97.7**	**98.8**	**98.7**	**99.7**
1.交通运输机械	98.6	98.8	97.6	99.4	99.4	99.3
2.通信器材	94.6	93.8	98.2	96.5	95.5	100.9
十、家具	**100.2**	**100.2**	**99.7**	**101.3**	**101.4**	**100.6**
十一、化妆品	**100.9**	**100.9**	**100.6**	**100.9**	**100.8**	**101.9**
十二、金银饰品	**108.4**	**108.8**	**105.6**	**101.5**	**100.8**	**106.5**
十三、中西药品及医疗保健用品	**103.8**	**104.1**	**102.6**	**106.5**	**106.7**	**105.8**
1.医疗卫生器具	99.8	99.5	101.1	101.2	101.1	101.8
2.中药	105.5	106.0	103.5	106.6	106.7	105.8
3.西药	101.3	101.3	101.4	106.2	106.6	104.3
4.保健器具及用品	108.2	108.6	105.1	107.9	107.6	110.2
十四、书报杂志及电子出版物	**105.2**	**105.4**	**104.0**	**101.1**	**101.0**	**101.5**
1.教材及参考书	100.4	100.3	100.8	99.4	99.2	100.6
2.书报杂志	100.0	100.0	99.9	102.6	102.6	102.6
3.计算机办公软件	130.1	131.0	124.6	100.7	100.7	100.7
十五、燃料	**96.7**	**96.8**	**96.1**	**108.6**	**108.9**	**107.2**
1.煤炭及制品	103.9	104.5	101.7	107.9	108.8	104.3
2.石油及制品	95.9	96.0	95.2	108.7	108.9	107.6
十六、建筑材料及五金电料	**100.3**	**100.3**	**100.6**	**102.3**	**102.2**	**102.8**
1.建筑装璜材料	100.5	100.5	100.8	102.8	102.8	102.8
2.五金水暖	99.9	99.8	100.2	101.1	100.8	102.6

3-9 商品零售价格分类指数(2018-2019)

(上年=100)

指　　标	2018			2019		
	全省	城市	农村	全省	城市	农村
商品零售价格总指数	102.1	102.1	102.3	102.5	102.5	102.5
一、食品	102.9	103.0	102.5	106.8	106.5	108.1
1.粮食	100.6	100.5	100.9	100.2	100.3	100.0
2.薯类	105.1	104.9	106.2	103.3	103.5	101.7
3.豆类	102.0	101.9	102.2	105.2	104.9	106.2
4.食用油	99.4	99.6	99.0	101.9	101.5	103.4
5.菜	107.1	107.1	106.8	104.4	104.4	104.3
6.畜肉类	98.3	98.3	98.1	126.0	125.2	129.4
7.禽肉类	106.5	106.5	106.4	107.4	107.5	107.2
8.水产品	103.7	103.8	103.6	98.5	98.2	99.9
9.蛋类	109.4	109.4	109.4	104.0	104.1	103.3
10.奶类	102.5	102.7	101.1	102.6	102.7	102.6
11.干鲜瓜果类	103.5	103.9	101.6	112.5	112.6	111.7
12.糖果糕点类	101.3	101.1	102.3	101.1	100.8	102.4
13.调味品	101.9	101.7	102.9	102.8	102.8	102.9
14.其他食品类	100.8	100.6	101.7	101.3	101.4	100.8
15.在外餐饮	103.5	103.5	103.6	104.3	104.1	105.4
二、饮料、烟酒	101.3	101.3	101.2	101.3	101.3	101.2
1.茶及饮料	101.6	101.6	101.5	102.0	102.0	101.9
2.烟草	100.0	100.0	100.0	100.0	100.0	100.1
3.酒类	103.5	103.5	103.3	102.7	102.8	102.6
三、服装、鞋帽	101.1	101.1	101.3	101.5	101.4	102.2
1.服装	102.0	102.0	102.1	101.9	101.8	102.6
(1)男士服装	102.1	102.1	102.1	102.7	103.0	101.1
(2)女士服装	102.3	102.3	102.3	101.5	101.0	103.7
(3)儿童服装	100.6	100.4	101.8	101.2	100.9	102.5
2.鞋帽袜	98.2	98.2	98.5	100.1	100.0	101.0
(1)鞋	98.0	97.9	98.3	100.0	99.8	101.1
(2)袜子	101.4	101.2	102.2	103.0	103.5	100.2
(3)帽子	100.2	100.2	100.1	98.5	98.2	100.2
3.其他衣着配件	98.8	97.9	102.8	100.1	99.8	101.3
四、纺织品	99.9	99.6	101.5	103.7	104.3	100.5
1.服装材料	103.5	103.5	103.4	102.8	103.0	101.7
2.床上用品	98.7	98.3	100.8	104.0	104.8	100.0

3-9 续表

指标	2018			2019		
	全省	城市	农村	全省	城市	农村
五、家用电器及音像器材	**98.2**	**98.2**	**98.3**	**99.0**	**98.8**	**100.0**
1. 家庭设备	99.7	99.6	99.9	99.9	99.8	100.4
2. 文娱用耐用消费品	95.2	95.3	95.0	98.7	98.3	100.0
3. 专业音像器材	98.4	98.4	97.9	94.1	93.9	95.1
六、文化办公用品	**100.5**	**100.5**	**101.0**	**100.3**	**100.3**	**100.6**
七、日用品	**101.5**	**101.2**	**102.6**	**102.4**	**102.6**	**101.4**
1. 日用百货	101.9	101.8	102.6	102.9	103.3	101.3
2. 厨具餐具茶具	102.4	102.3	103.0	102.0	102.3	101.0
3. 清洗用品	101.7	101.2	104.1	103.8	104.1	102.1
4. 其他日用品	99.8	99.5	101.0	100.1	99.9	101.0
八、体育娱乐用品	**100.7**	**100.7**	**100.8**	**101.3**	**101.5**	**100.5**
1. 体育户外用品	100.7	100.6	101.4	99.5	99.5	99.2
2. 娱乐用品	100.7	100.7	100.6	102.2	102.4	101.1
九、交通、通信用品	**98.4**	**98.3**	**99.3**	**99.7**	**99.9**	**99.1**
1. 交通运输机械	99.3	99.1	100.3	99.4	99.5	98.7
2. 通信器材	94.6	94.2	96.4	101.5	101.8	100.2
十、家具	**101.8**	**101.8**	**102.0**	**102.2**	**102.4**	**100.7**
十一、化妆品	**99.8**	**99.7**	**100.8**	**102.8**	**102.9**	**102.1**
十二、金银饰品	**98.3**	**98.0**	**100.0**	**108.3**	**108.3**	**108.4**
十三、中西药品及医疗保健用品	**105.3**	**105.8**	**102.8**	**107.6**	**108.3**	**103.7**
1. 医疗卫生器具	101.1	101.1	101.1	103.2	103.3	102.5
2. 中药	105.1	105.4	103.5	104.6	104.7	104.2
3. 西药	107.1	108.1	102.7	107.1	107.6	104.4
4. 保健器具及用品	102.9	103.0	102.4	111.3	112.7	101.7
十四、书报杂志及电子出版物	**104.3**	**104.2**	**104.9**	**104.5**	**104.5**	**104.2**
1. 教材及参考书	101.1	101.0	101.5	101.8	101.9	101.0
2. 书报杂志	109.9	109.9	109.9	109.7	110.1	108.0
3. 计算机办公软件	97.9	97.9	97.9	96.6	96.2	99.1
十五、燃料	**110.0**	**109.9**	**110.4**	**96.4**	**96.3**	**97.0**
1. 煤炭及制品	102.0	101.9	102.7	98.9	98.5	100.5
2. 石油及制品	111.0	110.8	111.7	96.1	96.0	96.4
十六、建筑材料及五金电料	**103.6**	**103.4**	**104.3**	**101.1**	**100.9**	**101.9**
1. 建筑装璜材料	104.0	103.8	104.7	101.0	100.9	101.8
2. 五金水暖	102.6	102.4	103.5	101.3	101.1	102.3

3-10 商品零售价格分类指数(2020)

(上年=100)

指　标	2020		
	全省	城市	农村
商品零售价格总指数	**101.2**	**101.0**	**102.1**
一、食品	**108.1**	**107.8**	**109.5**
1. 粮食	101.5	101.5	101.4
2. 薯类	103.5	102.1	111.4
3. 豆类	106.0	105.9	106.3
4. 食用油	104.8	103.9	107.9
5. 菜	104.7	104.5	105.7
6. 畜肉类	137.6	137.3	139.0
7. 禽肉类	104.4	105.0	102.0
8. 水产品	102.1	102.0	102.7
9. 蛋类	94.6	95.0	92.6
10. 奶类	101.0	101.0	100.9
11. 干鲜瓜果类	93.3	93.1	94.1
12. 糖果糕点类	102.6	102.9	101.3
13. 调味品	102.2	102.5	101.2
14. 其他食品类	102.8	102.9	102.2
15. 在外餐饮	104.9	104.9	104.9
二、饮料、烟酒	**100.7**	**100.6**	**101.3**
1. 茶及饮料	100.7	100.5	101.6
2. 烟草	100.3	100.2	100.8
3. 酒类	101.4	101.2	102.1
三、服装、鞋帽	**100.4**	**100.3**	**100.8**
1. 服装	100.8	100.8	101.1
(1)男士服装	101.2	101.2	101.1
(2)女士服装	100.5	100.5	100.7
(3)儿童服装	101.1	100.7	102.6
2. 鞋帽袜	98.9	98.6	100.0
(1)鞋	98.7	98.4	100.2
(2)袜子	101.3	102.0	97.8
(3)帽子	100.7	101.0	99.6
3. 其他衣着配件	101.1	101.2	100.5
四、纺织品	**102.1**	**102.2**	**101.8**
1. 服装材料	100.1	100.3	99.3
2. 床上用品	102.8	102.8	102.7

3-10 续表

指标	2020		
	全省	城市	农村
五、家用电器及音像器材	**98.9**	**98.8**	**99.6**
1.家庭设备	98.6	98.3	99.6
2.文娱用耐用消费品	99.5	99.5	99.3
3.专业音像器材	99.3	99.2	99.8
六、文化办公用品	**99.8**	**99.2**	**103.1**
七、日用品	**101.2**	**101.5**	**99.7**
1.日用百货	100.8	101.0	99.7
2.厨具餐具茶具	102.3	102.9	99.4
3.清洗用品	102.0	102.3	100.3
4.其他日用品	100.5	100.7	99.5
八、体育娱乐用品	**101.3**	**101.3**	**101.0**
1.体育户外用品	102.2	102.5	100.3
2.娱乐用品	100.9	100.8	101.3
九、交通、通信用品	**98.5**	**98.5**	**98.7**
1.交通运输机械	97.9	97.8	98.0
2.通信器材	101.6	101.7	100.8
十、家具	**101.2**	**101.3**	**100.8**
十一、化妆品	**103.3**	**103.7**	**101.1**
十二、金银饰品	**116.6**	**116.4**	**117.6**
十三、中西药品及医疗保健用品	**98.5**	**98.0**	**101.0**
1.医疗卫生器具	105.6	103.3	117.8
2.中药	100.4	100.2	101.2
3.西药	96.1	95.3	100.1
4.保健器具及用品	100.4	100.5	99.8
十四、书报杂志及电子出版物	**101.0**	**101.0**	**101.3**
1.教材及参考书	101.7	102.0	100.2
2.书报杂志	101.2	101.0	102.4
3.计算机办公软件	99.0	98.9	100.0
十五、燃料	**90.4**	**90.3**	**91.1**
1.煤炭及制品	100.1	99.9	100.9
2.石油及制品	89.2	89.2	89.5
十六、建筑材料及五金电料	**100.3**	**100.1**	**100.8**
1.建筑装璜材料	99.9	99.8	100.5
2.五金水暖	101.1	101.0	101.3

3-11 居民消费价格分类指数(2020年1月)

指 标	上年同月=100(同比)			上月=100(环比)		
	全省	城市	农村	全省	城市	农村
居民消费价格总指数	**104.7**	**104.6**	**105.2**	**101.4**	**101.4**	**101.5**
#服务价格指数	102.1	102.3	101.2	101.1	101.3	100.7
工业品价格指数	101.3	101.5	100.6	99.8	99.7	100.2
消费品价格指数	106.6	106.2	107.6	101.7	101.5	102.0
非食品价格指数	102.0	102.2	101.3	100.5	100.6	100.4
一、食品烟酒	**112.3**	**111.5**	**115.1**	**103.6**	**103.5**	**103.8**
1.食品	117.2	116.1	120.5	105.1	105.1	105.3
(1)粮食	100.4	100.1	101.0	100.1	100.1	100.1
(2)薯类	102.4	101.6	105.0	105.0	104.4	106.7
(3)豆类	103.7	103.7	103.7	100.6	100.6	100.6
(4)食用油	106.9	104.8	111.5	100.7	100.3	101.4
(5)菜	109.9	110.0	109.6	110.9	111.0	110.4
#鲜菜	111.0	111.2	110.6	112.2	112.3	111.7
(6)畜肉类	169.2	168.6	170.4	107.7	107.3	108.7
#猪肉	188.5	189.7	186.1	110.2	109.7	111.2
(7)禽肉类	113.0	113.7	111.1	99.7	99.8	99.3
(8)水产品	104.0	104.0	104.0	108.5	109.0	106.6
(9)蛋类	101.2	101.6	99.9	97.3	97.5	96.6
(10)奶类	99.3	98.9	100.4	99.1	99.0	99.7
(11)干鲜瓜果类	99.9	99.5	101.4	104.2	103.9	105.5
(12)糖果糕点类	101.7	102.1	100.2	99.4	99.3	99.8
(13)调味品	102.3	102.7	101.1	100.3	100.4	99.9
(14)其他食品类	103.3	103.6	102.2	99.6	99.4	100.2
2.茶及饮料	100.3	99.3	102.9	99.1	98.8	99.9
3.烟酒	100.7	100.5	101.2	99.8	99.7	100.2
(1)烟草	100.3	100.3	100.5	100.0	100.0	100.0
(2)酒类	101.4	100.9	102.5	99.5	99.1	100.4
4.在外餐饮	105.2	104.9	106.5	101.0	101.1	100.6
二、衣着	**101.1**	**101.6**	**99.4**	**99.1**	**98.9**	**99.9**
1.服装	101.3	101.7	99.9	99.0	98.7	100.1
(1)男式服装	101.9	102.9	98.2	99.0	98.7	100.3
(2)女式服装	100.7	100.6	100.8	98.9	98.7	99.8
(3)儿童服装	102.3	102.6	101.2	99.4	99.0	100.5
2.服装材料	100.3	100.8	99.3	100.0	100.0	100.0
3.其他衣着及配件	101.4	102.1	99.0	100.2	100.6	99.1
4.衣着加工服务费	104.3	103.8	105.7	100.4	100.1	101.4
5.鞋类	100.0	101.1	96.8	99.1	99.0	99.3
(1)鞋	100.0	101.0	96.7	99.1	99.0	99.2
(2)鞋类加工服务	103.0	102.1	105.4	101.8	100.4	105.9

3-11 续表1

指　　标	上年同月=100(同比)			上月=100(环比)		
	全省	城市	农村	全省	城市	农村
三、居住	**100.4**	**100.5**	**99.9**	**100.1**	**100.1**	**100.3**
1.租赁房房租	100.4	100.5	99.2	100.0	100.0	100.0
2.住房保养维修及管理	102.2	102.2	102.2	100.7	100.8	100.5
(1)住房装潢材料	101.1	100.7	102.2	99.9	99.9	100.0
(2)物业管理费	101.2	101.2	101.4	101.2	101.2	100.9
(3)住房装潢维修	104.4	105.2	102.4	101.6	101.7	101.3
3.水电燃料	100.6	100.6	100.5	100.3	100.1	100.9
(1)水	100.0	100.0	100.0	100.0	100.0	100.0
(2)电	100.0	100.0	99.9	100.0	100.0	100.0
(3)燃气	102.0	102.1	101.6	101.0	100.4	102.7
(4)取暖费	100.0	100.0	100.0	100.0	100.0	100.0
(5)其他燃料	101.0	100.1	103.1	100.3	100.0	100.9
4.自有住房	99.9	100.1	99.1	99.9	99.9	100.0
四、生活用品及服务	**101.6**	**102.1**	**99.9**	**101.0**	**101.2**	**100.2**
1.家具及室内装饰品	101.9	102.3	100.5	100.1	100.0	100.3
(1)家具	102.1	102.6	100.5	100.2	100.2	100.2
(2)室内装饰品	100.0	99.9	100.2	99.4	99.0	100.5
2.家用器具	98.7	98.9	98.3	99.7	99.7	99.9
(1)大型家用器具	98.3	98.6	97.4	99.8	99.7	99.9
(2)小家电	100.7	99.9	103.9	99.5	99.5	99.7
3.家用纺织品	103.5	103.5	103.2	100.1	100.1	100.0
(1)床上用品	104.1	104.2	103.3	100.1	100.2	99.9
(2)窗帘门帘	101.6	101.2	103.1	100.1	100.0	100.3
(3)其他家用纺织品	100.2	99.9	101.5	99.8	99.6	100.6
4.家庭日用杂品	101.5	102.4	99.0	99.7	99.7	99.9
(1)洗涤卫生用品	103.7	104.8	100.5	100.2	100.3	100.0
(2)厨具餐具茶具	100.1	100.8	98.0	100.0	99.6	101.0
(3)家用手工工具	101.3	101.4	101.0	100.3	100.4	100.0
(4)其他家庭日用杂品	99.2	99.9	97.5	99.0	98.9	99.4
5.个人护理用品	102.7	102.8	101.9	100.5	100.6	99.7
(1)化妆品	103.3	103.5	102.3	100.5	100.7	99.5
(2)其他护理用品类	101.7	101.8	101.4	100.4	100.5	99.9
6.家庭服务	105.4	105.8	102.5	109.3	110.0	104.2
五、交通通信	**101.1**	**101.1**	**101.1**	**101.6**	**101.6**	**101.4**
1.交通	102.0	102.1	101.7	102.3	102.3	102.1
(1)交通工具	97.6	97.7	97.5	99.7	99.6	100.0
(2)交通工具用燃料	107.2	107.2	107.3	102.7	102.7	102.7
(3)交通工具使用和维修	108.5	109.6	104.9	103.8	103.7	104.2
(4)交通费	101.1	100.7	102.5	107.4	107.9	105.4

3-11 续表 2

指 标	上年同月=100(同比)			上月=100(环比)		
	全省	城市	农村	全省	城市	农村
2.通信	99.0	98.8	99.9	100.1	100.1	100.1
(1)通信工具	98.6	98.3	99.6	100.5	100.6	100.2
(2)通信服务	99.1	98.8	99.8	99.9	99.9	100.0
(3)邮递服务	100.8	100.5	102.1	101.5	101.3	102.0
六、教育文化娱乐	**103.9**	**104.2**	**102.5**	**101.3**	**101.6**	**100.4**
1.教育	103.8	104.2	102.6	100.1	100.1	100.0
(1)教育用品	102.0	102.7	100.1	99.7	99.7	99.7
(2)教育服务	103.9	104.3	102.7	100.1	100.1	100.0
2.文化娱乐	103.9	104.2	102.4	103.4	103.7	101.7
(1)文娱耐用消费品	101.0	100.6	102.1	99.8	99.7	100.1
(2)其他文娱用品	102.3	102.3	102.3	99.9	99.9	100.2
(3)文化娱乐服务	101.4	101.7	100.2	100.0	100.0	100.0
(4)旅游	106.6	106.7	105.0	107.4	107.5	106.7
七、医疗保健	**103.2**	**103.5**	**102.3**	**99.3**	**99.2**	**99.8**
1.药品及医疗器具	101.5	101.5	101.4	97.3	97.2	97.9
(1)中药	101.5	101.7	101.1	100.1	99.9	100.8
(2)西药	98.8	98.0	101.6	94.8	94.4	96.3
(3)滋补保健品	107.5	108.6	101.7	99.4	99.5	98.9
(4)医疗卫生器具	101.0	101.2	100.0	100.0	100.0	100.0
(5)保健器具	100.4	100.0	102.6	100.4	100.3	101.5
2.医疗服务	104.3	105.0	102.7	100.7	100.7	100.6
(1)综合医疗类	107.5	108.7	104.6	101.0	100.9	101.3
(2)诊断类	105.3	106.0	103.8	100.8	101.0	100.2
(3)治疗类	100.5	101.1	99.1	99.9	100.0	99.7
(4)康复类	101.5	100.6	103.7	101.0	100.0	103.7
(5)中医医疗服务类	111.2	112.3	108.6	102.8	102.4	103.8
(6)其他医疗服务	101.3	101.1	101.6	99.7	100.0	99.0
八、其他用品及服务	**104.3**	**104.4**	**103.6**	**102.0**	**102.1**	**101.5**
1.其他用品类	108.4	108.6	107.5	101.4	101.5	100.8
(1)首饰手表	112.5	112.5	112.3	101.9	102.1	101.4
(2)其他杂项用品	101.1	101.6	99.3	100.3	100.4	99.7
2.其他服务类	101.6	101.7	100.9	102.4	102.5	101.9
(1)旅馆住宿	102.6	103.6	99.9	101.4	101.2	102.2
(2)美容美发洗浴	103.1	103.3	102.3	106.6	107.4	104.1
(3)养老服务	101.4	101.7	100.0	100.0	100.0	100.0
(4)金融保险	100.0	100.0	100.0	100.0	100.0	100.0
(5)其他服务类	102.0	102.3	99.6	101.5	101.7	100.0

3-12 居民消费价格分类指数(2020 年 2 月)

指　　标	上年同月=100(同比)			上月=100(环比)		
	全省	城市	农村	全省	城市	农村
居民消费价格总指数	**104.4**	**104.1**	**105.2**	**101.0**	**100.9**	**101.1**
#服务价格指数	100.7	100.8	100.2	99.6	99.6	99.8
工业品价格指数	100.1	100.3	99.5	99.4	99.4	99.3
消费品价格指数	106.8	106.4	108.2	101.9	101.9	101.9
非食品价格指数	100.8	101.0	100.4	99.6	99.6	99.7
一、食品烟酒	**114.0**	**113.0**	**117.2**	**104.3**	**104.3**	**104.3**
1.食品	119.6	118.3	123.5	106.2	106.3	106.0
(1)粮食	101.2	101.1	101.5	101.5	101.7	101.0
(2)薯类	116.4	115.1	120.2	118.2	117.5	120.2
(3)豆类	106.6	106.0	108.2	104.1	103.4	106.3
(4)食用油	108.2	106.2	112.8	101.0	100.9	101.2
(5)菜	106.6	106.8	105.9	110.1	110.4	109.0
#鲜菜	107.3	107.5	106.4	111.0	111.3	109.9
(6)畜肉类	186.9	186.6	187.3	111.8	112.2	110.8
#猪肉	213.9	216.3	208.8	114.3	115.1	112.5
(7)禽肉类	114.9	115.9	112.2	102.3	102.4	101.8
(8)水产品	101.6	101.5	101.9	104.1	104.1	104.2
(9)蛋类	102.1	102.8	100.1	99.2	99.6	97.9
(10)奶类	99.7	99.4	100.6	100.0	99.9	100.3
(11)干鲜瓜果类	98.3	97.8	100.1	104.1	104.0	104.1
(12)糖果糕点类	102.2	102.7	100.5	101.2	101.4	100.6
(13)调味品	102.2	102.7	100.9	100.5	100.4	100.7
(14)其他食品类	103.7	104.0	102.9	100.8	100.9	100.5
2.茶及饮料	100.4	99.3	103.3	100.7	100.9	100.3
3.烟酒	101.2	101.1	101.4	100.3	100.4	100.2
(1)烟草	100.3	100.3	100.5	100.0	100.0	100.0
(2)酒类	102.9	102.8	103.1	100.9	101.1	100.4
4.在外餐饮	104.9	104.7	105.9	100.5	100.5	100.2
二、衣着	**100.3**	**100.8**	**98.3**	**99.4**	**99.5**	**99.2**
1.服装	100.7	101.3	98.6	99.5	99.5	99.2
(1)男式服装	100.6	101.5	97.3	99.2	99.3	98.8
(2)女式服装	100.5	101.0	98.7	99.6	99.6	99.4
(3)儿童服装	101.7	101.6	102.2	99.8	99.7	100.0
2.服装材料	100.3	100.8	99.3	100.0	100.0	100.0
3.其他衣着及配件	101.7	102.4	99.4	100.0	100.0	100.1
4.衣着加工服务费	103.7	103.7	103.7	99.9	100.0	99.8
5.鞋类	98.2	98.8	96.3	99.2	99.2	99.0
(1)鞋	98.1	98.7	96.2	99.2	99.2	99.1
(2)鞋类加工服务	101.6	102.0	100.4	98.6	100.0	94.8

3-12 续表 1

指标	上年同月=100(同比)			上月=100(环比)		
	全省	城市	农村	全省	城市	农村
三、居住	**100.2**	**100.2**	**99.8**	**99.9**	**99.9**	**99.9**
1.租赁房房租	100.1	100.2	99.1	100.0	100.0	100.0
2.住房保养维修及管理	101.7	101.6	102.1	99.6	99.4	100.0
(1)住房装潢材料	100.8	100.4	102.0	99.9	99.8	100.0
(2)物业管理费	101.2	101.2	101.4	100.0	100.0	100.0
(3)住房装潢维修	103.3	103.6	102.4	98.9	98.5	100.0
3.水电燃料	100.5	100.6	100.4	99.8	100.0	99.5
(1)水	100.0	100.0	100.0	100.0	100.0	100.0
(2)电	100.0	100.0	100.0	100.0	100.0	100.0
(3)燃气	101.8	102.0	101.0	99.5	99.8	98.5
(4)取暖费	100.0	100.0	100.0	100.0	100.0	100.0
(5)其他燃料	100.9	100.1	102.9	100.0	100.0	100.0
4.自有住房	99.7	99.8	99.0	100.0	100.0	100.0
四、生活用品及服务	**100.2**	**100.4**	**99.5**	**99.4**	**99.2**	**99.9**
1.家具及室内装饰品	101.8	102.1	100.7	100.0	100.0	100.1
(1)家具	101.9	102.4	100.5	100.0	100.0	100.0
(2)室内装饰品	100.4	99.8	102.4	100.3	100.1	100.6
2.家用器具	98.4	98.5	98.0	99.8	99.8	100.0
(1)大型家用器具	97.9	98.2	97.0	99.8	99.8	100.0
(2)小家电	100.6	99.7	103.9	99.8	99.8	100.0
3.家用纺织品	103.4	103.6	102.6	100.1	100.3	99.4
(1)床上用品	104.0	104.4	102.6	100.1	100.3	99.3
(2)窗帘门帘	101.5	101.2	102.4	100.0	100.0	100.0
(3)其他家用纺织品	99.9	99.3	102.8	100.8	100.9	100.5
4.家庭日用杂品	101.1	101.8	99.2	100.4	100.4	100.3
(1)洗涤卫生用品	102.2	103.1	99.3	99.8	100.1	99.0
(2)厨具餐具茶具	100.8	101.1	99.8	100.8	100.4	102.0
(3)家用手工工具	101.3	101.3	101.2	99.8	99.7	100.0
(4)其他家庭日用杂品	99.8	100.2	98.8	100.9	100.8	101.3
5.个人护理用品	102.3	102.5	101.1	100.3	100.5	99.6
(1)化妆品	103.5	103.9	101.5	100.6	100.7	99.9
(2)其他护理用品类	100.4	100.4	100.6	100.0	100.1	99.1
6.家庭服务	95.5	95.2	98.1	93.7	93.1	98.2
五、交通通信	**98.1**	**98.1**	**98.1**	**98.3**	**98.3**	**98.6**
1.交通	97.7	97.9	97.3	97.6	97.5	97.9
(1)交通工具	97.3	97.5	96.5	99.9	99.9	100.0
(2)交通工具用燃料	97.5	97.5	97.5	94.2	94.2	94.1
(3)交通工具使用和维修	103.8	104.7	100.5	98.9	99.0	98.5
(4)交通费	95.1	94.6	96.9	96.2	95.8	97.7

3-12 续表 2

指　　标	上年同月=100(同比)			上月=100(环比)		
	全省	城市	农村	全省	城市	农村
2.通信	98.9	98.6	99.8	100.0	100.0	100.0
(1)通信工具	98.3	97.9	99.7	100.0	100.0	100.0
(2)通信服务	99.1	98.8	99.9	100.0	100.0	100.0
(3)邮递服务	97.5	96.9	99.8	98.9	98.8	99.3
六、教育文化娱乐	**101.7**	**101.7**	**101.6**	**100.0**	**100.0**	**100.0**
1.教育	103.7	104.2	102.3	100.0	100.0	100.0
(1)教育用品	101.9	102.7	99.7	100.0	100.0	100.0
(2)教育服务	103.8	104.2	102.4	100.0	100.0	100.0
2.文化娱乐	98.6	98.5	99.5	100.0	100.0	100.0
(1)文娱耐用消费品	100.8	100.5	101.6	100.0	100.0	100.0
(2)其他文娱用品	102.1	101.9	102.9	100.0	100.1	99.9
(3)文化娱乐服务	99.8	100.1	98.4	100.0	100.0	100.0
(4)旅游	96.5	96.5	95.9	99.9	99.9	99.9
七、医疗保健	**102.4**	**102.7**	**101.6**	**100.0**	**99.9**	**100.0**
1.药品及医疗器具	99.8	99.5	100.7	99.9	99.9	100.0
(1)中药	101.5	101.7	100.9	99.9	99.9	99.8
(2)西药	98.0	97.3	100.6	99.9	99.9	100.0
(3)滋补保健品	101.6	101.7	101.2	99.8	99.7	100.0
(4)医疗卫生器具	101.0	101.2	100.0	100.0	100.0	100.0
(5)保健器具	100.2	100.0	101.5	100.0	100.0	100.0
2.医疗服务	104.1	105.0	102.0	100.0	100.0	100.0
(1)综合医疗类	107.5	108.7	104.5	100.0	100.0	100.0
(2)诊断类	104.8	106.0	102.1	100.0	100.0	100.0
(3)治疗类	100.5	101.1	99.1	100.0	100.0	100.0
(4)康复类	101.5	100.6	103.7	100.0	100.0	100.0
(5)中医医疗服务类	111.2	112.3	108.6	100.0	100.0	100.0
(6)其他医疗服务	100.5	101.1	99.0	100.0	100.0	100.0
八、其他用品及服务	**103.5**	**103.7**	**102.6**	**99.4**	**99.4**	**99.5**
1.其他用品类	109.7	109.8	109.4	100.3	100.3	100.5
(1)首饰手表	115.1	115.0	115.4	100.5	100.4	100.8
(2)其他杂项用品	100.5	100.8	99.2	100.0	100.0	99.9
2.其他服务类	99.6	99.9	98.3	98.8	98.8	98.8
(1)旅馆住宿	97.5	99.0	93.3	99.1	99.2	98.8
(2)美容美发洗浴	99.0	99.2	98.2	97.0	96.8	97.4
(3)养老服务	101.4	101.7	100.0	100.0	100.0	100.0
(4)金融保险	100.0	100.0	100.0	100.0	100.0	100.0
(5)其他服务类	100.5	100.6	99.6	98.7	98.5	100.0

3-13 居民消费价格分类指数(2020年3月)

指 标	上年同月=100(同比)			上月=100(环比)		
	全省	城市	农村	全省	城市	农村
居民消费价格总指数	**103.5**	**103.3**	**103.9**	**98.7**	**98.7**	**98.5**
#服务价格指数	101.6	101.9	100.6	99.9	99.9	99.8
工业品价格指数	98.6	98.6	98.3	99.1	99.1	99.2
消费品价格指数	104.7	104.3	105.9	97.9	97.9	97.8
非食品价格指数	100.7	100.9	100.1	99.6	99.7	99.6
一、食品烟酒	**111.3**	**110.5**	**113.8**	**96.7**	**96.8**	**96.5**
1.食品	115.3	114.2	118.8	95.1	95.1	95.0
(1)粮食	101.5	101.5	101.6	99.7	99.7	99.8
(2)薯类	114.9	112.4	122.2	97.1	96.6	98.3
(3)豆类	107.0	106.7	107.7	99.5	99.8	98.8
(4)食用油	106.8	104.9	111.2	99.0	99.2	98.4
(5)菜	97.7	97.8	97.2	90.1	89.8	91.1
#鲜菜	97.5	97.7	96.9	89.2	88.9	90.3
(6)畜肉类	175.4	175.3	175.7	92.2	92.3	92.0
#猪肉	196.0	198.2	191.2	90.0	90.0	90.2
(7)禽肉类	113.2	113.7	111.7	98.3	98.1	98.8
(8)水产品	98.9	98.8	99.0	93.1	92.9	93.8
(9)蛋类	101.7	102.9	98.4	96.3	96.8	94.9
(10)奶类	100.0	100.0	100.2	100.0	100.1	100.0
(11)干鲜瓜果类	97.5	97.2	98.8	100.4	100.6	99.9
(12)糖果糕点类	102.6	103.2	100.5	99.9	99.9	99.9
(13)调味品	101.3	101.5	100.9	99.4	99.3	99.6
(14)其他食品类	104.9	105.5	102.9	101.3	101.7	100.1
2.茶及饮料	100.5	99.6	103.0	100.4	100.6	100.0
3.烟酒	101.0	100.8	101.4	100.3	100.2	100.4
(1)烟草	100.5	100.3	101.0	100.2	100.0	100.5
(2)酒类	102.0	101.8	102.3	100.6	100.7	100.3
4.在外餐饮	105.5	105.5	105.5	100.1	100.1	99.9
二、衣着	**98.8**	**99.1**	**97.6**	**99.8**	**99.7**	**99.9**
1.服装	99.5	100.0	97.8	99.9	99.9	99.9
(1)男式服装	99.7	100.4	96.9	100.3	100.4	99.9
(2)女式服装	99.6	100.0	98.2	99.6	99.5	100.1
(3)儿童服装	98.4	98.5	98.4	99.5	99.7	99.0
2.服装材料	99.9	100.1	99.5	100.0	100.0	100.2
3.其他衣着及配件	101.4	102.2	98.8	100.1	100.1	100.4
4.衣着加工服务费	103.6	103.5	103.9	100.0	100.1	100.0
5.鞋类	95.3	95.0	96.2	99.4	99.2	100.0
(1)鞋	95.2	94.9	96.1	99.4	99.2	100.0
(2)鞋类加工服务	101.4	101.9	100.0	99.6	99.6	99.6

3-13 续表 1

指　　标	上年同月=100(同比)			上月=100(环比)		
	全省	城市	农村	全省	城市	农村
三、居住	**99.8**	**99.9**	**99.2**	**99.8**	**99.9**	**99.4**
1.租赁房房租	99.7	99.9	98.8	100.1	100.2	99.6
2.住房保养维修及管理	102.3	102.2	102.3	100.1	100.1	100.1
(1)住房装潢材料	100.6	100.1	102.0	99.8	99.8	99.8
(2)物业管理费	101.2	101.2	101.4	100.0	100.0	100.0
(3)住房装潢维修	105.5	106.5	103.0	100.7	100.7	100.6
3.水电燃料	98.6	98.6	98.6	98.0	97.9	98.3
(1)水	100.0	100.0	100.0	100.0	100.0	100.0
(2)电	100.0	100.0	100.0	100.0	100.0	100.0
(3)燃气	95.2	95.1	95.6	93.3	92.8	94.7
(4)取暖费	100.0	100.0	100.0	100.0	100.0	100.0
(5)其他燃料	101.1	100.5	102.4	100.3	100.4	100.3
4.自有住房	99.5	99.7	98.6	100.2	100.3	99.6
四、生活用品及服务	**101.2**	**101.6**	**100.0**	**100.1**	**100.1**	**100.2**
1.家具及室内装饰品	101.5	101.8	100.6	99.8	99.8	99.9
(1)家具	101.6	102.0	100.4	99.8	99.8	99.9
(2)室内装饰品	100.2	99.6	102.0	99.9	99.9	100.1
2.家用器具	97.9	98.0	97.8	99.8	99.8	99.9
(1)大型家用器具	97.6	97.8	97.0	99.8	99.8	99.9
(2)小家电	99.4	98.6	102.3	99.7	99.7	99.6
3.家用纺织品	103.3	102.9	104.7	100.2	100.0	100.8
(1)床上用品	103.9	103.6	105.3	100.2	100.0	101.0
(2)窗帘门帘	100.8	100.3	102.4	99.9	100.0	99.8
(3)其他家用纺织品	100.5	100.3	101.7	100.3	100.2	100.5
4.家庭日用杂品	101.2	101.8	99.5	100.3	100.3	100.5
(1)洗涤卫生用品	102.4	103.0	100.5	100.4	100.2	101.0
(2)厨具餐具茶具	101.4	101.9	99.9	101.1	101.3	100.5
(3)家用手工工具	101.0	100.9	101.2	100.1	100.1	100.0
(4)其他家庭日用杂品	99.6	100.1	98.2	99.9	100.0	99.8
5.个人护理用品	102.8	103.0	101.4	100.5	100.5	100.5
(1)化妆品	103.6	104.0	101.4	100.2	100.2	100.2
(2)其他护理用品类	101.5	101.5	101.5	100.9	100.9	100.8
6.家庭服务	105.3	105.5	103.6	100.5	100.6	99.7
五、交通通信	**96.2**	**96.1**	**96.4**	**97.7**	**97.6**	**98.0**
1.交通	94.8	94.9	94.7	96.6	96.5	97.0
(1)交通工具	97.2	97.4	96.7	100.0	100.0	100.0
(2)交通工具用燃料	85.4	85.4	85.3	90.7	90.7	90.6
(3)交通工具使用和维修	104.7	105.2	102.7	97.5	97.2	98.5
(4)交通费	97.4	97.0	98.6	96.5	96.2	97.2

3-13 续表 2

指标	上年同月=100(同比)			上月=100(环比)		
	全省	城市	农村	全省	城市	农村
2.通信	99.0	98.8	99.8	100.0	100.0	100.1
(1)通信工具	98.8	98.6	99.6	100.2	100.1	100.4
(2)通信服务	99.1	98.8	99.9	100.0	100.0	100.0
(3)邮递服务	99.9	99.7	100.8	99.9	100.0	99.4
六、教育文化娱乐	**103.5**	**103.9**	**102.2**	**100.0**	**100.0**	**100.0**
1.教育	103.4	103.8	102.2	100.0	100.0	100.0
(1)教育用品	101.5	102.2	99.4	100.1	100.1	100.0
(2)教育服务	103.5	103.9	102.3	100.0	100.0	100.0
2.文化娱乐	103.7	103.9	102.3	100.0	100.0	100.0
(1)文娱耐用消费品	100.1	99.7	101.5	99.8	99.8	100.1
(2)其他文娱用品	101.9	101.8	102.6	100.0	100.0	100.0
(3)文化娱乐服务	100.0	100.1	99.6	100.0	100.0	100.1
(4)旅游	107.2	107.3	106.2	100.0	100.0	100.0
七、医疗保健	**102.4**	**102.5**	**102.1**	**100.2**	**100.1**	**100.6**
1.药品及医疗器具	99.6	99.1	101.7	100.3	100.1	101.2
(1)中药	101.2	101.3	100.8	100.1	100.1	100.1
(2)西药	97.5	96.7	100.5	99.8	99.8	99.9
(3)滋补保健品	100.7	100.8	100.3	100.2	100.2	100.2
(4)医疗卫生器具	105.6	103.2	116.7	104.6	102.0	116.7
(5)保健器具	100.0	99.9	101.1	99.9	100.0	99.8
2.医疗服务	104.2	105.0	102.3	100.1	100.0	100.3
(1)综合医疗类	107.7	108.8	105.1	100.2	100.0	100.6
(2)诊断类	105.0	106.1	102.5	100.2	100.1	100.4
(3)治疗类	100.5	101.1	99.2	100.0	100.0	100.1
(4)康复类	101.5	100.6	103.7	100.0	100.0	100.0
(5)中医医疗服务类	111.2	112.3	108.6	100.0	100.0	100.0
(6)其他医疗服务	100.7	101.1	99.9	100.3	100.0	100.8
八、其他用品及服务	**105.6**	**105.9**	**104.4**	**100.8**	**100.9**	**100.3**
1.其他用品类	111.2	111.6	109.9	102.0	102.1	101.2
(1)首饰手表	117.2	117.6	115.9	102.9	103.2	101.6
(2)其他杂项用品	100.7	100.9	99.8	100.1	100.0	100.4
2.其他服务类	102.0	102.3	100.7	100.0	100.1	99.6
(1)旅馆住宿	100.2	101.3	97.0	98.4	99.0	96.7
(2)美容美发洗浴	105.7	106.7	102.6	100.5	100.6	99.9
(3)养老服务	101.6	101.7	101.1	100.2	100.0	101.1
(4)金融保险	100.0	100.0	100.0	100.0	100.0	100.0
(5)其他服务类	99.9	100.0	99.3	99.8	99.8	99.7

3-14 居民消费价格分类指数(2020 年 4 月)

指　　标	上年同月=100(同比)			上月=100(环比)		
	全省	城市	农村	全省	城市	农村
居民消费价格总指数	**102.5**	**102.4**	**103.1**	**99.2**	**99.2**	**99.3**
#服务价格指数	101.1	101.2	100.5	99.8	99.7	100.0
工业品价格指数	98.1	98.1	98.1	99.6	99.6	99.6
消费品价格指数	103.5	103.1	104.7	98.9	98.9	98.9
非食品价格指数	100.3	100.4	100.0	99.7	99.7	99.9
一、食品烟酒	**109.4**	**108.7**	**111.7**	**98.3**	**98.3**	**98.3**
1.食品	112.5	111.5	115.4	97.5	97.5	97.6
(1)粮食	102.1	102.3	101.6	100.3	100.5	99.8
(2)薯类	112.9	107.9	128.0	98.9	97.4	103.0
(3)豆类	106.0	105.8	106.5	99.5	99.5	99.6
(4)食用油	106.4	105.0	109.6	99.4	99.7	98.7
(5)菜	96.8	96.8	96.9	97.2	96.5	99.5
#鲜菜	96.6	96.6	96.6	96.9	96.2	99.5
(6)畜肉类	162.9	162.6	163.6	93.0	92.9	93.3
#猪肉	178.6	180.1	175.3	91.3	90.9	91.9
(7)禽肉类	111.1	111.4	110.3	98.5	98.4	98.7
(8)水产品	98.3	98.4	98.3	101.3	101.2	101.8
(9)蛋类	99.7	100.7	96.9	98.5	98.6	98.3
(10)奶类	100.3	100.2	100.8	100.0	100.1	99.9
(11)干鲜瓜果类	96.1	96.1	96.3	98.4	98.3	99.0
(12)糖果糕点类	102.9	103.5	101.0	99.9	99.8	100.1
(13)调味品	102.4	102.8	101.4	100.8	101.0	100.3
(14)其他食品类	105.1	105.8	102.8	100.4	100.5	100.1
2.茶及饮料	100.9	100.0	103.5	100.1	100.1	100.3
3.烟酒	101.1	100.8	101.8	100.1	100.1	100.2
(1)烟草	100.5	100.2	101.0	100.0	100.0	100.0
(2)酒类	102.4	101.9	103.4	100.3	100.2	100.4
4.在外餐饮	105.3	105.2	105.7	99.8	99.8	100.0
二、衣着	**99.2**	**99.6**	**97.8**	**100.5**	**100.4**	**100.5**
1.服装	99.9	100.4	98.3	100.5	100.4	100.6
(1)男式服装	100.3	101.0	97.7	100.4	100.2	101.0
(2)女式服装	99.6	99.9	98.4	100.5	100.5	100.6
(3)儿童服装	100.2	100.1	100.3	100.8	101.1	99.8
2.服装材料	99.9	100.1	99.3	100.0	100.0	100.0
3.其他衣着及配件	101.2	101.4	100.6	100.1	100.0	100.6
4.衣着加工服务费	103.5	103.4	103.5	100.0	100.0	100.1
5.鞋类	95.5	95.8	94.9	100.4	100.6	100.0
(1)鞋	95.5	95.7	94.8	100.4	100.6	100.0
(2)鞋类加工服务	101.4	101.9	100.0	100.0	100.0	100.0

3-14 续表 1

指　　标	上年同月=100(同比)			上月=100(环比)		
	全省	城市	农村	全省	城市	农村
三、居住	**99.7**	**99.9**	**99.1**	**100.0**	**100.0**	**99.8**
1. 租赁房房租	100.0	100.2	98.8	100.1	100.1	99.9
2. 住房保养维修及管理	101.7	101.6	102.2	99.8	99.8	99.9
(1)住房装潢材料	100.3	99.8	101.8	99.6	99.6	99.8
(2)物业管理费	101.1	101.1	100.9	99.9	99.9	100.0
(3)住房装潢维修	104.3	104.9	103.0	100.0	100.0	100.0
3. 水电燃料	98.0	98.1	97.9	99.6	99.8	99.2
(1)水	100.0	100.0	100.0	100.0	100.0	100.0
(2)电	100.0	100.0	100.0	100.0	100.0	100.0
(3)燃气	93.3	93.3	93.2	98.7	99.2	97.5
(4)取暖费	100.0	100.0	100.0	100.0	100.0	100.0
(5)其他燃料	100.9	100.5	101.9	99.9	100.0	99.6
4. 自有住房	99.7	100.0	98.6	100.1	100.2	99.9
四、生活用品及服务	**101.4**	**101.5**	**100.8**	**100.2**	**100.2**	**100.3**
1. 家具及室内装饰品	101.5	101.9	100.3	100.0	100.1	99.8
(1)家具	101.7	102.2	100.2	100.0	100.1	99.8
(2)室内装饰品	100.0	99.8	100.9	100.0	100.0	99.9
2. 家用器具	97.7	97.4	98.6	100.0	99.7	100.9
(1)大型家用器具	97.6	97.4	98.2	100.1	99.7	101.1
(2)小家电	98.1	97.3	101.0	99.5	99.5	99.7
3. 家用纺织品	102.2	101.4	105.2	99.2	98.9	100.3
(1)床上用品	102.3	101.4	105.7	98.8	98.4	100.3
(2)窗帘门帘	101.3	100.8	102.8	100.5	100.5	100.2
(3)其他家用纺织品	102.3	102.0	104.1	101.8	102.0	100.8
4. 家庭日用杂品	102.4	102.7	101.3	100.8	101.0	100.0
(1)洗涤卫生用品	103.9	104.6	101.8	101.4	101.8	100.1
(2)厨具餐具茶具	102.2	102.3	102.0	100.4	100.6	99.9
(3)家用手工工具	101.2	101.0	101.4	100.1	100.0	100.2
(4)其他家庭日用杂品	100.4	100.4	100.4	100.2	100.3	99.9
5. 个人护理用品	102.7	102.9	101.8	100.2	100.2	100.0
(1)化妆品	103.8	104.1	101.5	100.6	100.6	100.3
(2)其他护理用品类	101.1	101.0	102.1	99.6	99.6	99.6
6. 家庭服务	105.5	105.8	103.7	100.5	100.6	100.1
五、交通通信	**94.7**	**94.5**	**95.3**	**98.8**	**98.8**	**98.9**
1. 交通	92.7	92.6	93.2	98.2	98.2	98.4
(1)交通工具	96.9	96.9	96.8	99.7	99.7	99.9
(2)交通工具用燃料	79.5	79.5	79.4	92.7	92.7	92.6
(3)交通工具使用和维修	104.1	104.4	102.8	99.2	99.0	99.8
(4)交通费	95.6	94.9	98.0	101.8	101.9	101.2

3-14 续表 2

指　　标	上年同月=100(同比)			上月=100(环比)		
	全省	城市	农村	全省	城市	农村
2. 通信	99.0	98.7	99.8	99.9	99.9	99.9
(1)通信工具	98.7	98.5	99.5	99.8	99.8	99.6
(2)通信服务	99.0	98.8	99.9	100.0	100.0	100.0
(3)邮递服务	99.7	99.5	100.8	99.8	99.8	100.0
六、教育文化娱乐	**101.7**	**101.7**	**101.7**	**98.9**	**98.7**	**99.6**
1. 教育	103.5	103.9	102.2	100.1	100.1	100.0
(1)教育用品	101.4	102.1	99.3	100.0	100.0	100.0
(2)教育服务	103.6	104.0	102.3	100.1	100.1	100.0
2. 文化娱乐	99.0	98.8	100.2	97.0	96.7	98.6
(1)文娱耐用消费品	99.8	99.3	101.4	100.0	99.9	100.0
(2)其他文娱用品	100.8	100.4	102.8	99.8	99.8	99.9
(3)文化娱乐服务	99.7	99.8	99.3	100.0	100.0	100.0
(4)旅游	97.8	97.8	97.9	93.9	93.9	94.6
七、医疗保健	**102.4**	**102.3**	**102.5**	**100.1**	**100.0**	**100.4**
1. 药品及医疗器具	99.4	98.7	102.4	100.2	100.1	100.6
(1)中药	101.4	101.5	101.0	100.2	100.3	100.1
(2)西药	96.9	95.9	100.8	99.7	99.6	100.3
(3)滋补保健品	101.0	101.0	101.1	101.0	101.1	100.4
(4)医疗卫生器具	105.5	102.0	121.9	100.9	100.0	104.5
(5)保健器具	100.0	99.8	101.5	99.4	99.3	100.0
2. 医疗服务	104.3	105.0	102.6	100.1	100.0	100.3
(1)综合医疗类	107.9	108.8	105.8	100.2	100.0	100.6
(2)诊断类	105.1	106.1	102.8	100.1	100.0	100.3
(3)治疗类	100.5	101.1	99.2	100.0	100.0	100.0
(4)康复类	101.5	100.6	103.7	100.0	100.0	100.0
(5)中医医疗服务类	111.2	112.3	108.6	100.0	100.0	100.0
(6)其他医疗服务	100.8	101.1	100.1	100.1	100.0	100.2
八、其他用品及服务	**106.0**	**106.2**	**105.0**	**100.4**	**100.3**	**100.6**
1. 其他用品类	112.3	112.5	111.7	100.9	100.9	101.0
(1)首饰手表	118.7	118.7	118.9	101.1	101.0	101.8
(2)其他杂项用品	101.1	101.5	99.5	100.4	100.6	99.6
2. 其他服务类	101.9	102.1	100.6	100.0	100.0	100.2
(1)旅馆住宿	98.3	99.2	95.7	99.4	99.1	100.5
(2)美容美发洗浴	105.8	106.8	102.9	100.1	100.0	100.4
(3)养老服务	101.6	101.8	101.1	100.2	100.3	100.0
(4)金融保险	100.0	100.0	100.0	100.0	100.0	100.0
(5)其他服务类	100.1	100.2	99.4	100.1	100.1	100.0

3-15 居民消费价格分类指数(2020 年 5 月)

指　　标	上年同月=100(同比)			上月=100(环比)		
	全省	城市	农村	全省	城市	农村
居民消费价格总指数	**101.7**	**101.6**	**102.3**	**99.3**	**99.3**	**99.3**
#服务价格指数	101.0	101.2	100.6	100.0	100.0	100.0
工业品价格指数	97.8	97.8	97.8	99.9	99.8	100.1
消费品价格指数	102.2	101.8	103.4	98.8	98.8	98.8
非食品价格指数	100.1	100.2	99.9	99.9	99.9	100.0
一、食品烟酒	**107.0**	**106.3**	**109.3**	**97.8**	**97.8**	**97.7**
1.食品	108.9	108.0	111.9	96.8	96.8	96.7
(1)粮食	101.8	101.8	101.9	99.6	99.3	100.4
(2)薯类	106.5	100.9	123.7	95.8	95.3	97.0
(3)豆类	105.9	105.7	106.6	99.8	100.0	99.5
(4)食用油	105.2	103.4	109.2	99.0	99.1	98.9
(5)菜	93.5	93.6	93.0	92.6	92.8	92.0
#鲜菜	92.8	92.9	92.3	91.8	92.0	91.1
(6)畜肉类	154.2	154.3	154.1	94.5	94.7	93.9
#猪肉	165.6	167.1	162.5	92.5	92.6	92.3
(7)禽肉类	108.5	108.9	107.2	98.0	98.2	97.6
(8)水产品	101.2	100.9	102.5	101.1	100.7	102.5
(9)蛋类	94.4	95.2	92.1	97.3	97.3	97.5
(10)奶类	101.0	101.2	100.6	100.8	100.9	100.4
(11)干鲜瓜果类	84.7	84.4	85.9	94.0	94.0	93.9
(12)糖果糕点类	102.6	103.1	101.0	99.9	99.7	100.3
(13)调味品	102.5	103.0	101.0	100.4	100.6	99.9
(14)其他食品类	105.3	106.2	102.8	99.6	99.5	100.0
2.茶及饮料	100.7	99.7	103.2	99.6	99.5	100.1
3.烟酒	100.8	100.4	101.8	99.8	99.7	100.0
(1)烟草	100.5	100.2	101.0	100.0	100.0	100.0
(2)酒类	101.5	100.7	103.2	99.4	99.1	100.0
4.在外餐饮	104.9	104.8	105.8	99.8	99.8	99.9
二、衣着	**98.9**	**99.3**	**97.7**	**99.8**	**99.6**	**100.5**
1.服装	99.6	100.0	98.2	99.9	99.7	100.6
(1)男式服装	99.8	100.1	98.6	99.5	99.3	100.6
(2)女式服装	99.2	99.8	97.3	100.1	99.9	100.4
(3)儿童服装	100.9	100.9	101.0	100.4	100.3	100.8
2.服装材料	99.9	100.1	99.4	100.0	100.0	100.2
3.其他衣着及配件	99.9	100.4	98.2	99.2	99.3	98.6
4.衣着加工服务费	103.4	103.4	103.4	99.9	100.0	99.8
5.鞋类	95.8	96.0	95.2	99.5	99.1	100.8
(1)鞋	95.7	95.9	95.1	99.5	99.1	100.8
(2)鞋类加工服务	100.9	101.2	100.0	100.0	100.0	100.0

3-15 续表 1

指　　标	上年同月=100(同比)			上月=100(环比)		
	全省	城市	农村	全省	城市	农村
三、居住	**99.7**	**99.9**	**98.9**	**99.9**	**99.8**	**99.9**
1.租赁房房租	99.8	100.0	98.7	99.7	99.7	99.9
2.住房保养维修及管理	101.4	101.3	101.5	100.3	100.4	100.0
(1)住房装潢材料	99.8	99.6	100.5	100.0	100.0	99.9
(2)物业管理费	101.1	101.1	100.9	100.0	100.0	100.0
(3)住房装潢维修	103.9	104.2	103.0	100.8	101.1	100.0
3.水电燃料	98.0	98.0	97.8	99.7	99.7	99.8
(1)水	100.0	100.0	100.0	100.0	100.0	100.0
(2)电	100.0	100.0	100.0	100.0	100.0	100.0
(3)燃气	93.0	93.0	93.0	99.0	98.9	99.3
(4)取暖费	100.0	100.0	100.0	100.0	100.0	100.0
(5)其他燃料	100.8	100.5	101.6	100.0	100.0	100.0
4.自有住房	99.7	100.0	98.7	99.8	99.8	99.9
四、生活用品及服务	**101.6**	**101.7**	**100.9**	**100.1**	**100.1**	**100.1**
1.家具及室内装饰品	101.7	102.0	100.6	100.1	100.1	100.1
(1)家具	101.8	102.3	100.2	100.1	100.1	100.0
(2)室内装饰品	100.6	99.6	103.3	100.1	99.7	101.1
2.家用器具	97.8	97.4	98.7	100.0	100.0	100.0
(1)大型家用器具	97.7	97.5	98.3	100.0	100.0	100.0
(2)小家电	97.8	97.0	101.0	99.7	99.6	100.2
3.家用纺织品	102.7	102.1	104.7	100.8	101.1	99.6
(1)床上用品	102.9	102.3	105.0	101.0	101.4	99.5
(2)窗帘门帘	101.1	100.7	102.8	100.0	99.8	100.6
(3)其他家用纺织品	102.7	102.3	104.6	99.8	99.9	99.7
4.家庭日用杂品	102.5	102.9	101.5	100.0	100.0	100.2
(1)洗涤卫生用品	104.3	104.9	102.4	99.8	99.8	99.9
(2)厨具餐具茶具	102.8	103.6	100.4	100.2	100.5	99.4
(3)家用手工工具	101.6	101.7	101.5	100.4	100.7	100.0
(4)其他家庭日用杂品	100.2	99.9	100.9	100.2	100.0	101.0
5.个人护理用品	103.2	103.5	101.1	100.5	100.5	100.5
(1)化妆品	103.2	103.7	100.5	99.9	99.9	100.0
(2)其他护理用品类	103.1	103.2	102.1	101.3	101.3	101.2
6.家庭服务	105.5	105.7	104.2	99.9	99.8	100.6
五、交通通信	**94.5**	**94.3**	**95.0**	**100.1**	**100.1**	**100.1**
1.交通	92.4	92.3	92.8	100.0	100.1	99.8
(1)交通工具	96.7	96.6	96.8	99.7	99.7	99.6
(2)交通工具用燃料	77.8	77.8	77.6	100.0	100.0	100.0
(3)交通工具使用和维修	103.5	103.8	102.2	99.7	99.8	99.7
(4)交通费	98.0	97.7	99.1	101.1	101.3	100.4

3-15 续表 2

指　　标	上年同月=100(同比)			上月=100(环比)		
	全省	城市	农村	全省	城市	农村
2.通信	99.0	98.8	99.6	100.2	100.1	100.5
(1)通信工具	98.5	98.5	98.2	100.8	100.5	101.8
(2)通信服务	99.1	98.8	100.0	100.1	100.0	100.2
(3)邮递服务	99.0	98.6	100.5	99.3	99.1	100.0
六、教育文化娱乐	**101.3**	**101.3**	**101.5**	**100.0**	**100.0**	**100.0**
1.教育	103.5	103.9	102.2	100.0	100.0	100.0
(1)教育用品	101.4	102.2	99.4	100.0	100.0	100.0
(2)教育服务	103.6	104.0	102.3	100.0	100.0	100.0
2.文化娱乐	98.1	97.9	99.5	99.9	99.9	100.0
(1)文娱耐用消费品	99.5	99.1	100.7	99.9	99.8	100.1
(2)其他文娱用品	101.0	100.7	102.7	100.3	100.3	100.1
(3)文化娱乐服务	99.8	99.9	99.1	100.2	100.3	100.0
(4)旅游	96.0	95.9	96.2	99.6	99.6	99.6
七、医疗保健	**102.0**	**101.8**	**102.4**	**99.7**	**99.7**	**99.9**
1.药品及医疗器具	98.3	97.5	101.4	99.2	99.2	99.2
(1)中药	100.5	100.3	101.3	99.2	98.9	100.2
(2)西药	95.8	94.9	99.3	99.0	99.1	98.5
(3)滋补保健品	99.3	99.1	100.0	99.3	99.1	100.0
(4)医疗卫生器具	105.5	102.0	121.9	100.0	100.0	100.0
(5)保健器具	100.0	99.8	101.4	100.0	100.0	100.1
2.医疗服务	104.4	105.0	102.8	100.1	100.0	100.2
(1)综合医疗类	107.9	108.8	106.1	100.1	100.0	100.3
(2)诊断类	105.2	106.1	103.0	100.1	100.0	100.2
(3)治疗类	100.5	101.1	99.2	100.0	100.0	100.0
(4)康复类	101.5	100.6	103.7	100.0	100.0	100.0
(5)中医医疗服务类	111.3	112.3	109.0	100.1	100.0	100.4
(6)其他医疗服务	101.4	102.0	100.1	100.6	100.9	100.0
八、其他用品及服务	**106.6**	**106.7**	**106.1**	**100.3**	**100.2**	**100.7**
1.其他用品类	114.1	114.0	114.8	100.7	100.5	101.4
(1)首饰手表	122.2	121.7	124.0	101.4	101.3	101.9
(2)其他杂项用品	100.3	100.4	99.8	99.3	99.0	100.2
2.其他服务类	101.8	102.1	100.5	100.1	100.0	100.3
(1)旅馆住宿	97.0	97.9	94.6	100.5	100.2	101.5
(2)美容美发洗浴	105.9	106.8	103.1	100.0	100.0	100.2
(3)养老服务	101.6	101.8	101.1	100.0	100.0	100.0
(4)金融保险	100.0	100.0	100.0	100.0	100.0	100.0
(5)其他服务类	100.5	100.7	99.4	100.3	100.3	99.9

3-16 居民消费价格分类指数(2020 年 6 月)

指标	上年同月=100(同比)			上月=100(环比)		
	全省	城市	农村	全省	城市	农村
居民消费价格总指数	**102.2**	**102.0**	**102.9**	**100.1**	**100.0**	**100.2**
#服务价格指数	100.9	101.0	100.7	99.9	99.8	100.1
工业品价格指数	98.5	98.5	98.4	100.1	100.1	100.2
消费品价格指数	103.1	102.7	104.3	100.2	100.2	100.3
非食品价格指数	100.3	100.4	100.1	100.0	100.0	100.1
一、食品烟酒	**108.0**	**107.3**	**110.4**	**100.3**	**100.3**	**100.3**
1.食品	110.5	109.5	113.8	100.4	100.4	100.5
(1)粮食	101.5	101.4	101.7	100.3	100.3	100.1
(2)薯类	103.9	99.8	115.8	94.9	95.4	93.7
(3)豆类	106.1	105.9	106.5	99.8	99.8	99.8
(4)食用油	105.7	104.1	109.5	100.2	100.4	99.8
(5)菜	106.9	107.1	106.2	105.7	106.1	104.2
#鲜菜	107.7	107.9	107.1	106.3	106.8	104.8
(6)畜肉类	154.8	154.3	156.1	101.9	101.8	102.2
#猪肉	166.9	167.5	165.5	103.1	103.0	103.3
(7)禽肉类	106.5	107.1	104.6	98.2	98.3	97.8
(8)水产品	103.0	102.6	104.4	98.9	98.7	99.6
(9)蛋类	92.1	93.2	88.7	96.6	97.0	95.6
(10)奶类	101.1	101.2	100.6	100.0	99.9	100.3
(11)干鲜瓜果类	79.4	79.0	80.8	95.2	95.3	94.9
(12)糖果糕点类	103.1	103.6	101.4	100.6	100.5	100.7
(13)调味品	102.8	103.4	101.2	100.5	100.6	100.1
(14)其他食品类	104.5	105.0	103.1	100.2	100.1	100.4
2.茶及饮料	101.1	100.5	102.6	100.6	100.8	100.1
3.烟酒	100.7	100.4	101.4	100.0	100.0	100.0
(1)烟草	100.4	100.2	101.0	100.0	99.9	100.0
(2)酒类	101.3	100.8	102.3	100.1	100.1	100.1
4.在外餐饮	105.0	104.9	105.5	100.1	100.2	99.8
二、衣着	**100.1**	**100.5**	**98.8**	**100.3**	**100.2**	**100.7**
1.服装	100.6	101.0	99.3	100.3	100.2	100.6
(1)男式服装	101.1	101.5	99.9	100.4	100.3	100.5
(2)女式服装	100.1	100.6	98.2	100.4	100.3	100.7
(3)儿童服装	101.7	101.5	102.2	99.9	99.7	100.4
2.服装材料	99.8	100.2	99.0	100.2	100.1	100.3
3.其他衣着及配件	100.4	100.7	99.2	100.6	100.5	101.0
4.衣着加工服务费	103.6	103.6	103.5	100.1	100.2	100.0
5.鞋类	97.7	98.0	96.9	100.3	100.0	101.0
(1)鞋	97.6	97.9	96.8	100.3	100.0	101.1
(2)鞋类加工服务	100.9	101.2	100.1	100.0	100.0	100.1

3-16 续表 1

指标	上年同月=100(同比)			上月=100(环比)		
	全省	城市	农村	全省	城市	农村
三、居住	**99.9**	**100.0**	**99.4**	**100.1**	**100.0**	**100.3**
1.租赁房房租	99.9	99.9	99.6	100.1	100.0	100.7
2.住房保养维修及管理	101.2	101.3	101.2	99.9	99.9	99.9
(1)住房装潢材料	99.7	99.5	100.3	99.9	99.8	99.9
(2)物业管理费	101.1	101.1	100.9	100.0	100.0	100.0
(3)住房装潢维修	103.7	104.1	102.6	100.0	100.0	100.0
3.水电燃料	99.0	99.1	98.5	100.0	100.0	100.0
(1)水	100.0	100.0	100.0	100.0	100.0	100.0
(2)电	100.0	100.0	100.0	100.0	100.0	100.0
(3)燃气	96.3	96.8	95.1	99.9	99.8	99.9
(4)取暖费	100.0	100.0	100.0	100.0	100.0	100.0
(5)其他燃料	100.9	100.5	101.8	100.1	100.0	100.3
4.自有住房	99.9	100.0	99.2	100.1	100.0	100.4
四、生活用品及服务	**101.8**	**102.0**	**101.0**	**100.2**	**100.2**	**100.4**
1.家具及室内装饰品	101.5	101.8	100.9	100.1	100.0	100.4
(1)家具	101.6	102.0	100.5	100.0	100.0	100.2
(2)室内装饰品	100.8	99.8	103.6	100.5	100.1	101.5
2.家用器具	98.2	97.9	99.3	100.1	99.8	100.9
(1)大型家用器具	98.2	97.8	99.2	100.1	99.7	101.1
(2)小家电	98.5	98.1	100.1	100.1	100.3	99.7
3.家用纺织品	102.9	102.4	105.0	100.1	100.0	100.3
(1)床上用品	103.3	102.7	105.5	100.1	100.1	100.3
(2)窗帘门帘	100.8	100.4	102.3	99.8	99.9	99.7
(3)其他家用纺织品	102.5	102.1	104.2	100.0	99.9	100.5
4.家庭日用杂品	102.8	103.6	100.7	100.7	100.8	100.2
(1)洗涤卫生用品	104.4	105.3	101.6	101.0	101.0	100.8
(2)厨具餐具茶具	102.3	103.5	98.6	99.7	100.2	98.2
(3)家用手工工具	101.9	102.1	101.5	100.0	100.1	100.0
(4)其他家庭日用杂品	101.1	101.3	100.5	100.7	100.8	100.3
5.个人护理用品	103.1	103.4	101.3	100.0	100.0	99.9
(1)化妆品	103.6	104.1	100.6	100.5	100.6	100.0
(2)其他护理用品类	102.3	102.3	102.4	99.2	99.1	99.7
6.家庭服务	105.8	106.1	104.2	100.3	100.3	99.9
五、交通通信	**95.0**	**94.8**	**95.6**	**99.6**	**99.6**	**99.7**
1.交通	92.9	92.7	93.5	99.2	99.2	99.5
(1)交通工具	96.9	96.8	97.4	99.7	99.7	99.9
(2)交通工具用燃料	80.6	80.7	80.5	100.2	100.2	100.2
(3)交通工具使用和维修	103.4	103.9	101.5	99.8	99.9	99.3
(4)交通费	95.0	94.4	97.3	96.4	96.0	97.7

3-16 续表 2

指 标	上年同月=100(同比)			上月=100(环比)		
	全省	城市	农村	全省	城市	农村
2.通信	99.4	99.2	100.0	100.4	100.4	100.2
(1)通信工具	100.0	100.2	99.4	101.6	102.0	100.3
(2)通信服务	99.2	98.9	100.2	100.0	100.0	100.2
(3)邮递服务	99.1	98.6	100.8	100.0	100.0	100.0
六、教育文化娱乐	**101.2**	**101.1**	**101.4**	**99.8**	**99.8**	**100.0**
1.教育	103.6	104.0	102.2	100.1	100.1	100.0
(1)教育用品	101.6	102.3	99.5	100.0	100.1	100.0
(2)教育服务	103.6	104.1	102.3	100.1	100.1	100.0
2.文化娱乐	97.5	97.2	99.0	99.3	99.3	99.8
(1)文娱耐用消费品	99.5	99.3	100.4	99.6	99.5	99.9
(2)其他文娱用品	101.2	100.9	102.4	100.1	100.1	100.1
(3)文化娱乐服务	100.3	100.5	99.3	100.0	100.0	99.9
(4)旅游	94.5	94.4	94.6	98.7	98.7	99.2
七、医疗保健	**102.0**	**101.8**	**102.3**	**100.0**	**100.0**	**100.1**
1.药品及医疗器具	98.2	97.5	100.9	99.9	99.9	99.8
(1)中药	100.4	100.2	101.2	100.0	100.0	100.0
(2)西药	95.6	94.8	98.8	99.9	99.9	99.8
(3)滋补保健品	99.3	99.4	98.8	99.7	99.8	99.1
(4)医疗卫生器具	105.5	102.0	121.9	100.0	100.0	100.0
(5)保健器具	100.4	99.9	103.7	100.5	100.1	102.4
2.医疗服务	104.4	105.0	103.0	100.1	100.0	100.2
(1)综合医疗类	107.8	108.8	105.6	99.9	100.0	99.5
(2)诊断类	105.4	106.1	103.8	100.2	100.0	100.7
(3)治疗类	100.5	101.1	99.2	100.0	100.0	100.0
(4)康复类	101.6	100.6	104.0	100.1	100.0	100.3
(5)中医医疗服务类	111.3	112.3	109.0	100.0	100.0	100.0
(6)其他医疗服务	101.4	102.0	100.1	100.0	100.0	100.0
八、其他用品及服务	**105.8**	**105.8**	**105.7**	**100.3**	**100.2**	**100.5**
1.其他用品类	111.4	111.1	112.9	100.5	100.3	100.9
(1)首饰手表	117.8	117.2	120.2	100.7	100.6	101.4
(2)其他杂项用品	99.9	99.8	100.4	99.9	99.8	100.1
2.其他服务类	102.1	102.3	100.9	100.1	100.1	100.1
(1)旅馆住宿	99.6	100.2	97.9	100.8	100.7	101.0
(2)美容美发洗浴	105.8	106.8	102.9	100.0	100.0	100.0
(3)养老服务	102.1	102.3	101.1	100.5	100.6	100.0
(4)金融保险	100.0	100.0	100.0	100.0	100.0	100.0
(5)其他服务类	100.5	100.6	99.8	100.1	100.0	100.5

3-17 居民消费价格分类指数(2020年7月)

指标	上年同月=100(同比)			上月=100(环比)		
	全省	城市	农村	全省	城市	农村
居民消费价格总指数	**102.5**	**102.2**	**103.4**	**100.8**	**100.7**	**101.0**
#服务价格指数	100.5	100.5	100.5	100.1	100.2	100.1
工业品价格指数	98.7	98.7	98.7	100.3	100.3	100.3
消费品价格指数	103.8	103.4	105.3	101.2	101.1	101.4
非食品价格指数	100.2	100.2	100.1	100.2	100.2	100.2
一、食品烟酒	**109.4**	**108.5**	**112.0**	**102.1**	**102.0**	**102.5**
1.食品	112.5	111.3	116.2	103.1	102.9	103.6
(1)粮食	102.1	102.3	101.6	100.4	100.6	99.9
(2)薯类	102.5	98.6	114.2	98.9	99.2	98.2
(3)豆类	106.6	106.5	106.7	100.5	100.6	100.2
(4)食用油	106.4	104.6	110.5	100.4	100.0	101.3
(5)菜	108.9	108.8	109.2	108.1	108.0	108.6
#鲜菜	109.8	109.7	110.4	108.9	108.8	109.6
(6)畜肉类	159.1	157.6	162.6	107.6	107.2	108.6
#猪肉	171.5	170.8	173.0	110.1	109.8	110.8
(7)禽肉类	106.2	106.8	104.4	99.6	99.5	99.8
(8)水产品	104.3	104.2	104.3	102.0	102.4	100.3
(9)蛋类	90.7	91.4	88.4	100.2	99.9	101.2
(10)奶类	101.2	101.3	100.9	100.8	100.9	100.4
(11)干鲜瓜果类	80.5	80.3	81.0	96.0	96.0	96.2
(12)糖果糕点类	102.6	103.1	101.2	100.1	100.1	100.0
(13)调味品	102.7	103.2	101.3	100.0	99.8	100.4
(14)其他食品类	102.0	101.8	102.7	98.2	97.7	99.8
2.茶及饮料	100.6	100.3	101.4	99.8	99.7	100.1
3.烟酒	100.3	99.9	101.2	100.1	100.2	100.0
(1)烟草	100.4	100.2	101.0	100.0	100.0	100.0
(2)酒类	100.2	99.5	101.6	100.4	100.5	100.1
4.在外餐饮	105.3	105.2	105.4	100.4	100.4	100.2
二、衣着	**100.4**	**100.6**	**99.7**	**100.3**	**100.2**	**100.4**
1.服装	101.0	101.3	99.8	100.0	99.9	100.3
(1)男式服装	101.5	101.8	100.2	100.0	99.9	100.2
(2)女式服装	100.5	100.9	98.9	100.1	100.0	100.4
(3)儿童服装	101.5	101.3	102.3	99.7	99.7	99.9
2.服装材料	99.9	100.2	99.2	100.1	100.0	100.2
3.其他衣着及配件	100.5	100.7	99.8	100.2	100.4	99.8
4.衣着加工服务费	103.6	103.6	103.5	100.0	100.0	100.1
5.鞋类	98.0	97.7	99.1	101.3	101.3	101.2
(1)鞋	98.0	97.6	99.1	101.3	101.3	101.2
(2)鞋类加工服务	100.9	101.2	100.1	100.0	100.0	100.0

3-17 续表 1

指　　标	上年同月=100(同比)			上月=100(环比)		
	全省	城市	农村	全省	城市	农村
三、居住	**99.9**	**100.0**	**99.3**	**100.0**	**100.0**	**100.0**
1.租赁房房租	99.8	99.9	99.3	100.0	100.0	100.0
2.住房保养维修及管理	101.3	101.2	101.5	100.1	100.0	100.6
(1)住房装潢材料	99.8	99.6	100.5	100.0	99.9	100.1
(2)物业管理费	101.1	101.1	100.9	100.0	100.0	100.0
(3)住房装潢维修	103.6	103.8	103.2	100.4	100.0	101.3
3.水电燃料	99.0	99.2	98.6	99.9	99.9	99.7
(1)水	100.0	100.0	100.0	100.0	100.0	100.0
(2)电	100.0	100.0	100.0	100.0	100.0	100.0
(3)燃气	96.5	97.0	95.3	99.6	99.8	99.0
(4)取暖费	100.0	100.0	100.0	100.0	100.0	100.0
(5)其他燃料	100.9	100.5	101.9	100.0	100.0	100.1
4.自有住房	99.8	100.0	99.0	100.0	100.0	100.0
四、生活用品及服务	**101.7**	**101.9**	**101.1**	**100.1**	**100.1**	**100.2**
1.家具及室内装饰品	100.7	100.8	100.5	99.8	99.8	100.0
(1)家具	100.9	101.1	100.1	99.9	99.8	100.0
(2)室内装饰品	99.8	98.5	103.5	99.5	99.4	99.7
2.家用器具	98.4	97.8	99.9	100.0	99.9	100.4
(1)大型家用器具	98.3	97.8	99.7	100.1	99.9	100.4
(2)小家电	98.5	97.8	100.9	99.8	99.7	100.5
3.家用纺织品	102.2	101.5	105.0	100.0	100.0	99.7
(1)床上用品	102.3	101.6	105.3	99.9	100.0	99.6
(2)窗帘门帘	100.9	100.4	102.8	100.1	100.0	100.3
(3)其他家用纺织品	102.9	102.4	105.3	100.2	100.3	99.8
4.家庭日用杂品	102.9	103.7	100.7	100.1	100.2	100.0
(1)洗涤卫生用品	104.8	105.7	102.0	100.4	100.5	100.2
(2)厨具餐具茶具	102.3	103.4	99.1	100.1	99.7	101.1
(3)家用手工工具	101.8	102.0	101.4	99.9	99.9	100.0
(4)其他家庭日用杂品	100.8	101.2	99.8	99.7	99.9	99.3
5.个人护理用品	103.2	103.5	101.2	100.4	100.4	100.5
(1)化妆品	103.7	104.2	100.9	100.1	100.0	100.5
(2)其他护理用品类	102.3	102.4	101.7	100.8	100.9	100.4
6.家庭服务	106.5	106.8	104.3	100.8	100.8	100.3
五、交通通信	**95.4**	**95.2**	**95.9**	**100.6**	**100.6**	**100.5**
1.交通	93.5	93.4	94.1	100.9	100.9	100.8
(1)交通工具	96.0	95.9	96.4	99.6	99.6	99.9
(2)交通工具用燃料	84.1	84.1	84.0	102.3	102.3	102.4
(3)交通工具使用和维修	104.5	105.1	102.6	100.9	101.0	100.6
(4)交通费	94.4	93.7	97.0	102.2	102.3	101.5

3-17 续表2

指标	上年同月=100(同比)			上月=100(环比)		
	全省	城市	农村	全省	城市	农村
2.通信	99.3	99.2	99.6	100.0	100.0	99.9
(1)通信工具	99.8	100.3	97.9	99.9	100.0	99.7
(2)通信服务	99.2	98.9	100.2	100.0	100.0	100.0
(3)邮递服务	98.6	98.8	97.9	99.2	99.8	97.1
六、教育文化娱乐	**99.9**	**99.7**	**100.9**	**100.1**	**100.1**	**100.0**
1.教育	103.5	104.0	102.1	100.0	100.0	100.0
(1)教育用品	101.7	102.5	99.7	100.0	100.0	100.0
(2)教育服务	103.6	104.1	102.2	100.0	100.0	100.0
2.文化娱乐	94.5	94.1	97.5	100.3	100.3	100.0
(1)文娱耐用消费品	100.0	99.9	100.3	100.4	100.5	100.1
(2)其他文娱用品	100.7	100.4	102.5	99.8	99.8	99.8
(3)文化娱乐服务	99.6	99.9	98.3	99.7	99.8	99.2
(4)旅游	88.9	88.9	90.1	100.6	100.6	100.7
七、医疗保健	**101.9**	**101.7**	**102.3**	**100.0**	**100.1**	**100.0**
1.药品及医疗器具	98.0	97.3	100.8	100.1	100.1	100.0
(1)中药	100.0	99.8	101.0	100.1	100.1	100.0
(2)西药	95.6	94.7	98.7	100.2	100.2	100.0
(3)滋补保健品	98.8	98.9	98.4	100.0	100.1	99.9
(4)医疗卫生器具	105.5	102.0	121.9	100.0	100.0	100.0
(5)保健器具	100.3	100.0	102.3	100.0	100.1	99.4
2.医疗服务	104.4	105.0	103.0	100.0	100.0	100.0
(1)综合医疗类	107.8	108.8	105.6	100.0	100.0	100.0
(2)诊断类	105.4	106.1	103.8	100.0	100.0	100.0
(3)治疗类	100.5	101.1	99.2	100.0	100.0	100.0
(4)康复类	101.6	100.6	104.0	100.0	100.0	100.0
(5)中医医疗服务类	111.3	112.3	109.0	100.0	100.0	100.0
(6)其他医疗服务	101.4	102.0	100.1	100.0	100.0	100.0
八、其他用品及服务	**105.6**	**105.7**	**105.4**	**101.0**	**101.0**	**100.9**
1.其他用品类	110.9	110.7	111.9	102.1	102.1	102.0
(1)首饰手表	116.7	116.3	118.2	103.0	103.0	102.8
(2)其他杂项用品	100.2	100.1	100.5	100.3	100.3	100.3
2.其他服务类	102.0	102.2	100.8	100.1	100.1	100.1
(1)旅馆住宿	99.1	99.5	97.7	101.0	101.1	100.7
(2)美容美发洗浴	105.8	106.8	102.8	100.0	100.0	100.0
(3)养老服务	101.7	101.9	101.1	100.0	100.0	100.0
(4)金融保险	100.0	100.0	100.0	100.0	100.0	100.0
(5)其他服务类	100.5	100.7	99.5	100.1	100.1	100.0

3-18 居民消费价格分类指数(2020年8月)

指标	上年同月=100(同比)			上月=100(环比)		
	全省	城市	农村	全省	城市	农村
居民消费价格总指数	**102.0**	**101.8**	**103.0**	**100.3**	**100.3**	**100.3**
#服务价格指数	100.3	100.3	100.5	100.1	100.1	100.1
工业品价格指数	99.0	98.9	99.5	100.4	100.4	100.4
消费品价格指数	103.2	102.8	104.5	100.4	100.3	100.5
非食品价格指数	100.3	100.2	100.5	100.2	100.2	100.3
一、食品烟酒	**107.6**	**107.0**	**109.5**	**100.3**	**100.3**	**100.5**
1.食品	109.6	108.7	112.3	100.3	100.3	100.5
(1)粮食	102.1	102.3	101.8	100.1	100.0	100.2
(2)薯类	101.5	97.9	112.5	99.4	99.5	99.3
(3)豆类	106.6	106.6	106.4	100.2	100.2	100.2
(4)食用油	105.4	104.0	108.5	100.3	100.6	99.7
(5)菜	106.7	106.4	107.7	101.8	101.8	101.8
#鲜菜	107.3	106.9	108.8	101.9	101.9	102.0
(6)畜肉类	139.5	138.9	141.0	101.2	101.1	101.5
#猪肉	142.6	142.3	143.0	100.9	100.7	101.4
(7)禽肉类	103.6	104.5	101.2	99.9	99.9	100.0
(8)水产品	103.0	103.0	103.4	97.8	97.8	97.8
(9)蛋类	93.6	94.3	91.6	106.5	106.2	107.5
(10)奶类	101.5	101.5	101.4	100.1	100.1	100.0
(11)干鲜瓜果类	84.6	84.3	85.8	99.1	99.2	99.1
(12)糖果糕点类	102.8	103.1	101.7	100.6	100.6	100.4
(13)调味品	102.9	103.5	101.3	100.4	100.5	100.3
(14)其他食品类	102.7	102.7	102.7	100.7	100.8	100.3
2.茶及饮料	100.2	100.2	100.1	99.7	99.7	99.8
3.烟酒	100.6	100.2	101.4	100.2	100.2	100.3
(1)烟草	100.4	100.2	101.0	100.0	100.0	100.0
(2)酒类	100.9	100.2	102.3	100.6	100.4	100.9
4.在外餐饮	105.8	105.7	105.9	100.3	100.3	100.5
二、衣着	**100.8**	**100.7**	**101.2**	**100.5**	**100.6**	**100.3**
1.服装	101.3	101.3	101.2	100.4	100.5	100.2
(1)男式服装	101.5	101.5	101.7	100.5	100.5	100.1
(2)女式服装	100.7	100.8	100.2	100.2	100.3	99.9
(3)儿童服装	102.9	102.5	104.1	101.2	101.1	101.8
2.服装材料	99.9	100.1	99.5	100.1	100.0	100.3
3.其他衣着及配件	100.9	101.2	99.4	100.4	100.7	99.3
4.衣着加工服务费	103.8	103.6	104.3	100.2	100.0	100.7
5.鞋类	98.9	98.2	101.1	100.9	101.0	100.8
(1)鞋	98.9	98.2	101.1	101.0	101.0	100.8
(2)鞋类加工服务	101.2	101.2	101.1	100.3	100.0	101.0

3-18 续表 1

指标	上年同月=100(同比)			上月=100(环比)		
	全省	城市	农村	全省	城市	农村
三、居住	**99.9**	**100.0**	**99.5**	**100.0**	**100.0**	**100.0**
1. 租赁房房租	99.7	99.7	99.6	100.0	100.0	100.0
2. 住房保养维修及管理	101.3	101.2	101.6	100.1	100.0	100.1
(1)住房装潢材料	99.8	99.7	100.3	100.1	100.1	100.0
(2)物业管理费	101.1	101.1	100.9	100.0	100.0	100.0
(3)住房装潢维修	103.8	103.8	103.6	100.0	100.0	100.2
3. 水电燃料	99.1	99.2	98.7	100.0	100.0	99.9
(1)水	100.0	100.0	100.0	100.0	100.0	100.0
(2)电	100.0	100.0	100.0	100.0	100.0	100.0
(3)燃气	96.7	97.1	95.6	99.8	99.8	99.8
(4)取暖费	100.0	100.0	100.0	100.0	100.0	100.0
(5)其他燃料	101.0	100.6	101.9	100.2	100.2	100.1
4. 自有住房	99.8	99.9	99.2	100.0	100.0	100.0
四、生活用品及服务	**101.7**	**101.9**	**101.3**	**100.1**	**100.1**	**100.1**
1. 家具及室内装饰品	100.2	100.1	100.4	99.8	99.7	99.9
(1)家具	100.2	100.3	100.0	99.7	99.7	99.9
(2)室内装饰品	100.2	99.0	103.6	100.2	100.4	99.8
2. 家用器具	98.8	98.1	100.7	100.4	100.4	100.7
(1)大型家用器具	99.0	98.3	100.9	100.5	100.5	100.8
(2)小家电	97.8	97.4	99.6	99.9	99.9	100.0
3. 家用纺织品	101.6	101.0	104.2	100.2	100.1	100.3
(1)床上用品	101.5	100.8	104.4	100.1	100.0	100.4
(2)窗帘门帘	101.0	100.4	103.3	100.1	100.0	100.3
(3)其他家用纺织品	103.3	103.2	103.5	100.7	100.9	99.6
4. 家庭日用杂品	102.8	103.5	100.8	100.0	100.1	99.7
(1)洗涤卫生用品	104.3	105.4	101.0	99.9	100.2	99.0
(2)厨具餐具茶具	104.1	104.3	103.8	100.5	100.6	100.3
(3)家用手工工具	101.7	101.8	101.4	100.2	100.3	100.0
(4)其他家庭日用杂品	100.3	100.7	99.5	99.9	99.7	100.4
5. 个人护理用品	103.4	103.8	101.0	100.2	100.3	99.8
(1)化妆品	104.0	104.5	100.9	100.4	100.5	99.9
(2)其他护理用品类	102.5	102.7	101.2	100.0	100.1	99.7
6. 家庭服务	106.6	107.0	104.3	100.0	100.0	99.9
五、交通通信	**95.9**	**95.6**	**96.7**	**100.3**	**100.3**	**100.4**
1. 交通	94.1	93.9	94.7	100.3	100.4	100.2
(1)交通工具	95.9	95.7	96.5	99.9	99.9	99.9
(2)交通工具用燃料	85.9	85.9	85.8	100.9	100.9	100.9
(3)交通工具使用和维修	104.9	105.4	103.0	100.7	100.8	100.4
(4)交通费	94.8	94.1	97.1	100.5	100.5	100.2

3-18 续表 2

指　　标	上年同月=100(同比)			上月=100(环比)		
	全省	城市	农村	全省	城市	农村
2.通信	99.8	99.5	100.8	100.2	100.0	100.8
(1)通信工具	101.8	101.4	103.2	101.0	100.1	103.9
(2)通信服务	99.2	98.9	100.2	100.0	100.0	100.0
(3)邮递服务	98.6	98.8	97.9	100.0	100.0	100.0
六、教育文化娱乐	**99.7**	**99.4**	**100.9**	**100.0**	**100.0**	**100.0**
1.教育	103.5	103.9	102.1	100.0	100.0	100.0
(1)教育用品	100.0	100.1	99.6	100.1	100.1	100.0
(2)教育服务	103.6	104.1	102.2	100.0	100.0	100.0
2.文化娱乐	94.1	93.6	97.3	99.9	99.9	99.8
(1)文娱耐用消费品	100.1	99.9	100.8	100.1	100.1	99.9
(2)其他文娱用品	100.8	100.5	101.9	100.2	100.2	100.3
(3)文化娱乐服务	100.0	100.4	98.3	100.4	100.7	99.3
(4)旅游	87.9	87.8	89.6	99.6	99.5	100.0
七、医疗保健	**100.7**	**100.5**	**101.4**	**100.3**	**100.3**	**100.2**
1.药品及医疗器具	97.6	96.9	100.4	99.8	99.8	100.0
(1)中药	99.5	99.2	100.6	100.1	100.1	100.1
(2)西药	94.9	93.9	98.3	99.6	99.5	100.0
(3)滋补保健品	99.0	99.2	98.2	100.0	100.0	100.0
(4)医疗卫生器具	105.5	102.0	121.9	100.0	100.0	100.0
(5)保健器具	100.3	99.9	102.6	99.8	99.9	99.1
2.医疗服务	102.8	103.2	101.8	100.6	100.7	100.3
(1)综合医疗类	103.8	104.4	102.3	100.0	100.0	100.0
(2)诊断类	103.6	104.0	102.6	101.6	101.9	100.7
(3)治疗类	100.7	101.1	99.8	100.0	100.0	100.0
(4)康复类	101.6	100.6	104.0	100.0	100.0	100.0
(5)中医医疗服务类	106.2	107.0	104.3	100.0	100.0	100.0
(6)其他医疗服务	101.4	102.0	100.1	100.0	100.0	100.0
八、其他用品及服务	**106.9**	**106.9**	**106.7**	**102.1**	**102.0**	**102.4**
1.其他用品类	114.0	113.8	114.8	104.7	104.6	105.2
(1)首饰手表	120.8	120.3	122.9	106.7	106.3	108.0
(2)其他杂项用品	100.8	101.1	99.6	100.4	100.7	99.3
2.其他服务类	102.0	102.2	101.0	100.1	100.1	100.2
(1)旅馆住宿	99.9	100.2	99.1	101.3	101.3	101.3
(2)美容美发洗浴	105.6	106.5	102.6	100.0	100.0	100.0
(3)养老服务	101.7	101.9	101.1	100.0	100.0	100.0
(4)金融保险	100.0	100.0	100.0	100.0	100.0	100.0
(5)其他服务类	100.2	100.3	99.6	99.9	99.9	100.0

3-19 居民消费价格分类指数(2020年9月)

指　　标	上年同月=100(同比)			上月=100(环比)		
	全省	城市	农村	全省	城市	农村
居民消费价格总指数	**101.8**	**101.6**	**102.4**	**100.5**	**100.5**	**100.5**
#服务价格指数	101.1	101.0	101.1	100.8	100.8	100.9
工业品价格指数	98.8	98.6	99.5	100.1	100.1	100.2
消费品价格指数	102.2	101.9	103.2	100.2	100.2	100.3
非食品价格指数	100.5	100.4	100.7	100.4	100.4	100.5
一、食品烟酒	**105.8**	**105.5**	**106.8**	**100.4**	**100.4**	**100.3**
1. 食品	107.1	106.6	108.6	100.5	100.5	100.4
(1)粮食	102.0	102.2	101.6	99.8	99.9	99.7
(2)薯类	101.6	98.5	110.7	98.6	98.6	98.8
(3)豆类	105.8	105.7	105.8	99.7	99.7	99.9
(4)食用油	104.5	104.1	105.5	101.1	101.1	101.0
(5)菜	112.0	111.6	113.5	102.1	101.8	103.2
#鲜菜	113.4	112.9	115.2	102.4	102.1	103.5
(6)畜肉类	121.5	121.0	122.6	99.3	99.4	99.1
#猪肉	122.0	121.5	123.2	98.7	98.8	98.5
(7)禽肉类	98.0	98.9	95.2	99.7	99.6	99.8
(8)水产品	103.9	103.9	104.2	98.8	98.6	99.3
(9)蛋类	89.8	90.5	87.6	100.3	100.3	100.3
(10)奶类	100.8	100.6	101.3	99.4	99.2	100.1
(11)干鲜瓜果类	91.5	90.9	93.9	106.9	106.8	107.2
(12)糖果糕点类	103.0	103.4	101.8	100.4	100.5	100.1
(13)调味品	102.8	103.4	101.1	99.8	99.8	99.8
(14)其他食品类	102.3	102.5	101.5	100.3	100.6	99.4
2. 茶及饮料	100.9	101.2	100.3	100.8	101.0	100.1
3. 烟酒	101.0	100.8	101.5	99.9	100.0	99.9
(1)烟草	100.5	100.2	101.0	100.0	100.0	100.0
(2)酒类	102.0	101.8	102.4	99.8	99.8	99.8
4. 在外餐饮	104.7	104.9	104.1	100.2	100.2	100.0
二、衣着	**100.9**	**100.5**	**102.6**	**100.9**	**100.8**	**101.3**
1. 服装	101.0	100.6	102.4	101.0	101.0	101.1
(1)男式服装	101.1	100.6	103.1	101.1	101.2	100.8
(2)女式服装	100.6	100.5	101.0	101.0	101.0	100.9
(3)儿童服装	102.6	101.4	106.5	100.7	100.1	102.9
2. 服装材料	99.9	100.1	99.4	99.9	100.0	99.6
3. 其他衣着及配件	100.2	100.4	99.4	100.5	100.5	100.9
4. 衣着加工服务费	103.4	103.0	104.4	100.0	100.0	100.0
5. 鞋类	100.5	99.5	103.6	100.6	100.2	102.0
(1)鞋	100.5	99.5	103.7	100.6	100.2	102.0
(2)鞋类加工服务	101.2	101.2	101.1	100.0	100.0	100.0

3-19 续表 1

指标	上年同月=100(同比)			上月=100(环比)		
	全省	城市	农村	全省	城市	农村
三、居住	**99.8**	**99.8**	**99.7**	**100.0**	**99.9**	**100.1**
1. 租赁房房租	99.7	99.7	99.6	100.0	100.0	100.1
2. 住房保养维修及管理	101.3	101.1	102.0	100.1	99.9	100.4
(1)住房装潢材料	99.7	99.4	100.6	100.0	99.9	100.4
(2)物业管理费	101.1	101.1	100.9	100.0	100.0	100.0
(3)住房装潢维修	103.8	103.7	104.2	100.2	100.0	100.6
3. 水电燃料	98.7	98.7	98.6	99.8	99.7	100.1
(1)水	100.0	100.0	100.0	100.0	100.0	100.0
(2)电	100.0	100.0	100.0	100.0	100.0	100.0
(3)燃气	95.2	95.2	95.3	99.3	99.0	100.3
(4)取暖费	100.0	100.0	100.0	100.0	100.0	100.0
(5)其他燃料	101.0	100.6	102.0	100.0	100.0	100.0
4. 自有住房	99.8	99.9	99.4	100.0	100.0	100.1
四、生活用品及服务	**101.8**	**101.9**	**101.4**	**100.3**	**100.3**	**100.3**
1. 家具及室内装饰品	100.3	100.2	100.7	100.5	100.6	100.2
(1)家具	100.3	100.3	100.3	100.6	100.7	100.2
(2)室内装饰品	100.3	99.0	103.9	100.1	100.0	100.4
2. 家用器具	99.1	98.4	101.3	100.3	100.4	100.2
(1)大型家用器具	99.3	98.5	101.5	100.3	100.3	100.2
(2)小家电	98.2	97.8	100.1	100.6	100.5	100.7
3. 家用纺织品	102.3	102.2	102.8	100.3	100.4	99.6
(1)床上用品	102.3	102.1	102.8	100.2	100.4	99.6
(2)窗帘门帘	100.9	100.2	103.3	100.0	100.0	100.0
(3)其他家用纺织品	104.3	104.8	101.8	101.2	101.6	99.0
4. 家庭日用杂品	102.5	103.1	100.5	100.1	100.0	100.3
(1)洗涤卫生用品	104.1	105.0	101.3	100.0	99.6	101.1
(2)厨具餐具茶具	103.2	104.2	100.1	100.3	100.6	99.1
(3)家用手工工具	100.9	100.7	101.1	100.3	100.4	100.0
(4)其他家庭日用杂品	100.1	100.2	99.8	100.1	100.1	99.9
5. 个人护理用品	103.3	103.7	101.0	100.4	100.4	100.1
(1)化妆品	103.7	104.2	100.7	100.3	100.4	100.1
(2)其他护理用品类	102.6	102.8	101.4	100.5	100.6	100.1
6. 家庭服务	106.8	106.9	106.0	100.2	100.0	101.6
五、交通通信	**96.3**	**96.1**	**96.9**	**99.9**	**99.9**	**99.9**
1. 交通	94.3	94.2	95.0	99.7	99.7	99.7
(1)交通工具	95.8	95.5	97.0	99.8	99.8	99.8
(2)交通工具用燃料	85.0	85.0	84.9	99.1	99.1	99.1
(3)交通工具使用和维修	104.7	105.2	102.8	100.1	100.1	100.0
(4)交通费	98.1	97.8	99.2	100.3	100.3	100.1

3-19 续表 2

指　　标	上年同月=100(同比)			上月=100(环比)		
	全省	城市	农村	全省	城市	农村
2. 通信	100.4	100.3	100.8	100.1	100.1	100.1
(1)通信工具	102.6	102.3	103.4	100.3	100.4	99.9
(2)通信服务	99.8	99.7	100.2	100.0	100.0	100.2
(3)邮递服务	99.1	99.5	97.9	100.5	100.6	100.0
六、教育文化娱乐	**101.6**	**101.5**	**102.1**	**102.4**	**102.4**	**102.4**
1. 教育	103.5	103.7	103.1	103.2	103.3	103.1
(1)教育用品	100.8	100.7	100.8	100.5	100.4	100.8
(2)教育服务	103.6	103.8	103.2	103.3	103.3	103.1
2. 文化娱乐	98.6	98.5	99.1	101.1	101.2	100.6
(1)文娱耐用消费品	100.4	100.2	101.2	100.4	100.3	100.7
(2)其他文娱用品	100.5	100.5	100.3	100.1	100.2	99.5
(3)文化娱乐服务	100.4	100.9	98.0	100.4	100.5	100.2
(4)旅游	96.6	96.6	96.8	102.1	102.1	101.7
七、医疗保健	**100.6**	**100.4**	**101.4**	**100.2**	**100.2**	**100.4**
1. 药品及医疗器具	97.6	97.2	99.2	100.2	100.2	100.0
(1)中药	98.5	98.0	100.3	99.4	99.2	99.9
(2)西药	94.5	94.1	96.2	100.2	100.2	100.2
(3)滋补保健品	99.5	99.7	98.3	99.9	99.9	99.7
(4)医疗卫生器具	108.7	105.9	121.9	103.0	103.8	100.0
(5)保健器具	99.5	99.2	101.5	99.6	99.6	99.3
2. 医疗服务	102.6	102.7	102.4	100.3	100.1	100.6
(1)综合医疗类	104.0	104.1	103.7	100.5	100.2	101.4
(2)诊断类	103.8	104.0	103.3	100.2	100.0	100.7
(3)治疗类	100.0	100.1	99.7	100.1	100.1	100.0
(4)康复类	101.1	100.0	104.0	100.0	100.0	100.0
(5)中医医疗服务类	105.4	105.4	105.3	100.4	100.1	101.0
(6)其他医疗服务	101.5	102.0	100.2	100.0	100.0	100.1
八、其他用品及服务	**104.8**	**104.8**	**104.6**	**99.1**	**99.1**	**98.8**
1. 其他用品类	108.8	108.6	109.7	97.7	97.8	97.3
(1)首饰手表	112.8	112.3	115.1	96.5	96.6	96.0
(2)其他杂项用品	100.9	101.3	99.3	100.5	100.5	100.4
2. 其他服务类	102.0	102.2	101.0	100.2	100.2	99.9
(1)旅馆住宿	100.0	100.2	99.1	99.8	99.9	99.3
(2)美容美发洗浴	105.7	106.6	102.6	100.5	100.7	100.0
(3)养老服务	101.6	101.7	101.1	100.0	100.0	100.0
(4)金融保险	100.0	100.0	100.0	100.0	100.0	100.0
(5)其他服务类	100.1	100.2	99.6	100.0	100.0	100.1

3-20　居民消费价格分类指数(2020年10月)

指　　标	上年同月=100(同比)			上月=100(环比)		
	全省	城市	农村	全省	城市	农村
居民消费价格总指数	**100.9**	**100.8**	**101.3**	**99.7**	**99.8**	**99.5**
#服务价格指数	101.1	101.1	101.1	100.2	100.3	100.0
工业品价格指数	99.0	98.8	100.0	100.1	100.1	100.1
消费品价格指数	100.8	100.7	101.4	99.4	99.4	99.2
非食品价格指数	100.6	100.5	100.9	100.2	100.2	100.1
一、食品烟酒	**102.7**	**102.7**	**102.8**	**98.6**	**98.7**	**98.4**
1.食品	102.4	102.3	102.8	97.8	97.8	97.7
(1)粮食	101.4	101.6	100.9	99.9	100.0	99.8
(2)薯类	99.2	95.7	109.4	97.1	97.0	97.2
(3)豆类	106.1	106.3	105.6	100.4	100.5	100.1
(4)食用油	103.0	102.6	104.0	100.5	100.3	101.0
(5)菜	110.3	109.4	113.4	94.0	93.8	94.7
#鲜菜	111.5	110.5	115.2	93.4	93.2	94.2
(6)畜肉类	102.5	102.4	102.7	95.6	95.9	95.1
#猪肉	98.1	97.8	98.6	93.8	94.0	93.4
(7)禽肉类	95.4	95.9	93.9	99.1	99.0	99.4
(8)水产品	103.4	102.9	105.2	98.1	97.9	99.1
(9)蛋类	89.6	90.4	87.2	99.5	99.5	99.5
(10)奶类	101.6	101.7	101.3	100.5	100.7	100.2
(11)干鲜瓜果类	98.6	98.6	98.8	101.9	102.0	101.7
(12)糖果糕点类	103.3	103.6	102.1	100.5	100.6	100.1
(13)调味品	102.7	103.1	101.5	100.2	100.1	100.2
(14)其他食品类	100.7	100.6	100.8	98.8	98.5	99.8
2.茶及饮料	100.8	101.0	100.3	99.9	99.9	100.0
3.烟酒	100.9	100.6	101.3	100.2	100.2	100.0
(1)烟草	100.5	100.2	101.0	100.0	100.0	100.0
(2)酒类	101.6	101.5	101.8	100.5	100.7	100.0
4.在外餐饮	104.4	104.4	104.1	100.3	100.3	100.4
二、衣着	**101.6**	**100.9**	**103.9**	**100.9**	**100.9**	**100.8**
1.服装	101.7	101.1	104.1	101.0	101.0	101.1
(1)男式服装	102.3	101.6	104.7	101.1	101.0	101.5
(2)女式服装	101.3	100.8	103.0	101.0	101.0	101.0
(3)儿童服装	102.1	100.5	107.3	100.5	100.5	100.5
2.服装材料	100.0	100.1	99.7	100.0	100.0	100.0
3.其他衣着及配件	101.1	101.5	99.3	100.2	100.3	99.7
4.衣着加工服务费	102.4	102.3	102.8	100.0	100.0	100.0
5.鞋类	101.1	100.2	103.8	100.5	100.7	100.0
(1)鞋	101.1	100.2	103.8	100.5	100.7	100.0
(2)鞋类加工服务	100.3	100.0	101.1	100.0	100.0	100.0

3-20 续表1

指标	上年同月=100(同比)			上月=100(环比)		
	全省	城市	农村	全省	城市	农村
三、居住	**99.9**	**99.9**	**99.8**	**100.1**	**100.1**	**100.1**
1.租赁房房租	99.8	99.8	99.7	100.0	100.0	100.1
2.住房保养维修及管理	101.5	101.3	102.1	100.3	100.4	100.1
(1)住房装潢材料	99.8	99.4	100.8	100.1	100.1	100.2
(2)物业管理费	101.1	101.1	100.9	100.0	100.0	100.0
(3)住房装潢维修	104.3	104.3	104.2	100.8	101.1	100.0
3.水电燃料	98.7	98.7	98.7	100.3	100.4	100.1
(1)水	100.0	100.0	100.0	100.0	100.0	100.0
(2)电	100.0	100.0	100.0	100.0	100.0	100.0
(3)燃气	95.5	95.5	95.5	101.2	101.4	100.4
(4)取暖费	100.0	100.0	100.0	100.0	100.0	100.0
(5)其他燃料	101.0	100.6	102.0	100.0	100.0	100.0
4.自有住房	99.9	100.0	99.6	100.0	100.0	100.1
四、生活用品及服务	**101.9**	**102.0**	**101.3**	**100.1**	**100.2**	**100.0**
1.家具及室内装饰品	100.5	100.2	101.3	100.3	100.2	100.6
(1)家具	100.5	100.4	101.0	100.4	100.2	100.7
(2)室内装饰品	100.0	98.8	103.4	99.9	99.9	99.7
2.家用器具	99.4	98.6	102.0	100.0	100.1	99.8
(1)大型家用器具	99.6	98.7	102.3	100.0	100.1	99.8
(2)小家电	98.6	98.3	99.9	100.2	100.4	99.2
3.家用纺织品	101.8	101.7	101.9	100.2	99.9	101.3
(1)床上用品	101.6	101.5	102.1	100.2	99.8	101.7
(2)窗帘门帘	100.5	100.3	101.4	100.0	100.1	100.0
(3)其他家用纺织品	105.4	106.5	100.5	100.0	100.2	99.4
4.家庭日用杂品	102.6	103.5	99.9	100.1	100.3	99.6
(1)洗涤卫生用品	103.6	105.2	98.9	99.9	100.2	98.8
(2)厨具餐具茶具	102.7	104.0	98.9	99.8	100.0	99.1
(3)家用手工工具	101.7	101.7	101.5	100.1	100.0	100.4
(4)其他家庭日用杂品	101.1	101.1	101.3	100.7	100.7	100.8
5.个人护理用品	102.7	103.1	100.3	99.8	99.8	99.3
(1)化妆品	103.4	104.0	99.5	99.7	99.8	98.8
(2)其他护理用品类	101.7	101.7	101.6	99.9	99.9	100.0
6.家庭服务	107.3	107.5	105.8	100.6	100.6	100.6
五、交通通信	**96.7**	**96.4**	**97.4**	**100.0**	**100.1**	**99.9**
1.交通	94.9	94.8	95.5	100.0	100.1	99.8
(1)交通工具	98.3	98.0	99.3	100.2	100.2	100.2
(2)交通工具用燃料	82.7	82.7	82.6	97.7	97.7	97.7
(3)交通工具使用和维修	103.5	103.9	102.1	99.8	99.8	99.6
(4)交通费	99.7	99.6	99.9	102.8	103.2	101.4

3-20 续表 2

指　　标	上年同月=100(同比)			上月=100(环比)		
	全省	城市	农村	全省	城市	农村
2.通信	100.3	100.0	101.3	100.0	100.0	100.1
(1)通信工具	101.8	100.7	105.8	100.2	100.1	100.4
(2)通信服务	99.9	99.9	100.2	100.0	100.0	100.0
(3)邮递服务	99.1	99.5	97.9	100.0	100.0	100.0
六、教育文化娱乐	**102.3**	**102.3**	**102.4**	**101.2**	**101.3**	**100.4**
1.教育	103.6	103.7	103.1	100.1	100.1	100.0
(1)教育用品	100.9	100.9	100.8	100.0	100.0	100.0
(2)教育服务	103.6	103.8	103.2	100.1	100.1	100.0
2.文化娱乐	100.4	100.4	100.5	103.0	103.2	101.8
(1)文娱耐用消费品	100.7	100.4	101.7	100.7	100.7	100.6
(2)其他文娱用品	100.6	100.6	100.6	100.1	100.1	100.2
(3)文化娱乐服务	101.2	101.7	98.9	101.0	101.0	101.0
(4)旅游	100.0	99.9	100.8	105.6	105.7	105.2
七、医疗保健	**100.5**	**100.2**	**101.5**	**100.1**	**100.1**	**100.0**
1.药品及医疗器具	97.5	97.1	99.2	100.2	100.2	100.0
(1)中药	99.2	98.8	100.7	100.3	100.4	100.0
(2)西药	94.1	93.5	96.2	100.1	100.1	100.0
(3)滋补保健品	99.7	100.0	98.1	100.3	100.3	100.4
(4)医疗卫生器具	108.7	105.9	121.9	100.0	100.0	100.0
(5)保健器具	99.1	99.0	100.1	99.6	99.8	98.7
2.医疗服务	102.4	102.4	102.4	100.0	100.0	100.0
(1)综合医疗类	103.7	103.7	103.7	100.0	100.0	100.0
(2)诊断类	103.6	103.6	103.3	100.0	100.0	100.0
(3)治疗类	100.0	100.1	99.8	100.0	100.0	100.0
(4)康复类	101.1	100.0	104.0	100.0	100.0	100.0
(5)中医医疗服务类	104.7	104.4	105.3	100.0	100.0	100.0
(6)其他医疗服务	101.5	102.0	100.2	100.0	100.0	100.0
八、其他用品及服务	**101.2**	**101.0**	**101.9**	**96.4**	**96.2**	**97.3**
1.其他用品类	108.3	108.1	109.1	98.6	98.6	98.6
(1)首饰手表	112.0	111.5	114.3	98.0	98.0	98.0
(2)其他杂项用品	101.1	101.4	99.5	100.0	100.0	100.0
2.其他服务类	96.1	96.0	96.7	94.8	94.4	96.3
(1)旅馆住宿	99.6	99.8	98.8	104.1	104.2	103.7
(2)美容美发洗浴	105.7	106.7	102.6	100.1	100.2	100.0
(3)养老服务	101.4	101.4	101.1	100.0	100.0	100.0
(4)金融保险	85.5	85.2	87.0	85.5	85.2	87.0
(5)其他服务类	100.2	100.3	99.7	100.0	100.0	100.1

3-21 居民消费价格分类指数(2020年11月)

指　标	上年同月=100(同比)			上月=100(环比)		
	全省	城市	农村	全省	城市	农村
居民消费价格总指数	**100.1**	**100.1**	**100.2**	**99.3**	**99.3**	**99.3**
#服务价格指数	101.0	101.0	101.2	99.5	99.4	99.8
工业品价格指数	99.1	98.8	99.9	100.0	100.1	100.0
消费品价格指数	99.5	99.5	99.6	99.1	99.2	98.9
非食品价格指数	100.5	100.4	100.8	99.8	99.8	99.9
一、食品烟酒	**99.9**	**100.1**	**99.4**	**98.2**	**98.3**	**98.0**
1.食品	98.6	98.8	98.2	97.2	97.3	96.9
(1)粮食	101.5	101.7	101.1	100.5	100.5	100.4
(2)薯类	98.5	95.8	106.4	97.4	97.8	96.3
(3)豆类	105.1	104.9	105.7	100.2	100.1	100.3
(4)食用油	101.3	101.3	101.3	100.5	100.6	100.4
(5)菜	102.0	101.1	105.3	89.8	89.6	90.2
#鲜菜	102.3	101.3	106.3	88.7	88.6	89.2
(6)畜肉类	93.1	93.4	92.5	95.2	95.4	94.7
#猪肉	89.3	89.4	89.1	93.9	94.1	93.5
(7)禽肉类	90.6	91.0	89.4	99.1	99.2	98.9
(8)水产品	101.5	101.1	102.8	97.8	97.8	97.6
(9)蛋类	88.9	89.7	86.3	99.5	99.6	99.2
(10)奶类	102.0	102.0	102.1	100.7	100.7	100.4
(11)干鲜瓜果类	104.7	104.9	104.2	102.3	102.4	101.9
(12)糖果糕点类	102.9	103.2	102.0	100.3	100.3	100.2
(13)调味品	102.5	102.9	101.4	100.3	100.4	100.1
(14)其他食品类	100.0	99.6	101.0	100.0	99.9	100.3
2.茶及饮料	101.6	101.9	100.7	100.4	100.6	99.9
3.烟酒	100.6	100.5	100.9	100.2	100.2	100.1
(1)烟草	100.1	99.9	100.5	100.0	100.0	100.0
(2)酒类	101.6	101.6	101.7	100.5	100.6	100.3
4.在外餐饮	103.3	103.3	103.4	100.2	100.1	100.7
二、衣着	**101.9**	**101.1**	**104.4**	**100.3**	**100.1**	**100.6**
1.服装	102.2	101.5	104.6	100.6	100.6	100.6
(1)男式服装	102.8	102.2	105.0	100.7	100.7	100.7
(2)女式服装	101.7	101.0	104.1	100.5	100.5	100.8
(3)儿童服装	102.4	101.3	106.0	100.3	100.6	99.6
2.服装材料	100.3	100.5	100.1	100.3	100.4	100.0
3.其他衣着及配件	102.1	102.3	101.3	100.3	99.9	101.8
4.衣着加工服务费	102.4	102.3	102.7	100.0	100.0	99.9
5.鞋类	100.6	99.4	104.5	99.0	98.4	100.8
(1)鞋	100.6	99.4	104.5	99.0	98.4	100.8
(2)鞋类加工服务	100.3	100.0	101.1	100.0	100.0	100.0

3-21 续表1

指　标	上年同月=100(同比)			上月=100(环比)		
	全省	城市	农村	全省	城市	农村
三、居住	**99.9**	**99.8**	**100.0**	**100.0**	**100.0**	**100.1**
1.租赁房房租	99.7	99.7	100.0	100.0	99.9	100.1
2.住房保养维修及管理	101.2	101.1	101.8	100.2	100.2	100.0
(1)住房装潢材料	99.6	99.4	100.2	100.3	100.4	100.0
(2)物业管理费	101.1	101.1	100.9	100.0	100.0	100.0
(3)住房装潢维修	103.8	103.6	104.2	100.1	100.1	100.0
3.水电燃料	98.6	98.6	98.7	100.1	100.0	100.1
(1)水	100.0	100.0	100.0	100.0	100.0	100.0
(2)电	100.0	100.0	100.0	100.0	100.0	100.0
(3)燃气	95.2	94.9	95.8	100.2	100.1	100.4
(4)取暖费	100.0	100.0	100.0	100.0	100.0	100.0
(5)其他燃料	100.9	100.6	101.7	100.0	100.0	100.1
4.自有住房	99.9	99.9	100.0	100.0	99.9	100.1
四、生活用品及服务	**101.8**	**102.1**	**101.0**	**100.0**	**100.1**	**99.8**
1.家具及室内装饰品	100.9	100.7	101.5	100.3	100.4	100.2
(1)家具	101.0	100.9	101.2	100.4	100.4	100.1
(2)室内装饰品	100.0	98.6	103.8	100.2	100.0	100.5
2.家用器具	99.7	99.3	100.9	99.8	100.1	99.1
(1)大型家用器具	100.0	99.5	101.3	99.9	100.2	99.1
(2)小家电	98.2	98.1	98.5	99.4	99.5	99.1
3.家用纺织品	102.1	102.2	101.8	100.3	100.4	100.0
(1)床上用品	101.8	101.8	102.0	100.4	100.5	100.0
(2)窗帘门帘	100.5	100.3	101.4	100.0	100.0	100.0
(3)其他家用纺织品	107.0	108.4	100.6	100.1	100.3	99.2
4.家庭日用杂品	102.1	103.0	99.6	100.1	100.1	99.9
(1)洗涤卫生用品	102.6	104.1	98.0	100.2	100.4	99.5
(2)厨具餐具茶具	102.8	103.9	99.5	99.7	99.7	99.7
(3)家用手工工具	101.7	102.3	100.6	100.5	100.7	100.0
(4)其他家庭日用杂品	101.1	101.0	101.4	100.0	99.9	100.4
5.个人护理用品	102.0	102.3	100.4	99.8	99.7	100.4
(1)化妆品	102.2	102.5	100.4	99.6	99.4	100.8
(2)其他护理用品类	101.8	102.1	100.5	100.0	100.1	99.8
6.家庭服务	107.2	107.4	105.8	100.2	100.2	100.2
五、交通通信	**96.7**	**96.5**	**97.1**	**99.6**	**99.6**	**99.6**
1.交通	94.5	94.3	94.9	99.1	99.0	99.3
(1)交通工具	98.0	97.8	98.6	99.8	99.9	99.6
(2)交通工具用燃料	82.2	82.3	82.1	99.7	99.7	99.7
(3)交通工具使用和维修	102.4	102.6	101.8	100.0	100.0	100.0
(4)交通费	99.4	99.3	99.7	95.9	95.4	97.5

3-21 续表 2

指　　标	上年同月=100(同比)			上月=100(环比)		
	全省	城市	农村	全省	城市	农村
2. 通信	101.3	101.2	101.6	100.7	100.8	100.2
(1)通信工具	106.2	105.9	107.1	103.0	103.6	101.1
(2)通信服务	100.0	99.9	100.2	100.0	100.0	100.0
(3)邮递服务	98.6	98.8	97.7	99.5	99.4	100.0
六、教育文化娱乐	**102.5**	**102.5**	**102.5**	**99.0**	**98.8**	**99.6**
1. 教育	103.6	103.7	103.1	100.0	100.0	100.0
(1)教育用品	100.8	100.8	100.7	100.0	100.0	100.0
(2)教育服务	103.6	103.8	103.2	100.0	100.0	100.0
2. 文化娱乐	100.7	100.8	100.6	97.3	97.1	98.4
(1)文娱耐用消费品	100.4	100.0	101.4	99.7	99.7	99.6
(2)其他文娱用品	100.6	100.6	100.4	100.1	100.1	100.1
(3)文化娱乐服务	101.5	101.9	99.4	99.8	99.8	99.6
(4)旅游	100.7	100.6	100.9	94.6	94.6	94.6
七、医疗保健	**100.1**	**99.6**	**101.4**	**100.0**	**100.0**	**100.0**
1. 药品及医疗器具	97.3	96.9	99.1	100.0	100.0	99.9
(1)中药	99.2	98.7	100.6	100.0	99.9	100.0
(2)西药	93.5	92.7	96.1	99.8	99.7	99.9
(3)滋补保健品	100.1	100.6	97.5	100.3	100.5	99.5
(4)医疗卫生器具	108.7	105.9	121.9	100.0	100.0	100.0
(5)保健器具	99.6	99.1	103.0	100.4	100.0	102.7
2. 医疗服务	101.8	101.6	102.4	100.0	100.0	100.0
(1)综合医疗类	101.9	101.1	103.7	100.0	100.0	100.0
(2)诊断类	103.2	103.1	103.3	100.0	100.0	100.0
(3)治疗类	100.0	100.1	99.8	100.0	100.0	100.0
(4)康复类	101.1	100.0	104.0	100.0	100.0	100.0
(5)中医医疗服务类	103.4	102.6	105.3	100.0	100.0	100.0
(6)其他医疗服务	100.7	100.9	100.2	100.0	100.0	100.0
八、其他用品及服务	**100.9**	**100.8**	**100.9**	**99.0**	**99.1**	**98.5**
1. 其他用品类	107.9	108.1	106.7	98.4	98.6	97.5
(1)首饰手表	111.3	111.5	110.5	97.8	98.1	96.3
(2)其他杂项用品	101.2	101.6	99.5	99.9	99.8	100.0
2. 其他服务类	96.0	95.8	96.8	99.4	99.4	99.3
(1)旅馆住宿	100.0	99.9	100.1	94.8	94.6	95.3
(2)美容美发洗浴	105.2	106.0	102.4	100.0	100.0	100.1
(3)养老服务	101.4	101.4	101.1	100.0	100.0	100.0
(4)金融保险	85.5	85.2	87.0	100.0	100.0	100.0
(5)其他服务类	100.2	100.2	100.0	100.0	100.0	100.0

3-22 居民消费价格分类指数(2020年12月)

指　标	上年同月=100(同比)			上月=100(环比)		
	全省	城市	农村	全省	城市	农村
居民消费价格总指数	**101.0**	**100.9**	**101.4**	**100.8**	**100.8**	**100.9**
#服务价格指数	101.1	101.0	101.3	100.0	100.0	100.0
工业品价格指数	99.4	99.1	100.4	100.6	100.6	100.7
消费品价格指数	100.9	100.7	101.4	101.3	101.3	101.4
非食品价格指数	100.6	100.5	101.0	100.2	100.2	100.3
一、食品烟酒	**102.4**	**102.4**	**102.4**	**102.0**	**101.9**	**102.1**
1.食品	102.5	102.4	102.7	103.0	103.0	103.1
(1)粮食	102.1	102.4	101.1	99.9	99.9	100.0
(2)薯类	100.4	98.0	107.2	101.1	101.2	100.7
(3)豆类	104.6	104.2	105.6	100.1	100.1	100.3
(4)食用油	104.4	104.0	105.3	102.3	101.8	103.5
(5)菜	104.7	103.9	107.5	105.7	105.7	105.7
#鲜菜	105.2	104.3	108.6	106.4	106.4	106.3
(6)畜肉类	101.9	102.0	101.7	104.1	104.1	104.2
#猪肉	100.9	100.8	101.1	105.7	105.8	105.7
(7)禽肉类	92.0	92.0	92.0	99.5	99.4	99.9
(8)水产品	102.5	102.1	104.1	101.9	101.8	102.1
(9)蛋类	91.6	92.4	89.1	100.3	100.2	100.7
(10)奶类	101.7	101.7	101.6	100.2	100.2	100.1
(11)干鲜瓜果类	109.9	109.8	110.4	108.0	108.1	107.6
(12)糖果糕点类	103.0	103.0	102.6	100.2	100.1	100.4
(13)调味品	102.2	102.6	101.4	99.8	99.7	100.0
(14)其他食品类	100.2	100.0	100.6	100.2	100.4	99.7
2.茶及饮料	101.0	101.4	100.2	99.8	99.9	99.7
3.烟酒	100.7	100.5	101.3	99.8	99.7	100.0
(1)烟草	100.1	99.9	100.5	100.0	100.0	100.0
(2)酒类	101.9	101.4	102.8	99.3	99.0	100.0
4.在外餐饮	102.9	103.0	102.5	100.1	100.1	100.2
二、衣着	**102.1**	**101.3**	**105.0**	**100.5**	**100.4**	**100.7**
1.服装	102.5	101.7	105.2	100.4	100.3	100.9
(1)男式服装	102.9	102.4	105.1	100.8	100.8	100.7
(2)女式服装	102.1	101.2	105.4	100.1	99.8	101.2
(3)儿童服装	102.6	101.9	105.0	100.4	100.5	99.9
2.服装材料	100.6	100.5	100.8	100.0	100.0	100.0
3.其他衣着及配件	101.9	102.0	101.5	100.0	99.9	100.3
4.衣着加工服务费	100.9	100.3	102.8	100.2	100.0	100.9
5.鞋类	101.1	99.8	104.9	100.8	101.1	99.9
(1)鞋	101.1	99.8	104.9	100.8	101.1	99.9
(2)鞋类加工服务	100.3	100.0	101.1	100.0	100.0	100.0

3-22 续表1

指　标	上年同月=100(同比)			上月=100(环比)		
	全省	城市	农村	全省	城市	农村
三、居住	**100.0**	**99.9**	**100.2**	**100.2**	**100.2**	**100.3**
1.租赁房房租	99.9	99.9	100.3	100.0	99.9	100.0
2.住房保养维修及管理	101.5	101.4	102.0	100.4	100.5	100.3
(1)住房装潢材料	100.4	100.3	100.7	100.8	101.0	100.5
(2)物业管理费	101.1	101.1	100.9	100.0	100.0	100.0
(3)住房装潢维修	103.5	103.2	104.1	100.0	100.0	100.1
3.水电燃料	98.5	98.3	98.9	101.0	100.9	101.2
(1)水	100.0	100.0	100.0	100.0	100.0	100.0
(2)电	100.0	100.0	100.0	100.0	100.0	100.0
(3)燃气	94.7	94.1	96.4	103.5	103.3	104.1
(4)取暖费	100.0	100.0	100.0	100.0	100.0	100.0
(5)其他燃料	100.9	100.8	101.3	100.1	100.2	100.0
4.自有住房	100.0	100.0	100.1	100.0	99.9	100.0
四、生活用品及服务	**102.0**	**102.1**	**101.5**	**100.2**	**100.2**	**100.1**
1.家具及室内装饰品	100.8	100.6	101.5	99.9	99.9	100.1
(1)家具	100.9	100.8	101.2	99.9	99.8	100.1
(2)室内装饰品	100.1	98.6	104.1	100.0	100.0	100.2
2.家用器具	99.9	99.2	101.9	99.9	99.8	100.1
(1)大型家用器具	100.3	99.5	102.5	99.9	99.7	100.2
(2)小家电	98.1	98.1	97.9	99.9	99.9	99.7
3.家用纺织品	101.3	101.3	101.3	99.9	99.9	100.0
(1)床上用品	101.1	101.0	101.5	100.0	100.0	100.0
(2)窗帘门帘	100.1	99.8	101.2	99.6	99.5	100.0
(3)其他家用纺织品	104.6	105.7	99.3	99.8	99.9	99.8
4.家庭日用杂品	102.5	103.1	100.7	100.2	100.3	99.9
(1)洗涤卫生用品	103.3	104.5	99.4	100.3	100.4	100.0
(2)厨具餐具茶具	102.7	103.6	99.8	100.2	100.4	99.6
(3)家用手工工具	101.8	102.3	101.0	100.1	99.9	100.4
(4)其他家庭日用杂品	101.4	101.0	102.4	100.0	100.1	100.0
5.个人护理用品	102.8	103.3	100.3	100.4	100.4	100.1
(1)化妆品	103.0	103.4	100.2	100.6	100.7	100.2
(2)其他护理用品类	102.7	103.0	100.5	100.0	100.0	100.1
6.家庭服务	106.9	107.0	106.2	101.4	101.5	100.6
五、交通通信	**97.5**	**97.4**	**98.0**	**101.1**	**101.1**	**101.0**
1.交通	95.5	95.4	96.1	101.6	101.6	101.6
(1)交通工具	98.1	97.9	99.0	100.0	99.9	100.3
(2)交通工具用燃料	85.4	85.4	85.3	105.2	105.2	105.2
(3)交通工具使用和维修	100.4	100.3	100.6	99.9	99.9	100.0
(4)交通费	102.2	102.3	101.6	102.0	102.1	101.6

3-22 续表 2

指　标	上年同月=100(同比)			上月=100(环比)		
	全省	城市	农村	全省	城市	农村
2. 通信	101.8	101.8	102.0	100.2	100.3	100.0
(1)通信工具	108.5	108.6	108.0	101.0	101.2	100.4
(2)通信服务	100.0	99.9	100.4	100.0	100.0	99.9
(3)邮递服务	98.9	98.8	99.1	100.3	100.0	101.4
六、教育文化娱乐	**102.5**	**102.5**	**102.5**	**99.9**	**99.9**	**100.0**
1. 教育	103.6	103.7	103.1	100.0	100.0	100.0
(1)教育用品	100.4	100.3	100.6	100.1	100.1	100.0
(2)教育服务	103.7	103.8	103.2	100.0	100.0	100.0
2. 文化娱乐	100.8	100.8	100.7	99.8	99.7	100.1
(1)文娱耐用消费品	101.2	101.0	101.8	100.8	100.9	100.6
(2)其他文娱用品	100.5	100.6	100.2	100.1	100.1	100.0
(3)文化娱乐服务	101.6	102.1	99.5	100.0	99.9	100.1
(4)旅游	100.4	100.4	101.0	99.2	99.2	99.4
七、医疗保健	**100.0**	**99.5**	**101.2**	**100.0**	**100.0**	**100.0**
1. 药品及医疗器具	97.1	96.7	98.5	100.0	100.0	99.9
(1)中药	99.6	99.3	100.8	100.4	100.5	100.0
(2)西药	93.1	92.6	95.1	100.0	100.0	100.0
(3)滋补保健品	99.4	99.8	97.4	99.6	99.6	99.2
(4)医疗卫生器具	108.7	105.9	121.9	100.0	100.0	100.0
(5)保健器具	99.7	99.2	102.3	100.1	100.2	99.3
2. 医疗服务	101.8	101.6	102.4	100.0	100.0	100.0
(1)综合医疗类	101.9	101.1	103.7	100.0	100.0	100.0
(2)诊断类	103.2	103.1	103.3	100.0	100.0	100.0
(3)治疗类	100.0	100.1	99.8	100.0	100.0	100.0
(4)康复类	101.1	100.0	104.0	100.0	100.0	100.0
(5)中医医疗服务类	103.4	102.6	105.3	100.0	100.0	100.0
(6)其他医疗服务	100.7	100.9	100.2	100.0	100.0	100.0
八、其他用品及服务	**100.1**	**100.0**	**100.6**	**99.6**	**99.5**	**99.8**
1. 其他用品类	106.2	106.2	105.9	99.0	98.9	99.5
(1)首饰手表	108.8	108.7	109.1	98.5	98.3	99.3
(2)其他杂项用品	101.0	101.3	99.7	100.1	100.1	99.8
2. 其他服务类	95.9	95.7	96.7	100.0	100.0	100.0
(1)旅馆住宿	100.3	100.2	100.6	100.0	100.0	99.9
(2)美容美发洗浴	104.9	105.7	102.1	100.1	100.1	100.1
(3)养老服务	100.9	100.8	101.1	100.0	100.0	100.0
(4)金融保险	85.5	85.2	87.0	100.0	100.0	100.0
(5)其他服务类	100.3	100.4	100.0	99.9	100.0	99.9

3-23 商品零售价格分类指数(2020 年 1 月)

指 标	上年同月=100(同比)			上月=100(环比)		
	全省	城市	农村	全省	城市	农村
商品零售价格总指数	**104.2**	**104.1**	**104.6**	**100.9**	**100.8**	**101.3**
一、食品	**114.0**	**113.5**	**116.3**	**104.5**	**104.4**	**104.7**
1. 粮食	100.1	100.0	100.7	100.1	100.1	100.1
2. 薯类	102.2	101.8	104.8	104.7	104.5	105.9
3. 豆类	103.5	103.6	103.2	100.6	100.7	100.5
4. 食用油	106.1	104.7	111.0	100.7	100.4	101.4
5. 菜	109.6	109.7	109.0	111.2	111.1	111.5
6. 畜肉类	169.5	169.0	171.7	107.5	107.2	108.5
7. 禽肉类	113.1	113.8	110.2	99.7	99.8	99.4
8. 水产品	104.2	104.3	104.0	108.8	109.2	106.8
9. 蛋类	101.2	101.5	100.2	97.4	97.5	96.6
10. 奶类	99.3	99.1	100.7	99.3	99.1	100.0
11. 干鲜瓜果类	99.8	99.4	101.6	104.0	103.8	105.0
12. 糖果糕点类	101.6	101.8	100.5	99.3	99.2	99.9
13. 调味品	102.4	102.5	102.2	100.3	100.4	100.0
14. 其他食品类	103.2	103.4	102.2	99.7	99.6	100.3
15. 在外餐饮	105.4	105.2	106.6	101.1	101.1	100.8
二、饮料、烟酒	**100.4**	**100.2**	**101.4**	**99.6**	**99.5**	**100.1**
1. 茶及饮料	100.0	99.5	102.6	99.1	98.9	100.0
2. 烟草	100.3	100.3	100.5	100.0	100.0	100.0
3. 酒类	101.0	100.8	102.2	99.3	99.1	100.2
三、服装、鞋帽	**100.7**	**101.1**	**98.8**	**99.1**	**98.9**	**100.1**
1. 服装	101.0	101.3	99.6	99.1	98.8	100.2
2. 鞋帽袜	99.5	100.3	96.0	99.2	99.2	99.6
3. 其他衣着配件	102.1	102.5	100.6	100.8	101.1	99.6
四、纺织品	**103.7**	**104.2**	**101.4**	**100.3**	**100.3**	**100.0**
1. 服装材料	100.3	100.6	99.0	100.0	100.0	100.0
2. 床上用品	105.0	105.5	102.3	100.3	100.4	100.0
五、家用电器及音像器材	**99.3**	**99.5**	**98.9**	**99.7**	**99.7**	**99.8**
1. 家庭设备	98.9	98.9	98.9	99.7	99.7	99.9
2. 文娱用耐用消费品	100.6	101.1	98.6	99.6	99.6	99.6

3-23 续表

指　　标	上年同月=100(同比)			上月=100(环比)		
	全省	城市	农村	全省	城市	农村
3.专业音像器材	98.5	98.3	100.0	100.0	100.0	100.0
六、文化办公用品	**99.0**	**98.4**	**102.1**	**99.2**	**98.9**	**100.6**
七、日用品	**101.5**	**102.0**	**99.5**	**100.1**	**100.2**	**100.1**
1.日用百货	101.0	101.2	100.0	100.1	100.0	100.1
2.厨具餐具茶具	100.2	100.8	97.5	99.6	99.4	100.4
3.清洗用品	104.3	104.9	101.3	100.8	100.9	100.1
4.其他日用品	100.7	101.1	98.6	100.1	100.1	99.7
八、体育娱乐用品	**101.8**	**101.9**	**101.3**	**99.8**	**99.7**	**100.2**
1.体育户外用品	100.5	100.6	99.6	99.9	99.8	100.0
2.娱乐用品	102.4	102.5	102.1	99.8	99.7	100.3
九、交通、通信用品	**98.5**	**98.5**	**98.3**	**99.8**	**99.8**	**100.0**
1.交通运输机械	98.3	98.3	98.2	99.7	99.7	100.0
2.通信器材	99.4	99.6	98.5	100.2	100.2	100.0
十、家具	**102.4**	**102.6**	**100.9**	**100.2**	**100.2**	**100.2**
十一、化妆品	**103.4**	**103.7**	**101.8**	**100.4**	**100.5**	**99.7**
十二、金银饰品	**113.8**	**113.9**	**113.5**	**101.8**	**101.9**	**101.2**
十三、中西药品及医疗保健用品	**102.1**	**102.0**	**102.4**	**97.5**	**97.4**	**98.4**
1.医疗卫生器具	101.0	101.2	100.0	100.0	100.0	100.0
2.中药	101.8	101.9	101.6	100.1	99.9	100.9
3.西药	99.0	98.1	103.6	95.2	94.8	97.2
4.保健器具及用品	108.2	109.3	100.7	99.5	99.6	98.6
十四、书报杂志及电子出版物	**102.3**	**102.3**	**101.8**	**99.9**	**99.9**	**99.9**
1.教材及参考书	102.8	103.3	99.8	99.7	99.7	99.7
2.书报杂志	104.1	104.2	103.6	100.0	100.0	100.0
3.计算机办公软件	96.6	96.1	100.0	100.0	100.0	100.0
十五、燃料	**105.0**	**105.0**	**104.9**	**101.9**	**101.8**	**102.3**
1.煤炭及制品	99.9	99.6	101.2	100.1	100.1	100.1
2.石油及制品	105.6	105.6	105.5	102.1	102.0	102.7
十六、建筑材料及五金电料	**100.8**	**100.8**	**101.1**	**99.9**	**99.9**	**100.0**
1.建筑装璜材料	100.8	100.7	101.3	99.9	99.9	100.0
2.五金水暖	100.8	100.8	100.7	99.9	99.9	100.0

3-24 商品零售价格分类指数(2020 年 2 月)

指标	上年同月=100(同比)			上月=100(环比)		
	全省	城市	农村	全省	城市	农村
商品零售价格总指数	**103.8**	**103.7**	**104.6**	**100.9**	**100.9**	**101.0**
一、食品	**115.7**	**115.1**	**118.2**	**105.2**	**105.2**	**106.1**
1. 粮食	101.1	101.1	101.2	101.5	101.6	101.2
2. 薯类	115.2	114.9	117.2	117.1	116.8	118.6
3. 豆类	107.2	106.2	111.0	105.0	103.8	109.5
4. 食用油	107.7	106.2	112.8	101.1	101.0	101.4
5. 菜	106.7	106.9	105.8	110.8	111.0	109.5
6. 畜肉类	187.5	187.1	189.2	111.9	112.1	110.9
7. 禽肉类	115.0	115.9	111.5	102.1	102.2	101.7
8. 水产品	101.1	101.1	101.2	103.9	103.9	103.8
9. 蛋类	102.3	102.7	100.3	99.3	99.6	98.0
10. 奶类	99.7	99.6	100.5	99.9	99.9	100.0
11. 干鲜瓜果类	98.1	97.8	99.6	103.9	103.9	103.6
12. 糖果糕点类	102.2	102.5	100.9	101.4	101.5	100.5
13. 调味品	102.1	102.5	100.8	100.3	100.3	100.5
14. 其他食品类	103.7	103.8	103.1	100.8	100.8	100.8
15. 在外餐饮	105.2	105.0	106.1	100.4	100.4	100.1
二、饮料、烟酒	**100.9**	**100.8**	**101.5**	**100.5**	**100.5**	**100.1**
1. 茶及饮料	100.0	99.4	102.9	100.7	100.8	100.2
2. 烟草	100.3	100.3	100.5	100.0	100.0	100.0
3. 酒类	102.7	102.8	102.2	101.1	101.2	100.3
三、服装、鞋帽	**100.1**	**100.5**	**98.3**	**99.6**	**99.5**	**99.6**
1. 服装	100.6	101.0	98.9	99.6	99.6	99.6
2. 鞋帽袜	98.1	98.5	96.1	99.5	99.4	99.5
3. 其他衣着配件	102.3	102.4	101.9	100.0	100.0	100.0
四、纺织品	**103.7**	**104.2**	**101.1**	**100.0**	**100.1**	**99.7**
1. 服装材料	100.3	100.6	99.0	100.0	100.0	100.0
2. 床上用品	105.0	105.6	102.0	100.0	100.1	99.5
五、家用电器及音像器材	**99.1**	**99.2**	**98.5**	**99.9**	**99.9**	**100.0**
1. 家庭设备	98.6	98.6	98.8	99.8	99.8	100.0
2. 文娱用耐用消费品	100.5	101.1	97.8	100.1	100.1	99.9

3-24 续表

指标	上年同月=100(同比)			上月=100(环比)		
	全省	城市	农村	全省	城市	农村
3. 专业音像器材	98.3	98.1	99.8	99.8	99.8	99.8
六、文化办公用品	**99.0**	**98.4**	**102.2**	**99.9**	**99.9**	**99.9**
七、日用品	**100.8**	**101.1**	**99.3**	**99.9**	**99.9**	**100.0**
1. 日用百货	100.4	100.6	99.3	100.1	100.2	99.8
2. 厨具餐具茶具	100.6	100.9	99.0	100.4	100.2	101.5
3. 清洗用品	102.1	102.5	100.3	99.1	99.1	99.0
4. 其他日用品	100.2	100.5	98.7	100.1	100.1	100.3
八、体育娱乐用品	**101.3**	**101.3**	**101.9**	**100.1**	**100.1**	**99.9**
1. 体育户外用品	100.8	100.7	101.5	100.1	100.2	99.7
2. 娱乐用品	101.6	101.5	102.1	100.1	100.1	100.1
九、交通、通信用品	**98.2**	**98.3**	**97.8**	**99.9**	**99.9**	**100.0**
1. 交通运输机械	98.1	98.1	97.7	99.9	99.9	100.1
2. 通信器材	99.0	99.2	98.3	99.9	100.0	99.6
十、家具	**102.2**	**102.4**	**100.9**	**100.0**	**100.0**	**100.0**
十一、化妆品	**103.0**	**103.3**	**100.9**	**100.4**	**100.5**	**99.6**
十二、金银饰品	**116.4**	**116.4**	**116.7**	**100.5**	**100.4**	**100.7**
十三、中西药品及医疗保健用品	**100.1**	**99.8**	**102.0**	**99.9**	**99.8**	**99.9**
1. 医疗卫生器具	101.0	101.2	100.0	100.0	100.0	100.0
2. 中药	101.9	102.1	101.4	99.9	100.0	99.9
3. 西药	98.4	97.5	103.0	99.9	99.9	99.9
4. 保健器具及用品	101.7	101.9	100.3	99.7	99.7	100.0
十四、书报杂志及电子出版物	**102.3**	**102.4**	**101.7**	**100.0**	**100.0**	**100.0**
1. 教材及参考书	102.8	103.4	99.7	100.0	100.0	100.0
2. 书报杂志	104.1	104.2	103.6	100.0	100.0	100.0
3. 计算机办公软件	96.6	96.1	100.0	100.0	100.0	100.0
十五、燃料	**99.1**	**99.1**	**99.1**	**96.3**	**96.3**	**96.2**
1. 煤炭及制品	99.9	99.6	101.2	100.0	100.0	100.0
2. 石油及制品	99.0	99.0	98.8	95.9	95.9	95.6
十六、建筑材料及五金电料	**100.7**	**100.6**	**101.1**	**99.9**	**99.9**	**100.0**
1. 建筑装璜材料	100.6	100.5	101.3	99.8	99.8	100.0
2. 五金水暖	100.8	100.8	100.8	100.1	100.1	100.0

3-25 商品零售价格分类指数(2020年3月)

指标	上年同月=100(同比)			上月=100(环比)		
	全省	城市	农村	全省	城市	农村
商品零售价格总指数	**102.0**	**101.9**	**102.9**	**98.4**	**98.4**	**98.4**
一、食品	**112.4**	**112.0**	**114.3**	**95.9**	**95.9**	**95.6**
1.粮食	101.4	101.4	101.6	99.7	99.7	99.8
2.薯类	113.4	112.5	118.8	97.1	97.0	97.7
3.豆类	107.4	107.1	108.7	99.2	99.8	97.1
4.食用油	106.4	105.0	111.1	99.0	99.2	98.4
5.菜	97.8	97.8	97.9	89.7	89.5	90.5
6.畜肉类	176.2	175.8	178.0	92.3	92.4	91.9
7.禽肉类	113.4	114.1	110.3	98.4	98.4	98.3
8.水产品	98.6	98.6	98.5	93.4	93.2	94.5
9.蛋类	101.8	102.5	98.8	96.4	96.7	95.1
10.奶类	100.1	100.2	99.8	100.1	100.1	99.8
11.干鲜瓜果类	97.3	97.1	98.1	100.3	100.4	99.8
12.糖果糕点类	102.6	103.0	100.7	100.0	100.0	99.9
13.调味品	101.3	101.4	100.7	99.4	99.3	99.8
14.其他食品类	105.0	105.5	102.9	101.4	101.7	100.1
15.在外餐饮	105.6	105.7	105.4	100.1	100.1	99.7
二、饮料、烟酒	**100.8**	**100.7**	**101.5**	**100.4**	**100.4**	**100.3**
1.茶及饮料	100.3	99.9	102.7	100.5	100.6	100.0
2.烟草	100.4	100.3	101.0	100.1	100.0	100.5
3.酒类	101.9	102.0	101.4	100.7	100.8	100.3
三、服装、鞋帽	**98.7**	**98.9**	**98.1**	**99.8**	**99.7**	**100.0**
1.服装	99.6	99.8	98.7	99.9	99.8	100.0
2.鞋帽袜	95.4	95.3	95.7	99.3	99.1	100.0
3.其他衣着配件	102.1	102.3	101.0	100.3	100.2	100.7
四、纺织品	**103.0**	**103.1**	**102.5**	**100.2**	**100.1**	**100.6**
1.服装材料	99.9	100.1	99.2	100.0	100.0	100.2
2.床上用品	104.1	104.2	103.7	100.2	100.1	100.7
五、家用电器及音像器材	**98.6**	**98.7**	**98.2**	**99.8**	**99.8**	**99.8**
1.家庭设备	98.2	98.1	98.4	99.8	99.8	99.7
2.文娱用耐用消费品	99.6	100.1	97.5	99.6	99.6	99.9

3-25 续表

指　　标	上年同月=100(同比)			上月=100(环比)		
	全省	城市	农村	全省	城市	农村
3.专业音像器材	98.3	98.1	99.8	100.0	100.0	100.0
六、文化办公用品	**99.4**	**98.7**	**103.3**	**100.6**	**100.5**	**101.5**
七、日用品	**100.9**	**101.2**	**99.8**	**100.3**	**100.3**	**100.3**
1.日用百货	100.3	100.6	99.1	100.0	100.0	99.8
2.厨具餐具茶具	101.6	102.2	99.1	101.5	101.7	100.4
3.清洗用品	102.1	102.1	101.9	100.1	99.9	101.0
4.其他日用品	100.4	100.6	99.6	100.0	99.9	100.3
八、体育娱乐用品	**101.2**	**101.1**	**101.9**	**100.0**	**100.0**	**99.9**
1.体育户外用品	100.7	100.6	101.2	100.0	100.0	100.1
2.娱乐用品	101.4	101.3	102.1	99.9	99.9	99.9
九、交通、通信用品	**98.3**	**98.4**	**97.7**	**100.1**	**100.1**	**100.0**
1.交通运输机械	97.9	98.0	97.7	100.0	100.1	99.9
2.通信器材	99.7	100.2	97.8	100.2	100.2	100.4
十、家具	**101.9**	**102.1**	**100.8**	**99.8**	**99.8**	**99.9**
十一、化妆品	**103.5**	**103.8**	**101.5**	**100.5**	**100.5**	**100.5**
十二、金银饰品	**118.9**	**119.3**	**116.8**	**103.3**	**103.6**	**101.4**
十三、中西药品及医疗保健用品	**99.6**	**99.1**	**102.5**	**100.2**	**100.1**	**100.7**
1.医疗卫生器具	105.4	103.2	116.7	104.4	102.0	116.7
2.中药	101.5	101.6	101.4	100.1	100.1	100.1
3.西药	98.0	97.1	102.9	99.8	99.8	99.9
4.保健器具及用品	100.3	100.4	100.1	100.2	100.2	100.4
十四、书报杂志及电子出版物	**102.6**	**102.7**	**101.7**	**100.0**	**100.0**	**100.0**
1.教材及参考书	102.4	103.0	99.5	100.1	100.1	100.0
2.书报杂志	104.1	104.2	103.6	100.0	100.0	100.0
3.计算机办公软件	98.8	98.6	100.0	100.0	100.0	100.0
十五、燃料	**89.7**	**89.5**	**90.7**	**92.4**	**92.2**	**93.3**
1.煤炭及制品	100.2	99.8	101.8	99.7	99.5	100.2
2.石油及制品	88.5	88.4	89.0	91.5	91.3	92.2
十六、建筑材料及五金电料	**100.4**	**100.2**	**101.1**	**99.8**	**99.8**	**99.7**
1.建筑装璜材料	100.3	100.1	101.1	99.7	99.8	99.6
2.五金水暖	100.7	100.6	101.1	100.0	100.0	99.9

3-26 商品零售价格分类指数(2020 年 4 月)

指标	上年同月=100(同比)			上月=100(环比)		
	全省	城市	农村	全省	城市	农村
商品零售价格总指数	**101.0**	**100.8**	**102.1**	**99.1**	**99.1**	**99.2**
一、食品	**110.2**	**109.8**	**111.9**	**98.0**	**98.0**	**98.2**
1. 粮食	102.1	102.2	101.5	100.3	100.5	99.8
2. 薯类	110.4	108.2	123.4	98.3	97.7	101.6
3. 豆类	106.1	106.2	105.9	99.2	99.5	98.0
4. 食用油	106.2	105.2	109.5	99.5	99.7	98.7
5. 菜	97.0	96.9	97.5	96.9	96.4	99.1
6. 畜肉类	163.7	163.0	166.4	93.1	93.0	93.6
7. 禽肉类	111.5	112.1	109.0	98.6	98.6	98.7
8. 水产品	98.0	98.0	98.1	101.2	101.1	101.7
9. 蛋类	99.7	100.3	97.1	98.4	98.5	98.0
10. 奶类	100.3	100.3	100.5	100.0	100.0	99.9
11. 干鲜瓜果类	96.1	96.1	96.3	98.4	98.4	98.9
12. 糖果糕点类	102.9	103.2	101.3	99.8	99.8	100.0
13. 调味品	102.3	102.7	101.0	100.8	100.9	100.2
14. 其他食品类	104.9	105.4	102.9	100.2	100.2	100.0
15. 在外餐饮	105.4	105.3	105.6	99.9	99.8	100.1
二、饮料、烟酒	**100.9**	**100.8**	**101.8**	**100.1**	**100.1**	**100.2**
1. 茶及饮料	100.6	100.2	102.8	100.2	100.2	100.2
2. 烟草	100.4	100.2	101.0	100.0	100.0	100.0
3. 酒类	102.1	102.1	102.4	100.3	100.2	100.8
三、服装、鞋帽	**99.0**	**99.1**	**98.6**	**100.4**	**100.4**	**100.7**
1. 服装	99.9	100.0	99.4	100.4	100.4	100.7
2. 鞋帽袜	95.7	95.7	95.7	100.5	100.5	100.7
3. 其他衣着配件	101.5	101.8	100.5	100.0	100.1	99.5
四、纺织品	**101.7**	**101.5**	**102.8**	**99.1**	**98.9**	**100.2**
1. 服装材料	99.9	100.1	99.1	100.0	100.0	100.0
2. 床上用品	102.3	102.0	104.2	98.8	98.5	100.3
五、家用电器及音像器材	**98.2**	**98.1**	**98.4**	**99.9**	**99.8**	**100.4**
1. 家庭设备	97.8	97.6	98.7	99.8	99.7	100.5
2. 文娱用耐用消费品	99.0	99.4	97.4	99.9	99.8	100.2

3-26 续表

指 标	上年同月=100(同比)			上月=100(环比)		
	全省	城市	农村	全省	城市	农村
3. 专业音像器材	98.5	98.3	99.8	100.0	100.0	100.0
六、文化办公用品	**99.5**	**98.7**	**103.9**	**100.0**	**100.0**	**99.9**
七、日用品	**101.0**	**101.2**	**100.3**	**100.3**	**100.4**	**99.9**
1. 日用百货	100.2	100.3	99.8	100.4	100.4	100.1
2. 厨具餐具茶具	101.8	102.1	100.5	100.2	100.2	100.0
3. 清洗用品	102.5	102.6	102.4	100.6	100.8	99.6
4. 其他日用品	100.5	100.7	99.2	100.1	100.2	99.8
八、体育娱乐用品	**101.0**	**100.8**	**102.0**	**99.7**	**99.7**	**99.8**
1. 体育户外用品	100.9	100.7	101.7	100.0	99.9	100.0
2. 娱乐用品	101.0	100.8	102.1	99.6	99.5	99.8
九、交通、通信用品	**98.1**	**98.2**	**97.5**	**99.8**	**99.8**	**99.6**
1. 交通运输机械	97.7	97.7	97.6	99.8	99.8	99.8
2. 通信器材	99.7	100.2	97.4	99.8	100.0	99.1
十、家具	**101.8**	**101.9**	**100.4**	**99.8**	**99.8**	**99.5**
十一、化妆品	**103.5**	**103.8**	**101.6**	**100.4**	**100.5**	**100.1**
十二、金银饰品	**120.6**	**120.5**	**121.2**	**101.3**	**101.0**	**102.8**
十三、中西药品及医疗保健用品	**99.4**	**98.7**	**103.3**	**100.1**	**100.1**	**100.6**
1. 医疗卫生器具	105.2	102.0	121.9	100.8	100.0	104.5
2. 中药	101.7	101.8	101.6	100.2	100.3	99.9
3. 西药	97.4	96.2	103.4	99.7	99.5	100.5
4. 保健器具及用品	100.6	100.5	101.3	100.8	100.8	100.9
十四、书报杂志及电子出版物	**100.8**	**100.7**	**101.7**	**100.0**	**100.0**	**100.0**
1. 教材及参考书	102.3	102.8	99.4	100.0	100.0	100.0
2. 书报杂志	100.6	100.0	103.6	100.0	100.0	100.0
3. 计算机办公软件	98.8	98.6	100.0	100.0	100.0	100.0
十五、燃料	**85.4**	**85.2**	**86.3**	**95.2**	**95.3**	**95.0**
1. 煤炭及制品	98.5	98.1	100.2	98.5	98.5	98.5
2. 石油及制品	83.8	83.8	84.1	94.8	94.9	94.4
十六、建筑材料及五金电料	**100.2**	**100.0**	**101.0**	**99.7**	**99.7**	**99.8**
1. 建筑装璜材料	100.0	99.8	100.8	99.6	99.6	99.8
2. 五金水暖	100.6	100.5	101.3	99.9	99.9	99.9

3-27 商品零售价格分类指数(2020年5月)

指　　标	上年同月=100(同比)			上月=100(环比)		
	全省	城市	农村	全省	城市	农村
商品零售价格总指数	**100.2**	**100.0**	**101.2**	**99.2**	**99.2**	**99.3**
一、食品	**107.4**	**107.0**	**109.2**	**97.4**	**97.5**	**97.2**
1.粮食	101.7	101.7	101.7	99.5	99.3	100.3
2.薯类	103.8	101.3	119.2	95.9	95.6	97.3
3.豆类	106.0	106.0	106.2	99.9	99.9	99.8
4.食用油	104.8	103.6	108.8	99.0	99.1	98.9
5.菜	93.9	93.9	93.7	92.8	93.0	92.1
6.畜肉类	155.0	154.5	156.7	94.6	94.7	94.0
7.禽肉类	109.0	109.6	106.4	98.1	98.2	98.1
8.水产品	100.8	100.6	102.1	100.6	100.3	101.8
9.蛋类	94.5	94.9	92.7	97.4	97.3	97.7
10.奶类	101.2	101.4	100.3	100.9	101.0	100.3
11.干鲜瓜果类	84.7	84.4	86.6	94.3	94.2	94.4
12.糖果糕点类	102.5	102.8	101.0	99.9	99.8	100.3
13.调味品	102.2	102.7	100.6	100.3	100.4	99.8
14.其他食品类	105.1	105.6	102.9	99.6	99.6	100.0
15.在外餐饮	105.1	105.1	105.4	99.9	99.9	99.7
二、饮料、烟酒	**100.6**	**100.3**	**101.8**	**99.7**	**99.6**	**100.0**
1.茶及饮料	100.5	100.1	102.4	99.6	99.6	99.9
2.烟草	100.4	100.2	101.0	100.0	100.0	100.0
3.酒类	101.0	100.6	103.0	99.2	98.9	100.3
三、服装、鞋帽	**98.7**	**98.8**	**98.5**	**99.8**	**99.6**	**100.6**
1.服装	99.5	99.6	99.2	99.9	99.8	100.6
2.鞋帽袜	95.8	95.7	96.1	99.5	99.2	100.6
3.其他衣着配件	100.4	100.4	100.2	99.0	99.0	99.3
四、纺织品	**102.0**	**101.9**	**102.5**	**100.7**	**100.9**	**99.8**
1.服装材料	99.9	100.1	99.2	100.0	100.0	100.1
2.床上用品	102.8	102.6	103.8	101.0	101.2	99.7
五、家用电器及音像器材	**98.0**	**97.9**	**98.3**	**99.8**	**99.7**	**100.1**
1.家庭设备	97.8	97.6	98.7	100.0	99.9	100.1
2.文娱用耐用消费品	97.8	98.0	96.9	99.2	99.0	100.1

3-27 续表

指　　标	上年同月=100(同比)			上月=100(环比)		
	全省	城市	农村	全省	城市	农村
3.专业音像器材	99.8	99.8	99.8	100.0	100.0	100.0
六、文化办公用品	**99.8**	**99.0**	**103.9**	**100.2**	**100.2**	**100.3**
七、日用品	**101.2**	**101.4**	**100.1**	**99.9**	**99.8**	**99.9**
1.日用百货	100.7	101.0	99.6	100.2	100.2	100.1
2.厨具餐具茶具	102.6	103.3	99.5	100.2	100.3	99.5
3.清洗用品	101.9	101.8	102.3	99.3	99.3	99.4
4.其他日用品	100.1	100.3	99.3	99.6	99.5	100.1
八、体育娱乐用品	**101.4**	**101.3**	**101.8**	**100.5**	**100.6**	**100.1**
1.体育户外用品	101.9	102.0	101.5	101.0	101.2	100.0
2.娱乐用品	101.2	101.0	101.9	100.3	100.4	100.1
九、交通、通信用品	**97.8**	**97.9**	**97.3**	**99.9**	**99.8**	**100.1**
1.交通运输机械	97.5	97.5	97.5	99.7	99.7	99.6
2.通信器材	99.2	99.8	96.7	100.6	100.4	101.7
十、家具	**101.9**	**102.1**	**100.3**	**100.1**	**100.2**	**100.0**
十一、化妆品	**103.6**	**103.9**	**101.4**	**100.2**	**100.2**	**100.4**
十二、金银饰品	**124.2**	**123.8**	**126.8**	**101.4**	**101.3**	**102.1**
十三、中西药品及医疗保健用品	**98.2**	**97.5**	**102.1**	**99.1**	**99.1**	**99.0**
1.医疗卫生器具	105.2	102.0	121.9	100.0	100.0	100.0
2.中药	100.6	100.4	101.8	99.1	98.9	100.2
3.西药	96.2	95.2	101.4	98.9	99.0	98.0
4.保健器具及用品	99.2	99.1	100.3	99.4	99.3	100.1
十四、书报杂志及电子出版物	**100.9**	**100.7**	**101.7**	**100.0**	**100.0**	**100.0**
1.教材及参考书	102.4	102.9	99.5	100.0	100.0	100.0
2.书报杂志	100.6	100.0	103.6	100.0	100.0	100.0
3.计算机办公软件	98.8	98.6	100.0	100.0	100.0	100.0
十五、燃料	**84.1**	**84.0**	**85.1**	**99.6**	**99.6**	**99.8**
1.煤炭及制品	98.1	97.7	99.6	99.8	99.8	99.8
2.石油及制品	82.5	82.5	82.9	99.6	99.6	99.7
十六、建筑材料及五金电料	**100.1**	**99.9**	**100.6**	**100.1**	**100.1**	**99.9**
1.建筑装璜材料	99.7	99.6	100.1	100.0	100.1	99.9
2.五金水暖	101.0	100.8	101.7	100.1	100.3	99.7

3-28 商品零售价格分类指数(2020 年 6 月)

指　　标	上年同月=100(同比)			上月=100(环比)		
	全省	城市	农村	全省	城市	农村
商品零售价格总指数	**100.9**	**100.7**	**101.9**	**100.2**	**100.2**	**100.2**
一、食品	**108.8**	**108.4**	**110.8**	**100.3**	**100.3**	**100.3**
1. 粮食	101.3	101.2	101.6	100.2	100.3	100.0
2. 薯类	102.0	100.2	112.6	95.5	95.7	94.8
3. 豆类	106.1	106.2	106.1	99.7	99.7	99.7
4. 食用油	105.1	104.1	108.8	100.2	100.4	99.6
5. 菜	107.0	107.0	106.9	105.5	105.8	104.0
6. 畜肉类	155.5	154.9	158.1	102.0	102.0	102.2
7. 禽肉类	107.1	107.8	104.1	98.3	98.4	98.1
8. 水产品	102.8	102.6	104.1	98.9	98.8	99.5
9. 蛋类	92.3	92.8	89.6	96.8	97.0	96.2
10. 奶类	101.2	101.4	100.4	100.0	99.9	100.3
11. 干鲜瓜果类	79.6	79.3	81.3	95.3	95.4	94.9
12. 糖果糕点类	102.8	103.2	101.1	100.5	100.5	100.4
13. 调味品	102.5	102.9	101.0	100.5	100.5	100.4
14. 其他食品类	104.2	104.5	103.2	100.1	100.0	100.3
15. 在外餐饮	105.3	105.3	105.3	100.2	100.2	100.0
二、饮料、烟酒	**100.7**	**100.5**	**101.7**	**100.1**	**100.1**	**100.0**
1. 茶及饮料	100.8	100.6	102.0	100.5	100.5	100.1
2. 烟草	100.3	100.2	101.0	100.0	100.0	100.0
3. 酒类	101.1	100.8	102.7	100.1	100.1	100.0
三、服装、鞋帽	**99.9**	**100.0**	**99.4**	**100.3**	**100.2**	**100.8**
1. 服装	100.5	100.6	99.8	100.3	100.2	100.7
2. 鞋帽袜	97.7	97.7	98.0	100.4	100.3	100.9
3. 其他衣着配件	100.1	100.2	99.5	100.1	100.1	100.3
四、纺织品	**102.5**	**102.4**	**102.8**	**100.1**	**100.1**	**100.2**
1. 服装材料	99.9	100.1	98.9	100.1	100.1	100.3
2. 床上用品	103.4	103.2	104.3	100.1	100.1	100.2
五、家用电器及音像器材	**98.1**	**98.0**	**98.7**	**99.7**	**99.5**	**100.5**
1. 家庭设备	98.2	98.0	99.2	99.9	99.8	100.7
2. 文娱用耐用消费品	97.3	97.3	97.5	99.1	98.9	100.1

3-28 续表

指标	上年同月=100(同比)			上月=100(环比)		
	全省	城市	农村	全省	城市	农村
3. 专业音像器材	99.8	99.8	99.8	100.0	100.0	100.0
六、文化办公用品	**100.6**	**99.8**	**104.8**	**100.2**	**100.1**	**100.6**
七、日用品	**101.1**	**101.5**	**99.5**	**100.2**	**100.2**	**100.0**
1. 日用百货	100.9	101.2	99.6	100.4	100.5	100.1
2. 厨具餐具茶具	102.5	103.4	98.5	100.2	100.4	98.9
3. 清洗用品	101.3	101.5	99.8	99.8	99.7	100.3
4. 其他日用品	100.3	100.4	99.9	100.2	100.1	100.2
八、体育娱乐用品	**101.5**	**101.6**	**101.0**	**100.2**	**100.3**	**100.0**
1. 体育户外用品	102.3	102.7	100.1	100.7	100.7	100.6
2. 娱乐用品	101.2	101.2	101.4	100.0	100.1	99.8
九、交通、通信用品	**98.5**	**98.6**	**97.9**	**100.3**	**100.3**	**100.0**
1. 交通运输机械	97.9	97.9	98.0	99.9	99.9	100.0
2. 通信器材	101.1	101.9	97.8	101.8	102.1	100.2
十、家具	**101.6**	**101.7**	**101.0**	**100.0**	**100.0**	**100.5**
十一、化妆品	**103.2**	**103.5**	**101.3**	**99.8**	**99.8**	**99.8**
十二、金银饰品	**119.1**	**118.6**	**122.3**	**100.7**	**100.6**	**101.4**
十三、中西药品及医疗保健用品	**98.2**	**97.5**	**101.6**	**99.9**	**99.9**	**99.9**
1. 医疗卫生器具	105.2	102.0	121.9	100.0	100.0	100.0
2. 中药	100.5	100.2	101.7	99.9	99.9	99.9
3. 西药	96.0	95.1	100.6	99.9	100.0	99.7
4. 保健器具及用品	99.4	99.3	100.1	99.9	99.9	100.0
十四、书报杂志及电子出版物	**100.9**	**100.8**	**101.7**	**100.0**	**100.0**	**100.0**
1. 教材及参考书	102.6	103.1	99.7	100.1	100.1	100.0
2. 书报杂志	100.6	100.0	103.6	100.0	100.0	100.0
3. 计算机办公软件	98.8	98.6	100.0	100.0	100.0	100.0
十五、燃料	**87.2**	**87.1**	**87.6**	**100.2**	**100.2**	**100.2**
1. 煤炭及制品	99.9	99.7	100.5	101.6	101.7	101.0
2. 石油及制品	85.7	85.7	85.6	100.0	100.0	100.0
十六、建筑材料及五金电料	**100.0**	**100.0**	**100.3**	**100.0**	**100.0**	**100.0**
1. 建筑装璜材料	99.5	99.4	100.0	99.8	99.8	99.9
2. 五金水暖	101.2	101.2	101.0	100.4	100.4	100.3

3-29 商品零售价格分类指数(2020 年 7 月)

指　　标	上年同月=100(同比)			上月=100(环比)		
	全省	城市	农村	全省	城市	农村
商品零售价格总指数	**101.4**	**101.2**	**102.5**	**100.8**	**100.8**	**100.9**
一、食品	**110.4**	**109.9**	**112.8**	**102.5**	**102.5**	**102.9**
1. 粮食	101.8	101.9	101.6	100.3	100.4	100.0
2. 薯类	100.7	99.0	110.3	98.8	99.0	97.4
3. 豆类	106.7	106.9	106.3	100.6	100.7	100.3
4. 食用油	105.6	104.4	109.8	100.2	99.9	101.3
5. 菜	109.5	109.2	110.8	108.3	108.2	108.8
6. 畜肉类	159.3	158.2	163.7	107.3	107.1	108.1
7. 禽肉类	106.7	107.5	103.6	99.5	99.5	99.6
8. 水产品	104.3	104.2	104.7	102.4	102.7	100.8
9. 蛋类	90.9	91.2	89.4	100.2	100.0	101.1
10. 奶类	101.5	101.5	101.3	100.8	100.9	100.5
11. 干鲜瓜果类	80.3	80.0	81.6	95.7	95.5	96.3
12. 糖果糕点类	102.5	102.9	100.8	100.1	100.2	99.9
13. 调味品	102.2	102.6	101.1	99.8	99.7	100.3
14. 其他食品类	102.2	102.1	102.7	98.4	98.1	99.9
15. 在外餐饮	105.5	105.5	105.5	100.4	100.4	100.4
二、饮料、烟酒	**100.3**	**100.1**	**101.3**	**100.1**	**100.1**	**100.1**
1. 茶及饮料	100.7	100.5	101.6	99.8	99.7	100.4
2. 烟草	100.3	100.2	101.0	100.0	100.0	100.0
3. 酒类	99.9	99.6	101.6	100.4	100.5	100.1
三、服装、鞋帽	**100.2**	**100.2**	**100.3**	**100.3**	**100.2**	**100.6**
1. 服装	100.8	100.9	100.3	100.0	99.9	100.4
2. 鞋帽袜	98.1	97.7	100.4	101.3	101.3	101.3
3. 其他衣着配件	100.3	100.2	100.4	100.1	100.1	100.0
四、纺织品	**101.6**	**101.4**	**102.6**	**100.0**	**100.0**	**99.7**
1. 服装材料	100.0	100.1	99.1	100.0	100.0	100.2
2. 床上用品	102.2	101.9	104.0	99.9	100.0	99.5
五、家用电器及音像器材	**98.6**	**98.4**	**99.1**	**100.3**	**100.4**	**100.1**
1. 家庭设备	98.3	98.0	99.4	99.9	99.9	100.2
2. 文娱用耐用消费品	98.9	99.0	98.2	101.3	101.6	99.9

3-29 续表

指标	上年同月=100(同比)			上月=100(环比)		
	全省	城市	农村	全省	城市	农村
3. 专业音像器材	99.8	99.8	99.8	100.0	100.0	100.0
六、文化办公用品	**100.1**	**99.4**	**104.2**	**99.6**	**99.6**	**99.6**
七、日用品	**101.3**	**101.6**	**99.7**	**100.3**	**100.3**	**100.3**
1. 日用百货	100.8	101.1	99.5	100.0	100.0	100.1
2. 厨具餐具茶具	102.5	103.3	99.0	100.0	99.9	100.7
3. 清洗用品	102.5	102.8	100.7	101.0	101.1	100.5
4. 其他日用品	100.0	100.0	99.8	100.2	100.2	100.1
八、体育娱乐用品	**101.3**	**101.3**	**101.2**	**99.9**	**99.9**	**99.9**
1. 体育户外用品	102.9	103.2	100.8	100.0	100.0	100.0
2. 娱乐用品	100.6	100.5	101.4	99.9	99.9	99.9
九、交通、通信用品	**97.8**	**97.9**	**97.2**	**99.8**	**99.8**	**99.8**
1. 交通运输机械	97.3	97.2	97.4	99.7	99.7	99.8
2. 通信器材	100.4	101.4	96.6	100.0	100.0	99.6
十、家具	**100.8**	**100.8**	**100.3**	**99.9**	**99.8**	**100.0**
十一、化妆品	**103.7**	**104.0**	**101.5**	**100.4**	**100.4**	**100.4**
十二、金银饰品	**117.9**	**117.6**	**119.7**	**103.3**	**103.4**	**102.9**
十三、中西药品及医疗保健用品	**98.0**	**97.3**	**101.3**	**100.1**	**100.2**	**100.0**
1. 医疗卫生器具	105.2	102.0	121.9	100.0	100.0	100.0
2. 中药	100.1	99.8	101.5	100.1	100.1	100.0
3. 西药	95.9	95.0	100.5	100.2	100.3	100.0
4. 保健器具及用品	99.0	99.0	99.2	100.0	100.1	99.8
十四、书报杂志及电子出版物	**101.2**	**101.1**	**101.8**	**100.0**	**100.0**	**100.0**
1. 教材及参考书	102.8	103.3	99.9	100.0	100.0	100.0
2. 书报杂志	100.6	100.0	103.6	100.0	100.0	100.0
3. 计算机办公软件	100.0	100.0	100.0	100.0	100.0	100.0
十五、燃料	**89.4**	**89.3**	**89.8**	**101.2**	**101.3**	**101.0**
1. 煤炭及制品	100.0	99.9	100.8	100.7	100.8	100.4
2. 石油及制品	88.0	88.1	88.0	101.3	101.3	101.1
十六、建筑材料及五金电料	**100.0**	**100.0**	**100.3**	**99.9**	**99.9**	**100.1**
1. 建筑装璜材料	99.6	99.5	100.1	99.9	99.9	100.1
2. 五金水暖	101.1	101.2	100.6	99.9	99.9	100.0

3-30 商品零售价格分类指数(2020年8月)

指标	上年同月=100(同比)			上月=100(环比)		
	全省	城市	农村	全省	城市	农村
商品零售价格总指数	**101.2**	**101.0**	**102.4**	**100.4**	**100.3**	**100.5**
一、食品	**108.2**	**107.8**	**110.0**	**100.3**	**100.3**	**100.5**
1.粮食	101.9	101.9	101.8	100.1	100.1	100.2
2.薯类	99.2	97.6	108.4	98.8	98.8	99.3
3.豆类	106.8	107.0	106.3	100.2	100.2	100.3
4.食用油	104.7	103.6	108.1	100.2	100.3	99.8
5.菜	106.8	106.5	108.2	101.5	101.6	101.4
6.畜肉类	139.7	139.1	142.3	101.2	101.1	101.5
7.禽肉类	104.2	105.0	101.1	99.9	99.9	100.3
8.水产品	103.2	103.1	103.7	98.2	98.1	98.4
9.蛋类	93.7	94.0	92.5	106.4	106.2	107.4
10.奶类	101.7	101.7	101.7	100.1	100.1	100.1
11.干鲜瓜果类	84.2	83.9	85.7	99.5	99.5	99.4
12.糖果糕点类	102.8	103.0	101.6	100.7	100.7	100.7
13.调味品	102.5	102.8	101.2	100.5	100.5	100.4
14.其他食品类	102.7	102.7	102.7	100.7	100.8	100.3
15.在外餐饮	106.0	106.0	105.9	100.3	100.3	100.5
二、饮料、烟酒	**100.4**	**100.2**	**101.2**	**100.1**	**100.0**	**100.2**
1.茶及饮料	100.3	100.2	100.5	99.7	99.6	99.9
2.烟草	100.3	100.2	101.0	100.0	100.0	100.0
3.酒类	100.6	100.3	102.1	100.5	100.4	101.0
三、服装、鞋帽	**100.8**	**100.7**	**101.5**	**100.7**	**100.8**	**100.1**
1.服装	101.2	101.1	101.4	100.5	100.6	100.0
2.鞋帽袜	99.8	99.3	101.9	101.6	101.9	100.3
3.其他衣着配件	100.7	100.7	100.7	100.6	100.8	99.9
四、纺织品	**101.1**	**100.9**	**102.1**	**100.1**	**100.1**	**100.2**
1.服装材料	100.0	100.1	99.3	100.0	100.0	100.3
2.床上用品	101.5	101.2	103.2	100.1	100.1	100.2
五、家用电器及音像器材	**98.9**	**98.6**	**100.0**	**100.3**	**100.2**	**100.7**
1.家庭设备	98.6	98.2	100.2	100.4	100.3	100.7
2.文娱用耐用消费品	99.3	99.2	99.7	100.3	100.2	100.8

3-30 续表

指标	上年同月=100(同比)			上月=100(环比)		
	全省	城市	农村	全省	城市	农村
3. 专业音像器材	99.8	99.8	99.8	100.0	100.0	100.0
六、文化办公用品	**99.9**	**99.4**	**102.9**	**99.9**	**100.1**	**99.1**
七、日用品	**101.3**	**101.6**	**100.0**	**100.1**	**100.2**	**99.7**
1. 日用百货	100.5	100.7	99.2	100.0	100.0	99.9
2. 厨具餐具茶具	103.5	103.9	101.8	100.4	100.4	100.4
3. 清洗用品	102.0	102.3	100.3	100.1	100.4	98.7
4. 其他日用品	100.5	100.7	99.5	100.2	100.4	99.7
八、体育娱乐用品	**101.5**	**101.6**	**100.9**	**100.3**	**100.2**	**100.3**
1. 体育户外用品	103.7	104.3	100.4	100.6	100.7	99.9
2. 娱乐用品	100.5	100.4	101.1	100.1	100.1	100.5
九、交通、通信用品	**98.0**	**97.9**	**98.8**	**100.0**	**99.9**	**101.1**
1. 交通运输机械	97.1	97.0	97.6	99.9	99.9	99.9
2. 通信器材	102.2	102.0	102.8	100.7	99.8	104.8
十、家具	**100.1**	**100.1**	**100.1**	**99.7**	**99.7**	**99.8**
十一、化妆品	**103.8**	**104.2**	**101.0**	**100.4**	**100.5**	**99.7**
十二、金银饰品	**122.4**	**122.0**	**124.9**	**107.2**	**107.0**	**108.9**
十三、中西药品及医疗保健用品	**97.5**	**97.0**	**100.4**	**99.9**	**99.8**	**100.0**
1. 医疗卫生器具	105.2	102.0	121.9	100.0	100.0	100.0
2. 中药	99.6	99.4	100.7	100.3	100.2	100.3
3. 西药	95.1	94.3	99.1	99.6	99.6	100.0
4. 保健器具及用品	99.2	99.2	99.0	100.0	100.0	100.0
十四、书报杂志及电子出版物	**100.3**	**100.0**	**101.8**	**100.0**	**100.0**	**100.0**
1. 教材及参考书	100.0	100.1	99.9	100.0	100.0	100.0
2. 书报杂志	100.6	100.0	103.6	100.0	100.0	100.0
3. 计算机办公软件	100.0	100.0	100.0	100.0	100.0	100.0
十五、燃料	**90.4**	**90.3**	**90.9**	**100.4**	**100.4**	**100.4**
1. 煤炭及制品	99.5	99.3	100.6	99.9	99.9	100.1
2. 石油及制品	89.3	89.3	89.3	100.5	100.5	100.5
十六、建筑材料及五金电料	**100.2**	**100.1**	**100.6**	**100.2**	**100.1**	**100.4**
1. 建筑装璜材料	99.7	99.6	100.2	100.1	100.1	100.2
2. 五金水暖	101.3	101.3	101.3	100.3	100.2	100.7

3-31 商品零售价格分类指数(2020 年 9 月)

指标	上年同月=100(同比)			上月=100(环比)		
	全省	城市	农村	全省	城市	农村
商品零售价格总指数	100.6	100.4	101.6	100.1	100.1	100.2
一、食品	106.3	106.2	107.2	100.5	100.5	100.5
1. 粮食	101.9	101.9	101.6	99.8	99.9	99.8
2. 薯类	99.7	98.3	107.4	98.9	98.8	99.4
3. 豆类	105.9	106.0	105.6	99.7	99.7	99.9
4. 食用油	104.0	103.6	105.4	101.0	101.1	100.9
5. 菜	112.0	111.7	113.4	102.0	101.9	102.5
6. 畜肉类	121.7	121.3	123.3	99.3	99.4	99.1
7. 禽肉类	98.6	99.4	95.5	99.6	99.5	99.9
8. 水产品	104.2	104.2	104.2	99.0	98.9	99.7
9. 蛋类	89.8	90.2	88.2	100.3	100.3	100.1
10. 奶类	100.8	100.8	101.1	99.3	99.2	99.9
11. 干鲜瓜果类	91.5	91.2	92.9	107.0	107.0	107.0
12. 糖果糕点类	102.7	103.0	101.5	100.3	100.4	100.1
13. 调味品	102.6	102.9	101.3	99.9	99.8	99.9
14. 其他食品类	102.3	102.5	101.5	100.2	100.5	99.0
15. 在外餐饮	104.9	105.0	103.8	100.2	100.2	99.9
二、饮料、烟酒	100.9	100.9	101.3	100.1	100.2	99.9
1. 茶及饮料	101.1	101.2	100.4	101.0	101.2	99.9
2. 烟草	100.3	100.2	101.0	100.0	100.0	100.0
3. 酒类	101.8	101.7	102.6	99.7	99.7	99.7
三、服装、鞋帽	101.0	100.6	102.6	100.8	100.7	101.2
1. 服装	100.9	100.7	102.1	100.9	100.9	100.9
2. 鞋帽袜	101.2	100.5	104.8	100.4	100.0	102.3
3. 其他衣着配件	99.6	99.4	100.2	100.7	100.6	101.2
四、纺织品	101.8	102.0	101.0	100.3	100.4	99.6
1. 服装材料	99.9	100.1	99.3	99.9	100.0	99.6
2. 床上用品	102.5	102.7	101.7	100.4	100.5	99.5
五、家用电器及音像器材	99.3	98.9	100.9	100.4	100.4	100.6
1. 家庭设备	98.9	98.4	100.8	100.3	100.3	100.3
2. 文娱用耐用消费品	100.0	99.7	101.3	100.8	100.7	101.3

3-31 续表

指　标	上年同月=100(同比)			上月=100(环比)		
	全省	城市	农村	全省	城市	农村
3.专业音像器材	99.8	99.8	99.8	100.0	100.0	100.0
六、文化办公用品	**99.8**	**99.3**	**102.5**	**99.9**	**99.8**	**100.0**
七、日用品	**101.4**	**101.7**	**99.8**	**100.3**	**100.3**	**100.4**
1.日用百货	101.0	101.3	99.9	99.9	99.9	100.2
2.厨具餐具茶具	103.3	104.1	100.0	100.5	100.7	99.4
3.清洗用品	101.4	101.7	99.8	100.6	100.5	101.5
4.其他日用品	100.6	100.9	99.3	100.5	100.6	100.3
八、体育娱乐用品	**101.1**	**101.2**	**100.2**	**100.1**	**100.3**	**99.5**
1.体育户外用品	103.1	103.7	99.5	100.3	100.5	98.8
2.娱乐用品	100.2	100.1	100.5	100.1	100.1	99.8
九、交通、通信用品	**98.1**	**97.9**	**98.9**	**99.9**	**100.0**	**99.9**
1.交通运输机械	97.0	96.9	97.6	99.8	99.8	99.9
2.通信器材	103.1	103.1	103.0	100.4	100.5	100.0
十、家具	**100.1**	**100.0**	**100.3**	**100.6**	**100.6**	**100.2**
十一、化妆品	**103.7**	**104.1**	**101.1**	**100.4**	**100.5**	**100.2**
十二、金银饰品	**113.4**	**113.0**	**116.3**	**96.1**	**96.2**	**95.7**
十三、中西药品及医疗保健用品	**97.5**	**97.1**	**99.4**	**100.1**	**100.1**	**100.1**
1.医疗卫生器具	108.4	105.9	121.9	103.1	103.8	100.0
2.中药	98.5	98.1	100.5	99.3	99.1	100.1
3.西药	95.0	94.6	97.2	100.3	100.3	100.3
4.保健器具及用品	99.4	99.5	99.3	99.8	99.8	99.9
十四、书报杂志及电子出版物	**100.3**	**100.2**	**100.4**	**100.1**	**100.1**	**100.4**
1.教材及参考书	100.7	100.6	101.4	100.4	100.3	101.2
2.书报杂志	100.0	100.0	100.0	100.0	100.0	100.0
3.计算机办公软件	100.0	100.0	100.0	100.0	100.0	100.0
十五、燃料	**89.5**	**89.3**	**90.2**	**99.3**	**99.2**	**99.6**
1.煤炭及制品	100.2	100.0	101.0	100.1	100.1	100.0
2.石油及制品	88.1	88.1	88.5	99.1	99.1	99.5
十六、建筑材料及五金电料	**99.9**	**99.8**	**100.7**	**100.0**	**100.0**	**100.1**
1.建筑装璜材料	99.5	99.4	100.4	100.0	99.9	100.2
2.五金水暖	100.8	100.7	101.2	100.1	100.1	100.0

3-32 商品零售价格分类指数(2020年10月)

指标	上年同月=100(同比)			上月=100(环比)		
	全省	城市	农村	全省	城市	农村
商品零售价格总指数	**99.9**	**99.7**	**100.8**	**99.6**	**99.6**	**99.5**
一、食品	**102.8**	**102.7**	**103.1**	**98.2**	**98.3**	**98.1**
1. 粮食	101.3	101.3	101.0	99.9	99.9	99.7
2. 薯类	97.5	96.0	105.9	97.2	97.3	96.8
3. 豆类	106.2	106.5	105.3	100.4	100.5	100.1
4. 食用油	102.7	102.2	104.1	100.5	100.3	101.0
5. 菜	110.1	109.5	113.2	93.9	93.8	94.7
6. 畜肉类	102.5	102.3	103.2	95.7	95.8	95.1
7. 禽肉类	95.8	96.3	94.1	99.0	98.9	99.4
8. 水产品	103.6	103.4	104.9	97.8	97.7	98.8
9. 蛋类	89.7	90.1	87.6	99.4	99.4	99.4
10. 奶类	101.8	101.9	101.4	100.6	100.7	100.3
11. 干鲜瓜果类	98.8	99.0	98.1	102.2	102.4	101.5
12. 糖果糕点类	103.1	103.3	101.8	100.5	100.6	100.0
13. 调味品	102.5	102.7	101.6	100.2	100.2	100.2
14. 其他食品类	100.4	100.3	100.7	98.7	98.4	99.8
15. 在外餐饮	104.5	104.7	103.7	100.4	100.4	100.3
二、饮料、烟酒	**100.8**	**100.7**	**100.9**	**100.1**	**100.2**	**100.0**
1. 茶及饮料	100.9	101.0	100.4	99.9	99.9	100.0
2. 烟草	100.3	100.2	101.0	100.0	100.0	100.0
3. 酒类	101.4	101.4	101.2	100.6	100.7	99.9
三、服装、鞋帽	**101.6**	**101.1**	**104.0**	**100.8**	**100.9**	**100.6**
1. 服装	101.5	101.1	103.8	100.9	100.9	100.9
2. 鞋帽袜	101.9	101.2	105.1	100.6	100.8	99.8
3. 其他衣着配件	101.1	101.2	100.3	100.4	100.5	100.0
四、纺织品	**101.3**	**101.4**	**100.8**	**99.9**	**99.8**	**100.9**
1. 服装材料	100.0	100.1	99.5	100.0	100.0	100.0
2. 床上用品	101.8	101.9	101.3	99.9	99.7	101.2
五、家用电器及音像器材	**99.3**	**98.9**	**101.3**	**100.1**	**100.2**	**100.0**
1. 家庭设备	99.1	98.6	101.2	100.1	100.1	99.7
2. 文娱用耐用消费品	99.8	99.3	101.8	100.3	100.3	100.5

3-32 续表

指标	上年同月=100(同比)			上月=100(环比)		
	全省	城市	农村	全省	城市	农村
3.专业音像器材	99.8	99.8	99.8	100.0	100.0	100.0
六、文化办公用品	**100.5**	**100.1**	**102.7**	**100.7**	**100.8**	**100.4**
七、日用品	**101.4**	**101.8**	**99.2**	**99.9**	**99.9**	**99.6**
1.日用百货	101.3	101.6	99.8	100.0	100.0	99.9
2.厨具餐具茶具	103.0	103.9	98.5	99.8	100.0	98.7
3.清洗用品	101.1	101.5	98.6	99.7	99.7	99.4
4.其他日用品	100.6	100.8	99.5	99.9	100.0	99.9
八、体育娱乐用品	**101.2**	**101.4**	**100.0**	**100.1**	**100.2**	**100.0**
1.体育户外用品	103.6	104.4	99.3	100.3	100.3	99.9
2.娱乐用品	100.1	100.0	100.4	100.1	100.1	100.0
九、交通、通信用品	**99.3**	**99.0**	**101.1**	**100.1**	**100.1**	**100.1**
1.交通运输机械	98.7	98.5	99.6	100.1	100.1	100.0
2.通信器材	102.2	101.3	106.0	100.3	100.2	100.6
十、家具	**100.3**	**100.1**	**101.3**	**100.3**	**100.2**	**101.0**
十一、化妆品	**103.3**	**103.8**	**100.3**	**100.0**	**100.1**	**99.4**
十二、金银饰品	**112.5**	**112.2**	**114.8**	**97.7**	**97.8**	**97.4**
十三、中西药品及医疗保健用品	**97.4**	**97.0**	**99.4**	**100.1**	**100.1**	**100.0**
1.医疗卫生器具	108.4	105.9	121.9	100.0	100.0	100.0
2.中药	99.2	98.9	100.7	100.3	100.4	99.8
3.西药	94.5	94.0	97.2	100.1	100.1	99.9
4.保健器具及用品	99.5	99.6	99.1	100.1	100.0	100.2
十四、书报杂志及电子出版物	**100.3**	**100.2**	**100.5**	**100.0**	**100.0**	**100.0**
1.教材及参考书	100.8	100.7	101.5	100.0	100.0	100.0
2.书报杂志	100.0	100.0	100.0	100.0	100.0	100.0
3.计算机办公软件	100.0	100.0	100.0	100.0	100.0	100.0
十五、燃料	**88.1**	**88.0**	**88.9**	**99.2**	**99.2**	**99.0**
1.煤炭及制品	100.3	100.1	101.1	100.7	100.8	100.3
2.石油及制品	86.6	86.6	86.9	98.9	99.0	98.7
十六、建筑材料及五金电料	**100.1**	**99.8**	**101.1**	**100.2**	**100.2**	**100.5**
1.建筑装璜材料	99.6	99.4	100.5	100.1	100.1	100.2
2.五金水暖	101.2	101.0	102.3	100.4	100.3	101.1

3-33 商品零售价格分类指数(2020年11月)

指标	上年同月=100(同比)			上月=100(环比)		
	全省	城市	农村	全省	城市	农村
商品零售价格总指数	**99.1**	**99.0**	**99.6**	**99.5**	**99.5**	**99.3**
一、食品	**99.7**	**99.8**	**99.2**	**97.8**	**97.9**	**97.5**
1. 粮食	101.4	101.4	101.2	100.5	100.5	100.4
2. 薯类	97.5	96.5	103.4	97.8	98.1	96.4
3. 豆类	105.2	105.2	105.4	100.1	100.1	100.3
4. 食用油	101.0	101.0	101.0	100.5	100.6	100.1
5. 菜	102.2	101.5	105.5	89.9	89.8	90.6
6. 畜肉类	93.3	93.5	92.6	95.4	95.6	94.8
7. 禽肉类	91.1	91.4	90.0	99.2	99.3	99.1
8. 水产品	101.9	101.7	103.0	97.7	97.7	97.6
9. 蛋类	88.9	89.5	86.6	99.5	99.6	99.1
10. 奶类	102.2	102.3	101.5	100.7	100.9	99.9
11. 干鲜瓜果类	104.6	104.9	103.1	102.2	102.3	101.9
12. 糖果糕点类	102.8	103.0	101.9	100.3	100.3	100.4
13. 调味品	102.0	102.1	101.5	100.1	100.1	99.9
14. 其他食品类	99.8	99.6	100.8	100.1	100.0	100.2
15. 在外餐饮	103.5	103.6	103.1	100.1	100.1	100.5
二、饮料、烟酒	**100.8**	**100.9**	**100.7**	**100.3**	**100.3**	**100.0**
1. 茶及饮料	101.8	102.0	100.6	100.5	100.7	99.9
2. 烟草	100.0	100.0	100.5	100.0	100.0	100.0
3. 酒类	101.4	101.5	101.1	100.6	100.7	100.2
三、服装、鞋帽	**101.9**	**101.3**	**104.9**	**100.2**	**100.2**	**100.7**
1. 服装	102.0	101.5	104.7	100.6	100.6	100.6
2. 鞋帽袜	101.6	100.7	105.9	99.1	98.7	100.8
3. 其他衣着配件	101.7	102.1	100.3	99.6	99.5	100.1
四、纺织品	**101.6**	**101.8**	**100.8**	**100.5**	**100.6**	**100.0**
1. 服装材料	100.5	100.6	99.8	100.4	100.5	100.0
2. 床上用品	102.1	102.2	101.2	100.5	100.6	100.0
五、家用电器及音像器材	**99.5**	**99.2**	**100.8**	**99.8**	**99.9**	**99.4**
1. 家庭设备	99.4	99.1	100.4	99.9	100.1	99.1
2. 文娱用耐用消费品	99.8	99.2	102.1	99.6	99.5	100.0

3-33 续表

指标	上年同月=100(同比)			上月=100(环比)		
	全省	城市	农村	全省	城市	农村
3.专业音像器材	99.8	99.8	99.8	100.0	100.0	100.0
六、文化办公用品	**100.1**	**99.7**	**102.4**	**99.9**	**99.9**	**100.0**
七、日用品	**101.2**	**101.6**	**99.3**	**100.0**	**100.0**	**99.9**
1.日用百货	101.1	101.3	99.9	100.2	100.2	100.2
2.厨具餐具茶具	102.8	103.6	99.2	99.8	99.7	100.1
3.清洗用品	100.7	101.3	97.5	99.9	100.0	99.3
4.其他日用品	100.7	100.9	99.8	99.8	99.8	100.0
八、体育娱乐用品	**101.0**	**101.2**	**100.1**	**100.1**	**100.0**	**100.2**
1.体育户外用品	102.9	103.5	99.4	99.8	99.8	100.0
2.娱乐用品	100.2	100.2	100.3	100.2	100.1	100.3
九、交通、通信用品	**99.7**	**99.5**	**100.7**	**100.4**	**100.4**	**100.1**
1.交通运输机械	98.5	98.4	98.7	99.9	99.9	99.8
2.通信器材	105.3	104.9	107.2	102.2	102.5	101.1
十、家具	**100.8**	**100.7**	**101.5**	**100.4**	**100.4**	**100.1**
十一、化妆品	**102.5**	**102.8**	**100.4**	**99.6**	**99.5**	**100.2**
十二、金银饰品	**112.2**	**112.4**	**111.1**	**97.9**	**98.2**	**96.4**
十三、中西药品及医疗保健用品	**97.1**	**96.7**	**99.4**	**99.9**	**99.9**	**100.0**
1.医疗卫生器具	108.4	105.9	121.9	100.0	100.0	100.0
2.中药	99.2	98.8	100.7	99.9	99.9	100.0
3.西药	93.9	93.2	97.2	99.7	99.7	100.0
4.保健器具及用品	99.9	100.0	98.9	100.3	100.3	100.0
十四、书报杂志及电子出版物	**100.3**	**100.2**	**100.4**	**100.0**	**100.0**	**100.0**
1.教材及参考书	100.8	100.7	101.1	100.0	100.0	100.0
2.书报杂志	100.0	100.0	100.0	100.0	100.0	100.0
3.计算机办公软件	100.0	100.0	100.0	100.0	100.0	100.0
十五、燃料	**87.9**	**87.7**	**88.7**	**99.9**	**99.9**	**99.9**
1.煤炭及制品	101.8	101.9	101.4	100.8	100.9	100.6
2.石油及制品	86.1	86.1	86.6	99.8	99.8	99.8
十六、建筑材料及五金电料	**100.1**	**100.0**	**100.6**	**100.3**	**100.3**	**100.1**
1.建筑装璜材料	99.5	99.4	100.0	100.3	100.3	100.1
2.五金水暖	101.5	101.4	101.7	100.2	100.2	100.1

3-34 商品零售价格分类指数(2020 年 12 月)

指标	上年同月=100(同比)			上月=100(环比)		
	全省	城市	农村	全省	城市	农村
商品零售价格总指数	**100.1**	**99.9**	**100.9**	**101.0**	**101.0**	**101.2**
一、食品	**102.7**	**102.7**	**102.9**	**102.5**	**102.4**	**102.8**
1. 粮食	101.9	102.1	101.2	99.9	99.9	100.0
2. 薯类	99.4	98.5	104.4	100.9	100.8	101.4
3. 豆类	104.8	104.6	105.6	100.2	100.1	100.4
4. 食用油	104.1	103.8	105.4	102.2	101.8	103.7
5. 菜	105.1	104.3	108.6	105.9	105.7	106.7
6. 畜肉类	102.2	102.3	101.8	104.2	104.2	104.4
7. 禽肉类	92.4	92.3	92.8	99.6	99.4	100.0
8. 水产品	102.9	102.5	104.7	101.7	101.6	101.7
9. 蛋类	91.8	92.4	89.4	100.3	100.3	100.5
10. 奶类	101.9	102.0	101.3	100.2	100.2	100.3
11. 干鲜瓜果类	110.0	110.1	109.4	107.9	108.0	107.3
12. 糖果糕点类	102.8	102.9	102.4	100.0	100.0	100.3
13. 调味品	101.9	102.0	101.5	99.9	99.8	100.1
14. 其他食品类	100.1	99.9	100.6	100.2	100.3	99.8
15. 在外餐饮	102.9	103.1	102.2	100.1	100.1	100.2
二、饮料、烟酒	**100.7**	**100.7**	**101.0**	**99.7**	**99.7**	**99.9**
1. 茶及饮料	101.3	101.5	100.3	99.9	99.9	99.8
2. 烟草	100.0	100.0	100.5	100.0	100.0	100.0
3. 酒类	101.5	101.3	102.6	99.1	98.9	99.9
三、服装、鞋帽	**102.3**	**101.7**	**105.3**	**100.4**	**100.4**	**100.4**
1. 服装	102.3	101.8	105.2	100.3	100.3	100.6
2. 鞋帽袜	102.1	101.3	105.8	100.8	101.0	99.9
3. 其他衣着配件	101.6	101.9	100.5	99.9	99.9	99.9
四、纺织品	**101.1**	**101.2**	**100.8**	**100.0**	**100.0**	**100.0**
1. 服装材料	100.6	100.6	100.6	100.0	100.0	100.0
2. 床上用品	101.3	101.4	100.9	100.0	99.9	100.0
五、家用电器及音像器材	**100.0**	**99.7**	**101.5**	**100.3**	**100.3**	**100.3**
1. 家庭设备	99.5	99.2	100.9	99.9	99.8	100.0
2. 文娱用耐用消费品	101.3	100.8	103.3	101.5	101.5	101.1

3-34 续表

指　　标	上年同月=100(同比)			上月=100(环比)		
	全省	城市	农村	全省	城市	农村
3. 专业音像器材	99.8	99.8	99.8	100.0	100.0	100.0
六、文化办公用品	**100.3**	**100.0**	**102.4**	**100.2**	**100.2**	**100.3**
七、日用品	**101.5**	**101.8**	**100.0**	**100.2**	**100.2**	**100.1**
1. 日用百货	100.9	101.0	100.6	99.6	99.5	100.3
2. 厨具餐具茶具	102.7	103.3	99.8	100.1	100.2	99.7
3. 清洗用品	102.2	102.9	98.9	101.2	101.4	100.3
4. 其他日用品	100.8	101.0	100.2	100.0	100.1	99.9
八、体育娱乐用品	**100.9**	**101.1**	**99.9**	**100.1**	**100.1**	**100.0**
1. 体育户外用品	102.7	103.3	98.7	100.0	100.1	99.7
2. 娱乐用品	100.1	100.1	100.4	100.1	100.1	100.1
九、交通、通信用品	**100.2**	**100.0**	**101.1**	**100.2**	**100.2**	**100.4**
1. 交通运输机械	98.6	98.5	99.1	100.0	99.9	100.3
2. 通信器材	107.4	107.3	107.8	101.2	101.3	100.5
十、家具	**100.7**	**100.6**	**101.5**	**99.8**	**99.8**	**100.1**
十一、化妆品	**103.0**	**103.5**	**100.0**	**100.4**	**100.5**	**100.0**
十二、金银饰品	**109.3**	**109.3**	**109.5**	**98.2**	**98.0**	**99.1**
十三、中西药品及医疗保健用品	**96.9**	**96.6**	**98.6**	**100.0**	**100.0**	**99.9**
1. 医疗卫生器具	108.4	105.9	121.9	100.0	100.0	100.0
2. 中药	99.6	99.3	101.0	100.4	100.5	100.1
3. 西药	93.6	93.2	95.6	100.0	100.0	100.0
4. 保健器具及用品	99.2	99.2	99.3	99.6	99.6	99.5
十四、书报杂志及电子出版物	**100.1**	**100.1**	**100.3**	**100.0**	**100.0**	**100.0**
1. 教材及参考书	100.3	100.2	100.9	100.1	100.1	100.0
2. 书报杂志	100.0	100.0	100.0	100.0	100.0	100.0
3. 计算机办公软件	100.0	100.0	100.0	100.0	100.0	100.0
十五、燃料	**89.7**	**89.5**	**90.9**	**104.2**	**104.2**	**104.3**
1. 煤炭及制品	102.9	103.3	101.3	100.9	101.0	100.4
2. 石油及制品	88.2	88.0	89.2	104.7	104.6	105.0
十六、建筑材料及五金电料	**100.7**	**100.6**	**101.2**	**100.7**	**100.7**	**100.6**
1. 建筑装璜材料	100.3	100.2	100.7	100.8	100.9	100.6
2. 五金水暖	101.9	101.8	102.3	100.5	100.5	100.5

3-35 各月农业生产资料

指　　标	1月	2月	3月	4月	5月	6月
农业生产资料价格总指数	**107.0**	**107.1**	**106.5**	**106.8**	**106.6**	**106.3**
一、农用手工工具	108.8	108.6	108.5	108.3	108.0	108.0
二、饲料	99.7	101.4	102.9	105.9	106.9	105.7
三、仔畜幼禽及产品畜	191.7	191.9	188.7	182.7	172.1	170.4
四、半机械化农具	100.2	100.2	100.2	100.3	100.3	100.3
五、机械化农具	100.1	100.1	99.9	99.8	99.8	99.8
六、化学肥料	98.4	98.6	99.2	99.1	98.8	98.7
七、农药及农药器械	102.7	102.8	102.9	102.3	102.2	102.4
1.化学农药	102.9	103.0	102.9	102.3	102.2	102.4
2.农药器械	100.8	100.8	101.9	102.1	102.0	102.3
八、农机用油	107.7	97.7	85.2	78.8	77.2	80.1
九、其他农用生产资料	100.3	100.3	100.6	100.3	100.2	100.6
十、农业生产服务	102.7	102.7	99.7	99.4	99.4	98.5

3-36 各月农业生产资料

指　　标	1月	2月	3月	4月	5月	6月
农业生产资料价格总指数	**100.3**	**100.3**	**99.5**	**100.5**	**100.6**	**100.4**
一、农用手工工具	100.0	100.0	100.0	100.0	100.1	100.1
二、饲料	99.8	101.6	100.8	102.0	100.7	100.2
三、仔畜幼禽及产品畜	101.9	100.5	100.9	101.9	103.5	101.9
四、半机械化农具	100.0	100.0	100.0	100.0	100.1	100.0
五、机械化农具	100.1	100.0	99.9	99.8	100.0	100.0
六、化学肥料	100.0	100.2	100.1	99.9	99.8	99.8
七、农药及农药器械	100.1	100.1	100.0	100.0	100.0	100.3
1.化学农药	100.1	100.1	99.9	100.0	100.0	100.3
2.农药器械	100.0	100.5	101.1	100.0	100.0	100.7
八、农机用油	102.9	94.0	90.4	92.4	100.0	100.2
九、其他农用生产资料	100.0	100.0	100.3	99.9	99.9	100.4
十、农业生产服务	100.3	100.0	97.1	100.0	100.0	100.2

价格分类指数(同比)(2020)

(上年同月=100)

7月	8月	9月	10月	11月	12月
107.2	**107.3**	**106.0**	**104.3**	**104.0**	**104.7**
107.8	107.4	100.6	100.4	100.4	100.4
106.5	108.6	109.3	110.0	111.0	113.0
176.0	161.6	143.2	122.5	116.6	116.5
100.3	100.2	100.4	100.4	100.4	100.4
99.8	99.7	99.8	99.8	99.8	99.9
98.9	99.1	99.2	99.5	100.2	100.3
102.4	102.4	102.0	101.6	100.8	100.8
102.4	102.4	102.0	101.6	100.7	100.7
102.3	102.7	102.5	102.2	102.2	102.2
83.6	85.3	84.5	82.1	81.7	84.9
100.4	100.4	100.4	100.4	100.3	100.3
98.2	98.2	97.6	97.6	97.6	97.6

价格分类指数(环比)(2020)

(上月=100)

7月	8月	9月	10月	11月	12月
101.1	**100.8**	**100.2**	**99.9**	**100.2**	**100.7**
100.0	100.0	100.1	100.0	100.0	100.0
101.2	101.8	100.2	101.2	101.3	101.6
105.2	102.2	100.9	97.6	98.6	100.4
100.0	100.0	100.3	100.0	100.0	100.0
100.0	100.0	100.1	100.0	100.0	100.0
99.9	99.9	100.2	100.0	100.3	100.3
100.0	100.1	100.1	100.0	100.0	100.0
100.0	100.1	100.2	100.1	100.0	100.0
100.0	100.4	99.7	99.7	100.0	100.0
102.5	100.9	99.1	97.6	99.6	105.4
99.9	99.9	100.0	100.0	100.0	100.0
100.0	100.0	100.0	100.0	100.0	100.0

3-37 农业生产资料价格分类指数(2013-2020)

(上年=100)

指 标	2013	2014	2015	2016	2017	2018	2019	2020
农业生产资料价格总指数	**102.8**	**99.8**	**100.9**	**99.5**	**101.8**	**101.8**	**102.9**	**106.1**
一、农用手工工具	104.1	101.3	100.6	100.6	105.7	105.8	105.5	105.5
二、饲料	105.2	100.6	97.6	94.1	100.3	101.1	98.1	106.8
三、仔畜幼禽及产品畜	101.8	93.3	118.6	116.8	97.0	87.1	139.0	154.5
四、半机械化农具	101.1	100.5	99.9	99.8	101.2	102.2	102.7	100.3
五、机械化农具	100.3	100.1	99.9	100.1	100.6	102.9	101.3	99.9
六、化学肥料	98.3	94.6	99.7	98.1	103.9	105.2	101.1	99.2
七、农药及农药器械	100.7	101.1	100.9	100.8	101.7	102.9	102.4	102.1
1.化学农药	100.6	101.1	100.9	100.8	101.8	103.1	102.5	102.1
2.农药器械	101.5	100.3	100.7	100.3	99.6	100.2	101.1	102.0
八、农机用油	99.8	98.3	89.4	99.2	107.9	113.0	94.2	85.6
九、其他农用生产资料	102.8	102.0	100.8	102.2	103.3	101.8	100.3	100.4
十、农业生产服务	106.7	106.4	104.1	102.3	102.4	102.1	103.0	99.1

注：该表中“仔畜幼禽及产品畜”类在2013-2015年称“产品畜”，与2016年(含)后不可比。

3-38 工业生产者购进价格指数(2013-2020)

(上年=100)

指 标	2013	2014	2015	2016	2017	2018	2019	2020
工业生产者购进价格总指数	**97.7**	**98.2**	**94.5**	**97.8**	**109.6**	**105.1**	**97.1**	**95.9**
1.燃料、动力类	97.4	98.4	91.6	96.4	114.9	108.0	98.6	89.8
2.黑色金属材料类	95.5	95.3	89.5	98.6	117.8	106.4	97.9	98.6
(1)钢材	95.5	95.4	89.9	98.8	117.9	106.8	96.6	98.0
(2)其他	95.4	94.6	84.3	97.2	117.2	103.2	107.4	102.4
3.有色金属材料及电线类	94.3	96.4	92.1	97.0	117.5	104.0	95.3	101.6
4.化工原料类	97.4	97.7	91.8	96.5	111.9	107.3	91.7	88.6
5.木材及纸浆类	98.1	98.8	99.4	99.8	109.0	105.4	95.3	97.7
6.建筑材料及非金属类	98.6	100.9	96.3	95.7	117.0	122.1	100.9	98.6
7.其他工业原材料及半成品类	98.0	98.0	96.4	98.6	104.0	101.6	98.2	98.7
8.农副产品类	99.5	101.1	99.5	98.6	102.6	101.0	100.6	102.5
9.纺织原料类	100.3	99.9	98.3	98.9	102.6	101.6	98.6	96.4

3-39 工业生产者出厂价格指数(2013-2020)

(上年=100)

指　　标	2013	2014	2015	2016	2017	2018	2019	2020
工业生产者出厂价格总指数	**98.2**	**98.8**	**96.4**	**98.3**	**104.8**	**103.4**	**98.9**	**96.9**
按轻重工业分								
1.轻工业	99.2	99.4	98.2	99.1	103.5	102.3	99.5	96.6
(1)以农产品为原料	99.9	99.7	99.2	99.6	102.8	102.0	99.9	98.0
(2)以非农产品为原料	98.1	98.8	96.7	98.4	104.4	102.7	98.9	94.6
2.重工业	97.5	98.5	95.1	97.8	105.6	104.2	98.6	97.2
(1)采掘	100.0	102.8	94.2	97.0	106.5	110.5	109.5	104.6
(2)原料	97.6	98.2	92.5	96.3	107.4	106.4	96.7	93.0
(3)加工	97.4	98.6	96.2	98.4	104.9	103.1	99.3	98.9
按生产生活资料分								
1.生产资料	97.6	98.5	95.2	97.6	106.2	104.2	98.3	96.2
(1)采掘	100.0	102.8	94.2	97.0	106.5	110.5	109.5	104.6
(2)原料	97.3	97.5	91.9	95.9	109.1	106.2	95.9	91.2
(3)加工	97.8	98.8	96.5	98.3	105.1	103.4	99.2	98.1
2.生活资料	99.6	99.8	99.6	100.2	100.7	101.2	100.6	98.9
(1)食品	100.1	100.3	99.4	100.7	100.6	100.4	102.5	101.2
(2)衣着	100.5	99.8	100.5	100.6	100.8	101.3	100.6	97.8
(3)一般日用品	98.6	99.5	98.8	100.2	100.7	101.5	99.9	98.8
(4)耐用消费品	99.4	99.8	99.6	99.3	100.7	100.9	100.5	99.2
按工业部门分								
(1)冶金工业	94.6	96.1	91.4	99.0	117.4	105.4	97.5	100.2
(2)电力工业	100.8	100.6	98.5	97.8	99.5	98.9	99.6	95.6
(3)煤炭及炼焦工业	90.6	85.9	82.5					
(4)石油工业	97.4	96.5	77.1	90.6	109.3	112.3	100.2	85.6
(5)化学工业	96.5	97.8	93.7	96.4	108.4	106.9	96.0	91.8
(6)机械工业	98.1	99.0	98.3	98.6	100.6	100.2	99.1	98.3
(7)建筑材料工业	98.8	102.6	93.6	98.3	109.6	122.3	105.1	101.9
(8)森林工业	100.3	101.7	99.9	99.8	101.3	101.6	100.5	99.9
(9)食品工业	100.4	100.3	99.2	100.4	100.5	100.5	102.6	102.0
(10)纺织工业	99.8	99.7	98.5	98.2	102.9	102.5	99.9	96.2
(11)缝纫工业	100.3	99.6	100.6	100.6	100.8	101.9	100.7	97.3
(12)皮革工业	101.8	100.5	100.0	100.2	100.8	99.3	100.0	99.2
(13)造纸工业	96.4	98.2	97.3	99.9	115.5	105.4	91.7	99.1
(14)文教艺术用品工业	99.4	100.2	100.4	99.8	101.8	101.1	100.5	99.2
(15)其他工业	100.2	98.8	98.8	102.3	102.0	101.9	101.7	99.5

3-40 分行业工业生产者出厂价格指数(2015-2017)

(上年=100)

指　　标	2015	2016	2017
按工业行业分			
黑色金属矿采选业	72.0	98.3	114.9
有色金属矿采选业	91.6	95.7	113.6
非金属矿采选业	99.2	97.1	104.5
农副食品加工业	98.3	100.7	100.7
食品制造业	99.7	98.7	101.4
酒、饮料和精制茶制造业	99.4	100.0	100.2
烟草制品业	100.0	100.2	100.0
纺织业	98.8	98.5	102.8
纺织服装、服饰业	101.2	101.5	99.9
皮革、毛皮、羽毛及其制品和制鞋业	99.8	100.0	101.2
木材加工和木、竹、藤、棕、草制品业	99.7	98.9	101.1
家具制造业	100.3	101.5	101.7
造纸和纸制品业	97.2	99.9	115.5
印刷和记录媒介复制业	100.3	98.7	101.6
文教、工美、体育和娱乐用品制造业	99.0	103.0	102.0
石油加工、炼焦和核燃料加工业	75.6	91.2	112.6
化学原料和化学制品制造业	93.1	96.1	111.6
医药制造业	98.1	99.0	98.6
化学纤维制造业	89.6	95.1	114.7
橡胶和塑料制品业	96.0	97.3	102.7
非金属矿物制品业	93.8	98.3	109.2
黑色金属冶炼和压延加工业	87.0	101.2	123.5
有色金属冶炼和压延加工业	91.6	96.5	123.3
金属制品业	97.1	98.6	105.8
通用设备制造业	98.3	98.2	101.5
专用设备制造业	99.0	98.9	100.0
汽车制造业	98.6	98.6	99.5
铁路、船舶、航空航天和其他运输设备制造业	99.5	100.0	101.3
电气机械和器材制造业	97.5	97.8	101.6
计算机、通信和其他电子设备制造业	98.2	99.4	98.5
仪器仪表制造业	99.1	98.7	98.1
其他制造业	99.2	100.4	101.9
废弃资源综合利用业	84.5	99.2	116.0
金属制品、机械和设备修理业	99.7	101.6	99.5
电力、热力生产和供应业	98.6	97.9	99.3
燃气生产和供应业	89.3	88.2	96.6
水的生产和供应业	101.6	101.1	102.8

3-41 分行业工业生产者出厂价格指数(2018-2020)

(上年=100)

指　　标	2018	2019	2020
按工业行业分			
黑色金属矿采选业	104.9	125.5	127.3
有色金属矿采选业	105.8	87.3	87.5
非金属矿采选业	111.9	111.7	104.8
农副食品加工业	101.4	104.9	105.7
食品制造业	100.6	101.0	99.9
酒、饮料及精制茶制造业	98.9	99.2	96.7
烟草制品业	100.4	102.5	100.7
纺织业	102.9	100.1	95.8
纺织服装、服饰业	100.5	100.7	99.1
皮革、毛皮、羽毛及其制品和制鞋业	100.5	100.4	98.3
木材加工和木、竹、藤、棕、草制品业	102.1	100.2	99.1
家具制造业	100.7	101.3	100.0
造纸和纸制品业	105.4	91.7	99.1
印刷和记录媒介复制业	100.3	98.0	97.9
文教、工美、体育和娱乐用品制造业	101.4	102.4	102.0
石油、煤炭及其他燃料加工业	114.4	98.6	84.4
化学原料和化学制品制造业	109.8	94.1	89.7
医药制造业	106.8	100.2	99.5
化学纤维制造业	107.2	93.7	85.3
橡胶和塑料制品业	102.0	99.1	96.8
非金属矿物制品业	121.5	104.3	101.3
黑色金属冶炼和压延加工业	108.4	96.4	98.6
有色金属冶炼和压延加工业	103.8	95.6	102.7
金属制品业	103.6	99.8	99.2
通用设备制造业	102.0	100.3	98.9
专用设备制造业	100.6	99.8	98.8
汽车制造业	99.5	99.2	99.1
铁路、船舶、航空航天和其他运输设备制造业	100.9	99.7	99.6
电气机械和器材制造业	99.8	97.6	97.6
计算机、通信和其他电子设备制造业	98.2	98.1	96.4
仪器仪表制造业	99.4	100.1	99.2
其他制造业	100.8	100.5	99.5
废弃资源综合利用业	103.8	98.9	101.6
金属制品、机械和设备修理业	99.7	107.5	104.1
电力、热力生产和供应业	98.9	99.9	95.5
燃气生产和供应业	100.9	109.6	91.2
水的生产和供应业	100.6	100.2	95.5

3-42 各月工业生产者出厂价格指数(同比)(2020)

(上年同月=100)

指　　标	1月	2月	3月	4月	5月	6月	7月	8月	9月	10月	11月	12月
工业生产者出厂价格总指数	**98.9**	**98.9**	**97.6**	**95.6**	**95.1**	**95.8**	**96.1**	**96.6**	**96.5**	**96.7**	**97.3**	**98.3**
按轻重工业分												
1.轻工业	98.1	98.3	98.1	96.1	95.4	95.7	95.6	96.1	95.7	96.1	96.5	97.1
(1)以农产品为原料	99.0	99.5	99.3	97.9	97.1	97.2	97.5	97.7	97.5	97.7	97.7	98.0
(2)以非农产品为原料	96.8	96.8	96.4	93.6	93.0	93.6	92.9	93.8	93.2	94.0	94.9	95.8
2.重工业	99.5	99.2	97.3	95.2	94.9	95.9	96.4	96.9	97.0	97.1	97.8	99.1
(1)采掘	110.8	110.7	110.2	104.1	102.1	99.9	101.3	104.2	103.5	102.7	103.0	104.2
(2)原料	99.3	97.9	93.3	89.6	89.1	91.1	91.6	91.6	91.7	91.5	93.1	95.8
(3)加工	99.5	99.7	98.9	97.5	97.3	97.9	98.4	99.0	99.3	99.4	99.7	100.5
按生产生活资料分												
1.生产资料	98.7	98.5	96.8	94.2	93.7	94.8	95.2	95.8	95.9	96.1	96.9	98.2
(1)采掘	110.8	110.7	110.2	104.1	102.1	99.9	101.3	104.2	103.5	102.7	103.0	104.2
(2)原料	97.8	96.4	92.0	87.2	86.9	89.3	89.4	89.8	89.6	89.9	91.9	94.6
(3)加工	99.0	99.3	98.6	96.9	96.3	96.9	97.4	98.1	98.2	98.4	98.8	99.5
2.生活资料	99.5	99.8	99.9	99.4	98.9	98.8	98.5	98.7	98.3	98.4	98.3	98.7
(1)食品	103.7	104.2	103.4	102.3	101.3	101.6	101.5	101.0	99.8	98.9	97.8	98.9
(2)衣着	98.4	98.8	98.7	97.9	97.3	97.2	97.3	97.7	97.6	97.9	97.3	97.7
(3)一般日用品	99.0	99.4	99.7	99.1	99.0	98.9	98.2	98.2	97.8	98.4	98.8	98.9
(4)耐用消费品	99.1	99.0	99.4	99.8	99.5	98.9	98.7	99.3	98.9	98.9	99.5	99.9
按工业部门分												
(1)冶金工业	101.2	100.8	97.8	94.3	94.9	97.6	99.9	101.5	102.5	102.2	103.3	106.0
(2)电力工业	99.5	98.2	95.9	94.1	94.0	94.2	95.0	95.2	95.1	95.0	95.2	95.7
(3)煤炭及炼焦工业												
(4)石油工业	108.4	101.6	89.7	80.9	78.4	80.9	82.0	81.9	80.8	78.4	80.3	85.6
(5)化学工业	95.0	95.1	93.2	89.1	88.6	90.7	89.8	90.1	89.8	91.1	93.4	95.5
(6)机械工业	98.6	98.7	98.6	98.3	97.9	97.8	97.9	98.4	98.2	98.2	98.4	98.7
(7)建筑材料工业	103.4	107.4	106.4	102.5	100.7	100.0	98.2	99.8	101.9	101.9	101.2	100.2
(8)森林工业	99.9	100.0	100.4	100.3	99.9	99.8	100.1	100.0	99.5	99.4	99.8	99.6
(9)食品工业	103.9	104.4	103.8	102.9	102.3	102.6	102.6	102.0	100.8	100.0	99.0	100.3
(10)纺织工业	97.9	98.2	97.8	96.1	95.2	95.1	95.1	95.4	95.4	95.7	96.5	96.7
(11)缝纫工业	98.0	98.3	98.2	97.2	96.6	96.5	96.9	97.2	97.2	97.7	96.9	97.5
(12)皮革工业	100.0	100.3	100.5	100.1	99.8	99.1	98.4	98.9	98.5	98.2	98.0	98.2
(13)造纸工业	97.0	98.5	100.3	96.5	94.4	96.3	99.6	100.7	100.7	101.8	102.8	101.0
(14)文教艺术用品工业	99.9	100.2	100.2	99.5	98.7	98.6	98.8	98.8	98.5	99.0	99.0	99.1
(15)其他工业	100.4	100.2	99.8	99.5	98.9	99.2	99.1	99.6	99.0	99.1	99.3	99.6

3-43 各月工业生产者出厂价格指数(环比)(2020)

(上月=100)

指　　标	1月	2月	3月	4月	5月	6月	7月	8月	9月	10月	11月	12月
工业生产者出厂价格总指数	**100.1**	**99.5**	**98.8**	**98.5**	**99.5**	**100.3**	**100.0**	**100.3**	**100.0**	**100.1**	**100.3**	**100.9**
按轻重工业分												
1.轻工业	100.0	99.9	99.6	98.5	99.3	99.8	99.7	100.1	99.7	100.2	100.1	100.2
(1)以农产品为原料	100.2	100.1	99.8	98.9	99.2	99.7	100.0	100.0	99.9	100.1	100.0	100.1
(2)以非农产品为原料	99.8	99.8	99.2	97.9	99.3	100.0	99.2	100.2	99.5	100.4	100.1	100.4
2.重工业	100.2	99.3	98.2	98.4	99.7	100.5	100.2	100.4	100.2	100.0	100.5	101.4
(1)采掘	101.0	100.4	99.9	99.6	100.6	99.6	101.1	101.3	99.3	99.2	99.4	103.0
(2)原料	100.5	98.2	95.9	97.0	99.3	101.1	100.1	100.2	100.1	99.9	100.8	102.8
(3)加工	100.0	99.7	99.2	99.0	99.9	100.3	100.3	100.4	100.3	100.1	100.3	100.9
按生产生活资料分												
1.生产资料	100.1	99.4	98.3	98.0	99.5	100.4	100.1	100.2	100.1	100.2	100.5	101.3
(1)采掘	101.0	100.4	99.9	99.6	100.6	99.6	101.1	101.3	99.3	99.2	99.4	103.0
(2)原料	100.6	98.3	95.9	95.9	99.2	101.0	99.8	100.1	99.8	100.3	101.0	102.7
(3)加工	100.0	99.8	99.2	98.8	99.6	100.2	100.2	100.3	100.2	100.1	100.3	100.7
2.生活资料	100.0	100.0	99.9	99.7	99.7	99.9	99.7	100.3	99.8	99.9	99.7	100.1
(1)食品	100.2	100.2	99.4	99.8	99.2	100.5	100.3	100.1	99.8	99.6	99.4	100.5
(2)衣着	100.3	100.0	99.7	99.4	99.3	99.5	99.6	100.5	99.8	100.0	99.7	100.0
(3)一般日用品	99.9	100.0	100.2	99.7	100.1	100.0	99.5	100.3	99.7	100.0	99.5	99.9
(4)耐用消费品	99.6	99.9	100.3	100.3	100.1	99.6	99.8	100.2	99.8	100.0	100.2	100.1
按工业部门分												
(1)冶金工业	100.4	99.6	97.8	97.5	100.6	101.8	102.2	101.6	101.0	99.9	100.7	102.9
(2)电力工业	100.1	98.4	97.7	99.3	100.0	100.0	99.5	100.0	99.9	100.0	100.2	100.8
(3)煤炭及炼焦工业												
(4)石油工业	102.7	94.8	91.1	92.2	97.6	100.6	101.6	100.6	98.5	97.7	101.4	107.0
(5)化学工业	99.8	99.5	97.8	96.6	99.1	100.9	99.1	99.6	99.7	100.8	100.8	101.7
(6)机械工业	99.7	99.8	99.8	99.7	99.6	99.9	99.9	100.2	99.9	99.9	100.0	100.2
(7)建筑材料工业	101.2	99.6	97.4	97.5	99.5	99.5	98.0	100.4	102.8	101.9	101.7	100.9
(8)森林工业	99.7	100.0	99.9	100.0	100.0	99.9	100.4	99.9	100.0	99.8	100.1	99.8
(9)食品工业	100.2	100.2	99.6	99.8	99.4	100.5	100.4	100.2	99.9	99.8	99.6	100.7
(10)纺织工业	100.0	100.0	99.5	98.8	99.3	99.4	99.7	99.5	99.9	100.2	100.3	100.0
(11)缝纫工业	100.4	100.0	99.5	99.3	99.2	99.5	99.6	100.4	99.8	100.1	99.7	99.9
(12)皮革工业	99.7	100.0	100.2	99.7	99.6	99.5	99.6	100.4	99.8	99.7	99.8	100.1
(13)造纸工业	100.4	100.6	101.9	95.2	97.9	100.6	102.6	100.3	100.1	101.2	100.9	99.6
(14)文教艺术用品工业	100.1	100.0	99.8	99.7	99.3	100.1	99.9	99.9	99.9	100.2	100.0	100.1
(15)其他工业	100.4	99.6	99.3	100.0	99.8	100.4	99.7	100.9	99.9	99.9	99.8	99.9

3-44 各月按行业分工业生产者

指标	1月	2月	3月	4月	5月
按工业行业分					
黑色金属矿采选业	119.7	114.3	121.7	108.6	107.1
有色金属矿采选业	81.0	80.9	78.5	78.1	77.8
非金属矿采选业	114.7	115.1	114.2	107.7	105.4
农副食品加工业	108.8	110.1	108.9	108.2	107.1
食品制造业	100.1	100.1	99.8	99.5	100.3
酒、饮料和精制茶制造业	97.2	96.9	96.7	96.5	95.7
烟草制品业	102.7	102.7	102.7	100.0	100.0
纺织业	97.1	97.5	97.4	95.8	94.7
纺织服装、服饰业	100.1	100.3	99.7	98.7	98.8
皮革、毛皮、羽毛及其制品和制鞋业	99.5	99.6	99.5	99.0	98.6
木材加工和木、竹、藤、棕、草制品业	99.2	99.2	100.0	99.7	99.0
家具制造业	100.3	100.6	100.5	100.6	100.5
造纸和纸制品业	97.0	98.5	100.3	96.5	94.4
印刷和记录媒介复制业	98.3	98.6	98.8	98.3	96.2
文教、工美、体育和娱乐用品制造业	101.8	102.0	102.4	102.0	102.0
石油加工、炼焦和核燃料加工业	110.8	102.7	88.9	78.8	75.9
化学原料和化学制品制造业	94.4	94.7	91.5	86.8	85.0
医药制造业	98.7	99.0	100.0	100.4	100.6
化学纤维制造业	90.7	90.1	87.7	79.6	80.5
橡胶和塑料制品业	98.2	98.2	97.5	95.9	95.8
非金属矿物制品业	102.3	106.3	105.2	101.7	99.8
黑色金属冶炼和压延加工业	101.8	101.1	97.6	93.0	92.4
有色金属冶炼和压延加工业	102.6	101.3	96.3	91.0	93.6
金属制品业	99.6	99.8	99.4	98.3	98.2
通用设备制造业	99.9	99.9	99.7	99.2	98.8
专用设备制造业	98.7	99.0	99.1	98.8	98.9
汽车制造业	98.7	98.6	99.1	98.9	98.6
铁路、船舶、航空航天和其他运输设备制造业	99.6	99.8	99.8	99.8	99.3
电气机械和器材制造业	97.5	97.8	97.5	97.0	96.5
计算机、通信和其他电子设备制造业	96.5	96.5	96.2	96.1	96.0
仪器仪表制造业	99.9	99.8	99.9	99.7	99.5
其他制造业	99.3	99.6	100.1	100.2	99.3
废弃资源综合利用业	101.5	102.6	95.2	93.0	95.3
金属制品、机械和设备修理业	107.3	109.7	110.5	108.4	108.3
电力、热力生产和供应业	99.9	98.5	96.1	94.2	94.1
燃气生产和供应业	98.6	97.1	93.8	91.4	90.9
水的生产和供应业	100.1	99.7	95.2	94.7	94.7

出厂价格指数(同比)(2020)

(上年同月=100)

6月	7月	8月	9月	10月	11月	12月
108.8	108.5	146.1	143.7	136.5	150.5	166.6
81.2	85.2	94.1	96.4	96.4	98.2	108.1
101.9	103.0	101.4	100.4	100.2	99.2	97.7
107.5	107.8	106.2	103.4	101.2	99.1	101.9
100.4	99.6	99.4	99.4	100.1	99.8	100.6
96.5	95.7	96.5	96.1	97.3	97.4	97.7
100.0	100.0	100.0	100.0	100.0	100.0	100.0
94.5	94.7	95.1	95.3	95.6	96.0	96.4
99.2	99.0	98.8	98.4	98.9	98.3	98.7
98.2	97.5	97.8	97.6	97.5	97.4	97.8
99.2	99.0	98.7	98.4	98.5	99.0	99.1
100.1	100.6	100.5	99.7	98.9	99.0	98.8
96.3	99.6	100.7	100.7	101.8	102.8	101.0
96.6	97.5	97.5	97.9	98.2	98.6	98.5
101.8	101.6	102.5	101.6	101.8	101.9	102.0
78.9	80.7	80.8	79.7	76.7	78.2	84.4
87.6	87.4	87.1	87.4	88.4	91.8	94.7
100.9	99.2	98.7	98.7	99.7	99.0	99.2
84.1	82.1	83.7	82.4	85.1	88.1	90.5
96.4	95.9	96.1	95.8	96.1	97.4	99.1
99.6	97.7	99.4	101.5	101.4	100.9	99.9
95.2	96.3	97.8	100.5	100.2	102.0	105.1
98.7	104.1	107.6	108.2	107.5	108.4	113.3
98.6	99.2	99.4	99.1	99.1	99.8	99.8
98.5	98.5	98.5	98.1	98.3	98.3	98.6
99.0	99.0	98.9	98.6	98.6	98.7	98.8
98.5	98.6	99.3	99.5	99.5	100.1	100.0
99.2	99.2	99.6	99.5	99.4	99.5	100.0
96.6	96.7	97.9	98.0	98.1	98.4	99.2
96.2	96.9	97.0	96.2	96.4	96.1	96.2
99.9	99.9	98.9	98.6	98.3	97.9	98.0
99.5	99.4	99.5	99.1	99.2	99.1	99.3
98.4	102.5	103.8	105.5	104.6	105.8	111.5
106.5	104.7	103.7	99.0	98.4	97.9	96.8
94.1	94.7	94.8	94.8	94.8	95.0	95.6
91.2	88.3	87.2	86.3	87.0	90.7	91.9
94.7	94.7	94.5	94.5	94.5	94.5	94.5

3-45 各月按行业分工业生产者

指 标	1月	2月	3月	4月	5月
按工业行业分					
黑色金属矿采选业	103.2	100.0	107.7	94.5	104.4
有色金属矿采选业	97.3	99.8	96.0	98.1	100.0
非金属矿采选业	101.3	100.5	99.7	100.3	100.3
农副食品加工业	100.7	100.5	99.0	99.6	99.1
食品制造业	99.9	100.1	100.2	100.3	101.0
酒、饮料和精制茶制造业	99.7	99.8	100.2	100.0	99.0
烟草制品业	100.0	100.0	100.0	100.0	100.0
纺织业	100.1	100.0	99.5	98.9	99.1
纺织服装、服饰业	100.4	100.1	99.5	99.2	99.8
皮革、毛皮、羽毛及其制品和制鞋业	99.7	99.8	99.9	99.6	99.6
木材加工和木、竹、藤、棕、草制品业	99.5	99.9	100.1	99.8	99.9
家具制造业	100.0	99.9	99.7	100.2	100.1
造纸和纸制品业	100.4	100.6	101.9	95.2	97.9
印刷和记录媒介复制业	100.5	100.0	99.8	98.9	98.1
文教、工美、体育和娱乐用品制造业	100.6	100.0	100.0	100.3	100.3
石油加工、炼焦和核燃料加工业	103.0	94.1	89.9	91.0	97.5
化学原料和化学制品制造业	99.4	99.1	96.3	96.2	97.8
医药制造业	99.6	100.2	100.9	100.7	100.7
化学纤维制造业	100.7	99.7	97.5	92.0	99.4
橡胶和塑料制品业	99.9	99.8	99.0	98.8	99.8
非金属矿物制品业	101.0	99.5	97.4	97.4	99.3
黑色金属冶炼和压延加工业	99.7	99.4	97.6	96.6	99.8
有色金属冶炼和压延加工业	101.2	99.2	96.3	96.0	102.1
金属制品业	100.2	100.0	99.7	99.3	99.9
通用设备制造业	99.8	99.8	99.7	99.8	99.8
专用设备制造业	100.0	100.0	100.1	99.9	100.0
汽车制造业	99.7	99.8	100.5	99.7	99.9
铁路、船舶、航空航天和其他运输设备制造业	99.9	100.0	100.0	100.0	99.6
电气机械和器材制造业	99.6	99.9	99.5	99.5	99.2
计算机、通信和其他电子设备制造业	99.5	99.4	99.2	99.8	99.7
仪器仪表制造业	100.0	99.9	99.9	99.8	99.8
其他制造业	100.1	100.0	100.1	100.1	99.4
废弃资源综合利用业	101.1	100.0	94.7	98.3	101.5
金属制品、机械和设备修理业	101.1	99.7	100.5	100.9	99.9
电力、热力生产和供应业	100.1	98.3	97.6	99.2	100.0
燃气生产和供应业	101.0	98.3	96.5	97.5	98.2
水的生产和供应业	100.0	99.7	95.5	99.5	100.0

出厂价格指数(环比)(2020)

(上月=100)

6月	7月	8月	9月	10月	11月	12月
111.5	103.3	115.7	98.5	94.1	100.2	122.7
101.4	101.7	108.6	101.2	99.2	99.4	105.9
98.1	100.8	98.5	99.1	99.9	99.3	99.9
101.0	101.4	100.5	99.8	99.6	99.1	101.6
100.1	99.9	99.9	100.0	100.2	99.2	99.8
100.3	99.0	100.0	99.7	99.9	100.1	100.0
100.0	100.0	100.0	100.0	100.0	100.0	100.0
99.4	99.5	99.9	99.8	100.2	100.2	99.9
99.7	99.9	100.0	99.9	100.0	99.8	100.3
99.5	99.6	100.3	99.8	99.9	99.8	100.3
100.1	100.0	99.9	100.0	100.0	100.0	100.0
99.9	100.4	99.9	99.8	99.3	100.0	99.7
100.6	102.6	100.3	100.1	101.2	100.9	99.6
100.1	100.5	99.5	100.1	100.4	100.4	100.4
100.5	99.7	101.5	99.8	99.9	99.8	99.7
100.9	102.7	101.1	98.5	97.3	100.8	107.7
101.5	99.3	99.4	100.5	101.1	101.5	102.6
100.6	99.3	99.8	99.4	99.8	98.4	99.9
100.8	98.2	99.6	98.1	101.9	101.2	101.4
100.2	99.4	99.8	99.9	100.2	100.8	101.6
99.7	97.9	100.4	102.8	101.9	101.8	101.0
102.0	101.6	101.5	101.8	100.3	101.5	103.3
103.4	105.1	103.2	101.5	99.5	100.5	105.0
100.2	100.2	100.3	99.8	100.0	100.0	100.2
99.7	99.8	99.9	99.8	100.1	100.0	100.2
100.1	99.9	99.8	99.6	99.7	100.0	99.8
99.9	100.1	100.5	100.0	99.9	100.1	99.8
100.0	99.9	100.3	100.0	99.8	100.2	100.4
99.8	100.1	100.7	100.1	100.1	100.1	100.5
100.4	99.7	100.0	99.6	99.4	99.4	100.0
100.2	99.9	99.4	99.7	99.6	99.6	100.1
100.1	99.9	99.9	100.1	99.8	99.7	100.1
102.9	103.9	100.6	101.1	99.9	101.1	106.1
100.6	98.8	99.3	98.6	99.3	99.3	98.9
100.0	99.3	100.0	100.0	100.0	100.2	100.8
99.3	96.8	98.5	98.3	99.9	103.9	103.7
100.0	100.0	99.8	100.0	100.0	100.0	100.0

3-46　各月工业生产者

指　　标	1月	2月	3月	4月	5月
工业生产者购进价格总指数	**97.9**	**98.1**	**96.4**	**93.5**	**92.2**
1.燃料、动力类	102.5	100.9	96.1	86.2	79.4
2.黑色金属材料类	98.4	98.4	97.0	94.9	93.9
(1)钢材	97.3	97.7	96.5	94.6	93.6
(2)其他	106.2	102.9	100.0	96.8	95.3
3.有色金属材料及电线类	100.4	100.4	96.0	92.5	94.8
4.化工原料类	91.0	91.8	89.2	85.1	83.2
5.木材及纸浆类	94.8	95.1	96.8	96.1	95.6
6.建筑材料及非金属类	98.8	103.8	102.3	99.0	96.9
7.其他工业原材料及半成品类	98.6	98.7	98.3	97.9	98.0
8.农副产品类	102.1	102.7	102.4	102.9	101.9
9.纺织原料类	97.2	97.0	97.3	96.2	96.3

3-47　各月工业生产者

指　　标	1月	2月	3月	4月	5月
工业生产者购进价格总指数	**100.2**	**99.6**	**98.3**	**97.0**	**98.4**
1.燃料、动力类	100.5	98.4	95.7	91.0	92.7
2.黑色金属材料类	100.1	100.0	98.7	98.0	99.1
(1)钢材	100.0	100.0	99.0	98.0	98.9
(2)其他	100.6	100.0	96.8	98.1	99.9
3.有色金属材料及电线类	100.9	100.1	96.5	96.3	101.4
4.化工原料类	99.9	99.8	97.2	94.9	96.8
5.木材及纸浆类	100.3	100.1	101.2	98.2	99.0
6.建筑材料及非金属类	100.8	98.2	95.8	96.8	100.2
7.其他工业原材料及半成品类	99.9	99.9	99.5	99.3	99.8
8.农副产品类	100.4	100.1	99.7	100.4	99.3
9.纺织原料类	99.8	99.9	100.0	98.9	99.6

购进价格指数(同比)(2020)

(上年同月=100)

6月	7月	8月	9月	10月	11月	12月
93.3	**94.9**	**95.9**	**96.5**	**96.5**	**97.3**	**98.8**
82.0	86.9	88.7	90.6	88.5	88.1	88.3
95.0	96.0	98.2	100.9	101.6	103.4	105.8
94.9	96.2	97.6	100.1	100.9	102.5	104.8
96.2	94.9	102.0	106.5	106.6	109.5	112.6
97.9	102.1	106.2	106.2	105.8	106.6	111.2
85.4	86.8	87.2	87.8	88.9	91.4	95.5
96.8	98.4	99.2	99.9	100.0	100.1	100.0
96.2	95.6	96.3	97.7	99.3	99.9	97.3
98.0	98.4	99.0	98.9	99.0	99.5	100.5
102.1	103.7	103.4	102.4	101.0	101.9	103.0
96.3	96.1	95.4	95.9	95.6	96.3	97.3

购进价格指数(环比)(2020)

(上月=100)

6月	7月	8月	9月	10月	11月	12月
100.6	**101.1**	**100.8**	**100.7**	**100.2**	**100.6**	**101.6**
103.0	104.5	102.1	101.5	98.8	99.5	100.9
101.2	101.1	101.7	101.9	100.5	101.0	102.4
100.8	101.1	101.4	101.9	100.5	101.0	102.1
104.0	101.3	103.6	102.4	100.3	100.8	104.5
102.2	103.6	104.1	100.9	100.0	100.8	104.2
100.7	100.5	99.7	100.5	100.9	101.5	103.2
100.2	100.6	100.1	100.2	100.0	100.0	100.2
99.2	97.8	98.6	102.8	102.6	102.8	101.9
99.7	100.3	100.5	100.1	100.3	100.2	100.9
100.4	101.6	100.3	99.9	99.3	100.8	100.8
99.3	99.4	99.3	100.2	99.6	100.5	100.7

3-48 农产品生产者价格指数(2013-2020)

(上年=100)

指标	2013	2014	2015	2016	2017	2018	2019	2020
农产品生产者价格总指数	**103.0**	**99.5**	**102.0**	**104.5**	**99.1**	**100.8**	**109.9**	**107.3**
一、种植业产品	**102.5**	**100.5**	**99.9**	**101.5**	**99.8**	**100.1**	**102.8**	**98.2**
谷物	104.3	100.4	100.6	97.8	102.0	96.9	94.5	102.5
稻谷	104.5	100.3	100.7	97.7	102.4	97.1	93.8	102.7
早籼稻	103.9	103.7	100.0	101.4	107.6	93.0	100.0	105.2
晚籼稻	103.7	100.0	105.5	100.3	101.0	96.7	95.9	100.5
粳稻	106.4	100.0	96.0	94.4	102.6	98.6	90.3	104.4
薯类	106.7	104.0	101.5	115.4	99.2	101.4	106.6	102.0
油料	101.9	98.1	101.2	114.1	107.4	98.7	111.9	97.4
油菜籽	100.7	98.9	101.1	118.9	99.2	104.1	104.3	104.8
豆类	104.5	101.0	101.4	99.4	111.0	111.8		93.4
大豆	105.3	103.1	101.5	100.3	111.1	111.8		125.0
蔬菜	99.2	100.2	101.4	105.3	97.0	102.8	106.4	96.5
叶菜类蔬菜	96.9	101.5	102.1	109.5	99.4	102.8	106.4	98.6
根茎类蔬菜	105.7	102.7	107.2	102.0	95.6	104.3	106.3	94.9
瓜菜类蔬菜	101.9	100.9	100.8	99.7	107.2	102.5	101.6	97.6
豆类蔬菜	111.9	103.2	93.5	103.4	111.3	105.5	95.8	101.9
茄果类蔬菜	97.7	99.7	96.1	108.3	99.3	100.5	108.3	93.5
食用菌	106.9	100.9	97.6	92.5	98.7	99.1	106.2	102.9
花卉	105.7	100.0	88.4	85.7	100.5	105.9	94.2	98.3
水果及坚果	108.1	97.0	100.6	101.8	105.2	108.3	100.2	98.7
水果(园林水果)	109.9	96.4	98.3	101.2	106.4	97.1	104.6	101.2
食用坚果	90.9	105.1	126.9	108.4	92.4	96.9	105.3	83.3
茶叶	98.8	110.4	94.5	100.6	97.1	99.2	97.0	92.1
中草药材	103.9	91.4	105.9	92.4	88.2	98.2	103.0	96.6
二、林业产品	**97.5**	**102.3**	**98.8**	**101.7**	**99.1**	**94.7**	**96.4**	**100.4**
苗木	97.7	104.0	98.6	101.2	100.6	99.2	100.3	98.9
木材采伐产品	98.7	99.6	100.0	100.7	100.4	100.4	98.6	99.9
竹材采伐产品	98.1	93.9	97.7	90.4	88.9	100.6	100.1	93.0
林产品	96.0	111.7	99.4	111.2	101.7	91.5	100.0	109.6
三、畜牧业产品	**101.4**	**95.1**	**104.3**	**110.2**	**89.0**	**100.5**	**104.8**	**138.2**
猪	99.3	92.5	105.8	114.5	85.1	95.6	140.3	155.2
羊	104.1	116.0	96.0	97.4	102.5	90.9	112.7	107.8
活鸡	105.8	99.4	106.2	97.5	93.8	104.7	104.0	94.7
活鸭	89.7	100.7	101.7	99.0	94.6	104.4	106.3	94.9
禽蛋	110.8	101.6	101.1	96.1	93.0	107.3	100.0	90.1
鸡蛋	107.5	98.4	101.1	100.9	93.9	117.6	98.9	92.1
鸭蛋	112.8	103.6	101.1	91.2	92.2	110.5	101.1	88.2
天然蜂蜜及副产品	107.7	110.7	101.1	111.2	99.7	124.6	103.4	97.9
蚕茧	107.1	84.8	92.4	104.7	118.0	101.2	108.8	95.7
四、渔业产品	**108.3**	**100.1**	**104.6**	**105.8**	**105.0**	**101.6**	**102.2**	**101.5**
海水养殖产品	110.4	97.9	105.6	103.9	102.4	106.3	102.7	99.9
海水捕捞产品	108.6	100.1	106.1	109.4	109.2	104.9	103.3	102.3
淡水养殖产品	106.5	101.9	101.1	100.1	98.5	110.0	100.0	100.7

3-49 各季农产品生产者价格指数(2020)

(上年同期=100)

指　　标	1季度	2季度	3季度	4季度
农产品生产者价格总指数	**119.1**	**105.5**	**108.0**	**99.3**
一、种植业产品	**96.0**	**95.3**	**97.3**	**99.6**
谷物	97.4	95.9	106.5	107.3
稻谷	97.4		112.9	107.5
早籼稻			114.4	100.0
晚籼稻	97.3		98.7	105.0
粳稻	97.7			111.6
薯类	100.0	110.1	104.8	92.1
油料	89.4	104.8	105.0	78.3
油菜籽		104.8		
豆类		86.6		125.0
大豆				125.0
蔬菜	98.3	92.7	93.8	99.4
叶菜类蔬菜	97.1	99.3	94.8	104.2
根茎类蔬菜	96.7	59.2	108.0	103.8
瓜菜类蔬菜	101.3	97.4	96.4	97.2
豆类蔬菜	105.6	94.4	93.8	99.7
茄果类蔬菜	103.1	97.2	92.6	98.7
食用菌	101.0	94.5	98.0	89.9
花卉	100.3	91.2	94.7	97.3
水果及坚果	101.7	97.3	98.7	92.2
水果(园林水果)	105.3	97.3	101.6	100.2
食用坚果	92.1		82.5	84.4
茶叶	72.3	95.3	101.3	88.0
中草药材	65.9	107.0	105.4	103.5
二、林业产品	**111.4**	**100.4**	**98.6**	**99.0**
苗木	102.3	102.5	99.0	98.4
木材采伐产品	104.9	97.3	98.8	96.7
竹材采伐产品	100.3		93.7	100.3
林产品	122.2	100.6		98.1
三、畜牧业产品	**204.8**	**155.2**	**153.8**	**92.6**
猪	240.8	194.8	172.9	92.1
羊	107.3	100.4	106.7	112.2
活鸡	98.2	98.7	95.0	88.1
活鸭	91.2	91.6	100.9	99.8
禽蛋	92.9	88.4	92.3	88.2
鸡蛋	92.4	88.0	94.0	93.5
鸭蛋	95.3	90.1	84.3	82.9
天然蜂蜜及副产品	113.9	91.7	92.6	93.9
蚕茧		100.2	90.7	
四、渔业产品	**102.8**	**102.1**	**101.6**	**101.4**
海水养殖产品	101.4	95.9	102.6	100.1
海水捕捞产品	101.8	103.1	102.5	104.6
淡水养殖产品	106.3	104.2	99.8	97.9

四 农业调查

4-1 畜禽监测

指　　标		2007	2008	2009	2010	2011	2012
生猪存栏	（万头）	1039.10	1161.85	1225.80	1248.40	1284.93	1338.30
#能繁母猪	（万头）	100.31	108.67	112.00	115.00	128.52	130.12
生猪出栏	（万头）	1658.86	1888.98	1894.00	1922.17	1929.91	1934.41
猪肉产量	（万吨）	120.75	137.50	133.31	142.68	145.62	148.45
家禽存栏	（万只）	11607.30	12339.17	13125.69	12898.48	13739.00	12924.29
#鸡	（万只）	7379.92	7666.73	7953.37	8081.37	8352.35	9271.52
家禽出栏	（万只）	22251.97	28470.81	27650.85	28876.56	26908.10	28399.42
禽肉产量	（万吨）	34.12	40.80	40.79	42.50	39.80	41.78
禽蛋数量	（万吨）	38.64	43.11	45.99	48.02	52.20	54.36
牛存栏	（万头）	20.91	21.07	21.00	20.71	20.13	18.81
#奶牛	（万头）	6.31	6.40	5.97	5.95	5.88	5.45
牛出栏	（万头）	7.13	7.02	7.21	7.91	8.33	8.91
牛肉产量	（万吨）	1.06	1.02	1.07	1.18	1.20	1.21
牛奶产量	（万吨）	22.95	21.79	19.29	19.61	19.27	18.65
羊存栏	（万只）	114.50	116.58	119.49	122.40	122.75	122.99
羊出栏	（万只）	125.65	112.13	110.19	121.90	125.21	118.60
羊肉产量	（万吨）	2.17	1.88	1.86	2.07	2.06	1.92
猪牛羊禽肉产量	（万吨）	158.10	181.20	177.03	188.43	188.68	193.36

主要指标(2007-2020)

2013	2014	2015	2016	2017	2018	2019	2020
1287.53	964.64	730.19	568.14	542.55	516.79	427.3	627.58
115.60	78.52	61.07	49.60	47.55	43.31	40.2	58.07
1895.10	1724.53	1315.63	1157.64	1022.42	911.62	756.05	665.42
148.71	136.39	107.96	91.84	83.31	73.95	60.16	54.2
11923.89	9888.70	9020.68	8071.80	7820.03	8320.64	8616.65	8740.08
8207.49	6838.20	6491.55	5891.27	5707.51	6787.67	7031.19	7198.36
24166.75	20434.20	18240.37	18294.39	17319.88	17195.93	19501.16	20979.21
36.32	30.75	28.46	28.37	27.01	26.39	29.86	31.75
49.65	45.89	39.95	37.77	35.85	31.49	33.57	33.17
18.77	17.08	16.42	16.05	14.90	13.71	13.24	14.95
4.95	4.37	4.12	3.68	3.27	3.19	3.08	4.04
8.80	8.71	8.95	9.52	8.79	8.15	8.61	8.84
1.20	1.25	1.29	1.39	1.32	1.24	1.30	1.39
17.63	15.39	15.97	14.81	14.31	15.73	15.48	18.33
129.12	133.86	139.37	142.24	133.80	125.88	117.46	140.14
123.05	124.84	137.35	150.23	141.95	135.06	134.46	129.94
1.98	2.03	2.21	2.41	2.36	2.29	2.27	2.18
188.21	170.42	139.92	124.01	114.00	103.87	93.59	89.52

注：2007 年以来数据已根据第三次农业普查结果调整。

4-2 粮食播种面积和产量(2007-2008)

单位：千公顷、公斤、万吨

指　标	2007			2008		
	播种面积	公顷产	总产量	播种面积	公顷产	总产量
粮食作物合计	**1223.37**	**5914**	**723.48**	**1189.26**	**6151**	**731.54**
1.谷　物	1029.70	6406	659.61	993.16	6721	667.49
(1)稻　谷	927.13	6674	618.76	884.89	7045	623.38
①早　稻	117.56	5598	65.81	98.48	5690	56.03
②晚　稻	809.57	6830	552.95	786.42	7214	567.35
#单季稻	668.79	7056	471.88	652.45	7376	481.25
(2)小　麦	49.79	3731	18.58	55.53	3903	21.67
(3)大　麦	22.29	4242	9.45	20.82	4374	9.11
(4)玉　米	22.85	4229	9.67	24.26	4290	10.41
(5)其他谷物	7.64	4125	3.15	7.65	3814	2.92
2.豆　类	108.36	2523	27.34	114.19	2518	28.75
(1)大　豆	50.23	2345	11.78	53.76	2398	12.89
(2)杂　豆	58.13	2678	15.56	60.42	2625	15.86
3.薯　类	85.32	4281	36.53	81.92	4310	35.31
(1)马铃薯	48.55	3221	15.64	46.07	3202	14.75
(2)蕃　薯	36.76	5681	20.89	35.85	5734	20.55

注:2007 年以来数据已根据第三次农业普查结果调整。

4-3 粮食播种面积和产量(2009-2010)

单位：千公顷、公斤、万吨

指　标	2009			2010		
	播种面积	公顷产	总产量	播种面积	公顷产	总产量
粮食作物合计	**1170.56**	**6177**	**723.09**	**1115.40**	**6152**	**686.24**
1.谷　物	977.48	6736	658.47	943.29	6630	625.36
(1)稻　谷	860.84	7102	611.35	822.46	7021	577.45
①早　稻	105.34	5908	62.24	104.79	5394	56.52
②晚　稻	755.50	7268	549.11	717.67	7259	520.93
#单季稻	611.05	7475	456.76	577.20	7503	433.07
(2)小　麦	62.36	3850	24.00	69.09	3730	25.77
(3)大　麦	22.47	4328	9.72	20.73	4177	8.66
(4)玉　米	24.48	4310	10.55	23.89	4455	10.65
(5)其他谷物	7.34	3880	2.85	7.13	3988	2.84
2.豆　类	109.97	2593	28.52	94.28	2862	26.99
(1)大　豆	54.52	2445	13.33	51.32	2466	12.65
(2)杂　豆	55.44	2739	15.18	42.96	3336	14.33
3.薯　类	83.12	4343	36.10	77.83	4355	33.89
(1)马铃薯	49.35	3232	15.95	47.14	3240	15.28
(2)蕃　薯	33.76	5966	20.14	30.69	6067	18.62

注:2007 年以来数据已根据第三次农业普查结果调整。

4-4 粮食播种面积和产量(2011-2012)

单位：千公顷、公斤、万吨

指　　标	2011			2012		
	播种面积	公顷产	总产量	播种面积	公顷产	总产量
粮食作物合计	**1070.31**	**6320**	**676.41**	**1043.07**	**6215**	**648.22**
1.谷　物	902.56	6798	613.59	854.53	6721	574.33
(1)稻　谷	774.48	7254	561.77	700.14	7306	511.50
①早　稻	96.73	6111	59.12	93.07	6037	56.19
②晚　稻	677.74	7417	502.66	607.07	7500	455.31
#单季稻	554.05	7662	424.51	504.72	7718	389.54
(2)小　麦	76.66	3720	28.52	79.47	3638	28.91
(3)大　麦	18.69	4434	8.29	17.61	4181	7.36
(4)玉　米	26.23	4716	12.37	50.83	4701	23.89
(5)其他谷物	6.50	4063	2.64	6.48	4113	2.66
2.豆　类	94.55	2892	27.35	111.11	2952	32.80
(1)大　豆	49.51	2748	13.60	85.24	2850	24.30
(2)杂　豆	45.04	3052	13.74	25.87	3289	8.51
3.薯　类	73.19	4846	35.47	77.43	5306	41.09
(1)马铃薯	45.48	3916	17.81	40.47	4150	16.80
(2)蕃　薯	27.72	6372	17.66	36.96	6572	24.29

注:2007 年以来数据已根据第三次农业普查结果调整。

4-5 粮食播种面积和产量(2013-2014)

单位：千公顷、公斤、万吨

指　　标	2013			2014		
	播种面积	公顷产	总产量	播种面积	公顷产	总产量
粮食作物合计	**1016.85**	**5912**	**601.17**	**1005.59**	**6003**	**603.61**
1.谷　物	832.08	6424	534.55	815.99	6544	534.02
(1)稻　谷	677.05	7001	474.02	654.20	7160	468.38
①早　稻	94.04	6230	58.59	92.37	6144	56.75
②晚　稻	583.01	7126	415.43	561.83	7327	411.63
#单季稻	484.47	7417	359.34	466.48	7555	352.42
(2)小　麦	81.45	3685	30.01	89.53	3769	33.74
(3)大　麦	16.68	4049	6.75	14.71	4259	6.27
(4)玉　米	50.31	4221	21.23	51.07	4523	23.10
(5)其他谷物	6.59	3837	2.53	6.48	3901	2.53
2.豆　类	108.88	2718	29.59	114.78	2691	30.89
(1)大　豆	84.55	2565	21.68	85.10	2707	23.04
(2)杂　豆	24.33	3250	7.91	29.68	2645	7.85
3.薯　类	75.90	4879	37.03	74.81	5174	38.70
(1)马铃薯	40.31	4136	16.67	39.99	4163	16.65
(2)蕃　薯	35.58	5721	20.36	34.82	6334	22.06

注:2007 年以来数据已根据第三次农业普查结果调整。

4-6 粮食播种面积和产量(2015-2016)

单位：千公顷、公斤、万吨

指　标	2015			2016		
	播种面积	公顷产	总产量	播种面积	公顷产	总产量
粮食作物合计	**989.70**	**5901**	**583.97**	**951.36**	**5937**	**564.84**
1.谷　物	800.90	6428	514.83	757.99	6582	498.92
⑴稻　谷	634.24	7029	445.80	613.09	7256	444.83
①早　稻	89.91	5806	52.21	86.53	6390	55.29
②晚　稻	544.32	7231	393.59	526.56	7398	389.54
#单季稻	450.47	7462	336.14	433.94	7620	330.66
⑵小　麦	98.96	3909	38.68	85.32	3315	28.28
⑶大　麦	10.81	4575	4.94	5.76	3818	2.20
⑷玉　米	51.63	4474	23.10	49.94	4382	21.88
⑸其他谷物	5.26	4392	2.31	3.88	4427	1.72
2.豆　类	114.92	2619	30.10	114.38	2373	27.14
⑴大　豆	86.27	2566	22.14	83.82	2428	20.36
⑵杂　豆	28.65	2779	7.96	30.55	2221	6.79
3.薯　类	73.88	5285	39.04	78.99	4910	38.79
⑴马铃薯	39.38	4158	16.37	41.87	3935	16.47
⑵蕃　薯	34.50	6570	22.67	37.12	6011	22.31

注:2007 年以来数据已根据第三次农业普查结果调整。

4-7 粮食播种面积和产量(2017-2018)

单位：千公顷、公斤、万吨

指　标	2017			2018		
	播种面积	公顷产	总产量	播种面积	公顷产	总产量
粮食作物合计	**977.19**	**5937**	**580.14**	**975.73**	**6140**	**599.14**
1.谷　物	784.86	6542	513.43	789.90	6782	535.74
⑴稻　谷	620.68	7168	444.91	651.07	7333	477.40
①早　稻	86.43	6105	52.77	97.10	6399	62.13
②晚　稻	534.25	7340	392.15	553.97	7496	415.27
#单季稻	439.58	7590	333.64	454.94	7756	352.85
⑵小　麦	103.67	4043	41.92	85.36	4193	35.79
⑶大　麦	5.12	3853	1.97	0.38	4474	0.17
⑷玉　米	51.88	4440	23.04	49.34	4183	20.64
⑸其他谷物	3.50	4536	1.59	3.75	4639	1.74
2.豆　类	108.25	2529	27.38	113.14	2495	28.22
⑴大　豆	80.41	2535	20.38	85.21	2518	21.46
⑵杂　豆	27.84	2513	7.00	27.93	2424	6.77
3.薯　类	84.08	4677	39.32	72.68	4838	35.17
⑴马铃薯	44.99	4148	18.66	34.29	3848	13.20
⑵蕃　薯	39.08	5285	20.66	38.39	5723	21.97

注:2007 年以来数据已根据第三次农业普查结果调整。

4-8 粮食播种面积和产量(2019-2020)

单位：千公顷、公斤、万吨

指　　标	2019			2020		
	播种面积	公顷产	总产量	播种面积	公顷产	总产量
粮食作物合计	**977.44**	**6058**	**592.15**	**993.40**	**6097**	**605.70**
1.谷　物	791.27	6680	528.57	804.25	6665	536.05
⑴稻　谷	627.52	7363	462.06	636.02	7313	465.12
①早　稻	98.81	6104	60.32	101.22	6202	62.78
②晚　稻	528.71	7599	401.74	534.80	7523	402.35
#单季稻	425.73	7930	337.62	445.21	7700	342.82
⑵小　麦	82.66	3917	32.38	93.36	4370	40.79
⑶大　麦	0.41	3759	0.15	2.01	4416	0.89
⑷玉　米	76.42	4229	32.32	63.28	4094	25.91
⑸其他谷物	4.27	3886	1.66	9.57	3485	3.33
2.豆　类	118.73	2576	30.58	115.81	2663	30.84
⑴大　豆	90.16	2590	23.36	82.75	2628	21.75
⑵杂　豆	28.57	2528	7.22	33.05	2752	9.10
3.薯　类	67.44	4894	33.00	73.35	5291	38.81
⑴马铃薯	32.81	3847	12.62	23.54	3810	8.97
⑵蕃　薯	34.63	5886	20.38	49.81	5991	29.84

注:2007年以来数据已根据第三次农业普查结果调整。

4-9 夏、秋粮食播种面积和产量(2007-2008)

单位：千公顷、公斤、万吨

指　　标	2007			2008		
	播种面积	公顷产	总产量	播种面积	公顷产	总产量
(一)夏收粮食合计	**138.78**	**3470**	**48.16**	**141.13**	**3546**	**50.04**
1.小　麦	49.79	3731	18.58	55.53	3903	21.67
2.大　麦	22.29	4242	9.45	20.82	4374	9.11
3.春季豆类	24.82	2674	6.64	25.04	2609	6.53
4.春季薯类	41.88	3221	13.49	39.74	3202	12.73
(1)马铃薯	41.88	3221	13.49	39.74	3202	12.73
(2)甘　薯						
(二)秋收粮食合计	**967.04**	**6303**	**609.51**	**949.65**	**6586**	**625.47**
1.晚　稻	809.57	6830	552.95	786.42	7214	567.35
(1)单　晚	668.79	7056	471.88	652.45	7376	481.25
(2)双　晚	140.79	5759	81.07	133.97	6427	86.10
2.夏秋玉米	22.85	4229	9.67	24.26	4290	10.41
3.夏秋豆类	83.54	2479	20.71	89.14	2492	22.22
(1)夏秋大豆	50.23	2345	11.78	53.76	2398	12.89
(2)杂　豆	33.31	2681	8.93	35.38	2636	9.33
4.夏秋薯类	43.44	5303	23.04	42.18	5354	22.58
(1)马铃薯	6.67	3221	2.15	6.33	3202	2.03
(2)甘　薯	36.76	5681	20.89	35.85	5734	20.55
5.秋杂粮	7.64	4125	3.15	7.65	3814	2.92

注:2007年以来数据已根据第三次农业普查结果调整。

4-10 夏、秋粮食播种面积和产量(2009-2010)

单位：千公顷、公斤、万吨

指标	2009			2010		
	播种面积	公顷产	总产量	播种面积	公顷产	总产量
(一)夏收粮食合计	**150.16**	**3575**	**53.68**	**150.20**	**3596**	**54.01**
1.小　麦	62.36	3850	24.00	69.09	3730	25.77
2.大　麦	22.47	4328	9.72	20.73	4177	8.66
3.春季豆类	22.77	2721	6.19	18.18	3212	5.84
4.春季薯类	42.57	3232	13.76	42.20	3258	13.75
(1)马铃薯	42.57	3232	13.76	41.55	3212	13.35
(2)甘　薯				0.66	6112	0.40
(二)秋收粮食合计	**915.07**	**6635**	**607.17**	**860.41**	**6691**	**575.71**
1.晚　稻	755.50	7268	549.11	717.67	7259	520.93
(1)单　晚	611.05	7475	456.76	577.20	7503	433.07
(2)双　晚	144.46	6393	92.35	140.47	6254	87.85
2.夏秋玉米	24.48	4310	10.55	23.89	4455	10.65
3.夏秋豆类	87.20	2560	22.32	76.09	2779	21.15
(1)夏秋大豆	54.52	2445	13.33	51.32	2466	12.65
(2)杂　豆	32.68	2751	8.99	24.77	3428	8.49
4.夏秋薯类	40.55	5509	22.34	35.63	5655	20.15
(1)马铃薯	6.78	3232	2.19	5.60	3448	1.93
(2)甘　薯	33.76	5966	20.14	30.03	6066	18.22
5.秋杂粮	7.34	3880	2.85	7.13	3988	2.84

注:2007年以来数据已根据第三次农业普查结果调整。

4-11 夏、秋粮食播种面积和产量(2011-2012)

单位：千公顷、公斤、万吨

指标	2011			2012		
	播种面积	公顷产	总产量	播种面积	公顷产	总产量
(一)夏收粮食合计	**154.99**	**3747**	**58.07**	**147.36**	**3750**	**55.26**
1.小　麦	76.66	3720	28.52	79.47	3638	28.91
2.大　麦	18.69	4434	8.29	17.61	4181	7.36
3.春季豆类	19.06	2942	5.61	15.44	3031	4.68
4.春季薯类	40.59	3859	15.66	34.83	4107	14.31
(1)马铃薯	40.12	3831	15.37	34.44	4076	14.04
(2)甘　薯	0.46	6226	0.29	0.40	6773	0.27
(二)秋收粮食合计	**818.58**	**6832**	**559.22**	**802.64**	**6688**	**536.77**
1.晚　稻	677.74	7417	502.66	607.07	7500	455.31
(1)单　晚	554.05	7662	424.51	504.72	7718	389.54
(2)双　晚	123.69	6318	78.14	102.35	6426	65.77
2.夏秋玉米	26.23	4716	12.37	50.83	4701	23.89
3.夏秋豆类	75.50	2880	21.74	95.67	2939	28.12
(1)夏秋大豆	49.51	2748	13.60	85.24	2850	24.30
(2)杂　豆	25.99	3132	8.14	10.43	3670	3.83
4.夏秋薯类	32.61	6076	19.81	42.60	6287	26.78
(1)马铃薯	5.36	4554	2.44	6.04	4575	2.76
(2)甘　薯	27.25	6374	17.37	36.56	6569	24.02
5.秋杂粮	6.50	4063	2.64	6.48	4113	2.66

注:2007年以来数据已根据第三次农业普查结果调整。

4-12 夏、秋粮食播种面积和产量(2013-2014)

单位：千公顷、公斤、万吨

指　　标	2013			2014		
	播种面积	公顷产	总产量	播种面积	公顷产	总产量
(一)夏收粮食合计	**147.14**	**3779**	**55.60**	**156.09**	**3756**	**58.63**
1.小　麦	81.45	3685	30.01	89.53	3769	33.74
2.大　麦	16.68	4049	6.75	14.71	4259	6.27
3.春季豆类	14.49	3120	4.52	18.18	2519	4.58
4.春季薯类	34.53	4145	14.31	33.67	4171	14.04
(1)马铃薯	34.14	4114	14.04	33.32	4142	13.80
(2)甘　薯	0.39	6872	0.27	0.35	6933	0.24
(二)秋收粮食合计	**775.66**	**6278**	**486.98**	**757.13**	**6448**	**488.23**
1.晚　稻	583.01	7126	415.43	561.83	7327	411.63
(1)单　晚	484.47	7417	359.34	466.48	7555	352.42
(2)双　晚	98.54	5693	56.09	95.35	6210	59.21
2.夏秋玉米	50.31	4221	21.23	51.07	4523	23.10
3.夏秋豆类	94.39	2656	25.07	96.60	2723	26.31
(1)夏秋大豆	84.55	2565	21.68	85.10	2707	23.04
(2)杂　豆	9.84	3441	3.39	11.50	2845	3.27
4.夏秋薯类	41.37	5491	22.72	41.14	5994	24.66
(1)马铃薯	6.18	4256	2.63	6.67	4266	2.85
(2)甘　薯	35.19	5708	20.09	34.47	6328	21.81
5.秋杂粮	6.59	3837	2.53	6.48	3901	2.53

注:2007年以来数据已根据第三次农业普查结果调整。

4-13 夏、秋粮食播种面积和产量(2015-2016)

单位：千公顷、公斤、万吨

指　　标	2015			2016		
	播种面积	公顷产	总产量	播种面积	公顷产	总产量
(一)夏收粮食合计	**161.13**	**3883**	**62.57**	**145.32**	**3347**	**48.64**
1.小　麦	98.96	3909	38.68	85.32	3315	28.28
2.大　麦	10.81	4575	4.94	5.76	3818	2.20
3.春季豆类	16.96	2726	4.62	16.72	2157	3.61
4.春季薯类	34.40	4163	14.32	37.52	3878	14.55
(1)马铃薯	34.13	4122	14.07	37.23	3875	14.43
(2)甘　薯	0.26	9475	0.25	0.28	4313	0.12
(二)秋收粮食合计	**738.65**	**6352**	**469.20**	**719.50**	**6406**	**460.91**
1.晚　稻	544.32	7231	393.59	526.56	7398	389.54
(1)单　晚	450.47	7462	336.14	433.94	7620	330.66
(2)双　晚	93.85	6122	57.45	92.62	6358	58.89
2.夏秋玉米	51.63	4474	23.10	49.94	4382	21.88
3.夏秋豆类	97.96	2601	25.48	97.65	2410	23.54
(1)夏秋大豆	86.27	2566	22.14	83.82	2428	20.36
(2)杂　豆	11.69	2857	3.34	13.83	2298	3.18
4.夏秋薯类	39.48	6262	24.72	41.47	5845	24.24
(1)马铃薯	5.24	4397	2.31	4.63	4420	2.05
(2)甘　薯	34.23	6548	22.42	36.84	6024	22.19
5.秋杂粮	5.26	4392	2.31	3.88	4427	1.72

注:2007年以来数据已根据第三次农业普查结果调整。

4-14 夏、秋粮食播种面积和产量(2017-2018)

单位：千公顷、公斤、万吨

指　　标	2017			2018		
	播种面积	公顷产	总产量	播种面积	公顷产	总产量
(一)夏收粮食合计	**162.28**	**3975**	**64.50**	**129.75**	**3937**	**51.08**
1.小　麦	103.67	4043	41.92	85.36	4193	35.79
2.大　麦	5.12	3853	1.97	0.38	4474	0.17
3.春季豆类	13.02	2828	3.68	13.76	2580	3.55
4.春季薯类	40.46	4184	16.93	30.25	3826	11.57
(1)马铃薯	40.01	4172	16.69	29.83	3809	11.36
(2)甘　薯	0.46	5231	0.24	0.42	5048	0.21
(二)秋收粮食合计	**728.48**	**6354**	**462.87**	**748.88**	**6489**	**485.92**
1.晚　稻	534.25	7340	392.15	553.97	7496	415.27
(1)单　晚	439.58	7590	333.64	454.94	7756	352.85
(2)双　晚	94.67	6180	58.50	99.03	6304	62.43
2.夏秋玉米	51.88	4440	23.04	49.34	4183	20.64
3.夏秋豆类	95.24	2489	23.70	99.38	2483	24.67
(1)夏秋大豆	80.41	2535	20.38	85.21	2518	21.46
(2)杂　豆	14.83	2237	3.32	14.17	2272	3.22
4.夏秋薯类	43.62	5134	22.39	42.43	5560	23.59
(1)马铃薯	4.99	3959	1.98	4.46	4110	1.83
(2)甘　薯	38.63	5286	20.42	37.97	5731	21.76
5.秋杂粮	3.50	4536	1.59	3.75	4639	1.74

注:2007 年以来数据已根据第三次农业普查结果调整。

4-15 夏、秋粮食播种面积和产量(2019-2020)

单位：千公顷、公斤、万吨

指　　标	2019			2020		
	播种面积	公顷产	总产量	播种面积	公顷产	总产量
(一)夏收粮食合计	**127.38**	**3729**	**47.50**	**138.62**	**4015**	**55.66**
1.小　麦	82.66	3917	32.38	93.36	4370	40.79
2.大　麦	0.41	3759	0.15	2.01	4416	0.89
3.春季豆类	16.26	2614	4.25	27.73	2960	8.21
4.春季薯类	28.06	3821	10.72	15.13	3699	5.60
(1)马铃薯	27.70	3791	10.50	14.94	3670	5.48
(2)甘　薯	0.36	6103	0.22	0.19	6001	0.11
5.春杂粮				0.39	4365	0.17
(二)秋收粮食合计	**751.24**	**6447**	**484.33**	**753.56**	**6466**	**487.27**
1.晚　稻	528.71	7599	401.74	534.80	7523	402.35
(1)单　晚	425.73	7930	337.62	445.21	7700	342.82
(2)双　晚	102.98	6227	64.12	89.60	6643	59.52
2.夏秋玉米	76.42	4229	32.32	63.28	4094	25.91
3.夏秋豆类	102.48	2569	26.33	88.08	2570	22.64
(1)夏秋大豆	90.16	2590	23.36	78.06	2582	20.15
(2)杂　豆	12.31	2415	2.97	10.02	2480	2.49
4.夏秋薯类	39.38	5659	22.28	58.22	5705	33.22
(1)马铃薯	5.12	4153	2.12	8.60	4054	3.49
(2)甘　薯	34.26	5883	20.16	49.62	5991	29.73
5.秋杂粮	4.27	3886	1.66	9.18	3448	3.16

注:2007 年以来数据已根据第三次农业普查结果调整。

五 市县数据

5-1 各设区市全体居民人均可支配收入(2013-2020)

单位：元

地　区	2013	2014	2015	2016	2017	2018	2019	2020
杭州市	35763	39237	42642	46116	49832	54348	59261	61879
宁波市	34657	38074	41373	44641	48233	52402	56982	59952
温州市	30602	33478	36459	39601	43185	46920	51490	54025
嘉兴市	31315	34318	37139	40118	43507	47380	51615	54667
湖州市	28717	31510	34251	37193	40702	44487	48673	51800
绍兴市	32191	35335	38389	41506	45306	49389	53839	56600
金华市	28673	31599	34378	37159	40629	44326	48155	50580
衢州市	20342	22436	24460	26745	29378	32269	35412	37935
舟山市	32027	35330	38254	41564	45195	49217	53568	55830
台州市	28215	30950	33788	36915	40439	43973	47988	50643
丽水市	20418	22426	24402	26757	29329	32245	35450	37744

5-2 各设区市全体居民人均消费支出(2013-2020)

单位：元

地　区	2013	2014	2015	2016	2017	2018	2019	2020
杭州市	26827	28492	30181	31905	34146	37369	40016	38235
宁波市	21728	24324	26056	27891	29316	32200	33944	34455
温州市	21058	22868	24799	26234	28627	31213	34107	34283
嘉兴市	17842	20307	22336	24137	25619	27738	30547	31756
湖州市	18314	20358	22020	23217	24421	26964	29657	30413
绍兴市	20040	22002	23906	24541	26459	28691	31109	31613
金华市	18932	20954	22670	24961	26661	28628	30911	30949
衢州市	12727	13875	14697	15869	16794	18736	20635	21029
舟山市	21596	23785	25774	26911	28259	29989	32347	32459
台州市	19502	21641	23822	25143	27129	29421	31768	30969
丽水市	15250	16923	18399	19933	21568	23508	25718	25940

5-3 各设区市城镇常住居民人均可支配收入(2013-2020)

单位：元

地 区	2013	2014	2015	2016	2017	2018	2019	2020
杭州市	40925	44632	48316	52185	56276	61172	66068	68666
宁波市	40426	44155	47852	51560	55656	60134	64886	68008
温州市	37266	40510	44026	47785	51866	56097	60957	63481
嘉兴市	38671	42143	45499	48926	53057	57437	61940	64124
湖州市	35750	38959	42238	45794	49934	54393	59028	61743
绍兴市	39567	43167	46747	50305	54445	59049	63935	66694
金华市	36386	39807	43193	46554	50653	54883	59348	61545
衢州市	27981	30583	33212	36188	39577	43126	46933	49300
舟山市	37799	41466	44845	48423	52516	56622	61479	63702
台州市	36480	39763	43266	47162	51374	55705	60351	62598
丽水市	28005	30413	32875	35968	38996	42557	46437	48532

5-4 各设区市城镇常住居民人均消费支出(2013-2020)

单位：元

地 区	2013	2014	2015	2016	2017	2018	2019	2020
杭州市	30659	32165	33818	35686	38179	41615	44076	41916
宁波市	25012	27893	29645	31584	33197	36712	38274	38702
温州市	25367	27186	29438	30965	33663	36709	39804	39860
嘉兴市	21105	23032	25544	28313	29875	32366	35435	36384
湖州市	23196	24875	26815	27731	28962	31829	34916	35488
绍兴市	24221	26231	28355	28858	30879	33319	35925	36392
金华市	23508	25627	27701	30311	32368	34503	37166	36828
衢州市	16995	18357	19393	20877	21934	24273	26535	26801
舟山市	25391	27807	30128	30762	32218	33826	36333	36478
台州市	24031	26458	28892	30021	32514	35100	37616	36131
丽水市	20006	21867	23556	25296	27017	29271	31876	31756

5-5 各设区市农村常住居民人均可支配收入(2013-2020)

单位：元

地 区	2013	2014	2015	2016	2017	2018	2019	2020
杭州市	21208	23555	25719	27908	30397	33193	36255	38700
宁波市	21879	24283	26469	28572	30871	33633	36632	39132
温州市	17549	19394	21235	22985	25154	27478	30211	32428
嘉兴市	22396	24676	26838	28997	31436	34279	37413	39801
湖州市	20257	22404	24410	26508	28999	31767	34803	37244
绍兴市	21307	23539	25648	27744	30331	33097	36120	38696
金华市	16661	18544	20297	21896	23922	26218	28511	30365
衢州市	13811	15354	16884	18421	20225	22255	24426	26290
舟山市	21401	23783	25903	28308	30791	33812	36784	39096
台州市	17523	19362	21225	23164	25369	27631	30221	32188
丽水市	12171	13635	15000	16459	18072	19922	21931	23637

5-6 各设区市农村常住居民人均消费支出(2013-2020)

单位：元

地 区	2013	2014	2015	2016	2017	2018	2019	2020
杭州市	16021	17816	19334	20563	21983	24203	26296	25664
宁波市	14442	16228	17800	19313	20239	21248	22797	23481
温州市	12617	14218	15464	16627	18169	19568	21301	21544
嘉兴市	13443	16163	17522	18864	20240	21708	23824	24482
湖州市	12440	14836	16112	17609	18665	20718	22613	22984
绍兴市	13870	15632	17123	17787	19216	20888	22658	23135
金华市	11806	13520	14634	16269	17149	18550	19933	20112
衢州市	9076	9980	10632	11454	12181	13629	15009	15115
舟山市	14610	16217	17615	19468	20472	22007	23891	23915
台州市	13643	15307	17102	18598	19709	21510	23364	23001
丽水市	10082	11483	12677	13936	15222	16623	18141	18335

5-7 杭州居民家庭人均收支及增长情况(2020)

指　标	全体居民		城镇常住居民		农村常住居民	
	水平(元)	增长(%)	水平(元)	增长(%)	水平(元)	增长(%)
可支配收入	**61879**	**4.4**	**68666**	**3.9**	**38700**	**6.7**
1.工资性收入	36014	5.5	39720	5.0	23359	8.1
2.经营净收入	6446	-2.1	5640	-3.6	9196	1.4
3.财产净收入	8235	1.5	10182	1.4	1586	0.8
4.转移净收入	11184	7.2	13124	6.4	4559	13.6
生活消费支出	**38235**	**-4.5**	**41916**	**-4.9**	**25664**	**-2.4**
1.食品烟酒	9901	0.7	10717	0.6	7114	0.7
2.衣着	1972	-9.6	2177	-10.5	1272	-5.0
3.居住	10658	4.4	11434	3.2	8006	10.5
4.生活用品及服务	2092	0.1	2288	-0.5	1423	3.5
5.交通通信	6253	7.5	6883	-7.6	4101	-7.7
6.教育文化娱乐	3242	-21.9	3704	-22.3	1664	-19.6
7.医疗保健	3215	-11.6	3651	-10.0	1729	-21.8
8.其他用品及服务	902	-22.4	1062	-21.0	355	-35.3

5-8 杭州居民家庭收支构成情况(2020)

单位：%

指　标	全体居民	城镇常住居民	农村常住居民
可支配收入	**100.0**	**100.0**	**100.0**
1.工资性收入	58.2	57.9	60.3
2.经营净收入	10.4	8.2	23.8
3.财产净收入	13.3	14.8	4.1
4.转移净收入	18.1	19.1	11.8
生活消费支出	**100.0**	**100.0**	**100.0**
1.食品烟酒	25.9	25.6	27.7
2.衣着	5.2	5.2	5.0
3.居住	27.9	27.3	31.2
4.生活用品及服务	5.5	5.5	5.5
5.交通通信	16.3	16.4	16.0
6.教育文化娱乐	8.5	8.8	6.5
7.医疗保健	8.4	8.7	6.7
8.其他用品及服务	2.3	2.5	1.4

5-9 宁波居民家庭人均收支及增长情况(2020)

指标	全体居民		城镇常住居民		农村常住居民	
	水平(元)	增长(%)	水平(元)	增长(%)	水平(元)	增长(%)
可支配收入	**59952**	**5.2**	**68008**	**4.8**	**39132**	**6.8**
1.工资性收入	34860	3.0	39156	2.6	23759	4.4
2.经营净收入	11237	6.4	12270	6.1	8566	7.3
3.财产净收入	6048	4.6	7877	4.5	1320	4.4
4.转移净收入	7807	14.8	8705	13.9	5487	18.4
生活消费支出	**34455**	**1.5**	**38702**	**1.1**	**23481**	**3.0**
1.食品烟酒	9880	4.2	10808	3.4	7481	6.7
2.衣着	1959	-5.8	2239	-6.5	1236	-2.3
3.居住	9038	6.3	10216	5.5	5994	10.0
4.生活用品及服务	2167	21.9	2557	23.2	1159	14.5
5.交通通信	5275	3.8	5790	2.0	3945	11.3
6.教育文化娱乐	3042	-24.3	3626	-23.2	1534	-30.5
7.医疗保健	1951	-9.3	2069	-6.9	1644	-16.3
8.其他用品及服务	1143	34.3	1397	33.4	488	40.2

5-10 宁波居民家庭收支构成情况(2020)

单位：%

指标	全体居民	城镇常住居民	农村常住居民
可支配收入	100.0	100.0	100.0
1.工资性收入	58.2	57.6	60.7
2.经营净收入	18.7	18.0	21.9
3.财产净收入	10.1	11.6	3.4
4.转移净收入	13.0	12.8	14.0
生活消费支出	100.0	100.0	100.0
1.食品烟酒	28.7	27.9	31.9
2.衣着	5.7	5.8	5.3
3.居住	26.2	26.4	25.5
4.生活用品及服务	6.3	6.6	4.9
5.交通通信	15.3	15.0	16.8
6.教育文化娱乐	8.8	9.4	6.5
7.医疗保健	5.7	5.3	7.0
8.其他用品及服务	3.3	3.6	2.1

5-11 温州居民家庭人均收支及增长情况(2020)

指　标	全体居民		城镇常住居民		农村常住居民	
	水平(元)	增长(%)	水平(元)	增长(%)	水平(元)	增长(%)
可支配收入	**54025**	**4.9**	**63481**	**4.1**	**32428**	**7.3**
1.工资性收入	28415	5.0	32594	4.3	18869	6.9
2.经营净收入	9858	2.2	10758	0.7	7801	6.8
3.财产净收入	8414	3.6	11356	2.9	1695	7.5
4.转移净收入	7339	10.2	8773	9.8	4063	10.6
生活消费支出	**34283**	**0.5**	**39860**	**0.1**	**21544**	**1.1**
1.食品烟酒	10073	-2.2	11141	-3.4	7634	1.4
2.衣着	2046	-5.6	2409	-6.1	1218	-4.5
3.居住	9522	2.8	11325	2.5	5403	3.1
4.生活用品及服务	2151	17.9	2529	17.7	1289	17.5
5.交通通信	3873	4.7	4600	4.8	2211	3.1
6.教育文化娱乐	4173	-4.9	5094	-3.8	2070	-11.6
7.医疗保健	1668	-0.4	1828	-0.7	1301	0.0
8.其他用品及服务	776	-1.6	933	-4.5	417	14.1

5-12 温州居民家庭收支构成情况(2020)

单位：%

指　标	全体居民	城镇常住居民	农村常住居民
可支配收入	100.0	100.0	100.0
1.工资性收入	52.6	51.3	58.2
2.经营净收入	18.2	16.9	24.1
3.财产净收入	15.6	17.9	5.2
4.转移净收入	13.6	13.8	12.5
生活消费支出	100.0	100.0	100.0
1.食品烟酒	29.4	27.9	35.4
2.衣着	6.0	6.0	5.7
3.居住	27.8	28.4	25.1
4.生活用品及服务	6.3	6.3	6.0
5.交通通信	11.3	11.5	10.3
6.教育文化娱乐	12.2	12.8	9.6
7.医疗保健	4.9	4.6	6.0
8.其他用品及服务	2.3	2.3	1.9

5-13 嘉兴居民家庭人均收支及增长情况(2020)

指　　标	全体居民		城镇常住居民		农村常住居民	
	水平(元)	增长(%)	水平(元)	增长(%)	水平(元)	增长(%)
可支配收入	**54667**	**5.9**	**64124**	**3.5**	**39801**	**6.4**
1.工资性收入	34379	5.4	40058	2.7	25451	6.9
2.经营净收入	7719	-1.0	6828	-1.5	9119	1.5
3.财产净收入	4343	11.2	6047	7.1	1664	9.8
4.转移净收入	8227	12.8	11191	8.3	3567	14.9
生活消费支出	**31756**	**4.0**	**36384**	**2.7**	**24482**	**2.8**
1.食品烟酒	8607	3.1	9697	2.1	6892	1.9
2.衣着	1701	-0.9	2044	-2.9	1162	-1.7
3.居住	7345	8.6	8615	8.0	5348	4.9
4.生活用品及服务	1866	4.1	2152	1.2	1417	6.2
5.交通通信	5978	0.0	6454	-1.1	5229	0.2
6.教育文化娱乐	3203	5.7	4030	3.6	1902	2.9
7.医疗保健	2289	7.2	2467	7.2	2010	5.3
8.其他用品及服务	768	-1.3	924	-8.0	521	11.8

5-14 嘉兴居民家庭收支构成情况(2020)

单位：%

指　　标	全体居民	城镇常住居民	农村常住居民
可支配收入	**100.0**	**100.0**	**100.0**
1.工资性收入	62.9	62.5	63.9
2.经营净收入	14.1	10.6	22.9
3.财产净收入	7.9	9.4	4.2
4.转移净收入	15.0	17.5	9.0
生活消费支出	**100.0**	**100.0**	**100.0**
1.食品烟酒	27.1	26.7	28.2
2.衣着	5.4	5.6	4.7
3.居住	23.1	23.7	21.8
4.生活用品及服务	5.9	5.9	5.8
5.交通通信	18.8	17.7	21.4
6.教育文化娱乐	10.1	11.1	7.8
7.医疗保健	7.2	6.8	8.2
8.其他用品及服务	2.4	2.5	2.1

5-15 湖州居民家庭人均收支及增长情况(2020)

指标	全体居民		城镇常住居民		农村常住居民	
	水平(元)	增长(%)	水平(元)	增长(%)	水平(元)	增长(%)
可支配收入	**51800**	**6.4**	**61743**	**4.6**	**37244**	**7.0**
1.工资性收入	30011	5.7	33900	4.0	24318	6.7
2.经营净收入	10902	4.7	12061	2.8	9205	6.5
3.财产净收入	4112	6.7	5996	3.5	1355	8.1
4.转移净收入	6774	12.8	9785	9.9	2366	11.4
生活消费支出	**30413**	**2.6**	**35488**	**1.6**	**22984**	**1.6**
1.食品烟酒	8716	1.9	9865	1.1	7033	1.3
2.衣着	2091	2.6	2579	0.4	1378	3.9
3.居住	7326	10.0	8741	9.8	5254	6.9
4.生活用品及服务	1752	7.0	1930	6.1	1491	7.1
5.交通通信	5023	0.6	5560	0.3	4237	-0.3
6.教育文化娱乐	2847	-13.3	3687	-13.6	1617	-17.7
7.医疗保健	1859	7.1	2097	5.7	1509	7.7
8.其他用品及服务	800	5.0	1029	1.1	465	10.6

5-16 湖州居民家庭收支构成情况(2020)

单位：%

指标	全体居民	城镇常住居民	农村常住居民
可支配收入	**100.0**	**100.0**	**100.0**
1.工资性收入	57.9	54.9	65.3
2.经营净收入	21.0	19.5	24.7
3.财产净收入	7.9	9.7	3.6
4.转移净收入	13.1	15.8	6.4
生活消费支出	**100.0**	**100.0**	**100.0**
1.食品烟酒	28.7	27.8	30.6
2.衣着	6.9	7.3	6.0
3.居住	24.1	24.6	22.9
4.生活用品及服务	5.8	5.4	6.5
5.交通通信	16.5	15.7	18.4
6.教育文化娱乐	9.4	10.4	7.0
7.医疗保健	6.1	5.9	6.6
8.其他用品及服务	2.6	2.9	2.0

5-17 绍兴居民家庭人均收支及增长情况(2020)

指 标	全体居民		城镇常住居民		农村常住居民	
	水平(元)	增长(%)	水平(元)	增长(%)	水平(元)	增长(%)
可支配收入	**56600**	**5.1**	**66694**	**4.3**	**38696**	**7.1**
1. 工资性收入	32002	6.1	37267	5.1	22661	8.4
2. 经营净收入	12002	2.1	12625	1.3	10896	3.9
3. 财产净收入	5385	3.8	7786	3.1	1126	8.2
4. 转移净收入	7212	7.2	9015	6.5	4013	9.1
生活消费支出	**31613**	**1.6**	**36392**	**1.3**	**23135**	**2.1**
1. 食品烟酒	8854	2.1	9911	1.9	6978	2.4
2. 衣着	2128	1.3	2551	0.6	1378	3.1
3. 居住	8164	3.3	9703	2.7	5435	4.4
4. 生活用品及服务	1435	1.6	1606	1.3	1134	2.1
5. 交通通信	4784	-0.4	5324	-1.0	3826	1.0
6. 教育文化娱乐	3357	-0.9	4026	-0.4	2170	-2.9
7. 医疗保健	2119	1.8	2335	1.7	1735	1.9
8. 其他用品和服务	771	2.3	935	2.2	479	2.2

5-18 绍兴居民家庭收支构成情况(2020)

单位：%

指 标	全体居民	城镇常住居民	农村常住居民
可支配收入	100.0	100.0	100.0
1. 工资性收入	56.5	55.9	58.6
2. 经营净收入	21.2	18.9	28.2
3. 财产净收入	9.5	11.7	2.9
4. 转移净收入	12.7	13.5	10.4
生活消费支出	100.0	100.0	100.0
1. 食品烟酒	28.0	27.2	30.2
2. 衣着	6.7	7.0	6.0
3. 居住	25.8	26.7	23.5
4. 生活用品及服务	4.5	4.4	4.9
5. 交通通信	15.1	14.6	16.5
6. 教育文化娱乐	10.6	11.1	9.4
7. 医疗保健	6.7	6.4	7.5
8. 其他用品及服务	2.4	2.6	2.1

5-19 金华居民家庭人均收支及增长情况(2020)

指　　标	全体居民		城镇常住居民		农村常住居民	
	水平(元)	增长(%)	水平(元)	增长(%)	水平(元)	增长(%)
可支配收入	**50580**	**5.0**	**61545**	**3.7**	**30365**	**6.5**
1.工资性收入	28180	4.8	33878	3.2	17678	7.5
2.经营净收入	8649	3.4	9074	3.4	7864	2.9
3.财产净收入	6641	3.4	9606	1.5	1173	8.7
4.转移净收入	7110	9.7	8987	8.7	3650	9.3
生活消费支出	**30949**	**0.1**	**36828**	**-0.9**	**20112**	**0.9**
1.食品烟酒	7915	-1.2	8891	-2.7	6119	1.3
2.衣着	1916	-1.7	2405	-1.5	1014	-6.2
3.居住	7823	1.3	9183	-0.2	5317	3.6
4.生活用品及服务	1821	-0.3	2175	0.0	1168	-3.8
5.交通通信	5068	4.0	6402	2.8	2607	4.7
6.教育文化娱乐	3182	-2.9	3978	-2.4	1714	-8.4
7.医疗保健	2593	1.3	2999	-0.7	1845	5.2
8.其他用品及服务	631	-9.1	795	-10.5	328	-6.7

5-20 金华居民家庭收支构成情况(2020)

单位：%

指　　标	全体居民	城镇常住居民	农村常住居民
可支配收入	100.0	100.0	100.0
1.工资性收入	55.7	55.0	58.2
2.经营净收入	17.1	14.7	25.9
3.财产净收入	13.1	15.6	3.9
4.转移净收入	14.1	14.6	12.0
生活消费支出	100.0	100.0	100.0
1.食品烟酒	25.6	24.1	30.4
2.衣着	6.2	6.5	5.0
3.居住	25.3	24.9	26.4
4.生活用品及服务	5.9	5.9	5.8
5.交通通信	16.4	17.4	13.0
6.教育文化娱乐	10.3	10.8	8.5
7.医疗保健	8.4	8.1	9.2
8.其他用品及服务	2.0	2.2	1.6

5-21 衢州居民家庭人均收支及增长情况(2020)

指 标	全体居民		城镇常住居民		农村常住居民	
	水平(元)	增长(%)	水平(元)	增长(%)	水平(元)	增长(%)
可支配收入	**37935**	**7.1**	**49300**	**5.0**	**26290**	**7.6**
1. 工资性收入	22755	7.7	29726	5.5	15612	8.3
2. 经营净收入	6393	2.0	6671	-1.4	6107	5.5
3. 财产净收入	2600	11.7	4751	8.3	396	8.4
4. 转移净收入	6187	8.8	8152	7.1	4175	8.4
生活消费支出	**21029**	**1.9**	**26801**	**1.0**	**15115**	**0.7**
1. 食品烟酒	5876	3.8	6934	2.4	4793	4.2
2. 衣着	1311	3.0	1846	2.6	764	-0.9
3. 居住	5610	0.4	7369	-0.5	3808	-1.3
4. 生活用品及服务	1146	5.7	1543	5.7	739	2.0
5. 交通通信	2382	-0.8	2986	-0.3	1763	-3.8
6. 教育文化娱乐	2703	0.3	3603	-1.3	1780	-0.2
7. 医疗保健	1609	4.8	1929	3.7	1280	4.5
8. 其他用品及服务	392	-1.4	591	-0.2	187	-11.3

5-22 衢州居民家庭收支构成情况(2020)

单位：%

指 标	全体居民	城镇常住居民	农村常住居民
可支配收入	100.0	100.0	100.0
1. 工资性收入	60.0	60.3	59.4
2. 经营净收入	16.8	13.5	23.2
3. 财产净收入	6.9	9.7	1.5
4. 转移净收入	16.3	16.5	15.9
生活消费支出	100.0	100.0	100.0
1. 食品烟酒	27.9	25.9	31.7
2. 衣着	6.2	6.9	5.0
3. 居住	26.7	27.5	25.2
4. 生活用品及服务	5.4	5.8	4.9
5. 交通通信	11.3	11.1	11.7
6. 教育文化娱乐	12.9	13.4	11.8
7. 医疗保健	7.7	7.2	8.5
8. 其他用品及服务	1.9	2.2	1.2

5-23 舟山居民家庭人均收支及增长情况(2020)

指　　标	全体居民		城镇常住居民		农村常住居民	
	水平(元)	增长(%)	水平(元)	增长(%)	水平(元)	增长(%)
可支配收入	**55830**	**4.2**	**63702**	**3.6**	**39096**	**6.3**
1. 工资性收入	36658	4.5	42202	3.9	24873	6.7
2. 经营净收入	6715	4.5	6893	3.8	6338	6.2
3. 财产净收入	4191	3.3	5446	2.9	1523	5.5
4. 转移净收入	8266	3.2	9161	2.7	6362	4.8
生活消费支出	**32459**	**0.3**	**36478**	**0.4**	**23915**	**0.1**
1. 食品烟酒	9880	0.3	10904	0.3	7700	0.1
2. 衣着	2620	-1.2	3181	-1.1	1429	-1.6
3. 居住	7441	2.8	7858	3.1	6555	2.1
4. 生活用品及服务	1683	2.2	1869	3.3	1287	-0.9
5. 交通通信	3605	-0.9	4368	-1.8	1983	3.1
6. 教育文化娱乐	3456	-2.3	4198	-2.0	1879	-3.7
7. 医疗保健	2264	2.0	2384	3.2	2010	-0.9
8. 其他用品及服务	1510	-3.3	1716	-3.0	1072	-4.6

5-24 舟山居民家庭收支构成情况(2020)

单位：%

指　　标	全体居民	城镇常住居民	农村常住居民
可支配收入	**100.0**	**100.0**	**100.0**
1. 工资性收入	65.7	66.3	63.6
2. 经营净收入	12.0	10.8	16.2
3. 财产净收入	7.5	8.5	3.9
4. 转移净收入	14.8	14.4	16.3
生活消费支出	**100.0**	**100.0**	**100.0**
1. 食品烟酒	30.4	29.9	32.2
2. 衣着	8.1	8.7	6.0
3. 居住	22.9	21.5	27.4
4. 生活用品及服务	5.2	5.1	5.4
5. 交通通信	11.1	12.0	8.3
6. 教育文化娱乐	10.6	11.5	7.8
7. 医疗保健	7.0	6.5	8.4
8. 其他用品及服务	4.7	4.7	4.5

5-25 台州居民家庭人均收支及增长情况(2020)

指　　标	全体居民		城镇常住居民		农村常住居民	
	水平(元)	增长(%)	水平(元)	增长(%)	水平(元)	增长(%)
可支配收入	**50643**	**5.5**	**62598**	**3.7**	**32188**	**6.5**
1.工资性收入	30130	4.3	36226	2.7	20721	5.1
2.经营净收入	9480	7.9	11022	6.4	7100	8.9
3.财产净收入	5711	7.5	8290	4.8	1729	9.7
4.转移净收入	5322	6.1	7061	3.5	2638	9.2
生活消费支出	**30969**	**-2.5**	**36131**	**-3.9**	**23001**	**-1.6**
1.食品烟酒	9073	-0.2	10564	-1.4	6770	0.1
2.衣着	2282	-3.4	2844	-4.6	1415	-3.8
3.居住	7357	-1.6	8685	-3.3	5308	-0.2
4.生活用品及服务	1793	-2.2	2226	-3.8	1125	-1.5
5.交通通信	5051	-5.3	5695	-7.2	4056	-2.9
6.教育文化娱乐	2935	-4.7	3382	-5.8	2245	-4.1
7.医疗保健	1754	-3.6	1805	-4.7	1675	-2.3
8.其他用品及服务	724	-6.1	930	-7.5	407	-6.4

5-26 台州居民家庭收支构成情况(2020)

单位：%

指　　标	全体居民	城镇常住居民	农村常住居民
可支配收入	**100.0**	**100.0**	**100.0**
1.工资性收入	59.5	57.9	64.4
2.经营净收入	18.7	17.6	22.1
3.财产净收入	11.3	13.2	5.4
4.转移净收入	10.5	11.3	8.2
生活消费支出	**100.0**	**100.0**	**100.0**
1.食品烟酒	29.3	29.2	29.4
2.衣着	7.4	7.9	6.2
3.居住	23.8	24.0	23.1
4.生活用品及服务	5.8	6.2	4.9
5.交通通信	16.3	15.8	17.6
6.教育文化娱乐	9.5	9.4	9.8
7.医疗保健	5.7	5.0	7.3
8.其他用品及服务	2.3	2.6	1.8

5-27 丽水居民家庭人均收支及增长情况(2020)

指 标	全体居民		城镇常住居民		农村常住居民	
	水平(元)	增长(%)	水平(元)	增长(%)	水平(元)	增长(%)
可支配收入	**37744**	**6.5**	**48532**	**4.5**	**23637**	**7.8**
1. 工资性收入	19947	6.6	25844	5.3	12236	6.2
2. 经营净收入	7193	4.4	7285	0.9	7074	8.9
3. 财产净收入	4073	6.2	6625	3.4	735	9.6
4. 转移净收入	6531	8.7	8778	6.3	3592	10.8
生活消费支出	**25940**	**0.9**	**31756**	**-0.4**	**18335**	**1.1**
1. 食品烟酒	7416	1.6	8843	0.7	5549	1.5
2. 衣着	2069	-3.6	2712	-4.8	1228	-4.1
3. 居住	7445	4.2	9408	2.3	4877	5.8
4. 生活用品及服务	1147	0.3	1329	-2.6	910	4.4
5. 交通通信	2796	2.3	3258	2.2	2192	0.8
6. 教育文化娱乐	1937	-1.8	2248	-1.7	1531	-3.5
7. 医疗保健	2598	-5.2	3249	-6.5	1747	-4.8
8. 其他用品及服务	532	-2.3	709	-2.5	301	-5.9

5-28 丽水居民家庭收支构成情况(2020)

单位：%

指 标	全体居民	城镇常住居民	农村常住居民
可支配收入	**100.0**	**100.0**	**100.0**
1. 工资性收入	52.8	53.3	51.8
2. 经营净收入	19.1	15.0	29.9
3. 财产净收入	10.8	13.7	3.1
4. 转移净收入	17.3	18.1	15.2
生活消费支出	**100.0**	**100.0**	**100.0**
1. 食品烟酒	28.6	27.8	30.3
2. 衣着	8.0	8.5	6.7
3. 居住	28.7	29.6	26.6
4. 生活用品及服务	4.4	4.2	5.0
5. 交通通信	10.8	10.3	12.0
6. 教育文化娱乐	7.5	7.1	8.4
7. 医疗保健	10.0	10.2	9.5
8. 其他用品及服务	2.1	2.2	1.6

5-29　各设区市市区及各调查县(市/区)居民消费价格总指数(2013-2020)

(上年=100)

地　　区	2013	2014	2015	2016	2017	2018	2019	2020
杭州市区	102.5	102.0	101.8	102.6	102.5	102.3	103.1	102.1
宁波市区	102.2	101.9	101.8	102.1	101.8	102.2	103.0	101.9
温州市区	101.9	101.8	100.7	101.4	102.4	102.3	102.2	102.0
嘉兴市区	101.7	102.0	101.0	101.8	102.2	102.3	102.9	102.4
湖州市区	102.1	102.3	101.0	101.6	101.8	102.2	103.0	102.3
绍兴市区	102.0	102.1	101.2	101.9	101.8	102.4	102.7	102.4
金华市区	103.1	102.4	101.2	101.5	101.9	102.3	103.1	102.4
衢州市区	102.6	102.5	101.1	101.9	101.9	102.2	103.0	101.9
舟山市区	102.1	101.7	101.2	101.8	101.7	102.8	102.3	101.9
台州市区	101.8	102.3	100.7	101.6	102.4	102.4	102.3	102.1
丽水市区	102.9	102.6	101.2	101.7	101.5	102.5	103.3	102.0
萧山区	102.7	102.0	101.6	101.9	102.7	102.7	102.5	102.2
建德市	101.8	101.7	101.2	101.6	101.4	102.1	103.0	102.4
宁海县				102.0	102.1	102.0	103.3	102.9
瑞安市				101.6	102.6	101.6	103.3	102.7
海宁市	102.4	102.0	102.0	102.0	101.9	101.6	103.0	103.3
桐乡市				101.6	101.9	102.6	103.2	103.0
安吉县	101.8	102.2	101.3	101.5	101.6	102.7	103.7	103.0
新昌县	102.5	101.6	102.0	102.2	101.4	101.9	102.5	103.0
浦江县	103.1	102.5	101.3					
兰溪市	103.2	102.3	100.9	100.9	101.9	101.6	103.1	103.0
义乌市				101.7	101.1	102.9	102.9	103.3
江山市	101.7	102.4	101.0	101.5	101.8	101.9	103.1	102.5
临海市	102.0	102.8	101.0	102.0	101.7	102.8	104.2	103.2
龙泉市	102.2	101.9	101.9	101.5	101.2	102.1	103.4	102.6

5-30 各设区市市区及各调查县(市/区)商品零售价格总指数(2013-2020)

(上年=100)

地　区	2013	2014	2015	2016	2017	2018	2019	2020
杭州市区	101.5	100.8	100.2	101.5	101.0	102.0	103.1	100.9
宁波市区	101.0	100.3	100.4	101.8	101.1	102.1	102.3	100.2
温州市区	101.0	100.8	99.2	99.9	101.5	102.5	101.9	101.2
嘉兴市区	100.7	101.3	100.6	101.4	101.1	102.2	102.2	101.5
湖州市区	101.7	100.8	99.6	100.5	101.4	102.3	102.9	101.4
绍兴市区	101.0	101.6	99.8	101.3	101.8	101.8	103.1	101.4
金华市区	101.2	101.1	99.9	99.8	102.1	102.2	102.4	101.2
衢州市区	101.3	100.5	99.4	100.9	101.0	101.9	101.7	100.6
舟山市区	100.5	100.5	99.4	101.0	101.7	102.2	102.1	100.9
台州市区	100.3	101.4	99.5	100.9	101.5	101.6	101.7	101.6
丽水市区	102.5	100.8	99.4	100.9	101.7	102.5	101.9	100.9
萧山区	100.7	101.1	100.4	101.3	101.9	102.4	102.2	101.6
建德市	100.3	100.9	99.8	100.7	100.8	102.9	102.2	101.6
宁海县				101.9	101.6	102.5	102.4	101.9
瑞安市				100.8	102.0	101.9	102.9	102.2
海宁市	100.6	101.0	100.8	101.9	101.8	101.6	101.6	102.0
桐乡市				100.7	101.2	102.7	102.6	102.3
安吉县	100.1	100.9	99.9	100.8	101.6	102.3	102.2	102.2
新昌县	100.9	100.8	100.2	100.2	101.4	101.3	102.3	102.3
浦江县	101.0	101.0	100.3					
兰溪市	100.6	101.0	99.4	99.9	102.2	101.0	103.7	102.3
义乌市				101.0	102.1	103.0	102.4	102.4
江山市	99.6	101.6	100.1	100.8	100.6	101.2	102.6	101.4
临海市	100.2	101.6	100.2	100.7	101.1	102.3	103.8	101.3
龙泉市	100.4	101.5	99.6	100.4	101.0	103.0	102.9	101.7

5-31 各调查县(市/区)农业生产资料价格总指数(2013-2020)

(上年=100)

地区	2013	2014	2015	2016	2017	2018	2019	2020
萧山区	103.1	101.0	98.9	102.0	101.9	102.6	101.9	104.2
建德市	104.3	99.4	98.3	100.2	98.8	101.2	104.3	109.5
宁海县				102.6	102.0	101.8	101.9	102.6
瑞安市				98.8	102.1	103.4	101.7	105.7
海宁市	103.3	99.1	101.2	101.8	102.8	103.8	104.0	104.3
桐乡市				100.9	100.4	103.5	103.0	110.3
安吉县	102.7	97.4	101.2	101.6	100.8	100.4	103.5	101.4
新昌县	100.8	99.5	100.8	99.7	100.9	99.7	106.7	107.2
浦江县	100.8	97.4	103.6					
兰溪市	101.2	102.8	101.7	97.7	105.7	98.8	101.2	106.5
义乌市				100.6	104.2	103.8	102.5	105.5
江山市	104.8	98.8	98.7	98.4	98.0	100.8	103.3	106.4
临海市	103.4	99.0	101.5	96.6	102.3	104.1	102.7	109.0
龙泉市	102.2	99.4	102.4	100.1	102.5	102.3	102.1	105.8

5-32 全省及部分地区工业生产者出厂价格指数(2013-2020)

(上年=100)

地 区	2013	2014	2015	2016	2017	2018	2019	2020
全 省	98.2	98.8	96.4	98.3	104.8	103.4	98.9	96.9
杭州市	98.5	98.6	96.5	99.2	104.4	102.4	99.0	97.5
宁波市	96.7	97.8	94.0	97.7	106.7	104.2	97.9	95.7
温州市	98.4	99.0	97.5	98.0	102.2	102.0	100.1	98.9
嘉兴市	98.3	98.1	96.4	97.6	107.1	104.1	98.7	95.8
湖州市	98.5	99.0	96.6	98.7	105.2	103.9	99.2	97.7
绍兴市	98.3	98.9	95.6	98.9	105.6	106.9	98.1	95.4
金华市	98.1	98.8	96.7	98.0	104.4	102.3	99.3	99.6
衢州市	97.3	98.5	95.0	102.0	113.1	107.4	96.7	97.9
台州市	97.6	99.0	97.3	97.9	103.2	102.0	100.1	98.8

5-33 全省及部分地区工业生产者购进价格指数(2013-2020)

(上年=100)

地 区	2013	2014	2015	2016	2017	2018	2019	2020
全 省	97.7	98.2	94.5	97.8	109.6	105.1	97.1	95.9
杭州市	97.3	97.3	92.9	98.9	108.4	103.7	96.8	96.1
宁波市	96.3	97.5	92.4	97.0	113.0	107.5	96.2	92.3
温州市	97.6	99.0	96.3	98.6	106.2	103.5	98.0	97.9
嘉兴市	96.6	98.2	94.5	96.9	113.4	105.8	97.3	96.6
湖州市	98.1	97.9	91.7	99.2	115.0	106.6	94.5	95.2
绍兴市	98.7	98.3	93.5	96.2	109.6	107.1	96.5	95.1
金华市	96.8	97.3	93.0	97.2	111.0	103.7	97.9	98.2
衢州市	96.9	98.0	93.9	99.2	116.3	107.3	100.9	98.8
台州市	97.1	98.0	95.1	98.4	108.2	103.9	97.3	97.3

5-34 各设区市市区居民

指 标	杭州市区	宁波市区	温州市区	嘉兴市区	湖州市区
居民消费价格总指数	**102.1**	**101.9**	**102.0**	**102.4**	**102.3**
#服务价格指数	101.4	101.7	100.5	100.3	100.6
工业品价格指数	98.7	98.2	99.9	99.2	99.2
消费品价格指数	102.7	102.0	103.1	103.8	103.3
非食品价格指数	100.7	100.6	100.6	100.9	100.6
一、食品烟酒	**106.9**	**106.2**	**106.4**	**108.6**	**107.8**
1.食品	108.9	107.8	108.5	108.8	109.4
(1)粮食	101.7	101.7	102.7	100.8	99.4
(2)薯类	98.0	100.1	102.8	109.4	105.5
(3)豆类	102.7	108.0	101.6	108.5	110.3
(4)食用油	99.4	106.1	102.5	106.1	103.8
(5)菜	101.5	103.3	106.9	115.3	107.9
#鲜菜	102.0	103.8	107.5	116.6	109.4
(6)畜肉类	136.7	137.6	136.0	132.0	139.9
#猪肉	144.4	145.1	142.1	136.1	150.7
(7)禽肉类	108.8	102.1	102.6	98.4	104.6
(8)水产品	102.6	100.3	103.1	99.4	102.4
(9)蛋类	97.4	97.4	95.3	93.8	93.4
(10)奶类	99.9	98.8	102.3	98.4	104.0
(11)干鲜瓜果类	94.0	92.5	91.9	89.3	91.6
(12)糖果糕点类	104.0	103.7	101.9	102.7	100.7
(13)调味品	102.5	107.8	102.3	99.3	98.5
(14)其他食品类	105.8	104.5	99.5	99.5	99.9
2.茶及饮料	101.8	98.6	98.2	100.6	100.8
3.烟酒	99.6	100.3	100.9	99.4	101.4
(1)烟草	100.2	100.0	100.2	100.2	100.2
(2)酒类	98.3	100.9	101.8	97.8	104.0
4.在外餐饮	104.9	104.8	103.8	111.9	106.2
二、衣着	**100.1**	**99.9**	**102.5**	**102.0**	**99.5**
1.服装	100.0	100.5	103.2	102.3	98.9
(1)男式服装	99.3	102.1	105.9	98.6	101.1
(2)女式服装	100.5	98.6	101.0	104.8	97.1
(3)儿童服装	100.0	103.6	102.9	100.5	98.1
2.服装材料	100.2	100.8	100.0	100.0	100.0
3.其他衣着及配件	103.2	99.1	103.0	102.8	100.0
4.衣着加工服务费	109.4	100.8	100.0	104.1	100.1
5.鞋类	98.9	97.2	100.3	100.3	101.7
(1)鞋	98.9	97.1	100.3	100.4	101.4
(2)鞋类加工服务	101.1	100.0	100.0	100.0	118.6

消费价格分类指数(2020)

(上年=100)

绍兴市区	金华市区	衢州市区	舟山市区	台州市区	丽水市区
102.4	**102.4**	**101.9**	**101.9**	**102.1**	**102.0**
101.2	101.1	100.9	101.2	100.6	100.2
99.1	99.3	98.5	98.8	99.9	98.0
103.2	103.2	102.6	102.4	103.1	103.2
100.7	100.8	100.4	100.4	100.5	99.7
107.7	**107.2**	**106.9**	**106.3**	**106.5**	**108.3**
109.8	109.0	108.3	108.4	108.9	111.3
101.5	100.4	99.8	100.4	101.6	107.4
110.1	100.8	105.8	115.1	95.9	120.8
106.5	103.6	106.0	115.1	108.3	110.2
105.1	104.9	105.5	103.9	106.0	106.5
105.7	100.7	105.3	102.4	104.5	105.9
106.3	100.5	106.0	102.2	104.7	106.0
137.3	139.0	131.8	136.7	137.1	141.4
140.8	142.2	138.2	143.4	141.0	149.9
105.3	103.7	103.4	109.0	109.7	96.7
103.0	100.8	105.1	105.6	99.7	99.9
94.3	91.4	93.9	93.1	90.8	89.2
101.0	102.9	100.2	102.9	101.0	103.5
94.8	91.5	90.8	95.2	96.7	87.6
100.8	101.1	102.5	101.9	103.5	108.2
101.4	101.2	103.3	103.2	101.2	99.7
99.5	109.4	103.6	105.1	99.6	103.8
101.9	101.1	103.4	101.4	102.3	99.1
100.9	103.4	101.6	101.5	101.4	99.6
100.2	100.2	100.2	100.2	100.2	100.2
102.4	109.6	104.5	104.5	103.4	98.8
105.1	104.2	105.3	102.4	102.5	103.6
99.2	**100.3**	**100.4**	**99.5**	**101.4**	**97.5**
99.7	100.6	100.6	100.8	102.7	98.8
100.6	99.7	100.1	102.0	99.1	99.6
99.6	102.2	101.0	101.2	104.8	98.5
97.8	96.8	100.1	94.9	105.6	97.0
100.0	99.7	101.2	101.3	100.0	100.0
99.0	104.1	99.2	103.9	100.4	100.4
100.8	100.0	102.9	100.0	100.0	100.0
97.1	99.0	99.5	93.3	95.9	91.7
97.0	98.9	99.5	93.3	95.8	91.5
100.0	100.0	100.0	98.9	100.7	100.0

5-34 续表 1

指　　标	杭州市区	宁波市区	温州市区	嘉兴市区	湖州市区
三、居住	**99.7**	**100.9**	**100.0**	**98.6**	**100.0**
1.租赁房房租	99.8	100.7	99.8	98.7	99.3
2.住房保养维修及管理	101.7	102.7	101.2	100.2	103.5
(1)住房装潢材料	99.5	100.4	99.7	100.3	100.1
(2)物业管理费	100.0	103.6	100.0	100.0	113.0
(3)住房装潢维修	106.6	105.7	104.5	100.0	103.9
3.水电燃料	98.9	98.1	99.5	99.5	99.0
(1)水	100.0	100.0	100.0	100.0	100.0
(2)电	100.0	100.0	100.0	100.0	100.0
(3)燃气	95.9	93.7	98.1	98.2	96.2
(4)取暖费	100.0	100.0	100.0	100.0	100.0
(5)其他燃料	101.4	100.0	100.0	100.0	100.0
4.自有住房	99.5	101.4	99.8	98.0	99.6
四、生活用品及服务	**103.1**	**101.5**	**101.5**	**101.5**	**101.9**
1.家具及室内装饰品	102.9	100.7	101.2	105.3	99.9
(1)家具	103.1	101.2	101.4	105.9	99.9
(2)室内装饰品	101.0	96.6	99.3	100.4	100.2
2.家用器具	97.8	97.2	96.5	99.7	99.9
(1)大型家用器具	97.8	97.7	96.3	99.0	99.7
(2)小家电	97.6	94.9	97.1	102.8	101.0
3.家用纺织品	105.2	100.0	101.0	100.9	108.3
(1)床上用品	105.0	100.0	100.5	101.0	110.6
(2)窗帘门帘	100.5	100.0	104.4	101.4	100.7
(3)其他家用纺织品	111.9	100.3	101.3	100.0	92.8
4.家庭日用杂品	105.5	103.1	103.8	98.9	101.4
(1)洗涤卫生用品	108.5	104.8	107.9	98.7	101.7
(2)厨具餐具茶具	106.0	103.9	99.2	100.5	101.1
(3)家用手工工具	102.4	100.1	100.0	98.9	100.4
(4)其他家庭日用杂品	101.4	100.6	99.7	98.6	101.3
5.个人护理用品	104.7	101.9	106.3	100.8	101.7
(1)化妆品	106.7	102.3	106.4	100.9	102.0
(2)其他护理用品类	101.7	101.3	106.2	100.5	101.4
6.家庭服务	106.2	108.3	102.3	107.4	104.8
五、交通通信	**96.6**	**94.6**	**97.1**	**96.0**	**96.7**
1.交通	95.3	93.2	95.5	93.8	96.2
(1)交通工具	96.1	95.7	99.4	95.1	98.8
(2)交通工具用燃料	86.0	85.9	85.9	86.0	86.2
(3)交通工具使用和维修	109.0	102.0	102.3	102.1	102.3
(4)交通费	98.5	95.3	95.3	98.4	98.1

(上年=100)

绍兴市区	金华市区	衢州市区	舟山市区	台州市区	丽水市区
99.5	**99.6**	**100.5**	**99.2**	**100.0**	**99.3**
99.3	99.9	101.4	98.3	100.3	99.5
100.1	100.6	100.8	101.2	100.6	100.1
98.6	99.9	100.1	100.5	100.2	100.3
100.0	97.7	100.0	100.0	100.0	100.0
102.2	103.7	102.4	102.8	101.6	100.0
99.7	98.4	97.6	100.3	98.7	99.5
100.0	100.0	100.0	100.0	100.0	100.0
100.0	100.0	100.0	100.0	100.0	100.0
99.0	94.1	91.7	101.1	95.7	98.4
100.0	100.0	100.0	100.0	100.0	100.0
100.0	100.3	100.0	100.0	100.0	104.2
99.4	99.7	101.2	98.2	100.2	99.0
99.9	**101.7**	**100.6**	**101.5**	**102.0**	**99.0**
98.0	97.9	99.2	100.3	101.7	97.2
97.8	97.6	99.1	100.4	101.9	97.2
99.5	100.0	100.3	100.2	100.0	97.4
99.2	101.9	98.6	101.2	101.5	94.3
99.5	100.6	98.3	101.5	101.6	94.1
97.6	107.1	99.7	99.4	101.0	95.4
97.3	104.6	100.1	105.6	101.8	99.1
97.8	106.0	100.1	106.0	102.3	98.7
91.5	100.0	100.0	103.4	100.0	100.0
100.9	98.9	100.2	105.1	99.6	100.1
99.6	102.4	101.5	99.6	100.9	100.5
100.4	100.1	101.7	97.7	101.8	99.0
99.6	103.3	102.5	104.1	102.8	102.0
100.1	98.8	99.9	110.4	108.3	106.3
98.6	104.9	101.0	100.1	98.9	101.8
101.1	102.5	101.8	100.3	101.9	103.3
101.0	103.5	100.3	100.3	102.3	104.7
101.4	101.4	103.6	100.3	101.3	100.3
104.7	101.1	103.7	105.0	106.2	101.4
97.6	**96.2**	**96.2**	**96.8**	**97.0**	**95.8**
95.9	95.1	94.9	95.4	94.5	94.4
99.9	96.8	98.0	96.3	96.1	97.6
86.0	86.0	86.0	86.1	85.9	86.0
100.9	103.5	98.4	109.7	105.3	102.1
98.4	98.0	97.7	97.0	96.1	96.5

5-34 续表 2

指　　标	杭州市区	宁波市区	温州市区	嘉兴市区	湖州市区
2.通信	99.7	97.8	100.3	100.4	97.8
(1)通信工具	99.4	98.6	101.6	104.1	100.3
(2)通信服务	99.8	97.5	100.0	99.1	97.0
(3)邮递服务	98.1	99.5	98.6	100.2	98.2
六、教育文化娱乐	**101.7**	**103.1**	**101.5**	**101.4**	**102.0**
1.教育	105.0	106.0	102.1	102.4	103.3
(1)教育用品	106.2	100.4	99.7	99.4	99.6
(2)教育服务	104.9	106.1	102.2	102.5	103.4
2.文化娱乐	97.7	99.2	100.7	100.1	100.2
(1)文娱耐用消费品	98.6	101.4	98.8	99.6	100.4
(2)其他文娱用品	100.7	101.7	101.0	100.1	99.3
(3)文化娱乐服务	100.1	99.8	103.4	101.8	100.2
(4)旅游	95.8	97.7	100.2	99.6	100.3
七、医疗保健	**103.1**	**98.9**	**99.7**	**101.5**	**99.1**
1.药品及医疗器具	99.4	95.9	96.5	97.7	97.9
(1)中药	101.4	99.0	100.7	97.9	100.4
(2)西药	96.9	92.7	90.4	96.4	94.7
(3)滋补保健品	101.1	97.5	103.3	97.8	99.7
(4)医疗卫生器具	103.3	103.3	103.3	103.3	103.3
(5)保健器具	100.0	99.9	101.3	99.1	96.0
2.医疗服务	105.6	101.4	101.9	104.0	100.0
(1)综合医疗类	109.6	100.0	102.3	106.8	100.0
(2)诊断类	108.2	103.5	102.3	105.0	100.1
(3)治疗类	100.0	100.0	100.0	100.0	100.0
(4)康复类	100.0	100.0	100.0	100.0	100.0
(5)中医医疗服务类	110.7	100.0	112.2	112.3	100.0
(6)其他医疗服务	102.7	100.0	100.0	100.0	100.0
八、其他用品及服务	**103.8**	**105.3**	**104.9**	**104.6**	**103.9**
1.其他用品类	107.1	112.0	114.5	111.1	108.8
(1)首饰手表	111.2	118.2	117.0	117.8	114.3
(2)其他杂项用品	100.0	99.6	108.4	99.0	100.2
2.其他服务类	101.7	101.0	98.1	99.9	100.3
(1)旅馆住宿	101.0	102.9	94.8	105.0	104.2
(2)美容美发洗浴	110.4	105.4	100.8	102.4	105.2
(3)养老服务	100.0	102.5	100.9	100.9	100.0
(4)金融保险	96.3	96.3	96.3	96.2	96.2
(5)其他服务类	99.8	100.7	99.9	105.3	99.7

（上年=100）

绍兴市区	金华市区	衢州市区	舟山市区	台州市区	丽水市区
101.0	98.2	99.3	100.1	102.0	98.8
104.2	99.0	96.8	100.8	108.1	98.6
99.9	97.9	100.0	100.0	100.0	98.8
99.5	98.8	98.9	100.1	100.0	99.6
99.9	**101.3**	**100.4**	**101.4**	**101.9**	**101.7**
101.2	103.5	101.5	103.0	103.3	103.1
99.0	99.9	99.7	99.8	104.0	106.7
101.3	103.6	101.5	103.1	103.3	103.0
98.0	98.0	99.0	98.8	100.0	99.2
99.3	100.3	99.3	98.6	104.3	99.3
99.8	101.6	99.0	102.7	101.8	99.4
99.4	100.8	101.2	99.5	99.8	100.5
96.4	94.7	98.0	97.5	97.9	98.4
106.6	**105.1**	**100.1**	**104.0**	**100.2**	**100.3**
100.8	99.8	97.3	96.9	100.6	98.8
100.5	100.3	98.0	97.8	101.0	98.6
101.4	96.8	93.7	90.9	99.6	97.4
99.6	104.8	101.6	103.7	101.2	100.5
103.3	103.3	103.3	103.3	103.3	103.3
97.5	98.3	100.7	98.8	100.4	95.9
111.5	108.9	102.4	111.0	100.0	101.7
136.0	109.1	104.9	114.3	100.0	101.7
107.0	101.0	101.0	119.4	100.0	103.7
99.5	115.4	102.8	100.0	100.0	100.0
100.0	109.2	100.0	100.0	100.0	100.0
129.2	125.3	103.6	119.6	100.0	100.0
115.7	100.0	100.0	100.0	100.0	100.0
105.0	**103.4**	**103.1**	**104.5**	**102.7**	**103.8**
107.8	109.4	109.1	110.8	108.7	109.4
114.6	115.4	113.4	116.4	112.9	115.1
95.6	99.5	100.7	102.0	101.5	100.7
103.3	99.2	98.9	100.5	98.4	99.8
95.4	101.2	99.8	104.4	97.8	94.8
118.3	101.4	100.8	100.3	100.4	103.7
100.0	101.0	100.0	113.4	100.0	107.9
96.3	96.3	96.3	96.3	96.3	96.3
102.0	100.2	101.1	101.4	100.0	96.8

5-35 各调查县(市/区)

指标	萧山区	建德市	宁海县	瑞安市	海宁市	桐乡市
居民消费价格总指数	**102.2**	**102.4**	**102.9**	**102.7**	**103.3**	**103.0**
#服务价格指数	99.8	100.7	101.0	101.2	101.4	101.2
工业品价格指数	98.8	98.9	99.2	99.6	99.9	99.2
消费品价格指数	103.7	103.5	104.1	103.7	104.5	104.0
非食品价格指数	100.1	100.1	100.5	100.8	100.8	100.7
一、食品烟酒	**109.0**	**107.9**	**109.0**	**108.0**	**109.2**	**108.8**
1.食品	110.6	110.8	112.0	110.2	112.8	111.4
(1)粮食	101.2	100.6	103.1	102.2	101.8	99.6
(2)薯类	118.8	118.1	127.1	122.4	108.1	105.5
(3)豆类	102.4	107.4	103.3	108.6	118.5	107.6
(4)食用油	108.6	113.6	103.7	106.2	107.3	105.2
(5)菜	104.5	105.2	113.3	103.4	107.7	107.8
#鲜菜	105.3	105.6	115.3	104.1	108.4	108.4
(6)畜肉类	138.5	135.4	134.4	131.5	144.9	139.5
#猪肉	142.8	139.8	137.2	135.7	152.3	147.2
(7)禽肉类	99.0	104.1	102.5	99.5	99.6	100.3
(8)水产品	104.4	100.6	103.7	101.0	101.9	101.7
(9)蛋类	90.6	91.7	94.0	91.4	89.0	98.5
(10)奶类	100.6	102.3	104.5	102.9	100.3	97.9
(11)干鲜瓜果类	97.3	95.0	95.0	96.0	89.7	90.3
(12)糖果糕点类	100.6	98.2	101.2	101.6	103.4	99.6
(13)调味品	100.3	100.9	102.8	102.0	101.6	100.8
(14)其他食品类	102.6	101.5	101.5	102.1	101.9	102.2
2.茶及饮料	99.6	96.3	100.2	109.3	101.6	102.2
3.烟酒	102.2	100.3	101.6	101.5	101.3	101.9
(1)烟草	100.8	100.8	100.8	100.8	100.8	100.8
(2)酒类	104.5	99.2	102.8	103.1	102.1	103.7
4.在外餐饮	108.5	103.6	103.9	103.5	102.1	104.7
二、衣着	**100.0**	**100.5**	**100.6**	**98.7**	**104.2**	**99.9**
1.服装	100.2	101.1	100.9	99.9	103.0	99.7
(1)男式服装	99.3	100.5	103.6	98.7	100.8	98.8
(2)女式服装	98.4	102.5	98.8	100.2	105.5	99.9
(3)儿童服装	109.8	98.1	102.3	101.9	98.9	101.5
2.服装材料	100.0	105.9	90.1	100.0	95.3	100.0
3.其他衣着及配件	98.6	99.7	100.1	101.4	97.1	99.8
4.衣着加工服务费	102.3	100.0	101.6	104.8	105.3	100.9
5.鞋类	99.5	98.2	99.9	93.7	109.2	100.2
(1)鞋	99.4	98.2	99.8	93.6	109.4	100.2
(2)鞋类加工服务	101.0	100.0	105.0	101.5	100.4	100.0

居民消费价格分类指数(2020)

(上年=100)

安吉县	新昌县	兰溪市	义乌市	江山市	临海市	龙泉市
103.0	**103.0**	**103.0**	**103.3**	**102.5**	**103.2**	**102.6**
99.7	101.4	100.0	100.9	100.4	101.6	101.1
98.7	100.1	99.7	99.6	98.3	98.6	99.9
104.9	104.0	104.7	104.6	103.9	104.1	103.4
99.7	100.9	100.6	100.6	99.9	100.5	100.8
110.9	**107.7**	**109.6**	**109.4**	**109.1**	**109.4**	**106.9**
115.0	110.6	111.4	112.7	111.7	112.6	109.3
101.3	100.6	100.0	101.8	101.5	101.0	101.7
112.2	97.5	111.2	92.3	122.3	100.7	117.4
102.5	108.0	102.6	104.2	108.7	103.5	108.3
106.8	110.6	104.5	103.0	110.7	105.3	106.6
109.9	100.0	102.0	106.3	106.3	101.7	103.5
111.2	100.0	102.0	106.4	106.9	102.1	103.8
144.4	134.9	141.2	140.1	136.4	140.4	132.7
152.3	139.4	145.4	145.7	139.8	143.7	139.7
107.3	107.9	107.2	101.3	102.3	104.7	102.0
105.4	101.8	99.2	101.6	103.9	104.0	103.7
98.0	93.0	90.4	93.7	89.4	90.8	90.3
100.6	102.6	95.5	101.1	100.5	102.1	100.4
98.2	95.1	91.9	96.0	91.9	90.9	86.9
100.2	101.3	101.2	100.7	101.1	105.5	98.3
101.9	99.7	98.4	101.8	101.9	101.1	100.7
103.5	101.5	101.8	102.3	102.3	103.0	100.5
100.1	102.2	101.7	100.8	100.6	100.8	101.1
101.2	101.5	101.1	99.8	101.0	101.3	101.3
100.8	100.8	100.8	100.8	100.8	100.8	100.8
102.1	103.0	101.6	97.5	101.2	102.2	102.3
103.9	100.9	110.2	104.4	105.5	103.8	102.7
99.9	**100.7**	**104.2**	**102.0**	**99.3**	**101.0**	**99.3**
99.8	101.0	105.3	102.3	99.0	100.6	99.3
100.3	99.5	104.3	103.6	101.8	104.6	98.4
100.3	101.9	105.2	101.9	97.1	97.3	99.2
96.9	101.7	109.3	100.2	99.7	101.1	102.4
102.9	100.0	100.0	100.0	100.0	100.4	100.0
98.8	99.1	100.1	101.6	99.9	100.2	98.9
100.0	103.1	107.0	118.2	100.0	106.0	99.4
100.1	99.8	100.5	99.3	100.1	102.4	99.6
100.1	99.8	100.5	99.3	100.1	102.5	99.6
100.0	100.0	100.0	100.0	100.0	100.0	100.0

5-35 续表 1

指　　标	萧山区	建德市	宁海县	瑞安市	海宁市	桐乡市
三、居住	**98.4**	**100.2**	**100.4**	**99.6**	**100.0**	**99.6**
1.租赁房房租	97.8	100.6	100.0	98.9	99.7	99.6
2.住房保养维修及管理	100.7	100.2	102.7	104.4	101.3	100.0
(1)住房装潢材料	101.5	100.3	98.6	103.4	99.9	97.7
(2)物业管理费	100.0	100.0	100.0	100.0	100.0	117.6
(3)住房装潢维修	100.0	100.0	108.9	106.3	103.6	100.0
3.水电燃料	99.4	99.2	99.6	97.4	99.5	99.6
(1)水	100.0	100.0	100.0	100.0	100.0	100.0
(2)电	100.0	100.0	100.0	100.0	100.0	100.0
(3)燃气	97.9	97.2	98.6	91.9	97.8	98.6
(4)取暖费	100.0	100.0	100.0	100.0	100.0	100.0
(5)其他燃料	100.0	100.0	100.0	100.0	106.7	100.0
4.自有住房	97.3	100.6	100.0	98.9	99.8	99.5
四、生活用品及服务	**99.7**	**100.2**	**100.7**	**103.3**	**101.4**	**99.5**
1.家具及室内装饰品	100.8	100.9	100.4	102.0	103.8	101.5
(1)家具	100.8	100.9	100.9	100.0	104.5	101.6
(2)室内装饰品	101.1	101.7	96.0	115.3	97.1	100.0
2.家用器具	98.4	99.0	99.6	103.8	100.4	96.2
(1)大型家用器具	98.5	99.0	99.8	103.5	100.3	96.1
(2)小家电	98.2	99.1	98.1	105.3	101.1	97.0
3.家用纺织品	99.2	102.0	107.2	110.2	102.3	99.9
(1)床上用品	98.9	103.1	108.2	110.8	101.7	100.0
(2)窗帘门帘	100.0	96.8	99.1	107.5	106.3	100.0
(3)其他家用纺织品	100.2	98.5	110.6	106.0	101.3	98.7
4.家庭日用杂品	98.4	100.2	101.4	101.3	98.9	101.1
(1)洗涤卫生用品	96.6	100.7	101.5	102.5	97.7	102.0
(2)厨具餐具茶具	98.1	99.7	103.8	100.1	96.9	100.2
(3)家用手工工具	105.4	104.1	100.6	100.0	99.8	100.0
(4)其他家庭日用杂品	100.0	99.7	100.1	100.3	100.9	100.4
5.个人护理用品	100.6	99.7	99.7	102.0	102.6	100.7
(1)化妆品	100.1	98.5	98.7	101.5	103.6	99.9
(2)其他护理用品类	101.3	101.2	101.1	102.8	101.1	101.8
6.家庭服务	105.2	102.6	97.2	106.5	107.3	101.4
五、交通通信	**96.7**	**96.5**	**97.3**	**97.8**	**96.3**	**95.9**
1.交通	95.2	94.6	95.5	96.0	94.6	93.8
(1)交通工具	97.4	95.8	98.7	98.4	96.1	93.5
(2)交通工具用燃料	85.9	85.9	85.9	85.8	86.0	85.9
(3)交通工具使用和维修	101.3	99.4	100.9	103.7	102.3	103.0
(4)交通费	98.5	100.2	96.1	99.0	98.6	98.6

(上年=100)

安吉县	新昌县	兰溪市	义乌市	江山市	临海市	龙泉市
99.0	**99.9**	**99.0**	**100.3**	**99.8**	**100.8**	**100.6**
98.6	100.0	99.1	99.3	100.0	101.3	100.8
99.7	100.7	99.7	104.4	101.5	102.3	101.6
99.5	100.5	99.4	100.6	100.0	100.8	103.2
100.0	103.4	100.0	100.0	100.0	100.0	100.0
100.0	100.3	100.0	109.9	103.5	104.4	100.0
99.7	98.9	98.3	99.0	97.9	98.8	99.7
100.0	100.0	100.0	100.0	100.0	100.0	100.0
99.8	100.0	100.0	100.0	100.0	100.0	100.0
99.4	96.5	93.6	96.6	93.2	96.0	99.0
100.0	100.0	100.0	100.0	100.0	100.0	100.0
100.0	100.0	117.1	100.8	100.0	106.5	100.0
98.6	100.0	99.0	99.8	100.0	101.1	100.8
99.9	**102.0**	**99.4**	**100.3**	**99.7**	**100.0**	**100.1**
99.2	100.5	96.5	99.8	100.1	99.9	100.5
99.4	100.6	96.1	99.9	100.0	100.7	100.7
98.0	99.9	99.5	99.1	101.0	92.9	99.3
99.3	100.9	95.8	101.0	96.6	98.4	100.9
99.1	100.9	95.5	100.9	96.8	97.8	101.5
100.6	100.5	97.3	101.3	95.3	102.3	98.1
101.7	105.8	104.1	100.1	97.1	106.6	98.9
102.1	105.4	104.7	100.0	96.5	106.7	98.7
100.0	109.2	100.0	100.0	100.0	107.0	100.0
100.0	102.5	105.9	101.4	100.0	103.7	100.0
99.5	102.5	102.3	100.0	102.5	99.2	99.0
101.1	100.6	101.9	102.1	101.0	101.8	100.4
100.5	106.7	106.8	97.4	97.2	96.6	100.0
100.0	103.5	100.0	100.0	100.0	100.0	100.0
97.4	103.0	100.3	98.5	106.1	97.1	96.9
101.2	100.6	100.4	99.7	100.4	101.9	100.7
101.1	100.1	100.6	100.1	100.5	102.1	100.5
101.3	101.3	100.2	99.3	100.1	101.6	100.9
103.7	107.6	103.0	100.0	102.1	100.8	101.7
96.5	**98.0**	**96.8**	**97.5**	**96.9**	**95.6**	**98.4**
94.6	96.4	94.3	97.0	95.7	93.2	96.8
97.5	99.9	95.7	100.6	98.0	93.1	100.5
85.9	85.8	85.9	85.9	85.9	86.2	86.0
100.1	101.7	100.7	106.8	102.8	101.3	101.4
99.1	99.9	99.1	98.6	99.4	97.9	97.5

5-35 续表 2

指　　标	萧山区	建德市	宁海县	瑞安市	海宁市	桐乡市
2.通信	99.9	100.0	101.2	101.4	100.1	99.4
(1)通信工具	105.7	99.9	105.3	102.0	101.0	101.2
(2)通信服务	98.5	100.0	100.0	101.3	100.0	98.9
(3)邮递服务	97.3	101.7	100.0	100.6	96.9	99.6
六、教育文化娱乐	**100.6**	**99.7**	**102.1**	**102.4**	**104.3**	**102.7**
1.教育	101.4	99.9	102.8	102.2	106.0	103.4
(1)教育用品	98.7	99.0	98.9	100.0	102.2	98.9
(2)教育服务	101.5	99.9	103.0	102.3	106.1	103.5
2.文化娱乐	98.8	99.3	99.9	103.0	100.2	100.6
(1)文娱耐用消费品	99.2	99.8	99.4	110.7	101.0	98.2
(2)其他文娱用品	102.0	99.9	101.8	102.8	101.4	103.1
(3)文化娱乐服务	98.2	100.7	101.5	98.7	99.3	101.7
(4)旅游	96.3	96.1	97.5	100.2	99.3	99.6
七、医疗保健	**101.8**	**103.1**	**100.1**	**103.1**	**100.2**	**105.8**
1.药品及医疗器具	96.9	101.8	95.9	101.0	100.7	113.0
(1)中药	100.3	102.1	100.0	100.1	98.2	102.7
(2)西药	93.2	100.5	90.0	99.7	101.4	119.7
(3)滋补保健品	95.3	99.9	100.6	99.2	97.0	100.7
(4)医疗卫生器具	117.8	117.8	117.8	117.8	117.8	117.8
(5)保健器具	101.9	103.7	99.8	106.5	100.0	100.0
2.医疗服务	104.4	103.6	101.5	104.0	100.0	103.2
(1)综合医疗类	110.0	109.4	100.0	105.7	100.0	107.6
(2)诊断类	105.8	104.2	104.0	103.9	100.0	104.4
(3)治疗类	98.1	99.7	100.0	98.2	100.0	100.0
(4)康复类	100.0	100.0	100.0	121.4	100.0	100.0
(5)中医医疗服务类	114.1	106.6	100.0	119.1	100.0	100.0
(6)其他医疗服务	100.0	101.0	100.0	99.9	100.0	100.0
八、其他用品及服务	**103.9**	**103.6**	**104.0**	**103.2**	**103.7**	**103.5**
1.其他用品类	110.9	110.5	109.9	110.1	109.2	108.7
(1)首饰手表	118.0	116.5	114.4	115.3	116.2	114.7
(2)其他杂项用品	98.9	100.1	102.7	100.3	97.0	97.6
2.其他服务类	99.2	98.7	99.4	99.3	99.6	99.3
(1)旅馆住宿	95.8	94.9	100.5	98.3	97.8	97.5
(2)美容美发洗浴	102.5	101.9	100.6	101.4	103.2	101.8
(3)养老服务	100.0	100.0	100.0	100.0	100.0	100.0
(4)金融保险	97.2	96.5	96.8	96.3	96.5	96.5
(5)其他服务类	98.1	100.7	100.0	99.3	99.9	99.8

(上年=100)

安吉县	新昌县	兰溪市	义乌市	江山市	临海市	龙泉市
100.8	101.3	102.2	98.6	99.1	100.0	100.8
103.5	94.9	106.3	93.5	95.3	100.0	104.0
100.0	103.1	101.2	99.9	100.0	100.0	100.0
99.9	100.0	100.0	102.7	96.8	100.0	99.7
100.6	**100.8**	**100.6**	**100.7**	**99.7**	**103.8**	**102.7**
100.9	101.0	101.5	101.5	100.0	105.3	103.5
100.4	99.8	100.6	101.4	99.4	99.8	100.2
100.9	101.0	101.5	101.5	100.0	105.5	103.6
99.7	100.1	97.0	98.4	98.8	100.0	100.8
97.8	102.1	97.3	100.2	98.6	101.1	102.8
101.1	100.7	102.7	100.6	100.4	100.9	100.8
100.3	100.0	95.4	98.7	99.0	100.0	100.0
100.3	96.6	94.9	94.6	98.0	97.9	98.5
99.8	**106.4**	**100.8**	**102.6**	**100.6**	**99.4**	**101.0**
99.3	108.1	102.5	104.0	100.0	97.5	100.7
101.6	100.2	103.6	104.9	101.5	99.8	102.1
93.8	109.3	100.6	102.4	97.2	94.2	96.7
106.1	109.8	101.4	102.9	100.5	97.1	105.3
117.8	117.8	117.8	117.8	117.8	117.8	117.8
98.4	100.0	98.5	101.3	100.0	101.9	98.4
100.0	105.7	100.0	102.0	100.8	100.2	101.1
100.0	109.6	100.0	103.0	101.9	100.0	104.1
100.0	107.4	100.0	102.8	100.8	100.4	100.6
100.0	102.6	100.0	100.0	100.1	100.0	100.0
100.0	100.0	100.0	100.0	100.0	100.0	100.0
100.0	100.0	100.0	106.6	102.0	100.0	100.0
100.0	101.9	100.0	100.0	100.0	100.0	100.0
104.7	**105.0**	**104.5**	**102.6**	**104.8**	**104.7**	**104.3**
110.7	110.2	112.0	107.3	108.2	113.9	110.6
114.7	115.6	121.0	112.0	112.5	121.3	117.1
100.6	99.6	100.2	98.8	100.4	101.4	100.0
100.5	101.2	98.9	98.8	102.2	99.9	99.7
94.7	100.8	99.4	99.4	99.8	98.7	99.3
105.5	105.5	99.9	100.0	107.8	100.2	101.7
100.0	100.0	100.0	100.0	100.0	109.3	100.0
96.5	96.8	96.8	96.8	97.0	96.8	96.8
99.9	100.0	99.1	99.9	100.0	101.7	100.2

5-36 各设区市市区商品

指　　标	杭州市区	宁波市区	温州市区	嘉兴市区	湖州市区
商品零售价格指数	**100.9**	**100.2**	**101.2**	**101.5**	**101.4**
一、食品	**107.5**	**107.2**	**107.6**	**108.8**	**108.4**
1. 粮食	101.7	101.7	102.7	100.8	99.4
2. 薯类	98.0	100.1	102.8	109.4	105.5
3. 豆类	102.7	108.0	101.6	108.5	110.3
4. 食用油	99.4	104.8	102.5	106.1	102.2
5. 菜	101.5	103.3	106.9	115.3	107.9
6. 畜肉类	136.7	137.6	136.0	132.0	139.9
7. 禽肉类	108.8	102.1	102.6	98.4	104.6
8. 水产品	102.5	100.0	102.7	99.3	102.1
9. 蛋类	97.4	97.4	95.3	93.8	93.4
10. 奶类	99.9	98.9	102.3	98.4	104.0
11. 干鲜瓜果类	94.0	92.5	91.9	89.3	91.6
12. 糖果糕点类	104.0	103.7	101.9	102.7	100.7
13. 调味品	102.4	107.8	102.3	99.3	98.5
14. 其他食品类	105.8	104.5	99.5	99.5	99.9
15. 在外餐饮	104.9	104.8	103.8	111.9	106.2
二、饮料、烟酒	**100.0**	**99.9**	**100.3**	**99.7**	**101.2**
1. 茶及饮料	101.8	98.6	98.2	100.6	100.8
2. 烟草	100.2	100.0	100.2	100.2	100.2
3. 酒类	98.3	100.9	101.8	97.8	104.0
三、服装、鞋帽	**99.9**	**99.8**	**102.6**	**101.9**	**99.4**
1. 服装	100.0	100.5	103.2	102.3	98.9
2. 鞋帽袜	99.2	97.2	100.6	100.4	101.3
3. 其他衣着配件	104.2	99.0	104.2	103.7	99.8
四、纺织品	**103.4**	**100.1**	**100.4**	**100.7**	**108.0**
1. 服装材料	100.2	100.8	100.0	100.0	100.0
2. 床上用品	105.0	100.0	100.5	101.0	110.6
五、家用电器及音像器材	**97.5**	**98.0**	**97.5**	**100.0**	**100.4**
1. 家庭设备	97.2	97.2	96.5	99.7	99.9
2. 文娱用耐用消费品	97.5	99.1	98.9	100.5	101.7

零售价格分类指数(2020)(上年=100)

(上年=100)

绍兴市区	金华市区	衢州市区	舟山市区	台州市区	丽水市区
101.4	**101.2**	**100.6**	**100.9**	**101.6**	**100.9**
108.3	**107.3**	**107.3**	**107.6**	**107.7**	**108.8**
101.5	100.4	99.8	100.4	101.6	107.4
110.1	100.8	105.8	115.1	95.9	120.8
106.5	103.6	106.0	115.1	108.3	110.2
105.1	104.9	106.1	103.9	106.0	106.5
105.7	100.7	105.3	102.4	104.5	105.9
137.3	139.0	131.8	137.1	137.1	141.4
105.3	103.7	104.0	109.0	109.7	96.7
103.1	99.7	104.5	106.2	99.9	99.3
94.3	91.4	93.9	93.1	90.8	89.2
101.0	102.9	100.2	103.2	101.0	103.5
94.8	91.5	90.8	95.4	96.7	87.6
100.8	101.1	102.5	101.9	103.5	108.2
101.4	101.2	103.3	103.2	101.2	99.7
99.5	109.4	103.6	105.1	99.6	103.8
105.1	104.2	105.2	102.4	102.5	103.6
101.2	**102.8**	**102.3**	**101.5**	**101.6**	**99.6**
101.9	101.1	103.4	101.4	102.3	99.1
100.2	100.2	100.2	100.2	100.2	100.2
102.4	109.6	104.6	104.5	103.4	98.8
99.1	**100.3**	**100.3**	**99.5**	**101.4**	**97.3**
99.7	100.6	100.5	100.8	102.7	98.6
97.1	99.3	99.5	94.2	96.2	92.2
97.4	101.5	99.7	102.9	98.5	98.7
98.2	**104.4**	**100.4**	**104.9**	**101.7**	**99.1**
100.0	99.7	101.2	101.3	100.0	100.0
97.7	106.0	100.1	106.0	102.3	98.7
99.4	**101.1**	**99.3**	**100.3**	**102.0**	**96.1**
99.2	101.9	98.8	101.2	101.5	94.8
100.0	100.0	100.5	98.9	103.7	97.7

5-36 续表

指　标	杭州市区	宁波市区	温州市区	嘉兴市区	湖州市区
3. 专业音像器材	99.1	99.4	99.4	99.4	99.0
六、文化办公用品	**97.9**	**100.6**	**98.3**	**98.2**	**99.0**
七、日用品	**102.4**	**102.1**	**101.3**	**100.9**	**102.2**
1. 日用百货	102.4	102.7	100.1	101.0	100.1
2. 厨具餐具茶具	105.8	103.9	98.8	100.5	101.1
3. 清洗用品	102.0	102.1	101.1	102.4	108.3
4. 其他日用品	99.8	99.9	105.8	99.7	100.0
八、体育娱乐用品	**102.2**	**102.6**	**101.0**	**100.4**	**98.1**
1. 体育户外用品	105.8	103.0	100.9	101.0	99.7
2. 娱乐用品	100.9	102.4	101.1	100.1	97.3
九、交通、通信用品	**98.1**	**97.1**	**99.9**	**97.9**	**99.5**
1. 交通运输机械	97.3	96.7	99.6	96.3	99.3
2. 通信器材	102.4	99.1	101.6	103.8	100.4
十、家具	**102.7**	**101.2**	**101.4**	**105.9**	**99.9**
十一、化妆品	**106.3**	**102.2**	**105.7**	**100.6**	**102.5**
十二、金银饰品	**111.3**	**121.0**	**119.2**	**119.7**	**116.5**
十三、中西药品及医疗保健用品	**99.2**	**95.5**	**96.4**	**97.3**	**97.8**
1. 医疗卫生器具	103.3	103.3	103.3	103.3	103.3
2. 中药	101.3	99.0	100.7	97.9	100.4
3. 西药	96.9	92.7	90.4	96.4	94.7
4. 保健器具及用品	101.1	97.7	103.2	97.9	99.5
十四、书报杂志及电子出版物	**102.2**	**100.5**	**100.2**	**100.0**	**100.1**
1. 教材及参考书	106.2	100.4	99.7	99.4	99.6
2. 书报杂志	101.0	101.0	101.0	101.0	101.0
3. 计算机办公软件	98.9	98.9	98.9	98.9	98.9
十五、燃料	**90.8**	**89.1**	**90.3**	**90.8**	**90.1**
1. 煤炭及制品	100.9	100.0	98.4	100.0	100.0
2. 石油及制品	89.6	88.0	89.4	89.7	89.0
十六、建筑材料及五金电料	**100.1**	**100.4**	**99.7**	**100.4**	**100.2**
1. 建筑装璜材料	99.5	100.4	99.7	100.3	100.1
2. 五金水暖	101.8	100.6	99.8	100.7	100.6

(上年=100)

绍兴市区	金华市区	衢州市区	舟山市区	台州市区	丽水市区
99.0	99.1	99.1	99.5	99.5	99.1
98.9	**100.0**	**97.4**	**100.0**	**102.7**	**99.8**
99.1	**99.6**	**100.9**	**100.6**	**101.3**	**99.4**
98.3	96.3	100.1	100.5	100.8	97.5
99.7	103.3	102.4	104.1	102.8	102.0
101.9	101.3	101.2	98.2	101.5	99.8
97.0	100.7	101.0	100.7	100.8	100.3
98.9	**102.8**	**99.8**	**102.3**	**102.0**	**99.6**
97.1	104.9	100.0	103.8	102.8	99.9
99.7	101.8	99.7	101.7	101.6	99.5
100.8	**98.4**	**98.0**	**97.8**	**98.7**	**98.4**
100.1	98.3	98.2	97.4	96.5	98.2
103.9	99.1	96.9	99.9	107.3	99.6
97.8	**97.6**	**99.1**	**100.4**	**101.9**	**97.2**
101.3	**103.0**	**101.3**	**100.1**	**102.5**	**104.3**
115.7	**117.2**	**114.6**	**117.8**	**114.1**	**117.9**
100.6	**99.9**	**96.9**	**96.5**	**100.5**	**98.6**
103.3	103.3	103.3	103.3	103.3	103.3
100.5	100.3	98.0	97.8	101.0	98.6
101.4	96.8	92.9	90.9	99.6	97.4
99.5	104.4	101.5	103.4	101.2	100.2
99.9	**100.3**	**100.2**	**100.2**	**101.7**	**102.5**
99.0	99.9	99.8	99.8	104.0	106.7
101.0	101.0	101.0	101.0	101.0	101.0
98.9	98.9	98.9	98.9	98.9	98.9
91.5	**89.3**	**89.3**	**90.7**	**89.9**	**91.7**
100.0	98.7	98.6	100.0	98.6	101.4
90.4	88.2	88.3	89.4	88.9	90.5
99.1	**100.0**	**100.3**	**101.6**	**100.8**	**101.0**
98.6	99.9	100.0	100.0	100.2	100.3
100.2	100.2	100.9	105.9	102.2	102.4

5-37 各调查县(市/区)

指　　标	萧山区	建德市	宁海县	瑞安市	海宁市	桐乡市
商品零售价格指数	**101.6**	**101.6**	**101.9**	**102.2**	**102.0**	**102.3**
一、食品	**109.7**	**108.5**	**109.7**	**107.9**	**109.4**	**108.6**
1. 粮食	101.2	100.6	103.1	102.2	101.8	99.6
2. 薯类	118.8	118.1	127.1	122.4	108.1	105.5
3. 豆类	102.4	107.4	103.3	108.6	118.5	107.6
4. 食用油	108.7	113.6	103.7	106.2	106.5	105.2
5. 菜	104.5	105.2	113.3	103.4	107.5	107.8
6. 畜肉类	138.6	135.4	134.4	131.5	143.4	139.5
7. 禽肉类	99.0	104.1	102.5	99.5	99.5	100.3
8. 水产品	104.4	100.6	103.7	101.0	101.9	101.7
9. 蛋类	90.6	91.7	94.0	91.4	89.0	98.5
10. 奶类	100.6	102.3	104.5	102.9	100.3	97.9
11. 干鲜瓜果类	97.3	95.0	95.0	96.0	89.7	90.3
12. 糖果糕点类	100.6	98.2	101.2	101.6	103.4	99.6
13. 调味品	100.3	100.9	102.8	102.0	101.6	100.8
14. 其他食品类	102.6	101.5	101.5	102.1	101.9	102.2
15. 在外餐饮	108.5	103.6	103.9	103.5	102.1	104.5
二、饮料、烟酒	**101.5**	**99.4**	**101.2**	**103.3**	**101.4**	**101.9**
1. 茶及饮料	99.6	96.3	100.2	109.3	101.6	102.2
2. 烟草	100.8	100.8	100.8	100.8	100.8	100.8
3. 酒类	104.5	99.2	102.8	103.1	102.1	103.7
三、服装、鞋帽	**99.9**	**100.4**	**100.6**	**98.6**	**104.1**	**99.8**
1. 服装	100.1	101.1	100.9	99.9	103.0	99.7
2. 鞋帽袜	99.0	98.1	99.9	93.8	108.5	100.2
3. 其他衣着配件	101.0	103.0	97.3	103.4	96.2	99.5
四、纺织品	**99.0**	**104.1**	**103.6**	**108.0**	**100.0**	**100.0**
1. 服装材料	100.0	105.9	90.1	100.0	95.3	100.0
2. 床上用品	98.7	103.1	108.2	110.8	101.9	100.0
五、家用电器及音像器材	**98.4**	**99.2**	**98.9**	**104.3**	**100.8**	**96.4**
1. 家庭设备	98.6	99.0	99.5	103.8	100.5	96.1
2. 文娱用耐用消费品	97.9	99.8	97.5	106.2	101.8	96.7

商品零售价格分类指数(2020)

(上年=100)

安吉县	新昌县	兰溪市	义乌市	江山市	临海市	龙泉市
102.2	**102.3**	**102.3**	**102.4**	**101.4**	**101.3**	**101.7**
111.2	**107.9**	**108.9**	**109.6**	**109.3**	**109.4**	**106.7**
101.3	100.6	100.0	101.8	101.5	101.0	101.7
112.2	97.5	111.2	92.3	122.3	100.7	117.4
102.5	108.0	102.7	104.2	108.7	103.5	108.3
106.8	110.6	104.5	103.0	110.7	105.3	106.6
109.9	100.0	102.0	106.3	106.3	101.7	103.5
142.3	134.9	140.1	140.1	136.4	140.4	132.7
107.3	107.9	107.6	101.3	102.3	104.7	102.0
105.4	101.8	99.2	101.6	103.9	104.0	103.7
98.0	93.0	90.5	93.7	89.4	90.8	90.3
100.6	102.6	95.5	101.1	100.5	102.1	100.4
98.3	95.1	91.2	96.0	91.9	90.9	86.9
100.2	101.3	101.2	100.7	101.1	105.5	98.3
101.9	99.7	99.2	101.7	101.9	101.1	100.7
103.5	101.5	101.8	102.3	102.3	103.0	100.5
103.6	100.9	109.7	104.4	105.5	103.8	102.7
101.0	**101.7**	**101.2**	**100.1**	**100.9**	**101.2**	**101.3**
100.1	102.2	101.7	100.8	100.6	100.8	101.1
100.8	100.8	100.8	100.8	100.8	100.8	100.8
102.1	103.0	101.6	97.5	101.2	102.2	102.4
99.8	**100.6**	**104.1**	**101.8**	**99.3**	**101.0**	**99.3**
99.8	101.0	105.4	102.3	99.0	100.6	99.2
100.2	99.6	100.5	99.4	100.1	102.3	99.6
96.1	100.5	100.2	102.3	99.8	102.1	97.6
102.3	**103.8**	**103.4**	**100.0**	**97.4**	**104.8**	**99.0**
102.9	100.0	100.0	100.0	100.0	100.4	100.0
102.1	105.4	104.7	100.0	96.5	106.7	98.7
100.0	**99.9**	**96.1**	**100.5**	**97.0**	**98.7**	**100.5**
99.8	100.8	95.8	101.0	96.4	98.4	100.8
100.5	97.9	96.0	99.6	97.6	98.9	100.0

5-37 续表

指　　标	萧山区	建德市	宁海县	瑞安市	海宁市	桐乡市
3.专业音像器材	99.6	99.6	100.0	100.0	100.0	100.0
六、文化办公用品	**102.6**	**101.6**	**102.8**	**111.1**	**102.6**	**101.0**
七、日用品	**99.0**	**99.1**	**101.6**	**100.4**	**98.2**	**100.2**
1.日用百货	98.5	98.1	100.3	101.0	100.1	100.6
2.厨具餐具茶具	98.1	99.7	103.8	100.1	96.9	100.2
3.清洗用品	99.6	99.3	101.9	99.4	95.7	101.2
4.其他日用品	100.0	100.1	101.9	100.5	98.5	98.2
八、体育娱乐用品	**101.7**	**98.3**	**100.9**	**102.1**	**100.1**	**102.5**
1.体育户外用品	99.4	98.0	98.1	103.4	100.0	101.8
2.娱乐用品	102.6	98.5	102.0	101.5	100.2	102.8
九、交通、通信用品	**99.2**	**98.1**	**100.3**	**99.4**	**97.8**	**97.1**
1.交通运输机械	97.6	97.5	98.9	98.3	96.9	95.8
2.通信器材	104.9	100.3	105.1	102.4	100.8	101.0
十、家具	**100.9**	**100.9**	**100.9**	**100.0**	**104.5**	**101.7**
十一、化妆品	**100.2**	**100.0**	**99.9**	**102.1**	**102.9**	**101.2**
十二、金银饰品	**116.2**	**118.3**	**115.6**	**117.1**	**117.7**	**115.4**
十三、中西药品及医疗保健用品	**96.1**	**101.4**	**95.7**	**100.4**	**100.4**	**112.0**
1.医疗卫生器具	117.8	117.8	117.8	117.8	117.8	117.8
2.中药	100.3	102.1	100.0	100.1	98.2	102.7
3.西药	93.2	100.5	90.0	99.7	101.4	119.7
4.保健器具及用品	95.6	100.1	100.6	99.6	97.2	100.7
十四、书报杂志及电子出版物	**100.9**	**100.9**	**100.9**	**101.2**	**102.0**	**100.9**
1.教材及参考书	98.7	99.1	99.0	100.0	102.5	99.0
2.书报杂志	102.4	102.4	102.4	102.4	102.4	102.4
3.计算机办公软件	100.0	100.0	100.0	100.0	100.0	100.0
十五、燃料	**91.6**	**91.0**	**91.0**	**89.1**	**91.6**	**91.3**
1.煤炭及制品	100.0	100.0	100.0	99.0	101.2	100.0
2.石油及制品	90.3	89.5	89.8	87.4	89.9	89.9
十六、建筑材料及五金电料	**101.7**	**100.5**	**99.3**	**102.1**	**100.3**	**98.4**
1.建筑装璜材料	101.5	100.3	98.6	103.4	100.1	97.7
2.五金水暖	102.1	101.0	100.7	99.4	100.7	100.1

(上年=100)

安吉县	新昌县	兰溪市	义乌市	江山市	临海市	龙泉市
99.6	99.6	99.6	99.6	99.6	100.0	99.6
100.0	**104.3**	**100.8**	**101.3**	**100.5**	**102.9**	**104.1**
98.9	**101.8**	**100.9**	**99.7**	**99.8**	**99.7**	**99.6**
96.9	100.4	99.0	100.0	99.8	99.4	99.7
100.5	106.7	106.7	97.4	97.2	96.6	100.0
101.1	102.5	98.2	103.2	100.6	102.2	98.9
98.5	100.1	100.1	97.6	101.4	100.2	99.5
98.6	**100.2**	**103.2**	**100.7**	**100.1**	**100.4**	**100.7**
100.6	100.0	98.7	100.0	100.0	101.3	100.2
97.7	100.2	105.2	101.0	100.2	100.0	100.9
99.8	**98.2**	**98.7**	**99.1**	**97.9**	**95.7**	**101.3**
98.9	99.3	96.7	100.4	98.6	93.9	100.6
103.2	94.7	105.4	94.3	95.3	100.0	103.7
99.4	**100.6**	**96.1**	**99.9**	**100.0**	**100.7**	**100.7**
101.0	**101.1**	**100.6**	**100.1**	**100.4**	**102.3**	**100.7**
112.7	**116.9**	**123.0**	**113.5**	**113.2**	**122.8**	**119.1**
99.5	**107.3**	**102.2**	**103.7**	**99.7**	**97.1**	**100.3**
117.8	117.8	117.8	117.8	117.8	117.8	117.8
101.6	100.2	103.6	104.9	101.5	99.8	102.1
93.8	109.3	100.6	102.4	97.2	94.2	96.7
105.8	109.3	101.2	102.7	100.4	97.4	104.8
101.3	**101.2**	**101.4**	**101.7**	**101.0**	**101.1**	**101.3**
100.0	99.9	100.6	101.4	99.4	99.7	100.2
102.4	102.4	102.4	102.4	102.4	102.4	102.4
100.0	100.0	100.0	100.0	100.0	100.0	100.0
91.3	**91.1**	**91.4**	**90.5**	**89.9**	**90.8**	**91.4**
100.0	100.0	112.4	99.6	100.0	103.2	98.8
90.0	89.6	87.8	88.8	88.4	88.9	90.3
99.6	**100.6**	**99.5**	**101.9**	**100.6**	**100.6**	**102.2**
99.5	100.5	99.3	100.6	100.0	100.8	103.2
100.0	100.9	100.0	104.1	101.7	100.0	100.0

5-38 全省及各调查县(市/区)

指　　标	全省	萧山区	建德市	宁海县	瑞安市	海宁市	桐乡市
农业生产资料价格指数	106.1	104.2	109.5	102.6	105.7	104.3	110.3
1. 农用手工工具	105.5	100.0	100.0	101.8	100.0	103.1	104.7
2. 饲料	106.8	108.9	107.2	103.1	109.2	106.0	114.8
3. 仔畜幼禽及产品畜	154.5	123.8	175.5	127.2	139.7	124.0	180.9
4. 半机械化农具	100.3	100.0	100.0	100.0	100.0	100.0	98.0
5. 机械化农具	99.9	100.9	100.0	100.0	100.0	100.0	98.2
6. 化学肥料	99.2	98.4	101.6	99.4	100.7	102.2	99.0
7. 农药及农药器械	102.1	100.0	100.0	101.9	100.0	101.6	102.6
8. 农用机油	85.6	85.6	85.6	85.6	85.6	85.9	85.2
9. 其他农业生产资料	100.4	100.0	102.6	102.7	100.0	100.3	99.4
10. 农业生产服务	99.1	103.5	96.8	99.0	97.5	102.2	98.9

农业生产资料价格分类指数(2020)

(上年=100)

安吉县	新昌县	兰溪市	义乌市	江山市	临海市	龙泉市
101.4	107.2	106.5	105.5	106.4	109.0	105.8
100.0	100.0	124.4	100.0	100.0	102.5	103.3
101.4	103.3	101.4	105.1	104.7	115.0	108.2
119.8	154.0	175.5	144.0	171.3	162.1	153.1
100.0	100.0	100.2	101.9	100.0	101.2	101.8
100.3	100.0	100.5	104.3	100.0	98.1	100.3
99.1	96.5	100.5	102.6	96.3	97.4	97.0
100.9	110.1	100.0	101.0	108.6	100.3	102.5
85.7	85.6	85.9	85.8	85.6	85.1	85.9
101.2	100.0	100.1	100.0	100.0	98.7	99.9
99.5	97.9	99.6	98.0	97.5	98.8	99.9

5-39　部分设区市分月新建商品住宅销售价格指数(同比)(2020)

(上年同月=100)

地　区	1月	2月	3月	4月	5月	6月	7月	8月	9月	10月	11月	12月
杭　州	105.0	104.4	105.4	105.2	105.1	105.2	104.9	105.3	105.1	105.2	105.1	104.5
宁　波	108.2	107.4	106.5	105.8	106.1	106.0	105.7	105.4	105.1	104.9	104.9	104.4
温　州	104.5	103.9	102.4	103.3	103.4	104.5	105.1	106.1	105.6	105.0	104.4	104.3
金　华	107.9	107.5	107.1	106.6	105.9	106.3	105.4	105.7	105.7	105.5	104.9	105.0

注：以上城市范围为市辖区，不含县。

5-40　部分设区市分月新建商品住宅销售价格指数(环比)(2020)

(上月=100)

地　区	1月	2月	3月	4月	5月	6月	7月	8月	9月	10月	11月	12月
杭　州	100.3	99.9	101.3	100.9	100.7	101.2	100.2	100.4	100.0	100.0	99.8	99.7
宁　波	100.6	99.8	100.3	100.0	101.4	100.8	100.4	100.7	100.3	100.1	100.0	99.8
温　州	100.3	99.7	99.4	101.0	100.7	101.1	100.7	101.3	100.0	100.3	99.7	100.0
金　华	100.4	100.0	100.0	100.4	100.8	100.9	100.4	101.1	100.2	99.8	100.2	100.5

注：以上城市范围为市辖区，不含县。

5-41　部分设区市分月二手住宅销售价格指数(同比)(2020)

(上年同月=100)

地　区	1月	2月	3月	4月	5月	6月	7月	8月	9月	10月	11月	12月
杭　州	103.0	103.1	103.1	103.2	102.7	103.3	104.6	105.4	105.9	106.4	106.5	106.9
宁　波	108.8	108.3	108.1	108.1	108.2	108.6	108.3	107.7	107.7	107.8	107.9	108.5
温　州	103.3	103.1	102.7	102.9	103.1	103.7	104.7	105.2	105.0	104.9	104.6	105.2
金　华	101.4	101.2	101.3	101.0	100.6	100.5	100.7	101.6	102.6	103.0	103.7	104.5

注：以上城市范围为市辖区，不含县。

5-42　部分设区市分月二手住宅销售价格指数(环比)(2020)

(上月=100)

地　区	1月	2月	3月	4月	5月	6月	7月	8月	9月	10月	11月	12月
杭　州	100.1	100.0	100.7	101.0	100.8	101.0	101.3	100.7	100.3	100.3	100.1	100.5
宁　波	100.7	99.6	100.5	100.7	101.1	101.2	101.1	100.9	100.8	100.7	100.4	100.6
温　州	99.9	100.0	99.8	100.9	100.6	100.9	100.8	101.0	100.4	100.0	100.3	100.2
金　华	99.8	99.7	100.3	100.2	100.0	100.7	100.7	101.2	100.5	100.3	100.2	100.8

注：以上城市范围为市辖区，不含县。

5-43 各设区市及县(市/区)居民可支配收入及增长(2020)

地　区	全体居民		城镇常住居民		农村常住居民	
	人均可支配收入(元)	比上年增长(%)	人均可支配收入(元)	比上年增长(%)	人均可支配收入(元)	比上年增长(%)
杭州市	61879	4.4	68666	3.9	38700	6.7
萧山区	64482	4.7	73116	3.4	43847	6.6
余杭区	61676	5.1	70681	3.7	44117	6.7
富阳区	54175	6.6	63302	4.5	38089	7.2
临安区	48195	5.7	59760	4.3	35816	6.8
桐庐县	47763	5.7	56450	4.0	34176	7.0
淳安县	32145	6.5	48985	4.1	22465	6.6
建德市	42063	6.0	54962	3.9	30762	7.3
宁波市	59952	5.2	68008	4.8	39132	6.8
鄞州区	67057	5.8	73860	5.4	42794	7.1
奉化区	46964	4.9	58983	4.3	34945	5.3
象山县	51448	4.2	60773	3.4	35557	6.3
宁海县	53252	5.6	64188	5.2	36166	6.8
余姚市	57539	5.6	65212	5.2	39339	6.9
慈溪市	59770	5.5	67089	4.9	40950	7.5
温州市	54025	4.9	63481	4.1	32428	7.3
鹿城区	68545	4.6	71082	4.4	38787	7.0
龙湾区	60323	6.8	63938	4.4	40281	7.0
瓯海区	60844	6.8	65586	4.1	39265	7.2
洞头区	42985	6.4	52279	5.5	32295	7.8
永嘉县	41560	5.6	51810	4.7	26388	7.5
平阳县	41730	5.4	52739	3.9	26736	7.1
苍南县	40904	5.5	49725	3.9	25630	8.5
文成县	30670	5.7	43705	3.8	20528	7.3
泰顺县	30046	6.2	42479	4.6	20347	8.2
瑞安市	57473	4.8	67301	4.0	35872	7.1
乐清市	57198	4.4	67069	4.1	38070	7.3
嘉兴市	54667	5.9	64124	3.5	39801	6.4
南湖区	55708	4.8	58424	3.7	38856	7.4
秀洲区	49241	6.0	57915	4.2	38215	6.8

5-43 续表 1

地区	全体居民		城镇常住居民		农村常住居民	
	人均可支配收入(元)	比上年增长(%)	人均可支配收入(元)	比上年增长(%)	人均可支配收入(元)	比上年增长(%)
嘉善县	54200	5.8	65266	3.1	40741	7.1
海盐县	55129	5.4	66006	3.6	40336	6.7
海宁市	55779	5.7	67462	3.0	41129	6.2
平湖市	55040	6.7	65797	4.5	39903	7.2
桐乡市	52522	5.1	62379	2.5	40358	5.7
湖州市	51800	6.4	61743	4.6	37244	7.0
吴兴区	56303	6.7	63816	5.0	38219	6.9
南浔区	48907	6.2	59847	4.2	37051	7.4
德清县	52130	6.4	62225	4.7	38357	6.5
长兴县	51463	6.5	62428	4.3	37813	7.2
安吉县	48590	6.1	59518	4.5	35699	6.6
绍兴市	56600	5.1	66694	4.3	38696	7.1
越城区	55667	4.7	61861	4.1	38633	7.2
柯桥区	64204	5.1	72071	4.5	43459	6.9
上虞区	54434	5.6	68309	4.7	38044	7.3
新昌县	50220	5.3	62833	4.4	32859	6.8
诸暨市	58771	5.3	70740	4.2	42296	7.4
嵊州市	50944	4.9	63748	4.0	34367	7.0
金华市	50580	5.0	61545	3.7	30365	6.5
婺城区	50645	3.7	58746	3.0	26560	5.7
金东区	41645	5.8	51155	3.6	29285	6.0
武义县	36636	6.3	44759	4.5	21076	7.2
浦江县	39841	4.8	49943	3.3	24948	7.0
磐安县	31367	7.0	43589	4.4	20950	7.7
兰溪市	34091	5.5	46610	4.2	23021	5.2
义乌市	71210	4.5	80137	3.9	42158	6.7
东阳市	48837	4.7	58189	3.5	33686	6.2
永康市	49852	5.6	61281	4.1	32820	6.5
衢州市	37935	7.1	49300	5.0	26290	7.6

5-43 续表 2

地 区	全体居民		城镇常住居民		农村常住居民	
	人均可支配收入(元)	比上年增长(%)	人均可支配收入(元)	比上年增长(%)	人均可支配收入(元)	比上年增长(%)
柯城区	46479	7.1	52862	4.8	28138	9.0
衢江区	30333	7.0	41733	4.3	23532	7.5
常山县	32041	7.7	41890	5.6	24033	8.5
开化县	28699	6.9	39475	4.5	20647	8.7
龙游县	37330	7.5	51024	5.8	26721	7.5
江山市	40195	6.8	51987	5.1	28415	7.7
舟山市	55830	4.2	63702	3.6	39096	6.3
定海区	60668	4.3	69857	3.7	39227	6.5
普陀区	54412	4.3	62310	3.6	38593	6.3
岱山县	50606	4.5	56646	3.8	39238	6.3
嵊泗县	50154	3.9	56526	3.1	37620	6.0
台州市	50643	5.5	62598	3.7	32188	6.5
椒江区	57382	5.0	69053	3.2	33872	5.8
黄岩区	51224	5.4	63103	3.5	33102	6.8
路桥区	63086	5.9	76052	4.2	36888	6.9
天台县	39837	5.6	50746	3.6	26370	7.0
仙居县	36485	5.8	45741	4.1	24454	6.5
三门县	38586	5.4	50538	3.4	28309	6.4
临海市	46388	6.0	58319	4.3	32150	6.7
温岭市	53596	5.6	65277	3.7	36244	7.1
玉环市	61186	6.1	74492	4.4	37645	6.5
丽水市	37744	6.5	48532	4.5	23637	7.8
莲都区	45697	5.7	51669	3.9	30365	7.6
青田县	38531	5.9	49728	3.7	27215	7.9
缙云县	35684	7.1	47774	4.8	23466	9.2
遂昌县	35067	6.1	50425	4.5	22264	7.3
松阳县	30275	6.3	42494	5.1	20804	7.4
云和县	37586	6.7	46584	5.5	22022	7.6
庆元县	31184	6.9	42642	5.3	20364	8.0
景宁县	31130	6.5	41735	4.3	21625	8.1
龙泉市	39816	6.2	50473	4.2	25476	8.6

综合数据

6-1 全省生产总值(1978-2020)

年份	全省生产总值(亿元)	第一产业	第二产业	第三产业	人均生产总值(元)
1978	123.72	47.09	53.52	23.11	332
1979	157.75	67.56	64.07	26.12	418
1980	179.92	64.61	84.07	31.24	472
1981	204.86	69.06	94.68	41.12	532
1982	234.01	84.88	98.44	50.69	600
1983	257.09	82.89	113.12	61.08	652
1984	323.25	104.40	141.48	77.37	813
1985	429.16	123.88	198.91	106.37	1070
1986	502.47	136.29	230.89	135.29	1241
1987	606.99	159.41	281.47	166.11	1482
1988	770.25	195.68	354.39	220.18	1858
1989	849.44	210.95	386.25	252.24	2028
1990	904.69	225.04	408.18	271.47	2143
1991	1089.33	245.22	494.11	350.00	2564
1992	1375.70	262.67	652.26	460.77	3209
1993	1925.91	315.97	982.19	627.75	4459
1994	2689.28	438.65	1395.61	855.02	6183
1995	3563.90	549.95	1856.32	1157.63	8144
1996	4195.76	594.93	2233.98	1366.85	9534
1997	4695.93	618.90	2557.87	1519.16	10615
1998	5065.50	609.30	2772.28	1683.92	11395
1999	5461.27	606.32	2983.27	1871.68	12229
2000	6164.79	630.97	3287.10	2246.72	13467
2001	6927.70	659.78	3590.07	2677.85	14726
2002	8040.66	685.20	4112.87	3242.59	16918
2003	9753.37	717.85	5126.27	3909.25	20249
2004	11482.11	803.83	6160.40	4517.87	23476
2005	13028.33	881.47	6953.67	5193.19	26277
2006	15302.68	913.16	8295.66	6093.87	30415
2007	18639.95	969.27	10122.74	7547.94	36453
2008	21284.58	1073.30	11512.68	8698.60	41061
2009	22833.74	1134.68	11882.36	9816.70	43543
2010	27399.85	1322.85	14140.90	11936.10	51110
2011	31854.80	1535.20	16271.04	14048.56	57828
2012	34382.39	1610.81	17040.53	15731.05	61097
2013	37334.64	1718.74	18162.78	17453.12	65105
2014	40023.48	1726.57	19580.72	18716.19	68569
2015	43507.72	1771.36	20606.55	21129.81	73276
2016	47254.04	1890.43	21571.25	23792.36	78384
2017	52403.13	1933.92	23246.72	27222.48	85612
2018	58002.84	1975.89	25308.13	30718.83	93230
2019	62462.00	2086.70	26299.51	34075.77	98770
2020	64613.34	2169.23	26412.95	36031.16	100620

注：1. 本表按当年价格计算。1992 年以后人均生产总值均按常住人口计算。
2. 2020 年数据为初步统计数，后表同。

6-2　全省生产总值构成(1978-2020)

单位：%

年份	全省生产总值	第一产业	第二产业	第三产业
1978	100	38.1	43.3	18.7
1979	100	42.8	40.6	16.6
1980	100	35.9	46.7	17.4
1981	100	33.7	46.2	20.1
1982	100	36.3	42.1	21.7
1983	100	32.2	44.0	23.8
1984	100	32.3	43.8	23.9
1985	100	28.9	46.3	24.8
1986	100	27.1	46.0	26.9
1987	100	26.3	46.4	27.4
1988	100	25.4	46.0	28.6
1989	100	24.8	45.5	29.7
1990	100	24.9	45.1	30.0
1991	100	22.5	45.4	32.1
1992	100	19.1	47.4	33.5
1993	100	16.4	51.0	32.6
1994	100	16.3	51.9	31.8
1995	100	15.4	52.1	32.5
1996	100	14.2	53.2	32.6
1997	100	13.2	54.5	32.4
1998	100	12.0	54.7	33.2
1999	100	11.1	54.6	34.3
2000	100	10.2	53.3	36.4
2001	100	9.5	51.8	38.7
2002	100	8.5	51.2	40.3
2003	100	7.4	52.6	40.1
2004	100	7.0	53.7	39.3
2005	100	6.8	53.4	39.9
2006	100	6.0	54.2	39.8
2007	100	5.2	54.3	40.5
2008	100	5.0	54.1	40.9
2009	100	5.0	52.0	43.0
2010	100	4.8	51.6	43.6
2011	100	4.8	51.1	44.1
2012	100	4.7	49.6	45.8
2013	100	4.6	48.6	46.7
2014	100	4.3	48.9	46.8
2015	100	4.1	47.4	48.6
2016	100	4.0	45.6	50.3
2017	100	3.7	44.4	51.9
2018	100	3.4	43.6	53.0
2019	100	3.3	42.1	54.6
2020	100	3.3	40.9	55.8

注：1.本表按当年价格计算。

6-3 全省生产总值指数(1978-2020)

年份	上年=100		1978年=100	
	全省生产总值指数	人均生产总值指数	全省生产总值指数	人均生产总值指数
1978	121.9	120.5	100.0	100.0
1979	113.6	112.3	113.6	112.3
1980	116.4	115.2	132.2	129.4
1981	111.5	110.4	147.4	142.8
1982	111.4	110.0	164.2	157.1
1983	108.0	106.8	177.4	167.8
1984	121.7	120.7	216.0	202.5
1985	121.7	120.7	262.9	244.4
1986	112.1	111.0	294.6	271.3
1987	111.8	110.6	329.4	300.0
1988	111.2	109.9	366.4	329.6
1989	99.4	98.4	364.3	324.2
1990	103.9	103.1	378.6	334.4
1991	117.9	117.2	446.3	391.8
1992	118.8	118.1	530.3	462.8
1993	122.0	121.1	647.1	560.4
1994	120.0	119.2	776.4	667.8
1995	117.0	116.3	908.3	776.4
1996	112.7	112.0	1023.5	869.9
1997	111.1	110.6	1137.5	961.9
1998	110.2	109.7	1253.8	1055.0
1999	110.1	109.6	1380.5	1156.4
2000	111.1	108.4	1533.9	1253.5
2001	110.7	107.7	1697.8	1350.1
2002	112.7	111.5	1913.1	1505.8
2003	114.7	113.2	2195.1	1704.8
2004	113.1	111.4	2482.8	1899.0
2005	112.9	111.4	2804.0	2115.6
2006	114.0	112.3	3195.3	2375.7
2007	114.5	112.7	3658.3	2676.3
2008	110.1	108.6	4026.9	2906.0
2009	109.0	107.8	4389.7	3131.4
2010	111.9	109.4	4910.1	3426.2
2011	109.0	106.1	5350.2	3633.7
2012	108.1	105.8	5781.9	3843.8
2013	108.3	106.3	6263.8	4086.4
2014	107.7	105.8	6744.6	4322.8
2015	108.0	106.2	7286.6	4591.2
2016	107.5	105.9	7834.8	4862.1
2017	107.8	106.1	8444.0	5160.9
2018	107.1	105.4	9047.2	5440.3
2019	106.8	105.0	9658.0	5713.5
2020	103.6	102.0	10001.4	5826.8

注：本表按可比价格计算。

6-4 国民经济和社会

指　　标	1978	1990	2000	2010	2011	2012	2013
人口							
年末常住人口(万人)		4238.00	4679.91	5446.51	5570.00	5685.00	5784.00
年末就业人员数(万人)	1794.96	2554.46	2726.09	3352.00	3385.00	3407.00	3436.00
全省生产总值(亿元)	123.72	904.69	6164.79	27399.85	31854.80	34382.39	37334.64
第一产业	47.09	225.04	630.97	1322.85	1535.20	1610.81	1718.74
第二产业	53.52	408.18	3287.10	14140.90	16271.04	17040.53	18162.78
第三产业	23.11	271.47	2246.72	11936.10	14048.56	15731.05	17453.12
人均生产总值(元)	332	2143	13467	51110	57828	61097	65105
财政(亿元)							
财政总收入	27.45	101.59	658.42	4895.41	5925.00	6408.49	6908.41
#地方财政收入	27.45	101.59	342.77	2608.47	3150.80	3441.23	3796.92
财政支出	17.43	80.23	431.30	3207.88	3842.59	4161.88	4730.47
固定资产投资总额(亿元)				11451.98	14077.25	17095.96	20194.07
贸易							
社会商品零售总额(亿元)	46.86	353.75	2513.31	10056.56	12093.23	13667.59	15335.15
进出口总额(亿美元)	0.70	27.73	278.33	2535.33	3093.78	3124.03	3357.89
#出口总额(亿美元)	0.52	21.89	194.43	1804.65	2163.49	2245.19	2487.46
价格指数							
居民消费价格指数（上年=100)				103.8	105.4	102.2	102.3
居民收支(元)							
城镇居民人均可支配收入	332	1932	9279	27359	30971	34550	37080
农村居民人均可支配收入	165	1099	4254	11303	13071	14552	17494

注：1. 本表价值量指标按当年价格计算，发展速度按可比价格计算。
2. 城镇居民人均可支配收入，农村居民人均可支配收入发展速度均已扣除价格变动因素。
3. 2017 年起固定资产投资总额增长按可比口径计算。
4. 1993 年起社会消费品零售总额已与第四次经济普查数据衔接。
5. 从 2013 年起，国家统计局开展了城乡一体化住户收支与生活状况调查，与 2013 年前的分城镇和农村住户调查的调查范围、调查方法、指标口径有所不同(以后各表同)。农村居民人均可支配收入 2013 年前为农村居民人均纯收入。

发展主要指标(1978-2020)

2014	2015	2016	2017	2018	2019	2020
5890.00	5985.00	6072.00	6170.00	6273.00	6375.00	6468.00
3459.00	**3505.00**	**3552.00**	**3613.00**	**3691.00**	**3771.00**	**3857.00**
40023.48	**43507.72**	**47254.04**	**52403.13**	**58002.84**	**62462.00**	**64613.34**
1726.57	1771.36	1890.43	1933.92	1975.89	2086.70	2169.23
19580.72	20606.55	21571.25	23246.72	25308.13	26299.51	26412.95
18716.19	21129.81	23792.36	27222.48	30718.83	34075.77	36031.16
68569	**73276**	**78384**	**85612**	**93230**	**98770**	**100620**
7521.70	8549.47	9225.07	10301.16	11705.82	12267.66	12421.26
4122.02	4809.94	5301.98	5804.38	6598.08	7048.58	7248.00
5159.57	6645.98	6974.25	7530.32	8627.51	10052.99	10081.87
23554.76	**26664.72**	**29571.00**	**31125.99**			
17078.11	18910.74	20916.73	23121.32	25162.01	27343.81	26629.81
3550.49	3467.84	3365.76	3779.07	4323.60	4472.25	4879.34
2733.29	2763.32	2678.64	2867.93	3210.39	3346.05	3632.67
102.1	101.4	101.9	102.1	102.3	102.9	102.3
40393	43714	47237	51261	55574	60182	62699
19373	21125	22866	24956	27302	29876	31930

6-5 人民物质

指　　标		1985	1990	1995	2000
城乡居民收入与支出					
城镇居民人均可支配收入	(元)	904	1932	6221	9279
农村居民人均可支配收入	(元)	549	1099	2966	4254
城镇居民人均消费支出	(元)	795	1604	5263	7020
农村居民人均消费支出	(元)	474	946	2378	3231
居民人均住房面积(建筑面积)					
城镇居民	(平方米)	11.07	13.55	15.64	19.87
农村居民	(平方米)	22.08	29.26	34.14	46.42
文化、教育及卫生					
城镇每百户拥有彩色电视机	(台)	12.40	62.99	95.76	139.17
农村每百户拥有彩色电视机	(台)	0.70	8.78	32.85	83.15
城镇每百户拥有家用电脑	(台)				14.02
农村每百户拥有家用电脑	(台)				
每百人每天有报纸杂志	(份)	6.94	4.65	7.64	10.40
学龄儿童入学率	(%)	98.10	99.30	99.70	99.93
每千人口拥有在校大学生数	(人)	1.31	1.43	2.13	4.72
每千人口拥有医疗床位数	(张)	1.99	2.29	2.44	2.53
每千人口拥有医生数	(人)	1.10	1.39	1.53	1.65
就业					
城镇居民家庭每一就业者负担人数	(人/户)	1.62	1.60	1.58	1.80
农村居民家庭每一劳动力负担人数	(人/户)	1.58	1.46	1.35	1.39
交通通信					
城镇每百户拥有家用汽车	(辆)				0.48
农村每百户拥有家用汽车	(辆)				
城镇每百户拥有固定电话	(部)				
农村每百户拥有固定电话	(部)			9.81	60.26
城镇每百户拥有移动电话	(部)				31.73
#接入互联网移动电话	(部)				
农村每百户拥有移动电话	(部)				20.22
#接入互联网移动电话	(部)				

文化生活(1985-2020)

2005	2010	2015	2016	2017	2018	2019	2020
16294	27359	43714	47237	51261	55574	60182	62699
6660	11303	21125	22866	24956	27302	29876	31930
12254	17858	28661	30068	31924	34598	37508	36197
5215	8390	16108	17359	18093	19707	21352	21555
34.56	35.29	40.53	40.87	41.51	45.35	48.45	46.71
54.98	58.53	61.28	60.27	60.43	65.44	67.31	66.87
178.62	185.70	173.77	173.79	179.10	171.90	175.10	176.20
130.04	161.40	161.29	170.40	176.40	175.70	176.30	175.90
59.47	89.84	95.68	93.01	95.60	86.40	85.20	86.00
10.77	35.64	45.47	49.31	52.20	45.50	46.10	48.20
15.30	17.00	13.49	12.28	10.66	9.61	8.98	
99.99	99.99	99.99	99.99	99.99	99.99	99.99	99.99
13.30	17.13	17.71	17.56	17.48	17.59	18.28	19.50
3.07	3.38	4.58	4.82	5.13	5.34	5.54	5.60
1.80	2.21	2.65	2.78	2.91	3.07	3.22	3.37
1.93	1.95	1.77	1.79	1.80	1.85	1.86	1.91
1.37	1.35	1.58	1.57	1.58	1.59	1.62	1.66
8.71	26.43	47.90	53.29	55.50	52.40	52.80	55.60
2.91	7.79	25.41	30.17	33.30	28.80	28.90	33.00
96.84	89.13	55.98	50.67	47.30	28.20	21.50	19.70
94.43	88.40	49.57	41.87	38.20	27.20	19.60	18.70
174.73	198.01	228.63	234.79	242.30	243.10	242.80	245.40
		135.45	155.78	170.50	193.10	200.20	221.60
119.21	189.10	216.41	230.05	235.20	244.50	249.60	253.10
		80.82	106.52	121.20	151.20	164.10	190.90

注：1. 从 2013 年起，国家统计局开展了城乡一体化住户收支与生活状况调查，与 2013 年前的分城镇和农村住 户调查的调查范围、调查方法、指标口径有所不同(以后各表同)。农村居民人均可支配收入 2013 年前为农村 居民人均纯收入。

2. 城镇居民人均住房面积在 2002 年前为使用面积;农村居民人均住房面积在 2013 年以前为居住面积。

3. 每百人每天拥有报纸、每千人口拥有医疗床位和拥有医生数均按常住人口计算。

6-6 全国及各地区居民人均可支配收入及增长(2020)

地 区	全体居民		城镇常住居民		农村常住居民	
	可支配收入(元)	增长(%)	可支配收入(元)	增长(%)	可支配收入(元)	增长(%)
全 国	**32189**	**4.7**	**43834**	**3.5**	**17131**	**6.9**
北 京	69434	2.5	75602	2.4	30126	4.1
天 津	43854	3.4	47659	3.3	25691	3.6
河 北	27136	5.7	37286	4.3	16467	7.1
山 西	25214	5.8	34793	4.6	13878	7.6
内蒙古	31497	3.1	41353	1.4	16567	8.4
辽 宁	32738	2.9	40376	1.5	17450	8.3
吉 林	25751	4.8	33396	3.4	16067	7.6
黑龙江	24902	2.7	31115	0.5	16168	7.9
上 海	72232	4.0	76437	3.8	34911	5.2
江 苏	43390	4.8	53102	4.0	24198	6.7
浙 江	**52397**	**5.0**	**62699**	**4.2**	**31930**	**6.9**
安 徽	28103	6.4	39442	5.1	16620	7.8
福 建	37202	4.5	47160	3.4	20880	6.7
江 西	28017	6.7	38556	5.5	16981	7.5
山 东	32886	4.1	43726	3.3	18753	5.5
河 南	24810	3.8	34750	1.6	16108	6.2
湖 北	27881	-1.5	36706	-2.4	16306	-0.5
湖 南	29380	6.1	41698	4.7	16585	7.7
广 东	41029	5.2	50257	4.4	20143	7.0
广 西	24562	5.3	35859	3.2	14815	8.3
海 南	27904	4.6	37097	3.0	16279	7.7
重 庆	30824	6.6	40006	5.4	16361	8.1
四 川	26522	7.4	38253	5.8	15929	8.6
贵 州	21795	6.9	36096	4.9	11642	8.2
云 南	23295	5.5	37500	3.5	12842	7.9
西 藏	21744	11.5	41156	10.0	14598	12.7
陕 西	26226	6.3	37868	4.9	13316	8.0
甘 肃	20335	6.2	33822	4.6	10344	7.4
青 海	24037	6.3	35506	5.0	12342	7.3
宁 夏	25735	5.4	35720	4.1	13889	8.0
新 疆	23845	3.2	34838	0.5	14056	7.1

6-7　全国及各地区居民人均消费支出及增长(2020)

地　区	全体居民		城镇常住居民		农村常住居民	
	人均消费支出(元)	增长(%)	人均消费支出(元)	增长(%)	人均消费支出(元)	增长(%)
全　国	21210	-1.6	27007	-3.8	13713	2.9
北　京	38903	-9.6	41726	-10.0	20913	-4.4
天　津	28461	-10.6	30895	-11.2	16844	-5.6
河　北	18037	0.3	23167	-1.3	12644	2.2
山　西	15733	-0.8	20332	-3.9	10290	5.8
内蒙古	19794	-4.6	23888	-5.9	13594	-1.6
辽　宁	20672	-6.9	24849	-9.2	12311	2.3
吉　林	17318	-4.2	21623	-7.6	11864	3.6
黑龙江	17056	-5.8	20397	-8.0	12360	-1.1
上　海	42536	-6.7	44839	-7.1	22095	-1.6
江　苏	26225	-1.8	30882	-1.4	17022	-3.9
浙　江	31295	-2.3	36197	-3.5	21555	1.0
安　徽	18877	-1.4	22683	-4.6	15024	3.3
福　建	25126	-0.7	30487	-1.5	16339	0.4
江　西	17955	1.7	22134	-2.6	13579	8.7
山　东	20940	2.5	27291	2.1	12660	2.9
河　南	16143	-1.2	20645	-6.0	12201	5.7
湖　北	19246	-10.8	22885	-13.4	14472	-5.6
湖　南	20998	2.5	26796	-0.5	14974	7.2
广　东	28492	-1.7	33511	-2.7	17132	1.1
广　西	16357	-0.4	20907	-3.2	12431	3.2
海　南	18972	-3.0	23560	-6.9	13169	6.1
重　庆	21678	4.4	26464	2.6	14140	7.8
四　川	19783	2.3	25133	-0.9	14953	6.4
贵　州	14874	0.6	20587	-3.8	10818	5.8
云　南	16792	6.4	24569	4.8	11069	7.9
西　藏	13225	1.5	24927	-2.8	8917	5.9
陕　西	17418	-0.3	22866	-2.8	11376	4.0
甘　肃	16175	1.9	24615	0.7	9923	2.4
青　海	18284	4.2	24315	2.2	12134	7.0
宁　夏	17506	-4.3	22379	-7.4	11724	2.3
新　疆	16512	-5.1	22952	-10.3	10778	4.5

6-8 全国及各地区各种价格总指数(2020)

(上年=100)

地 区	居民消费价格指数	商品零售价格指数	农业生产资料价格指数	工业生产者出厂价格指数	工业生产者购进价格指数	农产品生产者价格指数
全 国	**102.5**	**101.4**	**106.1**	**98.2**	**97.7**	**115.0**
北 京	101.7	101.0		99.1	99.5	110.9
天 津	102.0	101.0		97.1	96.9	114.9
河 北	102.1	101.4	104.3	98.5	98.4	111.5
山 西	102.9	100.9	108.1	96.7	97.2	109.4
内蒙古	101.9	100.5	103.2	99.7	99.5	111.0
辽 宁	102.4	101.1	104.9	97.0	98.2	108.1
吉 林	102.3	100.7	100.0	98.6	98.7	117.1
黑龙江	102.3	101.5	103.7	93.4	95.1	118.5
上 海	101.7	100.9		98.3	96.9	106.7
江 苏	102.5	101.8	105.7	97.8	96.5	107.5
浙 江	**102.3**	**101.2**	**106.1**	**96.9**	**95.9**	**107.3**
安 徽	102.7	101.6	104.8	99.1	98.5	115.6
福 建	102.2	101.3	103.3	98.4	98.6	102.3
江 西	102.6	101.6	107.2	98.3	97.0	111.0
山 东	102.8	102.0	105.6	98.1	97.5	108.7
河 南	102.8	100.9	103.6	99.2	99.4	116.8
湖 北	102.7	102.2	106.4	99.1	98.4	118.1
湖 南	102.3	101.3	103.5	99.0	98.9	123.3
广 东	102.6	100.8	108.8	99.0	97.4	104.7
广 西	102.8	101.4	109.7	99.4	98.5	115.5
海 南	102.3	101.6	104.4	93.8	92.0	112.8
重 庆	102.3	102.2		99.1	99.9	113.6
四 川	103.2	102.7	120.9	98.8	98.1	116.1
贵 州	102.6	101.6	112.2	98.3	98.6	122.6
云 南	103.6	102.4	106.7	98.6	97.3	120.2
西 藏	102.2	102.0	99.6	99.4		
陕 西	102.5	101.9	104.6	95.1	97.6	112.3
甘 肃	102.0	101.3	100.7	93.9	94.1	106.6
青 海	102.6	102.4	109.0	96.6	96.1	122.6
宁 夏	101.5	100.6	103.8	96.9	94.7	113.1
新 疆	101.5	100.6	106.2	91.6	93.4	111.0

6-9 全国及各地区农产品生产者价格指数(2020)

(上年=100)

地区	农产品生产者价格总指数	种植业产品	林业产品	畜牧业产品	渔业产品
全国	**115.0**	**102.8**	**100.7**	**132.4**	**100.2**
北京	110.9	99.3		124.6	98.1
天津	114.9	110.1		128.0	99.7
河北	111.5	112.4	94.9	110.8	106.0
山西	109.4	105.5	103.5	116.8	95.7
内蒙古	111.0	108.9	88.8	115.9	107.4
辽宁	108.1	107.5	100.0	109.2	97.2
吉林	117.1	112.0	100.3	132.9	109.6
黑龙江	118.5	112.1	100.7	129.9	112.8
上海	106.7	101.5	101.8	129.1	103.2
江苏	107.5	103.7	102.8	116.6	101.9
浙江	**107.3**	**98.2**	**100.4**	**138.2**	**101.5**
安徽	115.6	104.2	102.9	129.3	103.4
福建	102.3	100.1	89.1	119.7	95.8
江西	111.0	102.5	91.0	135.5	99.3
山东	108.7	107.9	104.8	115.2	101.8
河南	116.8	105.4	96.3	137.4	106.6
湖北	118.1	102.3	106.1	155.9	108.8
湖南	123.3	102.7	94.1	151.7	103.1
广东	104.7	99.8	99.5	119.5	99.2
广西	115.5	99.5	97.6	147.1	96.3
海南	112.8	96.4	104.4	134.4	99.8
重庆	113.6	105.8	100.1	130.5	106.6
四川	116.1	102.9	98.4	128.8	104.6
贵州	122.6	103.5	98.5	138.3	99.2
云南	120.2	100.3	99.0	157.4	98.4
西藏					
陕西	112.3	108.5	93.2	121.2	104.2
甘肃	106.6	102.3		116.2	91.8
青海	122.6	100.8		121.6	100.0
宁夏	113.1	110.7		116.2	105.4
新疆	111.0	100.3	90.9	115.6	101.9

6-10 全国及各地区居民

地区	居民消费价格总指数	一、食品烟酒						
			粮食	鲜菜	畜肉	水产品	蛋	鲜果
全国	**102.5**	**108.3**	**101.2**	**107.1**	**138.4**	**103.0**	**90.6**	**88.9**
北京	101.7	105.7	101.8	107.5	127.4	101.3	89.9	86.7
天津	102.0	106.5	101.7	109.8	131.1	102.7	87.5	90.7
河北	102.1	107.1	101.3	106.1	135.6	101.8	89.1	87.2
山西	102.9	106.9	100.5	108.7	137.2	102.6	79.6	88.1
内蒙古	101.9	105.7	100.8	107.6	127.4	99.9	89.5	90.4
辽宁	102.4	107.4	101.7	109.5	134.7	102.1	89.5	94.4
吉林	102.3	107.5	100.8	107.7	135.9	105.7	89.9	90.1
黑龙江	102.3	108.0	101.9	105.6	138.9	103.7	89.0	90.9
上海	101.7	105.3	101.5	106.3	131.0	100.6	96.7	92.9
江苏	102.5	109.1	100.7	110.3	137.5	105.5	90.7	91.2
浙江	**102.3**	**107.4**	**101.7**	**105.1**	**137.3**	**102.1**	**94.5**	**90.1**
安徽	102.7	108.4	101.2	110.2	139.4	105.5	87.7	84.6
福建	102.2	107.0	100.3	101.8	137.0	103.1	90.0	85.6
江西	102.6	108.8	101.9	104.7	141.2	105.1	90.7	86.1
山东	102.8	109.5	102.4	109.9	140.5	104.7	90.7	89.3
河南	102.8	108.5	100.3	108.5	142.3	100.8	86.2	88.4
湖北	102.7	109.3	101.3	109.6	143.8	106.4	93.5	87.0
湖南	102.3	108.3	101.1	104.7	139.3	102.3	96.1	89.0
广东	102.6	109.1	101.9	102.3	142.9	101.4	94.1	86.4
广西	102.8	109.2	100.9	103.6	143.1	103.0	94.2	89.3
海南	102.3	108.4	101.3	98.8	139.2	101.8	95.2	91.1
重庆	102.3	107.9	97.4	110.2	139.9	102.5	86.9	82.1
四川	103.2	111.0	100.7	110.4	139.3	103.8	94.9	91.6
贵州	102.6	110.3	99.9	106.4	141.2	103.7	94.5	89.2
云南	103.6	111.6	101.1	107.5	150.9	101.8	98.9	88.0
西藏	102.2	104.8	102.4	102.3	118.6	100.2	97.7	97.6
陕西	102.5	107.6	101.6	112.6	135.6	104.4	85.6	85.8
甘肃	102.0	106.4	101.7	113.1	127.9	100.0	90.4	90.0
青海	102.6	106.5	101.1	105.8	124.9	101.4	87.0	91.3
宁夏	101.5	105.4	101.7	114.1	120.2	101.7	88.8	91.2
新疆	101.5	104.5	102.1	101.7	118.6	100.7	88.8	88.6

消费价格分类指数(2020)

(上年=100)

二、衣着	三、居住	四、生活用品及服务	五、交通通信	六、教育文化娱乐	七、医疗保健	八、其他用品及服务
99.8	**99.6**	**100.0**	**96.5**	**101.3**	**101.8**	**104.3**
99.8	99.1	100.0	95.8	102.5	104.9	108.3
98.5	100.7	100.2	97.1	102.6	99.9	107.9
99.7	99.1	99.9	96.9	102.0	102.1	104.5
101.3	100.1	100.0	96.6	101.1	109.4	102.4
100.1	100.2	99.9	96.4	100.5	103.6	103.0
99.6	100.2	99.5	96.7	100.8	103.4	103.6
99.4	99.8	100.8	96.5	101.4	101.8	104.2
99.1	98.5	99.7	96.5	102.3	102.5	104.4
100.9	100.8	99.8	96.6	101.1	101.2	102.9
99.7	99.9	100.5	96.5	101.4	100.1	104.8
100.5	**99.9**	**101.6**	**96.5**	**101.8**	**101.5**	**104.2**
100.3	99.8	99.8	96.8	101.5	101.2	103.1
99.9	100.0	100.6	97.0	101.2	100.2	103.7
99.2	99.4	99.7	96.3	102.1	99.9	104.9
100.6	99.7	99.9	96.2	101.2	101.5	104.6
98.8	99.6	99.9	95.8	102.0	103.4	107.6
99.7	99.2	100.1	96.5	100.9	102.2	104.8
100.2	99.1	99.9	96.7	100.0	101.0	103.6
99.5	98.9	99.7	96.2	100.9	100.8	104.0
99.9	98.9	99.7	96.0	100.5	105.5	102.7
101.5	97.8	100.3	95.4	100.9	100.3	103.2
98.3	99.5	100.0	97.3	101.8	101.9	102.7
99.7	98.9	99.9	96.4	101.2	100.7	103.1
98.4	98.4	99.6	95.7	100.8	100.8	103.0
100.4	100.1	99.7	96.9	101.0	100.6	103.2
101.0	100.1	101.6	98.1	101.2	102.2	104.9
99.4	100.1	100.3	97.8	101.8	100.9	105.2
99.4	100.1	100.3	97.4	101.2	100.6	104.3
99.7	101.0	99.9	97.8	100.2	104.2	106.0
98.9	100.3	99.6	96.9	101.0	100.6	103.2
99.4	102.1	99.5	96.8	100.6	100.4	102.6

6-11 全国及各地区商品

地 区	商品零售价格总指数	一、食品	二、饮料、烟酒	三、服装、鞋帽	四、纺织品	五、家用电器及音像器材	六、文化办公用品	七、日用品
全 国	**101.4**	**109.0**	**101.2**	**99.7**	**99.8**	**98.0**	**100.2**	**100.2**
北 京	101.0	106.2	100.7	99.6	98.8	97.2	99.8	99.8
天 津	101.0	106.9	102.3	98.2	99.7	97.9	100.4	99.8
河 北	101.4	107.7	101.5	100.0	100.2	98.1	98.1	100.8
山 西	100.9	107.6	100.6	101.1	98.8	99.2	101.1	100.1
内蒙古	100.5	106.1	99.9	99.7	100.5	98.3	99.9	100.1
辽 宁	101.1	108.6	100.8	99.6	99.9	96.3	96.9	100.0
吉 林	100.7	107.9	101.2	99.0	100.5	98.7	100.8	100.1
黑龙江	101.5	109.6	100.8	98.7	99.0	99.0	100.0	98.4
上 海	100.9	105.9	102.6	100.8	100.1	97.7	101.4	100.7
江 苏	101.8	110.3	101.9	99.7	101.1	98.2	103.7	100.5
浙 江	**101.2**	**108.1**	**100.7**	**100.4**	**102.1**	**98.9**	**99.8**	**101.2**
安 徽	101.6	109.4	101.5	100.3	98.9	98.5	99.0	99.6
福 建	101.3	108.0	99.9	99.6	100.3	98.3	101.1	100.6
江 西	101.6	110.0	100.7	99.4	99.2	97.9	100.2	100.0
山 东	102.0	111.0	101.0	100.4	98.3	98.1	100.2	100.0
河 南	100.9	107.9	101.1	98.8	99.6	99.3	100.9	99.9
湖 北	102.2	111.0	100.4	99.2	100.4	96.9	101.4	100.6
湖 南	101.3	109.0	100.6	100.2	100.1	99.4	100.3	100.0
广 东	100.8	108.3	102.2	98.9	99.1	97.2	99.2	99.8
广 西	101.4	110.2	101.1	99.4	99.4	97.7	99.8	99.8
海 南	101.6	108.4	100.7	101.7	107.5	99.8	99.9	100.2
重 庆	102.2	108.4	100.5	98.2	98.7	96.9	99.3	100.0
四 川	102.7	112.5	101.5	99.6	99.4	96.4	98.9	100.0
贵 州	101.6	111.8	100.3	98.2	99.3	97.8	99.5	100.1
云 南	102.4	113.9	100.3	100.7	96.9	97.7	99.1	99.3
西 藏	102.0	105.8	101.6	101.0	100.0	99.6	99.5	100.4
陕 西	101.9	108.4	101.5	99.7	100.7	97.9	100.5	100.9
甘 肃	101.3	106.4	100.6	99.6	99.2	99.5	100.2	100.4
青 海	102.4	107.4	100.5	99.7	103.5	98.6	98.7	99.2
宁 夏	100.6	104.9	100.5	98.9	100.1	98.0	101.3	99.5
新 疆	100.6	104.4	101.7	99.1	99.4	97.3	103.1	100.5

零售价格分类指数(2020)

(上年=100)

八、体育娱乐用品	九、交通、通信用品	十、家具	十一、化妆品	十二、金银饰品	十三、中西药品及医疗保健用品	十四、书报杂志及电子出版物	十五、燃料	十六、建筑材料及五金电料
99.8	**98.6**	**99.8**	**101.3**	**117.0**	**100.9**	**101.5**	**91.1**	**100.3**
100.2	100.7	100.5	101.4	122.8	98.5	101.5	88.9	100.1
100.7	97.9	101.0	100.6	125.6	99.4	103.4	89.8	99.4
100.0	98.7	98.6	102.7	115.3	102.6	101.0	92.3	102.0
100.4	98.5	100.0	100.4	111.9	100.8	101.1	90.8	100.6
99.3	97.7	100.0	100.0	112.7	103.2	101.0	91.4	100.0
98.9	98.0	98.8	101.1	116.0	100.6	100.8	92.2	100.2
100.8	96.3	101.6	101.6	120.1	100.3	102.7	90.9	100.2
99.9	97.4	100.3	102.4	118.3	102.3	101.0	92.9	100.2
100.4	98.5	99.3	100.9	117.1	102.4	106.5	88.2	101.8
100.0	100.1	100.6	102.0	117.3	99.7	103.1	90.6	100.6
101.3	**98.5**	**101.2**	**103.3**	**116.6**	**98.5**	**101.0**	**90.4**	**100.3**
100.3	97.3	100.0	101.3	115.4	101.3	99.3	94.3	100.2
100.2	97.9	99.2	101.1	119.2	100.7	101.4	91.6	99.9
99.8	97.8	100.5	100.1	115.0	100.4	101.4	91.0	100.5
100.0	98.7	99.9	100.2	115.9	100.9	103.7	91.0	100.6
100.0	95.8	99.8	101.0	118.3	102.1	101.1	91.3	99.8
100.2	97.4	100.5	102.8	116.1	102.3	100.2	92.7	100.4
100.1	99.1	99.4	101.2	118.0	101.0	100.7	89.2	100.0
98.4	98.4	98.0	99.8	116.7	101.9	100.5	90.4	99.8
99.7	96.4	99.3	101.7	117.2	100.0	101.6	89.5	100.1
99.3	98.7	99.6	99.9	116.2	99.8	100.1	88.9	100.3
100.2	103.2	100.5	101.9	116.9	101.0	100.8	94.8	100.3
99.2	98.9	102.2	101.9	113.7	100.9	100.5	92.7	100.0
100.0	98.3	100.7	100.3	116.6	101.7	101.6	89.6	99.5
99.6	98.5	99.4	102.4	109.0	100.8	101.6	90.0	99.8
100.7	99.7	102.2	101.7	116.0	105.0	101.0	93.5	100.5
100.5	99.1	100.6	101.2	117.2	99.8	101.2	94.4	99.3
100.9	99.0	99.7	100.9	117.4	101.2	100.2	92.9	99.7
101.2	103.5	100.3	100.4	120.3	101.1	100.8	95.3	99.1
99.9	99.1	100.2	99.9	113.3	99.8	101.0	91.7	100.0
100.6	98.3	98.4	99.6	111.3	100.8	100.2	93.0	99.5

6-12 全国及各地区分月居民消费价格指数(同比)(2020)

(上年同月=100)

地 区	1月	2月	3月	4月	5月	6月	7月	8月	9月	10月	11月	12月
全 国	**105.4**	**105.2**	**104.3**	**103.3**	**102.4**	**102.5**	**102.7**	**102.4**	**101.7**	**100.5**	**99.5**	**100.2**
北 京	104.5	103.6	103.2	102.4	101.9	101.4	100.7	100.9	101.0	100.9	100.2	100.2
天 津	104.6	103.8	103.5	102.6	102.2	102.2	102.2	102.1	101.5	100.5	99.6	99.8
河 北	105.1	104.7	103.8	102.6	101.7	102.1	102.3	102.5	101.8	100.2	99.1	99.8
山 西	105.5	105.2	104.3	103.3	102.9	103.3	103.2	103.2	102.2	100.8	100.1	101.1
内蒙古	104.3	103.8	103.2	102.3	101.7	101.5	101.7	101.8	101.7	100.7	99.9	100.4
辽 宁	105.5	104.9	104.0	102.8	102.2	102.0	102.4	102.0	102.2	100.6	99.8	100.5
吉 林	105.7	104.8	104.1	103.2	102.3	101.8	102.2	101.9	102.0	100.2	99.2	100.4
黑龙江	105.3	105.0	104.4	103.3	102.4	102.1	102.0	101.7	101.7	100.3	99.5	100.6
上 海	104.3	103.0	102.8	102.5	102.0	101.7	101.6	101.4	101.3	100.3	99.9	100.1
江 苏	105.4	105.2	104.2	103.4	102.8	102.5	102.7	102.3	101.4	100.3	99.6	100.5
浙 江	**104.7**	**104.4**	**103.5**	**102.5**	**101.7**	**102.2**	**102.5**	**102.0**	**101.8**	**100.9**	**100.1**	**101.0**
安 徽	105.7	105.0	104.0	102.9	102.3	103.2	103.9	103.0	102.0	100.4	99.4	100.4
福 建	104.9	104.8	103.9	103.1	102.0	102.1	102.2	102.0	101.6	100.5	99.2	99.9
江 西	105.1	105.4	103.9	102.9	102.3	102.7	103.5	102.4	101.7	100.6	99.9	100.8
山 东	106.2	105.7	104.8	103.6	102.9	102.9	103.2	103.1	102.3	100.4	99.0	100.0
河 南	105.8	105.9	104.8	103.4	102.3	102.5	102.9	102.7	102.2	100.9	99.6	100.8
湖 北	105.5	106.4	106.3	104.3	102.4	102.2	103.3	102.8	101.4	100.0	98.9	99.8
湖 南	104.8	104.9	104.0	103.0	102.0	102.5	103.5	102.3	101.5	100.2	99.0	100.1
广 东	106.6	105.9	104.9	104.1	103.0	102.7	102.5	102.2	101.1	100.1	99.1	99.8
广 西	105.9	106.2	105.0	104.6	103.5	103.4	103.0	101.3	101.3	100.6	99.5	100.3
海 南	106.3	105.8	105.2	104.6	102.8	102.6	102.2	101.0	100.5	100.7	98.1	98.4
重 庆	104.9	105.8	104.2	102.7	102.1	102.4	102.8	102.4	101.6	100.5	99.4	99.5
四 川	106.1	106.9	105.7	104.4	103.6	104.1	104.1	103.4	101.9	100.2	99.2	99.8
贵 州	105.1	105.3	104.6	103.8	102.7	102.4	102.7	103.0	102.1	100.7	99.1	99.6
云 南	106.1	106.3	105.3	104.5	103.6	103.0	103.6	104.3	103.7	102.1	100.4	100.2
西 藏	103.0	103.1	102.8	102.4	102.0	102.1	102.5	102.5	102.1	101.5	100.9	101.2
陕 西	104.9	105.3	103.9	102.8	102.2	102.5	102.5	102.8	102.0	100.7	99.9	100.7
甘 肃	103.5	103.6	102.7	102.3	101.5	101.6	102.0	102.4	102.2	101.1	100.3	100.8
青 海	104.1	104.5	103.7	103.2	102.7	102.9	102.6	102.6	102.6	101.4	100.5	101.0
宁 夏	103.0	103.0	102.5	101.9	101.1	100.9	101.2	101.9	101.9	100.9	100.0	100.5
新 疆	103.7	103.1	102.4	101.7	100.9	101.3	101.5	101.5	100.9	100.5	100.2	100.7

6-13 全国及各地区分月居民消费价格指数(环比)(2020)

(上月=100)

地 区	1月	2月	3月	4月	5月	6月	7月	8月	9月	10月	11月	12月
全 国	**101.4**	**100.8**	**98.8**	**99.1**	**99.2**	**99.9**	**100.6**	**100.4**	**100.2**	**99.7**	**99.4**	**100.7**
北 京	101.5	100.1	99.3	99.3	99.5	99.9	100.1	100.3	100.2	100.3	99.4	100.3
天 津	101.3	100.5	99.3	99.4	99.3	99.9	100.5	100.4	100.1	99.3	99.4	100.5
河 北	101.3	100.5	98.9	98.8	99.1	100.1	100.4	100.4	100.3	99.6	99.6	101.0
山 西	102.0	100.5	99.2	99.0	99.6	99.9	100.2	100.3	100.5	99.5	99.7	100.9
内蒙古	101.2	100.4	99.2	99.0	99.2	99.8	100.4	100.4	100.4	99.7	99.8	100.8
辽 宁	101.8	100.5	98.9	98.7	99.4	99.9	100.5	100.3	100.4	99.3	99.8	101.1
吉 林	101.8	100.3	99.0	99.1	99.1	99.7	100.4	100.2	100.7	99.3	99.7	101.3
黑龙江	101.6	100.8	99.1	98.8	98.7	99.7	100.3	100.3	100.6	99.7	99.9	101.1
上 海	101.1	100.3	99.2	99.9	99.5	99.7	100.2	100.1	100.2	99.7	99.8	100.6
江 苏	101.2	100.7	98.9	99.4	99.5	99.8	100.6	100.4	100.1	99.5	99.6	100.8
浙 江	**101.4**	**101.0**	**98.7**	**99.2**	**99.3**	**100.1**	**100.8**	**100.3**	**100.5**	**99.7**	**99.3**	**100.8**
安 徽	101.7	100.8	98.5	99.0	99.5	100.2	100.9	100.3	100.1	99.5	99.1	100.9
福 建	101.1	100.7	98.9	99.4	99.2	100.3	100.6	100.3	100.3	99.6	99.1	100.6
江 西	101.2	101.1	98.5	99.4	99.5	100.2	101.0	100.2	100.2	99.6	99.1	100.8
山 东	101.3	100.4	99.0	98.8	99.1	100.1	100.8	100.6	100.2	99.3	99.3	101.1
河 南	101.6	100.9	98.9	98.9	98.7	99.9	100.6	100.6	100.8	99.7	99.3	101.0
湖 北	101.5	102.3	99.2	98.2	98.3	99.7	101.1	100.2	100.0	99.6	99.1	100.8
湖 南	100.8	100.9	98.8	99.4	99.2	100.1	101.2	100.4	100.0	99.5	99.0	100.7
广 东	102.2	100.7	98.2	99.3	99.1	99.9	100.5	100.4	99.9	100.0	99.1	100.4
广 西	100.9	101.0	98.6	99.7	99.2	99.8	100.7	100.2	100.2	100.0	99.3	100.6
海 南	100.7	100.7	98.1	99.3	99.2	99.8	100.1	100.2	99.9	100.5	99.6	100.4
重 庆	101.1	101.6	97.8	98.8	99.5	99.9	101.1	100.3	100.3	99.8	99.0	100.3
四 川	101.1	101.3	98.2	98.9	99.3	100.1	100.6	100.9	100.1	99.5	99.2	100.6
贵 州	101.5	101.0	98.6	99.3	99.1	99.4	100.7	100.7	100.2	99.8	98.9	100.6
云 南	101.0	100.7	98.8	99.4	99.3	99.5	100.8	100.7	100.3	99.8	99.6	100.2
西 藏	100.5	100.5	99.5	99.6	99.7	100.1	100.4	100.3	100.0	100.1	99.9	100.5
陕 西	101.4	101.2	98.5	99.0	99.4	100.2	100.3	100.5	100.3	99.8	99.5	100.7
甘 肃	100.8	100.7	99.3	99.4	99.5	99.9	100.3	100.4	100.3	99.7	100.0	100.7
青 海	101.0	100.7	99.1	99.5	99.6	100.1	100.1	100.3	100.0	99.9	99.9	100.7
宁 夏	100.9	100.7	99.1	99.0	99.1	99.6	100.2	100.5	100.5	100.0	100.1	100.8
新 疆	101.1	100.4	99.1	99.2	99.3	99.9	100.4	100.4	99.7	100.1	100.3	100.9

6-14 全国及各地区分月工业生产者出厂价格指数(同比)(2020)

(上年同月=100)

地区	1月	2月	3月	4月	5月	6月	7月	8月	9月	10月	11月	12月
全国	**100.1**	**99.6**	**98.5**	**96.9**	**96.3**	**97.0**	**97.6**	**98.0**	**97.9**	**97.9**	**98.5**	**99.6**
北京	100.6	100.7	100.4	99.1	98.3	98.3	98.6	98.5	98.8	98.4	98.6	99.0
天津	101.9	99.9	98.5	93.0	93.6	95.9	97.0	97.7	97.2	97.1	97.1	98.4
河北	100.8	99.3	98.0	95.5	95.3	96.7	97.0	97.8	99.2	99.4	100.5	102.6
山西	98.1	97.6	97.9	95.8	93.8	93.9	95.3	94.3	94.9	97.2	99.4	102.6
内蒙古	102.2	102.0	100.2	98.7	97.3	97.9	98.7	98.6	99.0	99.5	99.8	102.4
辽宁	100.4	99.5	97.5	95.4	94.3	95.0	96.2	96.6	97.0	96.7	97.3	98.7
吉林	100.5	100.3	99.1	97.4	96.6	97.8	98.7	98.5	98.5	98.3	98.6	99.6
黑龙江	104.8	99.7	94.6	87.2	84.9	90.2	93.6	93.8	93.7	92.3	92.4	94.4
上海	99.5	99.3	98.8	97.7	97.2	98.0	98.5	98.4	98.0	98.0	98.4	98.4
江苏	98.9	98.9	98.2	96.8	96.4	96.9	97.2	97.3	97.4	97.6	98.2	99.3
浙江	**98.9**	**98.9**	**97.6**	**95.6**	**95.1**	**95.8**	**96.1**	**96.6**	**96.5**	**96.7**	**97.3**	**98.3**
安徽	101.0	100.4	99.0	98.0	97.3	97.4	98.1	98.9	99.3	99.2	99.8	100.8
福建	100.0	99.9	99.4	98.2	97.6	97.7	98.0	98.1	97.7	97.8	98.2	98.6
江西	99.9	99.3	97.8	95.8	95.2	96.4	97.8	98.9	99.2	98.8	99.4	101.2
山东	99.9	99.4	98.4	96.8	96.4	97.3	97.7	97.8	97.6	97.6	98.6	100.0
河南	100.9	100.9	99.7	98.6	97.9	98.0	98.7	99.0	98.9	98.6	98.8	100.2
湖北	100.1	100.2	99.8	98.5	98.1	98.4	98.6	98.9	98.8	98.6	98.9	99.6
湖南	99.7	99.3	98.3	97.8	97.8	98.5	98.8	99.7	99.6	99.0	99.6	100.5
广东	100.2	100.2	99.6	98.6	98.4	98.5	98.9	99.3	98.6	98.5	98.5	98.8
广西	100.9	100.6	99.1	97.7	97.8	98.8	99.2	99.8	99.8	99.3	99.7	100.5
海南	100.3	98.4	94.9	91.1	90.3	91.8	92.1	93.2	93.1	92.3	93.1	95.1
重庆	98.9	99.3	99.1	98.5	98.4	98.8	99.2	99.4	99.4	99.4	99.5	99.9
四川	99.7	99.6	99.2	98.1	97.5	97.9	98.1	98.8	98.7	98.5	99.0	100.0
贵州	98.7	98.8	98.5	97.8	97.4	97.6	97.9	98.1	98.3	98.5	98.5	100.0
云南	100.3	99.3	98.4	96.8	96.7	97.1	97.3	98.3	98.7	98.8	99.9	101.4
西藏	101.5	100.8	100.4	98.3	96.7	97.5	98.1	99.7	100.0	100.0	100.7	99.6
陕西	101.1	99.2	95.7	91.4	89.6	91.8	94.1	94.3	94.8	94.5	96.7	97.9
甘肃	104.2	100.0	95.0	89.6	88.2	90.9	93.5	93.4	92.5	91.5	93.0	96.0
青海	101.2	100.2	97.1	93.0	90.9	93.2	95.9	96.6	97.3	97.1	97.8	99.1
宁夏	98.8	97.9	96.0	94.3	94.7	95.2	95.4	95.6	96.2	97.0	99.6	101.9
新疆	103.7	100.1	93.3	85.5	82.1	86.3	90.7	91.4	91.3	90.5	91.4	93.8

6-15 全国及各地区分月工业生产者出厂价格指数(环比)(2020)

(上月=100)

地区	1月	2月	3月	4月	5月	6月	7月	8月	9月	10月	11月	12月
全国	**100.0**	**99.5**	**99.0**	**98.7**	**99.6**	**100.4**	**100.4**	**100.3**	**100.1**	**100.0**	**100.5**	**101.1**
北京	100.2	100.0	99.7	99.0	99.7	100.1	100.3	99.5	100.1	99.9	100.1	100.5
天津	100.1	98.4	97.3	96.6	101.0	101.7	101.4	100.3	99.8	99.8	100.3	101.8
河北	99.8	98.9	98.8	98.5	100.1	101.2	100.7	100.7	100.7	100.2	101.0	102.0
山西	99.5	99.6	99.8	97.6	98.8	100.3	100.3	99.5	100.7	101.7	101.9	102.9
内蒙古	99.5	99.6	98.9	99.1	99.2	100.9	100.7	100.0	100.4	100.8	100.7	102.6
辽宁	99.8	99.4	98.5	98.4	99.3	100.5	100.7	100.5	100.3	99.9	100.2	101.2
吉林	100.2	99.4	99.0	98.4	99.3	101.1	100.9	100.1	100.1	99.9	100.4	101.0
黑龙江	101.2	96.4	96.2	93.0	98.4	104.8	102.4	100.6	99.7	99.2	100.7	102.4
上海	100.1	99.9	99.3	99.2	99.7	100.3	100.4	99.9	99.9	99.7	100.0	100.0
江苏	99.9	99.9	99.2	98.7	99.6	100.1	100.1	100.1	100.2	100.1	100.5	100.9
浙江	**100.1**	**99.5**	**98.8**	**98.5**	**99.5**	**100.3**	**100.0**	**100.3**	**100.0**	**100.1**	**100.3**	**100.9**
安徽	100.1	99.6	99.0	99.2	99.7	100.0	100.7	100.5	100.4	100.0	100.6	101.2
福建	99.9	99.6	99.4	99.2	99.6	100.2	100.0	100.0	99.9	100.0	100.3	100.6
江西	100.0	99.3	98.5	98.2	99.5	100.8	101.0	100.9	100.3	100.0	100.8	102.0
山东	99.8	99.6	99.1	98.5	99.6	100.3	100.4	100.3	100.1	100.1	100.8	101.3
河南	100.1	99.9	99.1	99.1	99.4	100.0	100.7	100.3	100.1	99.9	100.6	101.0
湖北	99.9	99.9	99.6	99.0	99.7	100.0	100.0	100.3	100.1	99.9	100.4	100.6
湖南	100.0	99.6	99.0	99.4	99.8	100.4	100.1	100.8	100.0	99.7	100.5	101.0
广东	100.1	99.6	99.3	99.4	99.6	100.4	100.1	100.2	99.7	100.0	100.1	100.4
广西	100.0	99.6	98.7	99.3	100.2	100.6	100.1	100.5	100.0	100.0	100.6	101.0
海南	101.1	97.8	97.6	96.3	99.3	100.1	100.8	100.4	99.6	99.1	100.8	102.3
重庆	99.9	99.9	99.7	99.5	100.0	100.1	100.1	100.0	100.1	100.0	100.2	100.4
四川	99.9	99.9	99.7	99.2	99.4	99.8	99.9	100.2	100.2	100.0	100.7	101.2
贵州	99.9	100.0	99.5	99.6	99.6	100.0	99.9	99.8	100.1	100.2	99.8	101.4
云南	100.8	99.1	99.1	99.1	99.9	99.6	99.2	100.0	100.0	100.0	101.4	103.1
西藏	99.8	99.3	97.8	100.0	100.1	101.0	100.9	101.4	100.8	99.0	100.7	98.7
陕西	100.8	98.5	97.8	95.8	98.9	101.6	100.9	100.6	100.3	100.1	101.3	101.5
甘肃	100.8	96.8	96.5	95.1	99.3	102.3	101.7	101.3	99.6	99.1	101.0	102.7
青海	100.1	99.2	97.5	96.6	98.9	102.1	102.0	100.6	100.5	100.0	100.4	101.3
宁夏	100.0	99.1	98.2	98.4	100.4	100.3	100.1	100.1	100.3	100.6	102.0	102.4
新疆	101.2	97.1	95.1	92.8	97.6	104.2	103.4	100.9	99.5	99.1	100.7	102.7

6-16 全国70个大中城市各月新建商品住宅销售价格指数(环比)(2020)

(上月=100)

地 区	1月	2月	3月	4月	5月	6月	7月	8月	9月	10月	11月	12月
北 京	100.0	100.1	100.0	99.7	100.5	100.4	100.3	100.6	100.3	100.2	99.9	100.3
天 津	99.8	99.6	99.9	100.2	100.4	100.6	100.5	100.3	100.2	99.6	100.3	100.0
石家庄	100.0	100.0	100.2	100.6	100.2	100.1	100.3	100.1	100.0	100.2	100.4	99.9
太 原	99.4	100.0	100.1	100.3	100.5	100.6	99.9	99.8	99.6	99.7	99.6	99.8
呼和浩特	100.5	100.0	100.1	100.5	101.0	100.1	100.6	100.5	100.4	100.6	100.4	100.2
沈 阳	100.3	100.5	100.4	100.8	101.0	100.9	100.8	101.1	100.0	99.9	99.9	99.6
大 连	100.1	100.4	100.2	100.5	100.8	100.9	100.5	100.3	100.5	100.3	100.0	100.2
长 春	100.0	99.9	100.4	100.5	100.4	100.7	100.3	100.6	100.3	99.9	99.7	99.6
哈尔滨	100.3	100.0	100.3	101.0	100.0	100.1	100.0	100.2	99.8	100.1	99.7	99.4
上 海	100.5	100.0	100.1	100.6	100.8	100.5	100.4	100.6	100.5	100.3	100.0	100.2
南 京	100.1	99.9	100.2	101.8	101.2	101.0	100.1	100.0	100.0	100.4	100.1	100.1
杭 州	100.3	99.9	101.3	100.9	100.7	101.2	100.2	100.4	100.0	100.0	99.8	99.7
宁 波	100.6	99.8	100.3	100.0	101.4	100.8	100.4	100.7	100.3	100.1	100.0	99.8
合 肥	100.4	100.0	100.1	99.5	99.9	100.7	100.4	100.3	100.6	100.5	100.6	100.7
福 州	99.5	100.6	100.4	100.5	100.5	100.6	100.4	100.3	100.3	100.1	100.5	100.7
厦 门	100.2	100.0	100.0	99.9	100.5	101.0	100.7	100.4	100.6	100.2	100.4	100.6
南 昌	100.3	100.0	99.7	100.6	100.3	100.2	100.2	99.7	100.1	99.6	99.6	100.5
济 南	99.5	99.8	99.6	100.0	100.5	100.3	100.1	99.6	100.0	99.8	99.7	99.9
青 岛	100.1	100.0	99.5	100.5	100.3	100.8	100.4	100.8	100.5	99.8	99.9	100.3
郑 州	100.0	99.7	99.8	100.1	99.8	100.4	100.0	100.6	99.9	99.5	99.7	99.8
武 汉	100.4	100.0	100.0	99.8	100.4	101.4	100.7	100.6	100.4	100.4	100.2	100.3
长 沙	100.6	100.3	100.3	100.5	100.4	101.4	100.5	100.9	100.2	100.0	99.8	100.3
广 州	100.3	99.9	99.5	100.0	100.3	100.6	100.8	100.9	100.6	100.5	100.9	100.7
深 圳	100.5	100.0	100.5	100.0	100.6	100.8	100.6	100.5	100.4	100.2	100.0	99.9
南 宁	100.4	100.0	100.2	100.4	100.6	101.1	100.7	100.9	100.6	100.2	99.9	100.2
海 口	99.9	100.0	100.0	100.5	99.7	100.3	100.4	100.8	100.4	100.2	100.3	100.1
重 庆	100.0	99.7	100.3	101.0	100.8	100.9	100.5	100.4	100.6	100.2	99.9	100.3
成 都	100.3	101.2	100.5	100.7	100.5	100.9	100.9	101.0	100.3	100.1	100.0	99.7
贵 阳	99.5	100.5	99.9	99.6	100.3	100.2	100.3	100.7	100.2	100.4	100.5	100.5
昆 明	100.0	99.8	100.0	101.0	100.6	101.2	100.3	100.9	100.2	100.8	100.2	100.3
西 安	100.3	100.0	100.5	100.6	100.5	100.8	100.9	101.1	100.8	100.5	100.2	100.5
兰 州	100.6	100.0	99.8	100.6	100.4	100.5	100.6	100.7	100.6	100.5	100.6	100.3
西 宁	100.8	100.5	101.4	100.7	100.8	101.0	100.0	101.0	100.6	100.6	100.6	100.7
银 川	101.0	100.0	101.1	101.0	102.1	101.9	102.0	101.8	101.0	100.6	100.4	100.5
乌鲁木齐	99.9	99.8	100.0	100.9	100.5	101.0	100.6	100.0	100.2	100.5	100.2	99.5

6-16 续表

地区	1月	2月	3月	4月	5月	6月	7月	8月	9月	10月	11月	12月
唐山	101.2	100.2	100.9	101.8	101.2	101.5	101.4	101.3	100.6	100.0	100.3	100.3
秦皇岛	100.0	99.7	100.4	100.7	100.9	100.8	100.1	100.5	100.4	99.7	100.2	100.0
包头	100.0	99.9	100.1	99.8	100.8	99.9	100.5	100.8	100.5	100.1	99.9	100.2
丹东	100.6	100.5	100.4	100.6	100.3	99.8	101.0	100.8	100.8	100.4	100.7	100.6
锦州	101.4	100.1	100.2	100.8	101.0	100.6	101.1	101.4	99.8	100.1	100.4	100.2
吉林	101.0	100.2	100.5	100.7	100.2	100.4	100.3	100.8	100.9	99.8	99.7	99.7
牡丹江	100.7	100.3	99.9	99.4	99.8	100.0	99.6	100.8	100.0	99.5	99.7	99.3
无锡	100.8	100.2	100.5	100.6	101.0	100.9	101.3	101.1	100.3	99.9	99.9	99.7
扬州	100.4	100.0	100.4	100.5	100.6	100.7	100.9	100.9	100.4	100.9	100.1	100.8
徐州	100.8	100.8	100.6	101.0	100.9	101.1	101.6	100.8	101.4	100.7	99.9	100.0
温州	100.3	99.7	99.4	101.0	100.7	101.1	100.7	101.3	100.0	100.3	99.7	100.0
金华	100.4	100.0	100.0	100.4	100.8	100.9	100.4	101.1	100.2	99.8	100.2	100.5
蚌埠	100.7	100.0	100.4	100.5	100.5	101.0	100.3	100.6	100.4	100.4	100.2	100.3
安庆	99.6	99.8	99.4	99.6	99.9	99.4	99.7	99.3	100.2	100.5	100.3	100.4
泉州	100.3	99.6	100.4	100.3	101.0	100.8	100.5	100.9	100.7	100.3	100.2	100.5
九江	101.1	100.4	99.8	100.7	100.5	100.9	100.3	99.9	100.5	100.0	99.8	100.1
赣州	100.1	100.3	99.9	100.5	100.3	100.5	100.7	100.5	100.2	100.3	100.4	100.3
烟台	100.5	100.6	100.3	100.3	100.4	100.5	100.5	101.0	100.6	100.4	100.2	100.1
济宁	100.2	100.0	100.4	100.6	100.7	100.6	101.1	101.2	100.9	100.6	101.2	100.4
洛阳	100.1	100.1	99.9	100.3	100.1	100.2	100.8	100.3	100.3	100.0	100.1	100.0
平顶山	100.2	100.0	100.1	100.0	100.5	100.7	100.4	100.3	100.4	100.1	100.6	100.1
宜昌	99.5	100.0	99.7	100.3	100.4	100.3	100.7	100.1	100.2	100.6	100.4	100.1
襄阳	100.6	100.0	100.0	99.9	100.0	100.5	100.8	100.7	100.5	100.4	100.5	100.2
岳阳	99.7	99.6	100.0	100.5	100.5	100.6	100.2	100.4	100.3	99.3	99.9	100.0
常德	99.8	100.2	99.6	99.8	100.3	99.8	100.3	99.9	99.6	99.4	99.8	100.1
惠州	100.7	100.0	99.8	100.4	101.0	101.5	101.0	101.9	100.7	100.3	99.8	100.4
湛江	99.5	99.8	99.3	100.0	99.8	100.0	100.3	100.5	100.6	100.5	100.5	99.8
韶关	99.8	99.5	99.9	100.0	99.8	100.2	100.0	100.5	99.8	100.4	100.0	99.8
桂林	100.3	99.7	99.8	100.5	100.4	100.3	100.0	99.0	100.7	100.3	99.8	100.2
北海	100.4	100.1	100.0	99.9	99.8	99.4	99.7	99.3	99.6	99.3	99.8	99.5
三亚	101.3	100.0	99.5	100.7	99.6	100.3	100.9	101.0	100.8	100.7	100.4	100.5
泸州	99.8	99.3	99.8	100.0	100.3	100.5	100.2	100.5	100.2	99.6	99.9	99.8
南充	99.6	99.4	100.5	101.1	101.3	99.1	99.6	99.5	100.0	99.5	99.6	99.9
遵义	100.2	99.6	100.2	100.1	99.9	100.2	99.6	100.3	99.8	99.9	100.3	99.9
大理	100.8	100.0	100.3	100.0	99.9	99.7	100.4	100.7	100.2	100.0	99.9	99.8

注：以上城市范围为市辖区，不含县。

6-17 全国70个大中城市各月新建商品住宅销售价格指数(同比)(2020)

(上年同月=100)

地区	1月	2月	3月	4月	5月	6月	7月	8月	9月	10月	11月	12月
北京	104.1	104.4	104.1	103.3	103.1	103.6	103.3	103.4	103.8	104.2	102.4	102.3
天津	101.3	100.5	100.1	99.6	99.7	100.0	100.7	100.9	100.8	100.8	101.1	101.1
石家庄	108.8	107.6	106.5	106.7	105.6	104.6	104.9	103.6	103.0	103.1	103.6	102.8
太原	102.9	102.1	101.7	101.3	101.4	101.4	101.2	100.1	99.3	99.0	98.5	99.0
呼和浩特	114.8	113.9	113.7	113.7	113.8	112.0	111.8	109.9	109.0	107.0	105.9	105.1
沈阳	109.2	109.2	108.7	108.8	108.8	108.7	109.0	109.2	108.2	106.8	106.0	105.0
大连	108.4	106.9	106.1	105.9	105.3	105.0	104.5	104.2	105.0	105.1	104.9	104.8
长春	108.6	107.8	108.0	107.9	107.8	107.2	107.3	107.0	106.3	104.8	103.4	102.3
哈尔滨	109.4	108.8	108.1	108.2	107.5	106.5	106.0	105.3	104.1	102.8	101.9	100.8
上海	102.7	102.3	102.4	102.7	103.5	103.7	104.2	104.5	104.5	104.4	104.1	104.2
南京	103.3	103.2	103.3	104.5	105.0	106.1	104.9	105.1	104.3	104.5	104.8	104.9
杭州	105.0	104.4	105.4	105.2	105.1	105.2	104.9	105.3	105.1	105.2	105.1	104.5
宁波	108.2	107.4	106.5	105.8	106.1	106.0	105.7	105.4	105.1	104.9	104.9	104.4
合肥	103.7	102.9	102.3	101.3	101.1	101.4	101.1	100.6	101.4	102.2	103.1	103.6
福州	103.5	104.0	104.0	103.8	103.4	103.7	103.6	103.3	103.2	103.1	103.5	104.4
厦门	104.4	104.2	103.5	102.8	103.0	103.1	102.4	101.9	102.8	103.7	104.4	104.5
南昌	103.3	103.3	102.3	102.1	101.9	102.0	101.7	101.0	100.5	100.2	100.4	100.8
济南	99.7	99.0	97.8	96.8	96.9	96.9	96.8	96.7	97.1	97.9	98.3	99.0
青岛	103.7	103.3	102.3	102.4	101.9	102.5	102.3	102.5	102.9	102.9	102.8	102.8
郑州	101.4	101.1	100.5	100.2	99.8	99.6	99.3	99.6	99.3	98.8	99.0	99.2
武汉	111.5	110.3	109.5	108.3	107.4	107.9	107.4	106.8	106.4	105.8	105.1	104.5
长沙	104.6	104.7	105.0	105.3	104.8	105.4	105.7	106.3	106.5	106.4	105.8	105.0
广州	104.2	103.0	101.7	100.7	100.2	100.5	101.0	101.6	102.1	102.7	104.1	105.2
深圳	104.3	104.3	105.2	104.8	104.9	105.3	105.9	106.2	105.3	105.1	104.9	104.1
南宁	112.0	111.3	110.5	110.0	110.2	110.9	111.2	109.6	108.0	106.0	105.6	105.2
海口	106.6	106.3	105.8	105.3	103.8	102.9	102.4	103.2	103.1	102.3	102.8	102.7
重庆	107.5	106.5	106.2	106.0	105.0	105.2	104.6	105.3	105.3	105.4	104.7	104.6
成都	110.0	110.6	110.5	110.3	110.4	110.0	109.6	109.9	109.5	108.0	107.2	106.3
贵阳	104.4	103.6	102.6	101.3	100.6	100.0	99.1	99.4	99.9	100.5	101.5	102.5
昆明	110.5	109.5	108.6	108.4	108.3	108.3	107.5	107.3	106.1	105.4	105.0	105.6
西安	112.8	111.6	111.0	110.4	108.8	107.8	107.3	108.0	108.0	107.6	107.1	106.9
兰州	104.7	104.5	104.1	104.6	104.4	104.7	104.5	105.3	105.6	105.8	105.3	105.2
西宁	114.7	112.7	113.2	113.4	113.9	114.4	113.2	113.4	112.7	110.3	109.5	109.1
银川	112.8	112.0	112.5	113.0	114.7	115.7	117.6	117.6	116.8	116.6	115.0	114.2
乌鲁木齐	101.1	100.3	99.9	100.2	100.6	100.8	101.3	101.7	101.7	102.5	103.7	103.1

6-17 续表

地区	1月	2月	3月	4月	5月	6月	7月	8月	9月	10月	11月	12月
唐山	113.6	113.2	113.2	114.7	115.0	115.3	116.1	115.4	115.4	113.4	111.7	111.2
秦皇岛	110.4	109.1	108.1	106.9	107.0	106.6	106.0	105.6	106.0	104.7	103.9	103.5
包头	105.9	105.1	104.4	103.4	103.7	103.9	104.3	104.0	103.8	103.4	103.2	102.6
丹东	107.9	107.8	106.2	106.2	106.0	106.0	106.7	106.9	106.7	106.3	106.5	106.6
锦州	108.5	108.9	107.5	107.9	108.2	108.7	109.7	111.5	110.6	109.7	108.5	107.5
吉林	109.2	109.0	108.8	108.9	108.3	108.4	108.0	107.7	107.5	106.3	105.1	104.1
牡丹江	105.1	104.9	104.5	103.5	102.3	102.1	100.8	101.0	101.3	100.3	100.0	99.0
无锡	109.0	109.5	109.0	109.5	109.1	109.0	109.6	110.0	108.7	107.8	107.1	106.3
扬州	110.5	110.1	109.5	109.5	109.5	109.3	109.1	108.3	107.5	107.7	107.1	106.6
徐州	111.5	111.1	111.3	111.6	111.1	111.2	111.6	111.6	111.9	111.9	111.4	110.0
温州	104.5	103.9	102.4	103.3	103.4	104.5	105.1	106.1	105.6	105.0	104.4	104.3
金华	107.9	107.5	107.1	106.6	105.9	106.3	105.4	105.7	105.7	105.5	104.9	105.0
蚌埠	103.4	103.7	103.8	103.7	103.6	104.1	103.8	104.3	104.3	104.5	104.8	105.3
安庆	102.1	101.7	100.0	99.5	98.8	98.0	97.7	96.9	96.5	96.8	97.5	98.0
泉州	103.5	103.5	103.7	103.6	104.5	105.2	105.2	105.6	106.1	105.5	105.6	105.5
九江	108.6	108.6	107.7	107.6	107.5	107.5	107.3	106.3	106.1	105.2	104.7	104.1
赣州	102.7	103.0	103.2	104.0	104.0	104.7	104.5	105.0	104.3	104.2	104.4	104.2
烟台	109.7	109.9	109.6	109.2	108.7	108.1	107.5	107.7	107.1	106.7	106.3	105.5
济宁	109.3	107.9	107.8	107.7	107.3	106.8	107.4	107.4	107.2	107.2	107.9	108.3
洛阳	112.4	111.9	111.5	110.7	109.0	106.6	106.9	106.6	104.8	103.1	102.5	102.1
平顶山	108.6	107.4	106.2	105.6	105.5	105.2	103.9	103.9	104.3	103.7	103.8	103.4
宜昌	100.1	99.3	98.4	98.2	98.2	98.9	99.3	99.9	100.3	101.3	102.1	102.5
襄阳	110.0	109.2	108.7	107.8	107.1	106.9	107.0	106.4	105.9	105.1	104.8	104.0
岳阳	97.9	97.9	97.7	98.0	98.6	99.0	99.1	99.7	100.5	100.2	100.4	101.0
常德	103.4	103.7	101.8	100.7	100.7	100.0	100.3	99.5	99.4	98.4	98.4	98.6
惠州	105.0	105.2	104.9	105.1	105.7	106.8	107.3	108.7	109.2	109.0	108.1	107.6
湛江	104.1	103.1	101.9	101.5	100.7	100.2	100.1	100.1	100.7	100.5	101.4	100.5
韶关	99.5	99.1	99.2	99.3	98.0	97.8	97.1	98.4	98.4	99.0	99.4	99.6
桂林	106.7	105.7	104.9	105.5	105.1	104.2	103.1	101.7	101.4	101.5	100.9	100.9
北海	107.7	107.2	106.0	104.7	103.5	102.2	101.2	99.5	99.1	98.2	97.9	97.0
三亚	106.7	106.6	105.8	105.6	104.6	104.1	104.6	105.0	105.5	105.9	105.9	105.7
泸州	97.9	96.8	96.4	96.2	96.5	97.2	97.4	98.3	98.7	99.4	99.6	99.8
南充	102.0	101.1	100.5	100.7	101.3	100.3	100.2	99.6	99.2	98.9	98.7	99.1
遵义	104.2	102.5	102.2	101.6	101.1	100.9	100.5	100.3	99.7	99.8	100.6	100.1
大理	114.1	112.1	110.9	110.3	108.2	106.0	104.9	104.7	104.2	103.5	102.5	101.7

注：以上城市范围为市辖区，不含县。

各专业调查简介及主要统计指标解释

附录 各专业调查简介及主要统计指标解释

一、住户收支与生活状况调查

（一）调查简介

调查目的 全面、准确、及时了解全省和市县（市、区）城乡居民收入、消费及其他生活状况，客观监测居民收入分配格局和不同收入层次居民的生活质量，更好地满足各级政府研究制定城乡统筹政策和民生政策的需要，为国民经济核算和居民消费价格指数权重制定提供基础数据。

调查范围 住户调查分成分省调查样本和分市县调查样本，其中分省住户调查样本量为6450户，分布在11个设区市和18个县（市）；分市县住户调查样总量为24190户，各县（市、区）均设计有一定的样本量。

调查对象 浙江省住户调查对象为本省境内的住户，既包括城镇住户，也包括农村住户；既包括以家庭形式居住的户，也包括以集体形式居住的户。无论户口性质和户口登记地，中国公民均以住户为单位，在常住地参加本调查。

调查内容 住户调查内容主要包括居民现金和实物收支情况、住户成员及劳动力从业情况、居民家庭食品和能源消费情况、住房和耐用消费品拥有情况、家庭经营和生产投资情况、社区基本情况以及其他民生状况等。

样本抽选方法 分省住户调查的抽样方法由国家统计局统一制定。国家统计局使用统一的抽样框，以省为总体，在对县级调查网点代表性进行评估的基础上，采用分层、多阶段随机抽样方法抽选调查住宅，确定调查户。抽中调查小区五年内保持不变，样本住户应在五年周期内适时轮换。分市县调查小区样本抽选工作使用全国统一的抽样框，根据国家统计局确定的样本规模，按照统一的抽样方法，在分省住户调查样本的基础上，由国家统计局浙江调查总队补充抽选满足分市县代表性的调查小区。分市县调查住宅和调查户由国家统计局各设区市调查队在国家统计局浙江调查总队指导下抽选确定。

数据采集方式 住户调查采用日记账和问卷调查相结合的方式采集基础数据。其中，居民现金收入与支出、实物收入与支出等内容主要使用记账方式采集。住户成员及劳动力从业情况、住房和耐用消费品拥有情况、家庭经营和生产投资情况、社区基本情况及其他民生状况等资料使用问卷调查方式采集。国家统计局使用住户调查应用系统，推广电子化数据采集方式。

数据处理 数据处理包括数据审核、加权、汇总和评估，省、市、县各级使用国家统计局指定的数据处理平台或程序进行数据加权汇总处理。

（二）指标解释

可支配收入 指调查户在调查期内获得的、可用于最终消费支出和储蓄的总和，即调查户可以用来自由支配的收入。可支配收入既包括现金，也包括实物收入。按照收入的来源，可支配收入包含四项，分别为：工资性收入、经营净收入、财产净收入和转移净收入。

工资性收入 指就业人员通过各种途径

得到的全部劳动报酬和各种福利，包括受雇于单位或个人、从事各种自由职业、兼职和零星劳动得到的全部劳动报酬和福利。

经营净收入 指住户或住户成员从事生产经营活动所获得的净收入，是全部经营收入中扣除经营费用、生产性固定资产折旧和生产税之后得到的净收入。

财产净收入 指住户或住户成员将其所拥有的金融资产、住房等非金融资产和自然资源交由其他机构单位、住户或个人支配而获得的回报并扣除相关的费用之后得到的净收入。财产净收入包括利息净收入、红利收入、储蓄性保险净收益、转让承包土地经营权租金净收入、出租房屋净收入、出租其他资产净收入和自有住房折算净租金等。财产净收入不包括转让资产所有权的溢价所得。

转移净收入 转移净收入=转移性收入-转移性支出

转移性收入 指国家、单位、社会团体对住户的各种经常性转移支付和住户之间的经常性收入转移。包括养老金或退休金、社会救济和补助、政策性生产补贴、政策性生活补贴、经常性捐赠和赔偿、报销医疗费、住户之间的赡养收入，以及本住户非常住成员寄回带回的收入等。转移性收入不包括住户之间的实物馈赠。

转移性支出 指调查户对国家、单位、住户或个人的经常性或义务性转移支付。包括缴纳的税款、各项社会保障支出、赡养支出、经常性捐赠和赔偿支出以及其他经常转移支出等。

消费支出 指住户用于满足家庭日常生活消费需要的全部支出，包括用于消费品的支出和用于服务性消费的支出。根据用途不同，消费支出可划分为食品烟酒、衣着、居住、生活用品及服务、交通通信、教育文化娱乐、医疗保健、其他用品及服务八大类。根据来源不同，消费支出可划分为现金消费支出、实物消费支出（含自产自用、来自单位、来自政府和其他社会组织）。

二、农民工监测调查

调查目的 通过定期收集农民工相关信息，准确反映农民工数量、流向、结构、就业、收支、生活、社会保障及创业等情况，从宏观上把握农民工发展变化情况，为制定科学的农民工政策、加强和改善农民工工作提供科学依据。

调查范围和对象 农民工监测调查在国家统计局各调查队的村委会范围内开展。调查对象为抽中调查小区和抽中住户的所有住户成员。

调查内容 主要包括住户成员基本情况；劳动力就业基本情况；外出从业人员及本地非农务工人员工作条件、收支情况、生活情况和社会保障情况；农村劳动力本地非农自营和创业情况；农民工子女教育情况；调查小区人口、劳动力及举家外出情况等。

样本抽选方式 国家统计局使用统一的抽样框，以省为总体，在对县级调查网点代表性进行评估的基础上，采用分层、多阶段、PPS抽样方法随机抽选调查小区，在抽中的调查小区内，按系统抽样方法随机抽选调查住宅和住户。抽中调查小区五年内保持不变。现场抽样工作由各调查总队统一组织。调查小区的变动需经国家统计局批准；调查户的变动需经调查总队批准，并报国家统计局备案。

数据采集 现场调查主要采用调查员上门面访并填报调查问卷的方式。

数据处理　采用国家统计局编制下发的数据处理程序进行调查数据的录入和初步审核。

三、流通和消费价格调查

流通和消费价格调查主要包括：居民消费价格调查、商品零售价格调查。

（一）居民消费价格调查简介

调查目的　掌握各地价格变动的基本情况，分析研究价格变动对社会经济和居民生活的影响，满足各级政府制定政策和计划、进行宏观调控的需要，以及为国民经济核算提供参考依据。

调查任务　系统地调查、搜集和整理城乡居民购买并用于日常生活消费的商品和服务项目的价格，并编制居民消费价格指数（英文名称：Consumer Price Index 缩写：CPI）。

调查范围　省内被抽中的11个设区市及12个县（区/市）。

调查对象　商场（店）、超市、农贸市场、服务网点和互联网电商等。

调查内容　城乡居民购买并用于日常生活消费的商品和服务项目的价格。按用途划分为食品烟酒、衣着、居住、生活用品及服务、交通通信、教育文化娱乐、医疗保健、其他用品及服务等8个大类的居民消费价格。

（二）商品零售价格调查简介

调查目的　掌握各地商品价格的变动趋势，为国家宏观调控和国民经济核算提供参考依据。

调查任务　系统地调查、搜集和整理工业、商业、餐饮业和其他零售企业向城乡居民、机关团体出售生活消费品和办公用品的价格，并编制商品零售价格指数（英文缩写：RPI）。

调查范围　与居民消费价格的调查范围一致。

调查对象　工业、商业、餐饮业和其他零售企业。

调查内容　工业、商业、餐饮业和其他行业的零售商品以及农民对非农业居民出售商品的价格。包括食品、饮料烟酒、服装鞋帽、纺织品、家用电器及音像器材、文化办公用品、日用品、体育娱乐用品、交通通信用品、家具、化妆品、金银饰品、中西药品及医疗保健用品、书报杂志及电子出版物、燃料、建筑材料及五金电料等16个大类，203个基本分类的商品零售价格。

数据采集方法、价格指数计算方法及数据处理方式　与居民消费价格的调查相同。

（三）数据采集及处理方式

居民消费、商品零售两项价格调查的数据采集方法、价格指数计算方法和数据处理方式相同。

数据采集方法　辅助调查员通过手持数据采集器，采用定人、定点、定时的方法直接调查。在保证价格准确的前提下，经国家统计局审定，可利用被调查单位的电子数据进行辅助采价，也可从互联网采集特定商品价格。

价格指数计算方法　根据计算代表规格品平均价格，通过链式拉氏公式加权计算环比指数、同比指数和定基指数。

数据处理方式　使用国家统一下发程序，市、县级将价格汇总后上报省级，省级汇总后上报国家。

（四）指标解释

居民消费价格指数　是反映一定时期内城乡居民所购买的生活消费品和服务项目价格变动趋势和程度的相对数，是对城市居民消费价格指数和农村居民消费价格指数进行综合汇总计算的结果。通过该指数可以观察和分析消费品的零售价格和服务项目价格变动对城乡居民实际生活费支出的影响程度。居民消费价格水平的变动率在一定程度上反映了通货膨胀（或紧缩）的程度。

商品零售价格指数 是反映一定时期内城乡商品零售价格变动趋势和程度的相对数。商品零售价格的变动与国家的财政收入、市场供需的平衡、消费与积累的比例关系有关。

四、工业生产者价格调查

（一）调查简介

调查目的 工业生产者价格调查的目的在于及时、准确、科学地反映各工业行业产品价格水平及其变化趋势和变动幅度，为国民经济核算、宏观经济分析和调控、理顺价格体系等提供科学、准确的依据。

调查范围 杭州、宁波、温州、嘉兴、湖州、绍兴、金华、衢州、舟山、台州、丽水。

调查对象 所辖区内规模以上工业生产企业和规模以下工业生产企业，全省共计3500余家。

调查内容 工业生产者出厂价格调查34个工业行业大类，涵盖490个基本分类的产品价格；工业生产者购进价格统计调查涵盖405个基本分类的产品价格。

样本抽选方法 工业生产者价格调查采取重点调查与典型调查相结合的调查方法。年主营业务收入2000万元以上的企业采用重点调查方法；年主营业务收入2000万元以下的企业采用典型调查方法。

数据采集方式 选中调查企业通过国家统计局联网直报平台报送原始价格资料。报送内容包括调查产品每月5日和20日的时点价格，企业填报数据时严格遵循同质可比原则。市级调查队通过直报平台对企业报送的原始价格进行审核，在确保原始价格准确的基础上进行报表汇总、上报。浙江调查总队审核辖区内各市上报的价格数据并汇总本省价格指数。

权数确定 工业生产者出厂价格统计中，工业小类及小类以上的权数资料来源于工业统计中分行业销售产值数据资料；基本分类的权数资料来源于独立的工业生产者出厂价格权数专项调查。工业生产者购进价格统计中，大类权数资料主要参考分行业的投入产出数据，其他分类的权数资料来源于独立的工业生产者购进价格权数专项调查。一般情况下，工业生产者价格权数专项调查每五年进行一次。基本分类以下不设置权数。

数据汇总方式 根据企业上报的规格品价格通过链式拉氏公式加权计算环比指数、同比指数和定基指数。

（二）指标解释

工业生产者价格指数 包括工业生产者出厂价格指数（简称PPI）和工业生产者购进价格指数（简称IPI）。

工业生产者出厂价格指数 反映工业企业产品第一次出售时的出厂价格的变化趋势和变动幅度。

工业生产者购进价格指数 反映工业企业作为中间投入产品的购进价格的变化趋势和变动幅度。

五、住宅销售价格调查

（一）调查简介

调查目的 全面了解和掌握相关城市房地产市场变动情况，落实房地产市场调控城市主体责任，满足国家宏观调控需求，为做好国民经济核算和满足社会公众需要提供基础统计信息。

调查范围 杭州、宁波、温州、嘉兴、湖州、绍兴、金华、衢州、舟山、台州、丽水十一个设区市的市辖区（不包括县）。

调查对象 各市房管部门、房地产开发企业、二手住宅经纪公司。

调查内容 新建商品住宅销售价格、二手住宅销售价格。主要包括：90平方米及以下、90—144平方米、144平方米以上等。

样本抽选方法 新建商品住宅销售价格调查采用全面调查，二手住宅销售价格调查采用重点调查与典型调查相结合的方法。

数据采集方式 新建商品住宅销售价格调查采用网签数据、企业上报报表与调查员实地采价相结合的方式。以网签数据为主，通过企业上报的数据和市场调查，对网签数据予以合理评估，剔除或修正其存在滞后因素和不可比因素。二手住宅销售价格调查通过房地产经纪机构上报、房地产管理部门提供与调查员实地采价相结合的方式收集基础数据。

数据汇总方式

1. 根据上报的规格品价格通过链式拉氏公式加权计算定基指数。

2. 在定基指数的基础上计算月环比价格指数和同比价格指数。

（二）指标解释

住宅销售价格指数 是综合反映住宅商品价格总体变化趋势和变化幅度的相对数，是通过百分数的形式来反映房价在不同时期的涨跌幅度。住宅销售价格指数分为新建商品住宅销售价格指数和二手住宅销售价格指数。

新建商品住宅 指新建的专供居住用的商品住宅。其价格指进入房地产市场进行交易、第一次进行产权登记时的实际交易价格（合同价格）。

二手住宅 指进入房地产市场进行交易，第二次及以上进行产权登记的住宅，包括二手商品房、允许上市交易的已售公房等。其价格指用于居住的进入房地产市场进行交易的房屋，再次进行产权登记时的实际交易价格。

六、农产品生产者价格调查

（一）调查简介

调查目的 全面收集农产品生产者价格资料，编制农产品生产者价格指数，客观反映农产品生产者价格水平和结构变动情况，满足农业与国民经济核算需要，为各级政府制定农业保护与农产品流通政策提供决策依据，向社会各界提供优质的农产品价格信息服务。

调查范围 按调查县抽选原则，浙江省农产品价格调查范围为３３个市、县（市、区）。

调查对象 调查范围内所有对外出售农产品的农业生产经营单位，包括农户和非农户。

调查内容 抽中的生产者生产并出售的主要农产品的相关信息，包括农产品的名称、出售数量、价格、金额。

样本抽选方法 农产品生产者价格调查样本分为农业生产单位和生产大户、普通农户两部分分别抽选。

农业生产单位和生产大户抽选

1. 抽选调查县。按照国家确定的浙江省调查产品类别，以各类别农产品产量排名前5位的县作为生产大县。每一类别农产品调查县的个数为5个。每个调查县调查的农产品类别不超过8个。

2. 抽选调查样本。编制农业生产单位（生产大户）名录，根据确定的代表品，从农业生产单位（生产大户）名录中分类抽选调查样本，每个代表品的调查样本量不得少于2个。

普通农户抽选

普通农户在农作物调查、畜牧业调查和住户调查网点所在村的范围内进行抽选：

1. 以县为单位，对县内所有农作物调查、畜牧业调查和住户调查网点所在村进行摸底，按照农产品销售金额对村进行排队。

2. 选取销售金额较大的 4 个村作为农产品生产者价格调查样本村。

3. 在样本村中选取 3-5 个农产品销售金额较大的农户作为农产品生产者价格调查样本。

数据采集方式 价格调查采取被抽中单位记账和现场访问相结合的方法。

数据处理 使用国家统计局的联网直报平台上报。

农产品生产者价格指数的汇总方法

农产品平均价格计算

1. 加权算术平均法计算调查样本某种农产品的平均价格。

2. 简单平均法计算某种农产品层级均价。

3. 几何平均法计算某种农产品省级均价。

农产品代表品权数的确定

用于计算农产品生产者价格指数的权数资料主要来源于农产品销售额。权数一般五年更换一次。

农产品生产者价格指数计算

1. 计算代表品本季价格指数和累计价格指数。

2. 加权计算小类、中类、大类及总指数。

（二）指标解释

农产品生产者价格 指农产品生产者第一手（直接）出售其产品时实际获得的单位产品价格。

农产品生产者价格指数 是反映一定时期内，农产品生产者出售的农产品价格水平变动趋势及幅度的相对数。

七、粮食抽样调查

（一）粮食播种面积抽样调查简介

调查范围 全省共调查 87 个抽中县（市、区），1988 个抽中村，5966 个样方。

调查对象 调查区域范围内的粮食作物，包括谷物、豆类、薯类等粮食作物播种面积。

调查内容 每年实地调查 4 次，每次调查登记各样方内所有地块上在种作物的播种面积。

样本抽选方法 分两个阶段实施。第一阶段，以全省耕地面积为基础，利用 PPS 抽样方法确定抽中村。第二阶段，在抽中村内简单随机抽取 3 个 200 米*200 米的样方。

数据采集方式 粮食作物播种面积调查，采用 PDA 实地调查方法，对抽中村样方地块上的所有农作物播种面积进行调查登记。

数据汇总方式 以 PDA 调查所登记的粮食作物播种面积为基础，经过加权推算出全省粮食作物播种面积。

（二）粮食产量抽样调查简介

调查范围 粮食产量调查在播种面积样本村中进行。其中，早稻、单季晚稻、双季晚稻单产实测调查，实测作物种植村小于 100 个的，全部调查；实测作物种植村大于等于 100，小于等于 200 的，调查 100 个村；实测作物种植多于 200 个以上的，抽选 1/2 进行调查。每个实测样本村抽选的自然地块数量不少于 3 个，不足 3 个的全部抽选。每个自然地块均匀放置 3 个小样本。其他粮食作物单产入户访问调查，每个样本村每种作物抽选 5 户，不足 5

户的，则全部调查。

调查对象 谷物、豆类、薯类等粮食作物的产量。

调查内容

1. 实割实测 包括放样、取样、脱粒扬晒、过秤、水份化验、测定割、拉、打、损失等。

2. 入户访问 通过访问农户，询问测产作物的种植面积和产量，估计单位面积的产量。

样本抽选方法 实割实测，是在测产作物收获季节，对抽中样方内的全部地块进行踏田估产，按估产结果从高到低排序，随机起点，等距抽样，抽选 3 个自然地块，不足 3 个的全部抽选。如果调查作物连片种植的，直接在抽中自然地块内按直线法、梅花法、垄测法等随机、均匀放置 3 个小样本（10 平方尺）；如果调查作物交叉、分块种植的，则先确定种植该作物的地块，然后均匀放置 3 个小样本。入户访问，是在有测产种植作物的测产点内，重点选取测产作物的 5 个种植户。

数据采集方式 水稻采用实割实测调查，其品种为早稻、单季晚稻、双季晚稻。其他粮食作物采用入户访问调查。

数据汇总方式 从地块或者种植户调查开始，首先推算出亩产；由全省简单平均，推算出全省测产作物的平均亩产；再根据全省播种面积，推算出全省全社会总产量。

（三）指标解释

粮食作物 指一般用作人类主食，种植在耕地或非耕地上的农作物。根据我国产品目录分类标准，粮食包括谷物、豆类、薯类。

粮食作物播种面积 指本年度内收获的粮食作物在全部土地（耕地或非耕地）上的播种或移植面积。凡是本年内收获的作物，无论是本年还是上年播种，都算为当年播种面积，但不包括本年播种，下年收获的作物面积。移植的作物面积按移植后的面积计算，不计算移植前的秧田面积。如果因灾害等原因，应该收获却未能收获，也要按原播种面积计算，新补或改种，并在本年收获的，也要按复种作物计算面积。间种、混种的作物面积按比例折算各个作物的面积，如果完全混合、同步生长、收获的作物，按混合面积平均分配。复种、套种的作物，按次数计算面积，每种一次计算一次。

粮食作物产量 指本年度内生产的全部粮食作物数量。其中，谷物产量按脱粒后的原粮计算，豆类按去豆荚后的干豆计算，薯类按鲜薯重量统计上报，统一按 5：1 折算粮食产量。

谷物 指禾本科和蓼科作物，具体统计品种包括稻谷、小麦、玉米、和其他谷物；其他谷物包括谷子、高粱、大麦、燕麦、荞麦等，其中西藏、青海、甘肃等地种植的青稞是大麦中的裸麦，按大麦统计。除按品种统计外，根据收获时间，主要按夏收谷物、秋收谷物分别做统计。夏收谷物指上年秋冬播和本年春季播种、夏季收获的全部谷物；秋收谷物指本年春、夏季播种，秋季收获的谷物；在夏收谷物收割后的耕地上播种、秋季收获的谷物也应计算在内。

稻谷 根据其播种期、生长期和成熟期的不同，按早稻、中稻和一季晚稻、双季晚稻三类分别做统计。其中，早稻指栽培时间较早且成熟早的南方籼稻，收获时间在三季度中旬之前，主产区包括湖南、江西、广东、广西等地；中稻及一季晚稻，指一年只种一季的一熟单季稻，包括籼稻、粳稻、糯稻等。主要分布在中国秦岭—淮河以北，长江流域北部，四川盆地和云贵高原，主产区包括黑龙江、江苏、安徽、湖北、四川等地；双季晚稻指，在同一块稻田里，早稻收割后，通过连作、间作和混作等方式种植和收获的其他季稻谷，分布与早稻相近。

小麦 根据其品种、播种时间、收获时间不同，分为春小麦和冬小麦。春小麦指春节过后播种，7、8月份收获的小麦，主要分布在长城以北，该区气温普遍较低，生产季节短，故以一年一熟为主；冬小麦，一般在9月中下旬至10月上旬播种，幼苗过冬，春季返青，翌年5月底至6月中下旬成熟，主要分布在长城以南。

玉米 包括秋玉米、春玉米，但不包括青贮饲料玉米、鲜食玉米。

豆类 是以食用种籽及其制成品为主的一类豆科植物，包括大豆、绿豆、红小豆和其他杂豆，不含豇豆、四季豆等菜用豆类。夏收豆类指7、8月份前收获的豆类。

薯类 包括甘薯、马铃薯等。甘薯又名番薯、红薯、地瓜等，主产区在川蜀等地；马铃薯，又名土豆、洋芋等，主产区在四川、贵州、甘肃等地。薯类产量目前只统计甘薯和马铃薯，夏收薯类指7、8月份前收获的薯类。

八、畜牧业调查

（一）主要畜禽监测调查简介

调查目的 为掌握主要畜禽生产情况、加强和改善宏观调控、制定畜牧业发展政策提供科学依据，从2008年开始，国家统计局组织各调查总队开展主要畜禽监测调查。

调查范围 一是全省猪牛羊禽所有大型养殖场户（大型养殖场户标准：猪年饲养量3000头及以上；牛年饲养量200头及以上；羊年饲养量500只及以上；家禽年饲养量5万只及以上）；二是抽中村中的猪牛羊禽所有中型养殖场户（中型养殖场户标准：猪年饲养量100-2999头；牛年饲养量10-199头；羊年饲养量50-499只；家禽年饲养量200-49999只）；三是抽中村中的猪牛羊禽所抽中的小型养殖场户（小型养殖场户标准：猪年饲养量99头及以下；牛年饲养量9头及以下；羊年饲养量49只及以下；家禽年饲养量199只及以下）；四是生猪调出大县（杭州市萧山区、衢州市衢江区和江山市）辖区内所有的生猪大型养殖场（户）和所抽中的中小型生猪养殖场（户）。

调查对象 调查范围内的生猪、牛、羊和家禽。

调查内容

1. 主要畜禽品种（猪、牛、羊、家禽）存栏、出栏、产品产量及出售价格等情况。

2. 生猪调出大县的生猪存栏、出栏及价格变化等情况。

样本抽选方法 2019年以前，大型养殖场户进行全数调查；中小型养殖场户以市为总体抽样，原则上在生猪调出大县、国家调查县和传统养殖县中开展抽样调查。2019年起，主要畜禽品种（生猪、家禽、牛、羊）均以2016年第三次全国农业普查的资料为抽样框，以省为总体，在全省范围内按国家方案，以家禽为主品种抽选调查样本。大型养殖场（户）进行全数调查；中小型养殖场（户）以省为总体抽样。

生猪调出大县监测调查样本抽选方法参照全省生猪监测调查方案。

数据采集方式 主要畜禽监测调查均采用记账式调查，其中大型养殖场户数据由辅助调查员向调查户采集上报，中小型养殖场户数据由村辅助调查员填写上报。

数据处理方式 生猪、牛、羊和家禽所有报表采用国家联网直报程序上报。2020年，饲养量超过100头的生猪大中型养殖场户还须进行浙江统计联网直报程序上报。

（二）市县全面统计调查简介

根据国家统计局《关于印发粮食畜牧业统计调查数据归口管理方案的通知》（国统字〔2019〕103号）及2019年总队和省局联合印发了《关于做好粮食畜牧业统计调查数据归口管理工作的通知》（浙调字〔2019〕122号）要求，自2020年起，畜牧业统计调查分市县数据统一由浙江调查总队负责管理。

调查范围 辖区范围内全部畜禽生产经营单位及养殖户。

数据采集方式 除生猪调出大县外，其他分市县畜牧业统计数据本着“条块结合”和“村级起报”的原则，由县统计局（或地方调查队）统一布置到乡镇统计机构，乡镇统计机构组织村级调查，建立村级台账，收集有关数据后汇总上报。县级统计局（或地方调查队）初审后通过浙江统计联网直报平台经各市调查队再审后报浙江调查总队。

（三）指标解释

生猪期末存栏 指本调查期末饲养生猪的总量，包括25公斤以下仔猪、待育肥猪（架子猪）和种猪等数量之和。

能繁殖母猪 指猪龄约在9个月（包括9个月）以上的、具备繁殖能力的母猪。

生猪出栏头数 自宰肥猪头数＋出售肥猪头数

出售肥猪头数 指本调查期内以各种形式出售给任何单位或个人的已育肥肥猪的数量。但不包括出售仔猪、待育肥猪（架子猪）、种猪的数量。

牛期末存栏 指本调查期末饲养各类型的牛总量，包括牛犊、待育肥牛（架子牛）、奶牛和种牛等数量之和。

能繁殖母牛 指牛龄在16个月左右，具备繁殖能力的母牛。

育肥肉牛出栏头数 自宰育肥肉牛头数＋出售育肥肉牛头数

出售肉牛头数 指本调查期内由调查户（单位）以各种形式出售给任何单位或个人的已育肥肉牛的总量，出售的淘汰后出栏的奶牛和役用牛数量也包括在内。但不包括出售牛犊、架子牛、奶牛等头数。

羊期末存栏 指本调查期末饲养各种羊只总量。包括羊羔、待育肥羊（架子羊）、奶羊和种羊等数量之和。

能繁殖母羊 指羊龄在6个月左右，具备繁殖能力的母羊（山羊或绵羊）。

肥羊出栏头数 自宰肥羊头数＋出售肥羊头数。

出售肥羊头数 指本调查期内出售已育肥的羊只数量。但不包括出售羊羔、待育肥羊、种羊、奶羊等数量。

家禽期末存栏 指本调查期末饲养家禽（鸡、鸭、鹅）的总量，包括幼禽、肉用家禽、蛋用家禽和种家禽等。

家禽出栏只数 自宰家禽只数＋出售家禽只数。

出售家禽只数 指本调查期内以各种形式出售给任何单位或个人的肉用家禽总数。但不包括出售幼禽、蛋禽、种禽的数量。

禽蛋产量 指本调查期内饲养的蛋用家禽生产的禽蛋总重量。包括出售的和农民自产自用的部分，品种主要为鸡鸭鹅。